MARTIN VLAHO

DIAKONAT
in der katholischen Kirche

Geschichte • heutiger Stand • Zukunftsaussichten

Adlerstein Verlag

Meinen Kindern Kristina, Stefan Mate, Dominik, Pirmin Marko, den Schwiegerkindern Claudia, Ulrike, Christoph sowie den Enkelkindern Noah, Julius, Frieda Luise, Sophia Katharina, Luisa Marlena, Emma Theresa, Raphaël, Theodor Aristide Ben Dominik und Hilaria Maria Ulrike.

MARTIN VLAHO

DIAKONAT
in der katholischen Kirche

Geschichte • heutiger Stand • Zukunftsaussichten

Anlässlich des 50-jährigen Jubiläums der erstem Weihe
der Ständigen Diakone im Bistum Trier und
meines silbernen Diakonenjubiläums

Adlerstein Verlag

Impressum

Bibliografische Information der Deutschen Nationalbibliothek:
Die Deutsche Nationalbibliothek verzeichnet diese Publikation in der Deutschen National-
bibliografie; detaillierte bibliografische Daten sind im Internet über http://dnb.dnb.de abrufbar.

Autor: Martin Vlaho
Verlag: Adlerstein Verlag, www.adlerstein.de
Satz: Petra Sabert, www.sabert.de
Herstellung: BoD – Books on Demand, Norderstedt

ISBN: 978-3-9454-6299-7

Die Zitate aus der Hl. Schrift sind der Einheitsübersetzung (1980) entnommen.
Für die Abbildungen, Bilder und Tabellen wurde, soweit sie nicht freigegeben worden waren,
von den verantwortlichen Stellen die Erlaubnis zum Abdruck eingeholt.
Titelseite des Buchumschlags:
Steinigung des hl. Stephanus – des ersten Diakons und des ersten Märtyrers
(Bayern-fenster im Kölner Dom – shutterstock) – links
Hl. Philippus – einer der ersten Diakone tauft den Äthiopier – in der Mitte
(www.hospitalkirche-hof.de)
Hl. Phoebe, die hl. Paulus als Diakonin (ten diakonon = die Dienerin) bezeichnete
(Röm 16, 1) – Ikone (shutterstock) – rechts – Erklärung im Text
Rückseite des Buchumschlags:
Jesus wäscht die Füße seiner Jünger beim letzten Abendmahl
(Fresko des Malers P. Lorenzetti, aufgenommen von S. Diller)

Inhalt

Impressum... 4

Geleitwort des Erzbischofs 12

Einführung 14

A. DIE GESCHICHTE DES MÄNNLICHEN DIAKONATS BIS ZUM 14. JAHRHUNDERT 19

a) Apostelzeit.. 19

    1. Diakone der ersten christlichen Gemeinde in Jerusalem...................................... 19

    2. Hl. Paulus und der Diakonat in den ersten Kirchengemeinden außerhalb Jerusalems..................... 27

b) Diakonat nach der apostolischen Zeit (vgl. dort auch die Zitate)..................................... 30

    1. Briefe und Hinweise der Kirchenväter sowie der kirchlichen Schriftsteller........................... 30

    2. Schriften und Ordnungen der frühen Kirche................... 33

    3. Diakonat auf dem Gipfel seiner Entwicklung................. 40

    4. Verschwinden des Diakonats als unabhängiger hierarchischer Stand in der Westkirche........................ 50

B. DIE GESCHICHTE DES WEIBLICHEN DIAKONATS 60

    a) Apostolische Zeit 60

    b) Nachapostolische Zeit 62

    c) Das Verschwinden der Diakoninnen 67

C. ZEITRAUM AB DEM 14. JAHRHUNDERT ÜBER
DAS TRIDENTINISCHE (1545 - 1563) BIS ZUM
II. VATIKANISCHEN KONZIL (1962 - 1965) 68

D. DAS ZWEITE VATIKANISCHE KONZIL (1962 - 1965) 71

    a) Vorkonzilszeit 71

    b) Konzilszeit: Das Zweite Vatikanische Konzil
    (11.10.1962 - 08.12.1965) 74

    c) Nachkonziliare Zeit 81

        1. Richtlinien des Hl. Stuhls 81

        2. Erneuerung des Ständigen Diakonats in
        einzelnen Bistümern und Ländern in der Zeit
        nach dem II. Vatikanischen Konzil 88

        3. Betätigungsfelder der heutigen Diakone 100

            3.1 Liturgie (leitourgia) 100

            3.2 Zeugnis (martyria) 118

            3.3 Diakonie (diakonia) bedeutet Dienst 143

3.4 Stellvertretende Aufgaben 160

4. Vergleiche: Diakonat in der orthodoxen und
evangelischen Kirche.. 163

4.1 Diakonat in der orthodoxen Kirche 163

4.2 Diakonat in der evangelischen Kirche.................... 166

E. THEOLOGIE DES DIAKONATS................................... 169

a) Sakramentalität des männlichen Diakonats in der
Urkirche und in den späteren Zeiten über das Konzil
von Trient bis zum II. Vatikanischen Konzil 169

b) Sakramentalität des weiblichen Diakonats....................... 181

c) Ritus der Diakonenweihe.. 186

F. AUSBILDUNG UND VORBEREITUNG
DER DIAKONE FÜR DEN HEILIGEN DIENST
MIT BEISPIELEN 192

G. DIAKONISCHE SPIRITUALITÄT................................. 204

1. Eucharistiefeier 208

2. Stundengebet 211

3. Andachten in Kirchengemeinden mit und
ohne eucharistischen Segen... 218

4. Bibellesen, Ausweitung der theologischen Bildung
durch das Studium der weiterführenden Literatur 220

5. Christliche Meditation – eines der wesentlichen
Elemente der diakonischen Spiritualität 221

   5.1 Über die Meditation im Allgemeinen 221

   5.2 Wie und auf welche Weise meditieren? 225

   5.3 Traditionelle christliche Mediation nach dem
       aufmerksamen Lesen der Heiligen Schrift 227

   5.4 Rosenkranz – als Gebet und Mediation zugleich 228

   5.5 Christliche Meditation der Aufmerksamkeit
       und der Konzentration 230

6. Erholung, Hygiene des Körpers und der Seele
als Grundlage der diakonischen Spiritualität 233

7. Fasten und Abstinenz als wesentlicher (integraler)
Bestandteil der diakonischen Spiritualität 240

8. Karitative, im engeren Sinne diakonische
Tätigkeiten und ihr Einfluss auf die Spiritualität 245

9. Heilige Beichte – Quell der Erneuerung
und Korrektiv des Lebensweges 248

H. BISHERIGE ERFAHRUNGEN UND
ANMERKUNGEN ÜBER DIE VERWIRKLICHUNG
DES STÄNDIGEN DIAKONATS NACH DEM
II. VATIKANISCHEN KONZIL 250

    a) Wissenschaftliche Befunde aus
den durchgeführten Studien 250

    b) Eigene Beobachtungen und Anmerkungen aus
den Erfahrungen in Deutschland und Kroatien 258

        1. Erfahrungen einzelner Diakone in Deutschland 258

        2. Erfahrungen einzelner Diakone in Kroatien 262

I. KRITISCHE UND SELBSTKRITISCHE
ANMERKUNGEN UND VORSCHLÄGE
55 JAHRE NACH DER WIEDEREINFÜHRUNG
DES STÄNDIGEN DIAKONATS 265

    1. „Ständiger Diakonat" – „Durchgangsdiakonat" 265

    2. „Diakone im Hauptberuf" – „Diakone
im Nebenberuf oder im Zivilberuf" 267

    3. Was spricht für die (erneute) Einführung
des Frauendiakonats? 271

        3.1 Geschichtliche Dokumente über
den Frauendiakonat 271

3.2 Die Bedeutung der körperlichen und geistigen
    Unterschiede zwischen den weiblichen und
    männlichen Personen sowie die gesellschaftliche
    Verantwortung als Stütze für die (erneute)
    Einführung des Frauendiakonats 274

4. Vorschläge für die Korrekturen auf dem Boden der
    beschriebenen bisherigen Erfahrungen 279

    4.1 Das Verhältnis der Bischöfe zu den Diakonen 279

    4.2 Vorschläge für die Lösung der offenen Fragen
        des II. Vatikanischen Konzils 289

    4.3 Aufgetürmte Fragen und Probleme
        rufen nach einem neuen Konzil 292

J. PERSPEKTIVEN FÜR DIE ZUKUNFT
   DER KIRCHE – PERSPEKTIVEN FÜR
   DIE ZUKUNFT DES DIAKONATS 295

   a) Aussichten für die Zukunft der Kirche 295

      1. Allgemeine Vorüberlegungen 295

         1.1 Jetziger Zustand der Kirche –
            mögliche Szenarien 295

         1.2 Argumente für eine gute Zukunft der Kirche 300

      2. Papst Franziskus und die Vision einer
         nachhaltigen Erneuerung der Kirche 311

3. Neues Konzil-Forum für die Lösungen der
    angehäuften Fragen und Probleme und zugleich
    ein Ansporn für die Erneuerung der Kirche? 316

    b) Aussichten für die Zukunft des Diakonats 320

K. ZUSAMMENFASSENDE DARSTELLUNG DES BUCHINHALTES „DIAKONAT IN DER KATHOLISCHEN KIRCHE" 324

Literatur 344

Register der Personennamen 351

Thematisches Register 359

Zum Autor 367

GELEITWORT DES ERZBISCHOFS

Sehr geehrter Herr Prof. Dr. Martin Vlaho,

Ihr Manuskript unter dem Titel „Diakonat in der Katholischen Kirche" habe ich erhalten und bedanke mich herzlich dafür. Gerne entspreche ich Ihrem Anliegen nach einer positiven Bewertung dieser Arbeit. Das Thema ist interessant und gut bearbeitet, und ich empfehle aus folgenden Gründen, es zunächst in Kroatien und dann auch im deutschsprachigen Raum zu veröffentlichen:

1. Wir haben im Jahre 2018 das 50-jährige Jubiläum der Weihe der ersten Ständigen Diakone in der Katholischen Kirche nach dem II. Vatikanischen Konzil gefeiert, die in Deutschland am 28. April 1968 in Kölner Dom durch Weihbischof Dr. Augustinus Frotz gespendet wurde. Im Jahr 2019 feierten wir das 50-jährige Jubiläum der Weihe der ersten Diakone in Österreich und im Jahr 2020 das 50-jährige Jubiläum der Weihe der ersten Diakone im Bistum Trier – also genügend Anlässe, das Thema „Diakonat in der Katholischen Kirche" in den Blick zu nehmen und zu vertiefen.

2. Der ständige Diakonat entwickelte sich verhältnismäßig schnell: Im Jahr 2017 gab es weltweit 45.255 Ständige Diakone in der Katholischen Kirche.

3. Ihr Buch ist das erste dieser Art in kroatischer Sprache. Es enthält eine Fülle von Daten und stellt die Positionen des größten Teils der deutschsprachigen Theologie zu diesem Thema vor. Inhaltlich werden außerdem einige theologische Fragen aufgeworfen, die es weiter zu erörtern gilt.

4. Sie haben mit diesem Buch nicht nur eine Fülle von Überlegungen zu diesem theologischen Gebiet, vor allem in Deutschland, Kroatien, Österreich und der Schweiz veröffentlicht, sondern alles auch durch persönliche und lebensnahe Erfahrung als langjähriger Ständiger Diakon mit einem praktizierten Glauben als Familienvater und als hervorragender Arzt begleitet und untermauert.

Dr. Nikola Eterović
Titularerzbischof von Cibale und
Apostolischer Nuntius in Deutschland

EINFÜHRUNG

Was ist Diakonat, seit wann existiert er, wie war seine Entwicklung, welche Bedeutung hat er für unsere jetzige Zeit und wie sind die Aussichten für seine Zukunft einzuschätzen? Am Beispiel der vier Länder – Deutschland, Österreich, Schweiz und Kroatien – werden wir ganz konkret und ausführlich zeigen, wie sich der Diakonat entwickelt hat, und wie er jetzt von der katholischen Bevölkerung wahrgenommen wird. In Deutschland, Österreich und der Schweiz sind die Gläubigen relativ schwach oder ungenügend mit der Bedeutung des Diakonats bekannt gemacht, in vielen anderen Ländern der katholischen Welt ist die Mehrheit der Gläubigen darüber kaum unterrichtet worden, denn noch immer gibt es viele Diözesen, in denen es keine Diakone gibt. Dazu gehört auch Kroatien, wo in der Hälfte der Bistümer keine Ständigen Diakone geweiht worden sind. Was die Literatur über den Diakonat betrifft, sind gewaltige Unterschiede zu verzeichnen: In Kroatien gab es beispielsweise bis zur Veröffentlichung dieses Buches in kroatischer Sparache im Jahr 2018 kein systematisches Buch darüber.

Gerade deshalb hat sich die vorliegende Arbeit zum Ziel gesetzt, den Diakonat objektiv und möglichst genau zu beschreiben: Seine Entstehung, die bis in die Apostelzeit hineinreicht, danach Schritt für Schritt seine Entfaltung in der Urkirche und seinen weiteren Verlauf in den nächsten Jahrhunderten, um schließlich auf die Gründe hinzuweisen, weshalb der Diakonat in der katholischen Kirche um das Jahr 1000 bis auf wenige Ausnahmen als selbstständiger Stand sozusagen aufgehört hat zu existieren.

Das tragische Verschwinden des Diakonats gegen Ende des ersten Jahrtausends hat große Auswirkung auf die Entwicklung und Ausrichtung der Kirche gehabt. Nach dem ersten Jahrtausend übernahmen die Presbyter (Priester) größtenteils die liturgischen Funktionen der Diakone und wurden somit mit dem Bischof die einzigen Träger der Seelsorge in der Kirche. Ca. 500 Jahre später hat sich jedoch gezeigt, dass die Priester auch zahlenmäßig nicht in der Lage waren, alle seelsorglichen Aufgaben in den damaligen christlichen Gemeinden zu erfüllen, ganz besonders hat man den Mangel an

Presbytern in den Missionsländern zu spüren bekommen. Deshalb bemühte sich das Konzil von Trient (1545-1563), den Diakonat in der katholischen Kirche wiederzubeleben, verfasste wichtige Dokumente hierzu, jedoch ohne Erfolg, denn die Erneuerung des Diakonats hat sich in praxi nicht ereignet. Es fehlte der Wille zur Umsetzung der Trienter Beschlüsse. Danach sind noch weitere 400 Jahre vergangen, bis die Wiedereinführung des Ständigen Diakonats auf dem II.Vatikanischen Konzil Wirklichkeit wurde. Vor etwas mehr als 55 Jahren auf dem II.Vatikanischen Konzil (1962-1965) geschah endlich die Wiederbelebung und Neueinführung des vergessenen Diakonats in der katholischen Kirche als eines selbstständigen und konstitutiven (verfassungsgemäßen) Elements der Kirchenleitung, um auf diese Weise wieder die Fülle des dreigliedrigen Weihesakraments (Bischof, Priester und Diakon) herzustellen, welches ca. tausend Jahre nur auf Bischöfe und Priester eingeengt war. Der Diakonat bestand in dieser Phase fast nur als Durchgangsstufe zum Priestertum.

Der revolutionäre Zug des II. Vatikanischen Konzils hat eine sehr große Bedeutung für die ganze katholische Kirche gehabt. In den vergangenen 55 Jahren nach dem II. Vatikanischen Konzil sind in vielen Ländern nach und nach die Ständigen Diakone geweiht worden, die zu einer Veränderung des Erscheinungsbildes der Kirche beigetragen haben. Nun stellt sich die Frage: Welche genaue Bedeutung hat die Wiederbelebung und Erneuerung des Diakonats in der katholischen Kirche zur Folge gehabt? Gibt es eine Zukunft der Kirche und wenn ja, welche Rolle spielen die Diakone in der Verwirklichung des Reiches Gottes durch diese Kirche?

Die intensiv diskutierten Probleme der heutigen katholischen Kirche beinhalten unter anderem die Rolle der Frauen in der Kirche. Sollte auch der Diakonat der Frauen, der nach der Einschätzung vieler Gelehrten existiert hat, ebenso wiederbelebt werden? Ist die Zeit dafür gekommen? Diese Frage ist sehr aktuell geworden, nachdem der jetzige Papst Franziskus während der Audienz am 12.05.2016 vor 870 Generaloberinnen der verschiedenen Frauenorden versprochen hatte, dass er die Frage der Diakoninnen in der ersten Jahrhunderten des Christentums durch eine Kommission überprüfen werde, um danach seine Entscheidung definitiv zu fällen. Die eingesetzte Kommission hat Ende des Jahres 2018 ihre Ergebnisse dem Papst vorgelegt, und die ganze katholische Welt wartet noch auf die Veröffentlichung der definitiven Befunde dieser Kommission. Die Frage ist dann erneut auf der Amazonas-Synode (6.‑27.10.2019) aufgegriffen und im Schlussdokument folgendermaßen formuliert worden: „Eine große Anzahl von Konsultationen forderte, den ständigen Diakonat für Frauen einzurichten. Aus diesem Grund war das Thema sehr präsent. Bereits im Jahre 2016 hatte Papst Franziskus eine „Studienkommission zum Diakonat der Frau" ins Leben gerufen. Die Kommission formulierte jedoch ein einseitiges Ergebnis über das Frauendiakonat in den ersten Jahrhunderten der Kirche und dessen Auswirkungen heute. Deshalb wollen wir unsere eigenen Erfahrungen und Reflexionen mit der Kommission austauschen und die Ergebnisse dieses Austausches abwarten".[1]

Am 12.02.2020 wurde vom Papst Franziskus das nachsynodale apostolische Schreiben als Zusammenschau der erwähnten Sonderversammlung der Bischöfe in Rom veröffentlicht. Das Schreiben hat die Form einer Exhortation, d.h. einer Ermunterung. Sie ist die Antwort des Papstes Franziskus auf die Empfehlungen der Amazonas-Synode, welche unter anderem auch die Einführung des Diakonats der Frauen als pastorale Notwendigkeit in unserer modernen Zeit erkannt hat. Die Antwort des Papstes im nachsynodalen Schreiben „Querida Amazonia" lautet:

„In einer synodalen Kirche sollten die Frauen, die in der Tat eine zentrale Rolle in den Amazonasgemeinden spielen, Zugang zu Aufgaben und auch kirchlichen Diensten haben, die nicht die heiligen Weihen erfordern, und es ihnen ermöglichen, ihren eigenen Platz besser zum Ausdruck zu bringen".[2] Damit ist zunächst der Zugang der Frauen zu der Weihe zum jetzigen Zeitpunkt nicht möglich. Bei der Deutung des Schreibens erklärte

---

[1]   Vgl. https://www.adveniat.de > aktuelles (Bischofssynode – Sonderversammlung für Amazonien > Amazonien – Neue Wege für die Kirche und für eine ganzheitliche Oekologie >, Schlussdokument, 25. Oktober 2019), Nr. 103.

[2]   Vgl. Papst Franziskus, Querida Amazonia (deutsche Übersetzung), 2020, Nr. 103.

der Kardinal R. Marx: „Das Thema ist nicht beendet."[3] Auch der Vertrauter des Papstes Jesuitenpater Antonio Spadaro und mit ihm viele andere Theologen verstehen die Absicht des päpstlichen nachsynodalen Schreibens als eine Art der 'Begleitung' des Abschlussdokuments der Synode, denn der Papst wolle den auf der Synode vorgezeichneten Weg weiterführen und reifen lassen.[4]

Papst Fanziskus hat am 08.04.2020 nun doch eine neue Kommission von 10 Wissenschaftlern (5 Frauen und 5 Männer) einberufen, die den Versuch unternehmen soll, die Fragen des Frauendiakonats noch gründlicher zu überprüfen, weil es offenbar zu keinem eindeutigen Ergebnis und Votum seitens der im Jahre 2016 errichteten Kommission gekommen war.[5]

Das vorliegende Buch hat die Absicht, mit Sachverstand auch den Spuren des weiblichen Diakonats nachzugehen, wissenschaftlich zu erörtern und zu beleuchten. Es ist als ein Beitrag gedacht, die Diskussionen auf dem Synodalen Weg der deutschen Bistümer, der zum Adventsbeginn 2019 eröffnet wurde, unterstützend zu begleiten.

Die Beschreibung des geschichtlichen Werdegangs des Diakonats – sowohl des männlichen als auch des weiblichen – werden wir ohne Verkürzung, klar und unmissverständlich – basierend auf den neueren wissenschaftlichen Daten – offen legen, insbesondere werden wir auf die Gründe, die zum Verschwinden des Diakonats geführt haben, hinweisen. Das gehört zur „aktiven Erinnerungskultur", welche immer eine Auswirkung auf die Gegenwart hat. Was die eigenen Beobachtungen, Erlebnisse, Anmerkungen und Vorschläge betrifft, so ist hierbei vieles subjektiver Natur. Das beinhaltet, dass manches in diesem Kontext nur als ein Diskussionsbeitrag zu verstehen ist, der zu Diskursen und weiteren Klärungen anregen möchte. In der Quintessenz geht es uns nur darum, eine Aufklärungsarbeit zu leisten, eine breite Diskussion über den Diakonat, auch über den Frauendiakonat,

---

[3] Vgl. https://www.die-tagespost.de/kirche-aktuell/Marx-Die-Tuer-ist-nicht-zu; art4874,205438

[4] Vgl. https://www.domradio.de vom 14.02.2020 (Stimmen zum Papstschreiben zur Amazonas-Synode).

[5] Vgl. https://www.katholisch.de > artikel sowie https://www.domradio.de >kom…

unter den Gläubigen und dem Klerus anzustoßen, um eine weitere Forderung und Förderung des Diakonats in der katholischen Kirche voranzubringen.

Zum Schluss danke ich meiner Familie sowie vielen Freunden und Bekannten für die Unterstützung während der vorbereitenden Phase dieser Arbeit. Für das Lesen des Manuskripts, kritische Anmerkungen und entsprechende sehr wertvolle Vorschläge danke ich dem Ethnomuskologen Dr. sc. Jerko Martinić, dem Chirurgen Dr. med. Duje Delonga, Prof. Dr. theol. Franjo Šanjek O. P., Prof. Dr. theol. Nediljko Ante Ančić, dem Diakon Helmuth Knörzer und dem Chefredakteur des „Glas Koncila" (Zagreb) Msgr. Ivan Miklenić. Ebenso gilt mein Dank P. Dr. Dr. Mate Lukač O.P. und Lic. theol. P. Tihomir Ilija Zovko O. P. für die ermutigenden Rezensionen nach der Veröffentlichung dieses Buches in etwas abgeänderter Form auf Kroatisch. Danken möchte ich auch dem Verleger Herrn Hans-Jürgen Sträter und der Grafikerin Frau Petra Sabert für die engagierte Unterstützung bei der Druckvorbereitung.

Last but not least bin ich zu großem Dank und Respekt S. E. Msgr. Dr. Nikola Eterović, Titularerzbischof von Cibale und Apostolischer Nuntius in Deutschland sehr verpflichtet, der mich bei der Endfassung des Manuskripts fachlich beraten und mir mit guten Vorschlägen zur Seite gestanden hat.

A. DIE GESCHICHTE DES MÄNNLICHEN DIAKONATS BIS ZUM 14. JAHRHUNDERT

a) Apostelzeit

1. Diakone der ersten christlichen Gemeinde in Jerusalem

Im sechsten Kapitel der Apostelgeschichte wird genau und sehr klar beschrieben, wie es zur Gründung des Diakonats gekommen war (Apg 6,1 - 6,6). Bis zu diesem bedeutenden Zeitpunkt haben die Apostel allein die vielfältigen Aufgaben und Dienste in der ersten Gemeinde der Getauften verrichtet. Da die Zahl der Christen sehr schnell wuchs und damit auch die Anforderungen seitens der vielen Mitglieder der Urkirche, ist es zu einem Missverhältnis zwischen den sich immer größer werdenden Aufgaben einerseits und der Zahl der Apostel andererseits gekommen. Wie also einen Ausweg herauszufinden, um die größere Gemeinde sachgerecht zu versorgen? Die Apostelgeschichte (6,1 - 6,6) beschreibt im Detail, wie die Apostel eine Lösung gefunden haben: „In diesen Tagen, als die Zahl der Jünger zunahm, begehrten die Hellenisten gegen die Hebräer auf, weil ihre Witwen bei der täglichen Versorgung übersehen wurden. Da riefen die Zwölf die ganze Schar der Jünger zusammen und erklärten: Es ist nicht recht, dass wir das Wort Gottes vernachlässigen und uns dem Dienst an den Tischen widmen. Brüder, wählt aus eurer Mitte sieben Männer von gutem Ruf und voll Geist und Weisheit; ihnen werden wir diese Aufgabe übertragen. Wir aber wollen beim Gebet und beim Dienst am Wort bleiben. Der Vorschlag fand den Beifall der ganzen Gemeinde, und sie wählten Stephanus, einen Mann, erfüllt vom Glauben und vom Heiligen Geist, ferner Philippus und Prochorus, Nikanor und Timon, Parmenas und Nikolaus, einen Proselyten aus Antiochia.[6] Sie ließen sie vor die Apostel hintreten und diese beteten

---

[6] Die Sieben waren Hellenisten – (erkennbar an ihren Namen). Vgl. https://de.m.wikipedia.org/wiki/Sieben_Dia...

und legten ihnen die Hände auf." Das ist der Augenblick der Gründung des Diakonats in der Urkirche, seine Geburtsstunde. Auffallend bei diesem Bericht ist es, dass gerade die sozialen Nöte und Mängel bei der Versorgung der Gläubigen mit Nahrung die Apostel auf die Idee gebracht haben, neue Möglichkeiten zur Lösung der entstandenen Probleme zu suchen. Es sticht ins Auge auch die Tatsache, dass sich die Apostel bei der Auseinandersetzung mit den entstandenen Schwierigkeiten nicht in ein „Konklave" oder in einen Raum zurückziehen, um neue Regelungen zur Behebung der sozialen Nöte zu beschließen, sondern lassen die gesamte damalige christliche Gemeinde daran mitwirken, damit auch die Gemeindemitglieder an dieser wichtigen Entscheidungsfindung aktiv teilhaben. „Der Vorschlag fand den Beifall der ganzen Gemeinde, und sie **wählten…**" beschreibt es die Apostelgeschichte (6,5). Hierin sind auch die demokratischen Elemente der Urkirche unter Inspiration und Leitung des Hl. Geistes erkennbar.

Aus dem *Kontext* der Apostelgeschichte kann man schließen, dass die Apostel sich nach der Wahl jener sieben ersten Diakone nicht gänzlich aus dem karitativen Bereich zurückgezogen haben. Wir wissen, dass sie auch später Anstrengungen auf sich genommen haben, um die Hilfe für die in Not geratenen Gläubigen zu organisieren z.B. Almosensammlung und die Beiträge der Jünger in Mazedonien, Achaia und Antiochia für die Jünger*innen in Judäa, wo Hungersnöte ausgebrochen waren. Hier sei besonders auf die Sammlung in Antiochia hingewiesen (vgl. Apg 11,27 - 30): „In jenen Tagen kamen von Jerusalem Propheten nach Antiochia hinab. Einer von ihnen namens Agabus trat auf und weissagte durch den Geist, eine große Hungersnot werde über die ganze Erde kommen. Sie brach dann unter Klaudius aus. Man beschloss, jeder von den Jüngern solle nach seinem Vermögen den Brüdern in Judäa etwas zur Unterstützung senden. Das taten sie auch und schickten ihre Gaben durch Barnabas und Saulus an die Ältesten." Aus den erwähnten Texten ist zu ersehen, dass die Apostel den Schwerpunkt ihres Wirkens in Gebet und Verkündigung des Evangeliums setzten, vernachlässigten aber *keinesfalls* ihre Aufgaben bei der lebenswichtigen Versorgung der Gläubigen mit materiellen Gütern. Dort jedoch, wo ihre Möglichkeiten nicht ausreichten, verteilten sie die Aufgaben und Anforderungen auf mehrere „Schultern" und übertrugen den Auftrag und[7] die Ermächtigung zu solchen Taten an die Personen „voll des Geistes und der Weisheit" – in diesem Falle auf die ersten Diakone.

Die Apostel legen die Hände auf die sieben ersten Diakone (Jean Fouquet: Stundenbuch des Etienne Chevalier, 15 Jh., Museum Condé in Chantilly)[8]

---

[7]   Vgl. T. SÖDING „Nicht bedient zu werden, sondern zu dienen" (Mk 10,45), Diakonie und Diakonat im Licht des Neuen Testaments, in: K. Armbruster / M.Mühl (Hg.), Bereit wozu? Geweiht für was? Zur Diskussion um den Ständigen Diakonat, 2009, S. 56-57.

[8]   Mit Genehmigung des Instituts für den Ständigen Diakonat, Wien.

Auf der anderen Seite verrichten die ersten Diakone ihre Aufgaben nicht einzig und ausschließlich damit, dass sie die armen und bedürftigen Menschen mit Essen und Trinken versorgen. Auch die Apostel selbst charakterisieren die ersten Diakone als „Männer von gutem Ruf und voll Geist und Weisheit" (Apg 6,3). Es ist offensichtlich, dass es sich bei der Wahl der ersten Diakone **nicht nur** um die materielle Versorgung der Gläubigen handelt, obwohl Essen und Trinken für die Erhaltung unseres Lebens unbedingt notwendig sind; es geht um etwas noch höheres, nämlich um die ganzheitliche Dimension des Lebens, die sich im Hören des Wortes Gottes erschließt und ins Reich Gottes einmündet, was beinhaltet, dass die reelle Aussicht auf das ewige Leben nur hier zum Vorschein kommt.

Denn „der Mensch lebt nicht nur von Brot, sondern von jedem Wort, das aus Gottes Mund kommt" (Mt 4, 4). So helfen die ersten Diakone – neben der täglichen Versorgung im Dienst an den Tischen – den Aposteln in der Verkündigung des Wortes Gottes, der Ausbreitung der frohen Botschaft sowie beim Taufen jener, die das Evangelium Jesu Christi angenommen hatten, mit.

Wie sah der Dienst der ersten Diakone konkret in der Praxis aus?

Den praktischen Dienst der ersten Diakone können wir gemäß den Beschreibungen der Apostelgeschichte über die biographischen Daten der Diakone genau verfolgen: Hl. Stephanus, einer der ersten Diakone z.B., hat sicherlich den Dienst an den Tischen bei der Versorgung der Gläubigen mit Speisen und Trank verrichtet. Er wird in der Apostelgeschichte außerdem als ein Mann voll des Glaubens und des Hl. Geistes vorgestellt, was zur Folge hatte, dass er nicht nur die Versorgung seiner Mitmenschen mit materiellen Gütern zum Überleben im Auge behält, sondern inspiriert vom Hl. Geist seine ganze Wirkkraft auch auf dem Gebiet der Verwirklichung des Gottes Reiches einsetzt, in welchem der Mensch zur Fülle des Lebens kommt, sogar hier und jetzt und in jeder Lebensperiode mit der realen Perspektive des ewigen Lebens. In der Apostelgeschichte wird im Einzelnen das Wirken des ersten Diakons, des hl. Stephanus, genau beschrieben (6,8-15 und 7,1-60): Stephanus (wahrscheinlich ein Hellenist, sein Name

Heiliger Stephanus, der erste Diakon und
der erste Märtyrer des Christentums
(Statue in der Kirche von Čerin, unweit
von Međugorje, Bosnien und Herzegowina)

bedeutet „Krone") führt eine heiße und gefährliche
Diskussion mit den Vertretern der damalige Synagoge und weist auf die Ereignisse der jüdischen
Geschichte hin, um zu beweisen, dass gerade die
Geschichte Israels auf ein einziges Ziel ausgerichtet war und ist, nämlich auf den Messias Jesus
Christus aus Nazareth. Seine Argumentation ist
so feinsinnig, inhaltlich fundiert und überzeugend,
dass man sich ihr nicht verschließen kann. Die
jüdischen Diskussionsteilnehmer sind aber so
erstarrt und eingefroren in ihren präformierten
(durch Vorurteile unbeweglichen) Meinungen, dass sie die einleuchtende
und glaubwürdige Argumentation des hl. Stephanus nicht annehmen wollen.
Die Rede des Stephanus ruft bei ihnen blinde Wut, Hass und Zorn hervor.
Deshalb greifen sie zu Steinen und werfen sie auf Stephanus, um ihn zu
töten. Die Apostelgeschichte dazu wörtlich: „Als sie das hörten, waren sie
aufs Äußerste über ihn empört und knirschten mit den Zähnen. Er aber
erfüllt vom Heiligen Geist, blickte zum Himmel empor, sah die Herrlichkeit
Gottes und Jesus zur Rechten Gottes stehen. Da erhoben sie ein lautes Geschrei, hielten sich die Ohren zu, stürmten gemeinsam auf ihn los, trieben
ihn zur Stadt hinaus und steinigten ihn. Die Zeugen legten ihre Kleider
zu Füßen eines jungen Mannes nieder, der Saulus hieß. So steinigten sie
Stephanus; er aber betete und rief: Herr Jesus, nimm meinen Geist auf!
Dann sank er in die Knie und schrie laut: Herr, rechne ihnen diese Sünde
nicht an! Nach diesen Worten starb er" (Apg 7,54-60). So hat der erste
Diakon Stephanus sein Leben im Dienst des Messias Jesus Christus und

im Dienst an den damaligen Gläubigen vollendet. Das ist dererste Diakon und zugleich der erste Märtyrer der christlichen Kirche.

Der zweite Prototyp der ersten Diakone war der hl. Philippus. Auch bei ihm können wir die charakteristischen Umrisse und Merkmale der ersten Diakone erkennen. Es ist sicher, dass auch er „den Dienst an den Tischen" verrichtet und sich darum bemüht hat, Hilfe zu leisten sowie die Bedürftigkeit, Nöte und Armut zu mildern. Aber auch er macht keinen Halt ausschließlich bei diesen lebenswichtigen Aufgaben. Wir sehen ihn ebenso bei seinem großherzigen Einsatz, bei dem er sich nicht nur auf die materielle Hilfe fokussiert. Philippus bemüht sich eifrig in der Ausbreitung der frohen Botschaft Jesu Christi. Die Apostelgeschichte berichtet (Apg 8,4 - 8,8): „Die Gläubigen, die zerstreut worden waren, zogen umher und verkündeten das Wort. Philippus aber kam in die Hauptstadt Samariens hinab und verkündete dort Christus. Und die Menge achtete einmütig auf die Worte des Philippus; sie hörten zu und sahen die Wunder, die er tat. Denn aus vielen Besessenen fuhren unter lautem Geschrei die unreinen Geister aus; auch viele Lahme und Krüppel wurden geheilt. So herrschte große Freude in jener Stadt." Ein wenig später heißt es: „Als sie jedoch dem Philippus Glauben schenkten, der das Evangelium vom Reich Gottes und vom Namen Jesu Christi verkündete, ließen sie sich taufen, Männer und Frauen" (Apg 8,12). Die Apostel in Jerusalem, sind offensichtlich über die Taufen vieler Männer und Frauen in Samarien unterrichtet worden, und sie fassen deshalb den Entschluss, den Philippus in seiner Mission zu unterstützen, worüber die Apostelgeschichte genau berichtet (Apg 8,14 - 8,17):

„Als die Apostel in Jerusalem hörten, dass Samarien das Wort Gottes angenommen hatte, schickten sie Petrus und Johannes dorthin. Diese zogen hinab und beteten für sie, sie möchten den Heiligen Geist empfangen. Denn er war noch auf keinen von ihnen herabgekommen; sie waren nur auf den Namen Jesu Christi, des Herrn, getauft. Dann legten sie ihnen die Hände auf und sie empfingen den Heiligen Geist".

Sehr bedeutend und charakteristisch für das diakonische Wirken des hl. Philippus ist auch seine Begegnung mit dem Hofbeamten der Königin von Äthiopien, dem Verwalter ihres gesamten Schatzes (heute würden wir ihn als Finanzminister der Königin bezeichnen): „Ein Engel des Herrn sagte zu Philippus: Steh auf und zieh nach Süden auf der Straße, die von Jerusalem nach Gaza hinabführt. Sie führt durch eine einsame Gegend. Und er brach auf. Nun war da ein Äthiopier, ein Kämmerer, Hofbeamte der Kandake, der Königin der Äthiopier, der ihren ganzen Schatz verwaltete. Dieser war nach Jerusalem gekommen, um Gott anzubeten, und fuhr jetzt heimwärts. Er saß auf dem Wagen und las den Propheten Jesaja. Und der Geist sagte zu Philippus: Geh und folge diesem Wagen. Philippus lief hin und hörte ihn den Propheten Jesaja lesen. Da sagte er: Verstehst du auch, was du liest? Jener antwortete: Wie könnte ich es, wenn mich niemand anleitet? Und er bat den Philippus einzusteigen und neben ihm Platz zu nehmen. Der Abschnitt der Schrift, den er las, lautete: Wie ein Schaf wurde ich zum Schlachten geführt; und wie ein Lamm, das verstummt, wenn man es schert, so tat er seinen Mund nicht auf. In der Erniedrigung wurde seine Verurteilung aufgehoben. Seine Nachkommen, wer kann sie zählen? Denn sein Leben wurde von der Erde fortgenommen. Der Kämmerer wandte sich an Philippus und sagte: ich bitte dich, von wem sagt der Prophet das? Von sich selbst oder von einem anderen? Da begann Philippus zu reden und ausgehend von diesem Schriftwort verkündete er das Evangelium von Jesus. Als sie nun weiterzogen, kamen sie zu einer Wasserstelle. Da sagte der Kämmerer: Hier ist Wasser. Was steht meiner Taufe noch im Weg? Er ließ den Wagen halten und beide, Philippus und der Kämmerer, stiegen in das Wasser hinab und er taufte ihn. Als sie aber aus dem Wasser stiegen, entführte der Geist des Herrn den Philippus. Der Kämmerer sah ihn nicht mehr und er zog voll Freude weiter. Den Philippus aber sah man in Aschdod wieder. Und er wanderte durch alle Städte und verkündete das Evangelium, bis er nach Cäsarea kam" (Apg 8,26-40).

Dort in Cäsarea lebt Philippus als ein ganz „normaler" Mensch mit seiner Familie. Wichtig zu erwähnen ist auch die Begegnung des Philippus mit dem hl. Paulus in Cäsarea. In der Apostelgeschichte ist auch die dritte Missionsreise des Paulus über Milet und Cäsarea nach Jerusalem ausführlich beschrieben. Dort heißt es: „Am folgenden Tag kamen wir nach Cäsarea. Wir gingen in das Haus des Evangelisten Philippus, der einer von den Sieben war und blieben bei ihm. Er hatte vier Töchter, prophetisch begabte Jungfrauen" (Apg 21, 8 - 9). Philippus bietet hier dem hl. Paulus und seinen Begleitern die *Gastfreundschaft* offensichtlich für eine längere Zeit an, denn es heißt weiter: „Wir blieben (dort) mehrere Tage" (Apg 21,10).

Hl. Philippus – einer der ersten sieben Diakone – tauft den Äthiopier
(www.hospitalkirche-hof.de)

In der Urkirche in Jerusalem werden also die ersten sieben Diakone von den Aposteln selbst durch die Auflegung ihrer Hände und Ihr Gebet für den diakonischen Dienst geweiht. Bei den zwei Vertretern von jenen Sieben – Stephanus und Philippus – sehen wir exemplarisch (beispielhaft), welche Aufgaben sie unter Führung der Apostel verrichteten. Diese können wir als Prototypen oder Vorbilder der diakonischen Dienste in der Urkirche bezeichnen, denn hier kommen die wesentlichen Elemente des von den Aposteln neu gegründeten Amtes zum Ausdruck, welche auch in unserer Zeit ihre Gültigkeit besitzen nämlich: Sorge um die materielle und geistige Bedürfnisse all jener, die in Not, Bedrängnis, Ungemach, Armut, Krankheit, Vergessenheit, Verzweiflung und Aussichtslosigkeit geraten; die Verkündigung des Evangeliums Jesu Christi im öffentlichen und im privaten Bereich (wie damals in der Diskussion und Streitgespräch mit den Vertretern der Synagoge oder unterwegs mit dem Äthiopier); die Spendung der Taufe all jenen, die zum Glauben an Christus gekommen waren (wie z.B. den Menschen in Samarien oder dem Äthiopier); das Entgegenkommen beim Anbieten der Gastfreundschaft und der Unterstützung, die in der Apostelgeschichte (21, 8) bei der Beschreibung des Aufenthalts des hl. Paulus und seiner Begleiter im Haus des Philippus erwähnt wird. Dieser Einsatz in der Ausbreitung des Reiches Gottes gepaart mit den diakonischen (karitativen) Aufgaben sind ebenso heute gleich aktuell für die Diakone unserer jetzigen Kirche.

2. Hl. Paulus und der Diakonat in den ersten Kirchengemeinden außerhalb Jerusalems

Hl. Paulus verbreitet die Botschaft von Christus auch außerhalb des jüdischen Gebiets und öffnet so die Tür zur Verwirklichung des Reiches Gottes in der ganzen Welt, getreu dem Auftrag Jesu: „Mir ist alle Macht gegeben im Himmel und auf der Erde. Darum geht zu allen Völkern und macht alle Menschen zu meinen Jüngern; tauft sie auf den Namen des Vaters und des

Sohnes und des Heiligen Geistes, und lehrt sie, alles zu befolgen, was ich euch geboten habe" (Mt 28,18-20). Er bemühte sich unermüdlich, in alle Gegenden der damals bekannten Welt zu kommen, um für das anbrechende Reich Gottes, wie es Jesus von Nazareth verkündet hat, zu werben. Trotz großen Hindernissen und Schwierigkeiten gelang es ihm, die ersten christlichen Gemeinden auch außerhalb des jüdischen Volkes, bei den sog. Heiden, zu gründen. Wir haben bereits gesehen, wie hl. Paulus auf seiner dritten Missionsreise dem Philippus, einem der Sieben, in Cäsarea begegnet. Da Paulus bereits einige Male in Jerusalem war und dort Gespräche mit Petrus und anderen Aposteln führte, war er sicherlich über die Struktur der ersten Gemeinde in Jerusalem als auch über das neu eingerichtete Amt der ersten Diakone unterrichtet worden. Auf seinen großen Missionsreisen gründete er zahlreiche christliche Gemeinden und setzte seine Vertreter ein, als er in die anderen Gebiete der damals bekannten Welt weiterzog. Er hat offensichtlich das vor Augen gehabt, was er auch in der von den Aposteln geleiteten Urgemeinde in Jerusalem erfahren durfte. Aus den Briefen des hl. Paulus können wir ziemlich präzise rekonstruieren, was er unternommen hat, um das religiöse Leben in den neu gegründeten Gemeinden zu ordnen. So beschreibt er mit klaren Worten und genauen Formulierungen, worin der Diakonendienst besteht und mit welchen Qualifikationen die Träger des Diakonenamtes ausgestattet werden sollten. In dem Brief an die Philipper steht sogleich am Anfang: „Paulus und Timotheus, Knechte Christi Jesu, an alle Heiligen in Christus Jesus, die in Philippi sind, mit ihren Bischöfen und Diakonen. Gnade sei mit euch und Friede von Gott, unserem Vater, und dem Herrn Jesus Christus" (Phil 1,1-2). In seinem ersten Brief an Timotheus spricht Paulus auch vom geistigen Profil und den Qualifikationen eines Diakons:

„Ebenso sollen die Diakone sein: achtbar, nicht doppelzüngig, nicht dem Wein ergeben und nicht gewinnsüchtig; sie sollen mit reinem Gewissen am Geheimnis des Glaubens festhalten. Auch sie soll man vorher prüfen, und nur wenn sie unbescholten sind, sollen sie ihren Dienst ausüben. Ebenso sollen die Frauen ehrbar sein, nicht verleumderisch, sondern nüchtern und in allem zuverlässig. Die Diakone sollen nur einmal verheiratet sein und ihren Kindern und ihrer Familie gut vorstehen. Denn wer seinen Dienst gut versieht, erlangt einen hohen Rang und große Zuversicht im Glauben an Christus Jesus" (1 Tim 3,8‑13).

Es ist offensichtlich, dass dieser Katalog der Eigenschaften eines Diakons über die bewährte Struktur der kirchlichen Organisation in Kleinasien Zeugnis gibt, wo Bischöfe und ihre Diakone sich um die Seelsorge der Gläubigen in den damaligen Gemeinden kümmern. Die späteren Quellen berichten auch darüber, dass die Bischöfe und die Diakone konstitutiv (verfassungsgemäss) einer christliche Gemeinschaft angehören (vgl. Klemens von Rom 1 Clem 42,4 s ; sowie Didache 15,1).[9]

Zusammenfassend können wir sagen: Die Apostel haben in der ersten Kirchengemeinde in Jerusalem dem Volke Gottes vorgeschlagen, unter ihnen sieben Männer „voll Geist und Weisheit" auszuwählen, damit sie diese als ihre Helfer bei der Verrichtung der seelsorglichen Aufgaben bestellen, denn sie waren nicht in der Lage, die Fülle der verschiedenen Aufgaben bei der wachsenden Zahl der Gläubigen zu bewältigen. Am Beispiel der zwei Prototypen der ersten Diakone – Stephanus und Philippus – sehen wir, wie die Diakone nicht nur „den Dienst an den Tischen" übernehmen und sich um diejenigen kümmern, die Hunger und Durst haben, sondern wie sie vor allem das Evangelium, das Wort Gottes verkünden, die zum Glauben an Christus Gekommenen taufen und die Arbeit der Apostel überall unterstützen. Hl. Paulus, der Heidenapostel, erwähnt und charakterisiert die Diakone als einen besonderen Dienst in den christlichen Gemeinden, die außerhalb des jüdischen Volkes entstanden waren.

---

[9]   Vgl. bei: G. L. MÜLLER (Hg.), Der Diakonat – Entwicklung und Perspektiven, Studien der Internationalen Theologischen Kommission zum sakramentalen Diakonat, 2004, S. 20‑21.

b) Diakonat nach der apostolischen Zeit [10]
(vgl. dort auch die Zitate)

1. Briefe und Hinweise der Kirchenväter sowie der kirchlichen Schriftsteller

Wie sich der Diakonat nach der apostolischen Zeit entwickelt hat, erfahren wir aus den Briefen und Bemerkungen der ersten Kirchenväter als auch aus den Schriften meistens anonymer Autoren, welche über die damalige Situation der Kirche berichten und oft im Detail die Rolle und die Aufgaben der Diakone und der Diakoninnen (Diakonissen) in den ersten Jahrhunderten des Bestehens der christlichen Kirche beschreiben.

Clemens von Rom – Bischof von Rom (geb. um 50, gestorben um 97 oder um 101) in der letzten Dekade des ersten Jahrhunderts nach Christus erklärt in seinem ersten Brief an die Korinther, dass die Einsetzung der Bischöfe und der Diakone als Ausdruck des Gotteswillens sei und beruft sich dabei auf die alttestamentlichen Quellen. Sein erster Brief kennt bereits die bischöflichen und die diakonischen Funktionen, erwähnt aber auch das dritte Element der damaligen Leitung der christlichen Gemeinden, nämlich die Presbyter (Priester). Hierin wendet er sich eigentlich gegen die eigenmächtige Absetzung der Presbyter-Episkopen in Korinth. Gemäß der historischen Rekonstruktion wird klar, dass zwei Arten der Verfassung der ersten christlichen Gemeinden in der Frühzeit des Christentums bestanden haben: Erstens mit dem Merkmal Bischof – Diakon und zweitens auf der Grundlage Bischof – Presbyter, je nach der Region, wo der Bischof mit seinen Diakonen oder mit seinen Presbytern die seelsorglichen Aufgaben wahrgenommen hat. Diese dualen (zweifachen) Elemente werden

---

[10] Vgl.: S. SANDER, Das Amt des Diakons, 2013, S. 63-80 als auch G. L. Müller (Hg.), Der Diakonat – Entwicklung und Perspektiven (Studien der Internationalen Theologischen Kommission zum sakramentalen Diakonat), 2004, S.18-26.

nacheinander später zusammengeführt (fusioniert), so dass langsam eine dreigliedrige kirchliche Verfassung entsteht nämlich: *Bischof, Presbyter und Diakon.* Wie wir oben gesehen haben (Apg 6,1 - 6), sind die ersten Diakone durch das Auflegen der Hände und das begleitende Gebet der Apostel zu ihren Helfern bestellt worden. Zu gleicher Zeit werden auch die altjüdischen Elemente der religiösen Leitung auch in einigen christlichen Gemeinden übernommen und praktiziert. Es handelt sich um die „ältesten" oder die erfahrensten Männer, welche als Presbyter dem Bischof mit ihrem Rat zur Seite stehen, um den Bischof bei den wichtigen Entscheidungen bezüglich des religiösen Lebens in den Gemeinden zu unterstützen. So hat sich allmählich ein dreigliedriger Ordo (Weihesakrament) als Konstitutive oder Verfassungsgrundlage der ersten Gemeinden herausgebildet: **Bischof – Presbyter – Diakon.** Darüber berichtet auch Clemens von Rom Ende der letzten Dekade des ersten Jahrhunderts nach Christus.

Ignatius von Antiochien schreibt am Anfang des zweiten Jahrhunderts über die häretischen Tendenzen in Markion (Zwei-Götter-Lehre) als auch über die verführerischen Strömungen der Gnosis. Er sieht im Bischof den Garanten der Einheit der Ortsgemeinden, worin er durch die Presbyter und Diakone unterstützt wird, und er ermahnt die damaligen Gläubigen: „Alle sollen die Diakone achten wie Jesus Christus, ebenso den Bischof als das Abbild des Vaters, die Presbyter aber wie eine Ratsversammlung Gottes und wie eine Vereinigung von Aposteln: Ohne sie kann man nicht von Kirche reden" (Ad Trall 3,1). Und ein wenig weiter: „Folgt alle dem Bischof wie Jesus Christus dem Vater und dem Presbyterium wie den Aposteln; die Diakone aber achtet wie Gottes Gebot" (Ad Smyrn 8,1). Zu der Zeit war das eucharistische Mahl sehr eng mit dem Sättigungsmahl verbunden, um auf diese Weise die familiären Verhältnisse zwischen den Gläubigen bei der Verteilung auch der materiellen Güter zum Ausdruck zu bringen. In diesem Sinne kann die Grußformel im Brief (Ad Trall 13,1): „Es grüßt euch die Agape der Smyrnäer und Epheser" gedeutet werden.

Bereits der **hl. Polykarp** (geb. um 69 – gestorben um 155), der Schüler des hl. Apostels Johannes, schreibt in seinem Brief (Phil,5,2): „Die Diakone sollen barmherzig und eifrig sein, wandelnd nach der Wahrheit des Herrn, der sich zum Diener (Diakonos) aller gemacht hat". Auf diese Mahnung des hl.Polykarp beruft sich auch das II. Vatikanische Konzil im Dokument „Lumen Gentium".

Hl. Justinus – (gest.165) hat uns über die liturgische Rolle damaliger Diakone wertvolle Beschreibungen hinterlassen: „Darauf werden dem Vorsteher der Brüder Brot und ein Becher mit Wasser und Wein gebracht…; ist er mit den Gebeten und der Danksagung zu Ende, so gibt das ganze Volk seine Zustimmung mit dem Wort 'Amen'…Nach der Danksagung (Eucharistie) des Vorstehers und der Zustimmung des ganzen Volkes teilen die, welche bei uns Diakone heißen (oi kaloumenoi par´hemin diakonoi), jedem der Anwesenden von dem Brot, Wein und Wasser mit, über die die Danksagung (Eucharistie) gesprochen wurde, und bringen davon auch den Abwesenden".

Iräneus von Lyon – (geb. in Smyrna um 130, gestorben um 202 n. Chr.), Schüler des hl. Polykarps, bezeichnet als erster „**jene Sieben**" aus der Apostelgeschichte (6,1 - 6) als **Diakone**.

Cyprian von Karthago – (gest. 258) reiht die Diakone in die dritte Stelle der Hierarchie, hinter den Bischöfen und Presbytern, ein. Die Priester (Presbyter) und die Diakone gehören nach ihm dem *Klerus* an. Von dem Priester Gaus von Dida berichtet er, dass er mit seinem Diakon zusammen die Eucharistie darbringt, weist aber auch daraufhin, dass die Priester begleitet vom Diakon, das Opfer darbringen. Die Diakone besuchen die Gefangenen und werden als Verwalter der finanziellen Güter der Gemeinde bezeichnet. Möglich erscheint es auch, dass die Diakone sich in Karthago manchmal vorgedrängt hatten in der Absicht, die Stelle der Presbyter einnehmen zu wollen. Deshalb seine Mahnung: „Die Diakone aber dürfen nicht vergessen, dass der Herr die Apostel, das heißt die Bischöfe und Vorsteher der Kirche, ausgewählt hat, während die Apostel nach der Himmelfahrt des Herrn die Diakone eingesetzt haben als Diener ihres Bischofsamtes und der Kirche. So wenig wir also etwas gegen Gott unternehmen dürfen, der uns zu Bischöfen gemacht hat, eben so wenig können die Diakone sich uns gegenüber, durch die sie Diakone geworden sind, etwas herausnehmen."

2.   Schriften und Ordnungen der frühen Kirche

Didache – (Lehre der zwölf Apostel) ist als eine frühchristliche Schrift über die kirchlichen Ordnungen im syrischen Gebiet Ende des ersten Jahrhunderts (sicher vor dem Jahr 130 nach Christus) entstanden. Die wahren Autoren sind unbekannt. Diese älteste kirchliche Schrift beschreibt ziemlich genau den Dienst des damaligen Diakons: „Wählt euch Bischöfe und Diakone würdig des Herrn, Männer von Milde und frei von Geldgier, wahrheitsliebend und erprobt, denn sie sind es, die bei euch den Dienst der Propheten und Lehrer" versehen (15,1). Es ist auffallend, dass die Didache nur Bischöfe und Diakone erwähnt. Die Anmerkung unterhalb des Dokuments des II. Vatikanischen Konzils „Lumen Gentium, 29" weist ebenso auf diese Ordnung aus Didache hin.

Traditio Apostolica (Apostolische Überlieferung) – sind kirchliche Schriften, die zwischen 210 und 235 n. Chr. entstanden sind und die lange dem Hippolyt von Rom, dem Schüler des Irenäus von Lyon, zugeschrieben waren, was jedoch später nicht sicher bestätigt werden konnte. Diese Schriften berufen sich auf die damalige Praxis in den kirchlichen Gemeinden und lehnen sich an die apostolische Tradition an. Zu der Zeit war die kirchliche Struktur schon verfestigt (konsolidiert), und die verschiedenen Dienste in den Gemeinden hatten ihre Form und und ihr Profil angenommen. Diesen Schriften gemäß obliegt dem Bischof die Leitung und die Verwaltung der Ortskirche, auf ihn wird das apostolische Amt übertragen. Den Presbytern wird das Amt der Leitung an Stelle und im Auftrag des Bischofs in jenen christlichen Gemeinde, in welchen der Bischof wegen der Entfernung nicht anwesend sein konnte, anvertraut, denn die Presbyter gehörten ursprünglich und in erster Linie dem Presbyterkollegium als einem beratenden Ausschuss an. Hier wird auch das entscheidende Kriterium für die Presbyter beschrieben: Sie bilden nämlich das Presbyterium oder den Rat des Klerus, welcher nach altjüdischer Tradition an der Formung und Ausgestaltung der Entscheidungen des Vorstehers der religiösen Gemeinde – in diesem Falle des Bischofs – teilnimmt. In jüdischen Gemeinden, besonders in der Diaspora, welche eine soziale, ethnische und religiöse Funktion hatten, waren mit der Leitung eine oder mehrere sozial angesehene und erfahrene Personen beauftragt. Dass sie als die „Ältesten" bezeichnet wurden, hat seinen Hintergrund in der Antike, wo der „ältere" als jemand, der angesehen, erfahren und klug ist, gekennzeichnet wurde. Der Dienst der Presbyter in der Traditio Apostolica wird bereits im Sinne des Kultpriestertums als Sacerdotio gedeutet. Wahrscheinlich hat man bereits zu dieser Zeit den Presbyter als Priester (sacerdos) bezeichnet und den Bischof als den Vorsteher (Fürsten) der Priester (princeps sacerdotum) anerkannt. In den ersten christlichen Gemeinden z.B. in Kleinasien waren jedoch die meisten Gläubigen nicht jüdischer Herkunft, weshalb der ethnische (Volkszugehörigkeit betreffende) Faktor hier im Bekenntnis zu einer Glaubensausrichtung keine große Rolle gespielt hatte. Deshalb war es wichtig, dass die Vertreter jeder Gruppierung in die Gemeindeleitung mit eingeschlossen werden. Solche Vertreter einzelner Gruppierungen, Hausgemeinschaften und durch die Blutsverwandtschaft verbundener Familien (Clans) waren gerade jene „älteren" – als Presbyter angenommen, denn die Einheit der kirchlichen Gemeinden war als die oberste Norm erachtet worden. Für eine solche Leitung der Gemeinden waren also die presbiteroi – die Ältesten (Priester) und nicht so sehr die Diakonoi (Diakone) oder didascaloi (Lehrer) gut geeignet.[11]

---

[11] Vgl. D.-A. KOCH, Die Entwicklung der Ämter in frühchristlichen Gemeinden Kleinasiens, in: T. SCHMELLER / M. EBNER / R. HOPPE (Hg.), Neutestamentliche Ämtermodelle im Kontext, 2010, S.196-206.

Der Bischof als Aufseher, Leiter, Oberhaupt und Garant der Einheit in den damaligen Ortskirchen hatte die Aufgabe der Einigung, der obersten Führung und der Bildung definitiver Entscheidungen inne und wurde als Princeps sacerdotum (der Fürst der Priester oder der erste der Priester) gekennzeichnet, denn die Presbyter waren sein Beratungsgremium.

Wie werden eigentlich die Diakone, was uns hier besonders interessiert, in der Traditio Apostolica beschrieben?

Die Diakone waren in jener Zeit des 3. Jh. eng mit dem Bischof verbunden und sind als unmittelbare Mitarbeiter des Bischofs bezeichnet worden. Bei der Weihe eines Diakons legt **nur** der Bischof die Hände auf den Erwählten. Darin ist der Unterschied zwischen den Presbytern und den Diakonen zu ersehen: Gerade weil nur der Bischof seine Hände auf die Diakonen-Kandidaten legt, erklärt die Tradition Apostolica als Zeichen dafür, dass der Diakon für den *Dienst beim Bischof* geweiht wird. Die zur Weihe vorbereitete Person wird also nicht dafür geweiht, dass sie dem Presbyterkollegium hinzugesellt wird (non in sacerdotio), sondern dass sie *dem Bischof* zur Verfügung steht (sed *in ministerio episcopi*). Außer den Presbytern, die als ratgebendes Gremium (Ausschuss) dem Bischof bei der Bildung wichtiger Entscheidungen für die Ortskirche zur Seite standen, gab es *weitere Mitarbeiter*, nämlich *Diakone*, die das, was der Bischof entschied und anordnete, in die Tat umzusetzen verpflichtet waren.

Es sind von großer Bedeutung die Mahnworte der Traditio Apostolica, dass man während der gemeinsamen Mähler auch an die Armen denken sollte, weshalb sie die versammelten Gläubigen darauf aufmerksam macht, dass sie maßvoll und mit einer gewissen Zurückhaltung essen sollen, damit die Essensreste gesammelt und zu den abwesenden Bedürftigen und Kranken gebracht werden können. Nachdem der Bischof die Agape (gemeinsames Essen, das gemeinsame Mahl) eröffnet hat, teilen die Presbyer oder die Diakone das Essen den Anwesenden : Jeder bekommt einen Teil, von welchem er (sie) auch nach Hause etwas mitnehmen darf. Falls der Bischof bei der Agape nicht anwesend ist, wird er von einem *Presbyter oder einem Diakon vertreten*. Der Diakon ist derjenige, der die Essensreste nach dem Mahl sammelt und zu denen bringt, die an der Agape nicht teilnehmen konnten.

Es ist bei dieser Gelegenheit daran zu erinnern, dass auch Jesus und seine Jünger bei dem letzten gemeinsamen Mahl zuerst gegessen und getrunken haben: „Während des Mahls nahm Jesus das Brot und sprach den Lobpreis; dann brach er das Brot, reichte es den Jüngern und sagte: Nehmt und esst; das ist mein Leib" (Mt 26,26); und Lukas fügt hinzu: „Das ist mein Leib, der für euch hingegeben wird. Tut dies zu meinem Gedächtnis" (Lk 22,19). Die ersten Christen haben als *Gedächtnis* an ihren Lehrer das letzte Abendmahl geradezu „*nachgeahmt*". Deshalb hat sich ihre Zusammenkunft in der Gestalt des *gemeinsamen Mahles und* des Empfangs der eucharistischen Gaben, des Brotes und Weins, über welchen die Worte Jesu gesprochen worden waren („Das ist mein Leib und das ist mein Blut"), vollzogen. Somit wurden die eucharistischen Gaben sehr eng mit dem normalen Sättigungsmahl verbunden. *Diese zwei Komponenten* oder Bestandteile waren in den Anfängen des Christentums nicht nur untrennbar verbunden, sondern sie haben sich durchdrungen und ergänzt. Denn auch Jesus war ein großer Freund der Gastmähler und des gemeinsamen Essens und zwar mit verschiedenen Personen jener Zeit; das kann als eines seiner auffälligsten Merkmale und Wahrzeichen bezeichnet werden. Während des Mahles konnte er am besten in Kontakt mit den Menschen treten und ihnen erklären, worin eigentlich die neue Lehre vom Reich Gottes besteht. Außerdem war das die Gelegenheit, jeder einzelnen Person ihre Würde anzuerkennen und ihr die Ehre zu erweisen: Frauen, Männern, Vornehmen, Armen, Sündern und auch jenen, die sich für fehlerlos hielten, um ihnen allen *eine andere Perspektive* zu eröffnen, nämlich die der gleichwertigen Kindschaft Gottes. Da die Gläubigen der ersten christlichen Gemeinden auch hierin Jesus nachgeahmt haben, wurden sie von den Nachbarn und auch von denen, die dem Christentum kritisch gegenüber standen, mit Neugier beobachtet und schienen ihnen oft Vertrauen erweckend, überzeugend und „attraktiv" zu sein. Es ist offensichtlich, dass dieses soziale Merkmal ihrer Zusammenkünfte mit den angenehmen und maßvollen Mählern eng verbunden mit der Teilnahme am Empfang des Brotes und des Weines, über welchen die Worte Jesu gesprochen und deshalb als sein

Leib und Blut erachtet wurden, ein stetiger Ansporn war, sich bei der Fürsorge für jene einzusetzen, die arm, bedürftig oder krank waren. Gerade aus diesen Begegnungen ist der Wille und die Kraft dazu erwachsen, den in Not Geratenen Hilfe zu leisten. Die beschriebenen Umstände weisen auf die Tatsache hin, dass die Apostel und ihre Nachfolger *beide untrennbare Aufgaben* sowohl auf dem kultischen (Gott die Ehre erweisendem Tun) als auch auf dem sozialen Gebiet erkannt hatten. Es ist klar, dass die soziale Fürsorge organisiert und nach den Maßstäben und Weisungen des Evangeliums ausgerichtet werden musste, denn schon von Anfang an ist es zu Streitigkeiten und Missbräuchen gekommen. Hl. Paulus z.B. interveniert bei den Gläubigen in Korinth, weil sich dort gezeigt hat, dass einige nach den weltlichen Prinzipien handeln und sich auf Kosten der Ärmeren, Bedürftigen und der Sklaven berauschen (1 Kor 11, 17-22):

„Wenn ich schon Anweisungen gebe: Das kann ich nicht loben, dass ihr nicht mehr zu eurem Nutzen, sondern zu eurem Schaden zusammenkommt. Zunächst höre ich, dass es Spaltungen unter euch gibt, wenn ihr als Gemeinde zusammenkommt; zum Teil glaube ich das auch. Denn es muss Parteiungen geben unter euch; nur so wird sichtbar, wer unter euch treu und zuverlässig ist. Was ihr bei euren Zusammenkünften tut, ist keine Feier des Herrenmahls mehr, denn jeder verzehrt sogleich seine eigenen Speisen, und dann hungert der eine, während der andere schon betrunken ist. Könnt ihr denn nicht zu Hause essen und trinken? Oder verachtet ihr die Kirche Gottes? Wollt ihr jene demütigen, die nichts haben? Was soll ich dazu sagen? Soll ich euch etwa loben? In diesem Fall kann ich euch nicht loben".

Die soziale Fürsorge und die Teilnahme am Herrenmahl (Eucharistie) können nicht voneinander getrennt werden. Aus diesem Grund haben die Apostel eben mit dieser Aufgabe *die Diakone* durch ihre Handauflegung und Gebet beauftragt. Die Traditio Apostolica beschreibt genau, wie sich die Diakone als Mitarbeiter des Bischofs um die soziale Fürsorge und Hilfe für die Armen, Kranken, Schwachen, Einsamen und Verlassenen gekümmert haben.

Didascalia Apostolorum (die Lehren der Apostel)[12] – kirchliche Schriften aus der 2. Hälfte des 3. Jahrhunderts, welche auf dem syrischen Gebiet entstanden sind, beschreiben noch detaillierter die Dienstämter in der damaligen Kirche und ihre Beziehung zueinander: „Levit aber und Hoherpriester ist der Bischof; dieser ist der Diener des Wortes und der Mittler, für euch aber der Lehrer und nächst Gott euer Vater… Er ist euer Haupt und Führer und für euch der mächtige König, er regiert an der Stelle des Allmächtigen, ja er sollte von euch wie Gott geehrt werden; denn der Bischof sitzt für euch an der Stelle Gottes. Der Diakon aber steht an der Stelle Christi, und ihr sollt ihn lieben".

Weil der Diakon eine besondere Beziehung zum Bischof hat, genießt er auch ein hohes Ansehen. Die Leitung der Gemeinden obliegt nach diesen Schriften in erster Linie dem Bischof, an welcher auch die Diakone teilhaben, während die Presbyter ein Kollegium bilden, das den Bischof berät. So ist die folgende Mahnung zu verstehen: „Seid also, ihr Bischöfe und Diakone, eines Sinnes und hütet das Volk sorgfältig in Einmütigkeit, denn ihr beide müsst ein Leib sein: Vater und Sohn, denn ihr seid das Bild der Herrschaft. Und der Diakon soll den Bischof alles wissen lassen, wie Christus seinen Vater, wo aber der Diakon (selbst anordnen) kann, da soll er seine Anordnung treffen, und der Rest der übrigen Angelegenheiten soll der Bischof entscheiden. Es soll jedoch der Diakon das Gehör des Bischofs sein, sein Mund, sein Herz und seine Seele, denn indem ihr beiden eines Sinnes seid, ist infolge eurer Übereinstimmung auch Frieden in der Kirche". Die Laien kommen mit dem Bischof in Verbindung nur über den Diakon, wie auch jeder Einzelne vor Gott nur über Christus hintreten kann.

Freilich ist der Stil dieser Schriften ein wenig „merkwürdig", jedoch die damalige Zeit hatte ihre besondere Ausdrucksweise.

Constitutiones Apostolicae (Apostolische Konstitutionen) – kommentieren oder ergänzen die kirchlich-rechtlichen Vorschriften und basieren auf den älteren Schriften z.B Didache und Didascalia, die wie bereits oben

---

[12] S. auch die Zitate bei: S. SANDER, Das Amt des Diakons, 2013, S. 76-79.

erwähnt haben. Sie stammen aus dem 4. Jahrhundert und vergleichen den Diakon mit dem Aaron und den Bischof mit dem Mose.

„Wie der Sohn der Engel und Prophet des Vaters ist, so ist der Diakon der Engel und Prophet des Bischofs". Der Diakon ist berufen, das Auge, das Ohr und der Mund des Bischofs zu sein, denn der Bischof soll sich nicht um alle Dinge kümmern, sondern nur um die wichtigsten, wie Jitro es für Mose tat, und sein Rat wurde gehört".[13]

Testamentum Domini (Testament des Herrn) – enthält kirchliche Bestimmungen auf dem syrischen Gebiet, welche auf den Aussagen der Traditio Apostolica fußen und datiert in das 5. Jahrhundert. In diesem Dokument steht: „Der Diakon tut und teilt nur das mit, was der Bischof ihm aufträgt. Er ist der Ratgeber des ganzen Klerus und so etwas wie das Sinnbild der ganzen Kirche. Er pflegt die Kranken, kümmert sich um die Fremden, ist der Helfer der Witwen. Väterlich nimmt er sich der Waisen an, und er geht in den Häusern der Armen ein und aus, um festzustellen, ob es niemand gibt, der in Angst, Krankheit oder Not geraten ist. Er geht zu den Katechumenen in ihre Wohnungen, um den Zögernden Mut zu machen und die Unwissenden zu unterrichten. Er bekleidet und 'schmückt' die verstorbenen Männer, er begräbt die Fremden, er nimmt sich derer an, die ihre Heimat verlassen haben oder aus ihr vertrieben wurden. Er macht der Gemeinde die Namen derer bekannt, die der Hilfe bedürfen".[14]

Der Diakon steht also allen, die in irgendeine Not, Enge oder Misslichkeit geraten sind zur Seite, um ihnen eine wirksame Hilfe zukommen zu lassen. Deshalb wird er in diesen Schriften als das Auge, ja sogar als das Symbol oder *Kennzeichen (Symbolum) der ganzen Kirche* charakterisiert. Der *Diakon* ist derjenige, der die Gemeinde an die *Nächstenliebe* ständig erinnert, welche als konsequente Folge der Liebe zu Gott entsteht, sich ständig erneuert und bewährt.

---

[13] S. bei.:G. L. MÜLLER (Hg.),Der Diakonat-Entwicklung und Perspektiven, ebd., S. 25.

[14] Zit. nach : S. SANDER, ebd., S. 79.

3. Diakonat auf dem Gipfel seiner Entwicklung

Bereits aus den Schriften Didascalia Apostolorum (3. Jahrhundert) ist zu erfahren, dass die Diakone dieser Zeit zu großem Ansehen gekommen sind, einige Zeit lang seien sie sogar höher gestellt gewesen als die Presbyter, weil sie mit Christus und die Presbyter mit den Aposteln verglichen wurden. Offensichtlich erlangten die Diakone ein hohes Prestige und eine bemerkenswerte Wertschätzung; sie verrichteten die Aufgaben, die wichtiger erschienen als jene, die den Presbytern zugefallen waren. Die Laien sollen – gemäß den Didascalia – ihre Anliegen und Wünsche dem Bischof nicht direkt vorbringen, sondern nur über seine Mitarbeiter, nämlich die Diakone, denn es sei ebenso nicht möglich direkt vor Gott hinzutreten, außer über Christus. Die Diakone kümmern sich nicht nur um die sozialen und karitativen Angelegenheiten, sie haben zusätzliche Aufgabe übertragen bekommen: Die Leute auf ihre vorgesehenen Sitzplätze bei Zusammenkünften hinzuweisen, die Opfergaben vorzubereiten, für die Ordnung zu sorgen, darauf zu achten, dass das Schweigen während einiger Zeitabschnitte der eucharistischen Feier eingehalten wird und aufzupassen, dass die Gläubigen in gebührlicher Kleidung erscheinen. Sie sind sehr oft die Verwalter der finanziellen Mittel, welche der Gemeinde gehören. Bereits seit dem Ende des 2. Jahrhunderts besteht in allen Gemeinden das dreigliedrige Amt: Bischof, Presbyter und Diakon. Darüber berichten Klemens von Alexandrien, Origenes, Tertullian und Hippolyt von Rom. Hl. Irenäus von Lyon (um 130-200), Schüler des hl. Polykarps bezeichnet *„jene Sieben"* aus der Apostelgeschichte zum ersten Mal als Diakone. Im 3. Jh. bekommen die *Diakone* auch eine stellvertretende Rolle. Cyprian, Bischof von Karthago (um 200-gest. 258), schreibt z.B. an seine Presbyter und Diakone aus der Verbannung, dass die Büßer auf die Rückkehr des Bischofs nicht warten müssen, denn „sie können von jedem beliebigen Presbyter oder auch, wenn ein solcher nicht zu finden und das nahe Ende schon zu befürchten ist, *von einem Diakon* das Bekenntnis der Sünden ablegen, so dass sie nach der

Handauflegung der Buße vor den Herrn kommen mit Frieden."[15] Die persönliche (private) Beichte war zu diesem Zeitpunkt noch nicht überall im Christentum eingeführt worden, wird aber bereits von Origenes (185-254) erwähnt; ab dem Anfang des 3. Jahrhunderts wird sie immer häufiger praktiziert. Hl. Augustinus von Hypo (354-430) beschreibt keine öffentliche Beichte mehr, so dass viele daraus schließen, dass die persönliche (private) Beichte ab dem 5. Jh. den Eingang in die christliche Welt gefunden habe. Erst im 9. Jh. wird die Form und der Ritus der privaten Beichte in wichtigen Zügen vereinheitlicht, und die irisch-schottischen Mönche verbreiten sie in dieser Weise über ganz Europa.[16] Im 4. Jahrhundert stabilisiert sich der Diakonat und bekommt noch einige zusätzliche Aufgaben. Auf den damaligen Synoden und Konzilien wird der Diakonat als ein wesentliches Element der Hierarchie der kirchlichen Gemeinden bestätigt; so betont die Synode von Elvira (um 306-309) seine Rolle im administrativen Bereich; es wird sogar entschieden, dass die Diakone in Notfällen die Erlösung von den Sünden durch Nottaufe erteilen dürfen: „Wenn ein Diakon, der das Volk leitet, einige ohne Bischof oder Presbyter getauft hat, soll der Bischof sie durch seinen Segen vollenden. Wenn sie aber schon vorher aus dieser Welt scheiden, so kann derjenige durch den Glauben, den er angenommen hat, gerecht werden."[17] und [18]

---

[15] Vgl. B. DOMAGALSKI, Wiederherstellung des Diakons? Der Diakon in patristischer Zeit, in: R. HARTMANN, F. REGER, S. SANDER (Hg.), Ortsbestimmungen: Der Diakonat als kirchlicher Dienst, 2015, S.108.

[16] Vgl. https://de.m.wikipedia.org.>wiki >Beichte

[17] H. DENZINGER, Kompendium der Glaubensbekenntnisse und kirchlichen Lehrentscheidungen, (P.Hühnermann, Hg.), 2005, S. 61: „Si quis diaconus regens plebem sine episcopo vel presbytero aliquos baptizaverit, episcopus eos per benedictionem perficere debebit: quod si ante de saeculo recesserint, sub fide qua quis credidit poterit esse justus".

[18] Vgl. auch: B. DOMAGALSKI, ebd., S. 116.

Zusammenfassend können wir feststellen, dass der Diakonat im 4. Jahrhundert seine wesentlichen Merkmale und Aufgaben bekommen hat. Diese erstrecken sich auf die liturgische Mitwirkung, Verkündigung des Evangeliums, katechetischen Einsatz, umfangreiche Betätigungen auf dem sozialen und karitativen Gebiet als auch in der Verwaltung der finanziellen Güter der Gemeinden – und das alles den Anweisungen des Bischofs gemäß.

Im 4. Jahrhundert übernehmen auch die Lateiner im Westen die griechische Bezeichnung Diakonos als Diakonus, wie wir den Schriften des hl. Augustinus entnehmen können. So wurde der Diakonat als einer der konstitutiven (wesentlichen) Bestandteile des Klerus angenommen und wertgeschätzt.

Bis in das späte 5. Jahrhundert entwickelt sich der Diakonat zur Blüte seines Wachstums. Papst Fabian (der Märtyrer in der Zeit der Verfolgung unter Kaiser Traianus Decius um das 250. Jahr) teilt Rom in 7 administrative Gebiete auf, deren Verwaltung er den 7 Diakonen anvertraut. Deshalb wird anfangs nur der Diakon einer Region als „Cardinalis" (Cardo bedeutet Türangel) bezeichnet. Dieser Ausdruck weitet sich später auch auf die Presbyter und die Bischöfe aus, und im Jahre 1130 haben die Kardinalbischöfe, Kardinalpriester und Kardinaldiakone zum ersten Mal gemeinsam den Papst gewählt.[19]

Nach der Überlieferung hat der hl. Laurentius als Archidiakon des Papstes Xystus II. den Märtyrertod am 10.08.258 erlitten. Kurze Zeit nach seinem Tod hat man begonnen, ihn als Heiligen zu verehren. Schon während der Regierung des Kaisers Konstantin des Großen (röm. Kaiser von 306 - 337) wurde in der Nähe seines Grabes eine Basilika ihm zur Ehre errichtet.

Heiliger Diakon Laurentius wird auch in späteren Jahrhunderten bis in unsere Zeit hochverehrt. Es ist sogar eine Rebsorte als St.Laurent in Österreich nach ihm benannt worden, welche in Kroatien unter dem Namen Sentlovrenka bekannt ist.[20] Die berühmte Kathedrale von Trogir (Kroatien) trägt den Namen des hl. Laurentius, und in Deutschland sind unzählige Kirchen ihm geweiht worden.

---

[19] S. bei: G.M.LUX, Selige und heilige Diakone, 2008, S.17 und 156.

[20] S. bei:G.M.LUX. ebd.,S.76.

Einige Zeit war das Ansehen der Diakone so hoch, dass man nach dem Bericht des hl. Hieronymus (347 - 420) die Presbyter nur dann geweiht habe, wenn die entsprechende Empfehlung und das Zeugnis der zuständigen Diakone vorlagen. Außerdem schreibt er, dass die Diakone ein höheres Ansehen als die Presbyter genießen, ja dass die Diakone sogar höhere Löhne als Presbyter bekommen. Ein Diakon konnte direkt zum römischen Bischof (Papst) aufsteigen, ohne dass er vorher zum Presbyter geweiht werden musste. Zwischen dem 5. und dem 7.Jahrhundert sind viele Diakone direkt zu Bischöfen von Rom (Päpsten) gewählt geworden. In einem Bericht wird hervorgehoben, dass in den Jahren 432 - 684 von den 37 gewählten Päpsten nur 3 von ihnen vorher als Priester geweiht worden sind, alle anderen 34 seien vorher Diakone gewesen.[21] Es ist interessant zu erwähnen, dass der hl. Hieronymus die Meinung vertrat, nach welcher die Weihe zum Presbyter einen besonderen Grad der Auszeichnung und des höheren Rangs beinhalte. Er selbst hat sich zum Presbyter in Antiochien weihen lassen, ohne Absicht einen Dienst in der kirchlichen Gemeinde zu übernehmen; sein Ziel sei es vielmehr gewesen, einen höheren Grad in der Hierarchie zu erreichen, um so in eine günstigeren Position zu kommen, die Wahl zum römischen Bischof zu gewinnen. Er habe sich um die Wahl zum römischen Bischof auch beworben, jedoch in diesem Wettbewerb gegen den Diakon Siricius hat er verloren, denn Siricius ist zum römischen Bischof gewählt worden und nicht Hieronymus. Siricius war Papst von 385 - 399 und ist derjenige Bischof von Rom, der als erster die Eigenbezeichnung als *Papst* (vom griechischen Wort pappa als kindliche Bezeichnung für den Vater oder lateinisch papa) eingeführt hat.

Hl. Kallistus I. war zunächst ein Sklave, der sich später zum Christentum bekehrt hatte. Der Papst Zephyrinus weihte ihn zum Diakon, und als Zephyrinus starb, wählten die Römer den Diakon Kallistus zu ihrem Bischof (Papst).

---

[21] S. bei: http://www.rcan.org./short-history-permanent-diaconate.

Erwähnenswert ist auch der hl. Ephräm der Syrer, der berühmte Diakon (306-373), welcher im Ostbereich der römischen Reiches wirkte. Er war ein bekannter Lehrer, Dichter und Asket. Später wurde er zum Lehrer der Gesamtkirche ernannt.

Hl. Leo der Große (um 400-461) war zunächst als Diakon tätig, im Jahre 461 wurde er zum Papst gewählt. Er hatte eine epochale Bedeutung im 5. Jahrhundert und als erster der Päpste den Titel „*Pontifex maximus*" (der oberste Brückenbauer) getragen.

Hl. Gregor I. oder Gregor der Große (Papst von 590-604) war 578/ 579 zum Diakon geweiht und in den Dienst des Papstes Pelagius II. bestellt worden. Als Pelagius starb, wurde der Diakon Gregor zum Papst gewählt. Von diesem Papst stammt die Bezeichnung „*Servus servorum dei*" = „Diener der Diener Gottes", die die späteren Päpste bis heute ebenfalls übernommen haben.

Hl. Martin I. (geb. um 600-gest. 655) war der Diakon des Papstes Theodor I. Im Jahre 649 wurde er zum Papst erhoben. Er hat die Synode zu Lateran einberufen, auf welcher der Monotheletismus (eine falsche Lehre, die zum Ausdruck bringt, dass in Christus zwei Naturen aber nur ein Wille bestanden haben soll) verurteilt worden ist.

Obwohl der Diakonat in der Westkirche um das Jahr 1000 nicht mehr als eigenständiger hierarchischer Stand existierte, gab es auch später hie und da Diakone, die häufig als Archidiakone beim Bischof tätig waren. Einige werden wir hier erwähnen:

Der hl.Gregor VII. (um 1020-1085) mit dem ursprünglichen Namen Hildebrand von Soana (Sovana?) war zunächst Diakon. Im Jahre 1073 starb der Papst Alexander II. Noch während der Begräbnisfeier für den verstorbenen Papst habe das römische Volk den Archidiakon Hildebrand zum Papst ausgerufen, welcher dann als Gregor VII. inthronisiert wurde. Er hat eine große Bedeutung im Kampf gegen die Simonie (das Kaufen/Verkaufen der verschiedener Dienstgrade in der Kirche) als auch gegen die Investitur (Ernennung der Bischöfe durch die Kaiser oder weltliche Fürsten) erlangt und ist besonders durch seine politischen Interventionen bekannt geworden z.B. in der Auseinandersetzung mit dem Kaiser Heinrich IV., der im Jahre 1077 im Büßergewand zum Papst Gregor VII. nach Canossa kam, um den Papst nach der Absolution (Lossprechung von den Sünden) zu ersuchen. Gregor VII. hat ebenso versucht, die im Jahre 1054 vollzogene Spaltung der Gesamtkirche in Ost- und Westkirche rückgängig zu machen und die Einheit der Kirche wieder herzustellen, was jedoch nicht gelang.

Für das Land Kroatien ist dieser Papst ebenso von Bedeutung. Er hat nämlich seine Abgesandten nach Kroatien geschickt, die im Jahre 1076 in Solin dem kroatischen Fürsten Dmitar Zvonimir die königliche Krone übergaben und ihn zum König von Kroatien krönten.

Hl. Franziskus von Assisi (1181/1182 – 1226) hat die Weihe zum Diakon empfangen und ist als Diakon geblieben, da er sich nicht für würdig hielt, zum Priester geweiht zu werden. Das unbezweifelte Zeugnis seines Biographen Thomas von Celano beschreibt den hl. Franziskus von Assisi, wie er bei der von ihm vorbereiteten Weihnachtskrippe in Greccio als Diakon den Dienst während der hl. Messe verrichtet; er habe dabei eine Dalmatik getragen, den Text des Weihnachtsevangeliums vorgetragen und danach die Predigt gehalten.

Auch hl. Dominik wird in Verbindung mit dem Diakonat erwähnt. Er hat nämlich den seligen Jordan von Sachsen in Paris kennengelernt und ihm geraten, sich zum Diakon weihen zu lassen. Der Diakon Jordan von Sachsen ist dann zum Mitglied des neugegründeten Dominikanerordens geworden. Nach dem Tode des hl. Dominik (06.08.1221) wurde er auf dem Generalkapitel der Dominikaner in Paris am 22.05.1222 zum Nachfolger des hl. Dominik gewählt.

Hl. Franziskus von Assisi als Diakon bei der Weihnachtskrippe, die zum Kulturerbe des Christentums geworden ist und welche er in die Liturgie eingeführt hat.[22] (Eine Fotografie des Bildes von Giotto di Bondone durch S. Diller)

---

[22] Auch wenn die Krippen als Abbild des Geburtsgeschehens Jesu erst im 16. Jh. nachweisbar sind, die Idee darüber hat bereits hl. Franz von Assisi gehabt.(Vgl. auch www.domradio.de/themen/weihnachten/2020-12-19).

Hier ist auch der hl. Thomas Becket (um 1118-1170) zu erwähnen, denn er war ebenfalls zunächst als Archidiakon des Erzbischofs Theobald von Canterbury tätig. Später ist er zum Lordkanzler des Königs Heinrich II. aufgestiegen. Nach dem Tode des Erzbischofs Theobald bestimmte der König Heinrich II., dass der Archidiakon und Lordkanzler Thomas Becket Nachfolger des verstorbenen Erzbischofs von Canterbury werden soll. Er wurde dann am 02.06.1162 zum Priester und einen Tag später zum Bischof geweiht. Es ist später zu Konflikten zwischen dem König Heinrich II. und dem Erzbischof Thomas Becket wegen der Rechtsprechung in kirchlichen Angelegenheiten gekommen, weil er die Rechte der Kirche gegen die Willkür sowie gegen den ungerechten und gewaltsamen Einsatz der königlichen Macht verteidigte. Der König ließ ihn deshalb während eines Gottesdienstes in der Kathedrale von Canterbury ermorden.

Papst Gregor X. war zunächst der Kanoniker in Lyon, später war er als Archidiakon in Lüttich tätig. Im Jahre 1271 wurde er zum Papst gewählt. Da er die Priesterweihe nicht besaß, wurde er am 19.03.1272 zum Priester und bereits am 27.03.1272 zum römischen Bischof (Papst) geweiht. Er ist der Papst, der auf Grund der negativen Erfahrungen das verpflichtende *Konklave* für die Papstwahl eingeführt hat, damit der Stuhl Petri in angemessener Zeit besetzt werden kann. Ihm ist es auch gelungen, wenigstens vorübergehend die Ost- und Westkirche wieder zu vereinigen, wenngleich die Vereinbarungen nicht allzu lange gehalten haben.

Viele Diakone wurden direkt und ohne vorherige Priesterweihe ins Bischofsamt berufen z.B. Diakon Felix zum Bischof von Bologna, Gregor von Tours und andere.[23]

Hinzuweisen ist noch auf einige andere berühmte Diakone: Hl. Meinulf aus Paderborn (Patenkind des Karl des Großen), hl. Simeon und hl. Wigger (Wiker) aus Trier, hl. Vinzenz aus Saragossa, hl. Cyriacus, hl. Otger (Edgar)

---

[23] Vgl. B. DOMAGALSKI, ebd., S. 109-110.

Der selige Jordan von Sachsen nach einem Frescobild
fra Angelico im Kloster von San Marco in Florenz

und viele andere – (über die seligen und heiligen Diakone berichtet ausführlich G.M.Lux).[24]

In Kroatien sind 2 Archidiakone von besonderer Bedeutung: Archidiakon Toma (in Split um 1200-1268) hat die „Geschichte der salonitanischen Kirche" („Historia Salonitana") verfasst sowie Archidiakon Ivan Gorički (juristischer und geschichtlicher Schriftsteller um 1280-1353), der als enger

---

[24] G.M.LUX, Selige und heilige Diakone, 2008.

Mitarbeiter des seligen Bischofs von Zagreb Augustin Kažotić gewirkt hat. Er hat das bekannte Buch („Statuten des Zagreber Domkapitels" = „Statuti zagrebačkog kaptola") aufgezeichnet. Dort führt er an, dass das Zagreber Bistum zu seiner Zeit in 14 Archidiakonatsgebiete mit 412 Pfarreien aufgeteilt war.[25] Bis jetzt ist es nicht bekannt, ob es selige oder heilige Diakone kroatischer Abstammung gibt, wenngleich der Diakon Septimius, welcher als Märtyrer auf ihrem Gebiet unter Diokletians Verfolgung den Tod erlitten hatte, später von der Kroaten als Heiliger verehrt wurde.[26]

Wie wir bereits oben darauf aufmerksam gemacht haben, gab es im Westen um das Jahr 1000 n. Chr. den Diakonat nicht mehr als einen selbständigen Stand der kirchlichen Hierarchie im Sinne der ersten Jahrhunderte. Doch hie und da wurden die Diakone vereinzelt auch weiter geweiht, wie wir ausgeführt haben. Es ist nicht im Detail wissenschaftlich untersucht worden, warum und aus welchen Motiven die Diakone (Archidiakone) in einzelnen Bistümern des Westens doch noch in späteren Zeiten zur Weihe zugelassen wurden. In diesem Kontext ist zu erwähnen, dass die Bezeichnung Archidiakon als auch Kardinal – Diakon im Mittelalter und zu einem Teil der Neuzeit auch die Priester getragen haben.[27] In einigen Fällen waren die Archidiakone gar nicht geweiht worden, weshalb der Kölner Erzbischof Dietrich von Moers ein Schreiben (1455/1456) an den Papst mit dem Vorschlag richtete, dass jeder Archidiakon (als summus diaconus = als oberster Diakon) auch die diakonische Weihe haben müsste.[28]

In der **Ostkirche** existierte der Diakonat ohne Unterbrechung, wenn auch mit hauptsächlicher Betätigung im liturgischen Bereich, bis in unsere Tage (s. später ausführlicher).

---

[25] Vgl. F. ŠANJEK, Kršćanstvo na hrvatskom prostoru, pregled religiozne povijesti Hrvata (7.-20. st.) 1996, S. 60-67 u. 274-275.

[26] N. ETEROVIĆ, Sveta Stolica i Hrvatska, 2019, S. 137.

[27] Vgl. J. OPEN, Der Diakonat vom Frühmittelalter bis zum 18. Jahrhundert, in: G. Riße / U. Helbach / H. J. Klein (Hg.), Boten einer neuen Zeit, 2018, S. 96-99.

[28] Vgl. J. OPEN, ebd., S. 97.

4. Verschwinden des Diakonats als unabhängiger hierarchischer Stand in der Westkirche

Wir haben bereits auf die Tatsache aufmerksam gemacht, dass die Leitung kirchlicher Gemeinschaften in der Urkirche auf der Bischof-Diakon oder auf der Bischof-Presbyter Verfassung gegründet war und zwar parallel oder nebeneinander. Danach wurden beide Systeme in der dreifachen Struktur des Kirchenleitung vereint. So bezeugen Clemens von Alexandria, Origen, Tertullian und Hippolyt von Rom Ende des 2. Jahrhunderts, dass es in allen kirchlichen Gemeinden Bischöfe, Presbyter und Diakone gab, also die Leitung der kirchlichen Gemeinden in dreifacher Ausprägung. Die Unterschiede zwischen den einzelnen Schichten der ursprünglichen Hierarchie waren noch nicht ganz scharf voneinander getrennt. Im 3. Jahrhundert kamen die Diakone zum hohen Ansehen in Rom. Rom war nämlich in sieben pastorale Gebiete unterteilt, die von Diakonen verwaltet wurden, während die Presbyter kleineren Einheiten vorstanden oder als Ratgeber des Bischofs die Aufgabe hatten, den Bischof bei den die Kirche betreffenden Entschlüssen zu beraten. Sieben Diakone in sieben großen Teilen Roms hatten den Auftrag, sich um die Armen und Hilfsbedürftigen zu kümmern, weshalb ihnen die Verwaltung der materiellen Güter der Kirche anvertraut war. Die Nähe zum Bischof war für sie von großem Vorteil.

Zu dieser Zeit wurden die römischen Bischöfe fast ausschließlich aus den Reihen der Diakone und nicht aus denen der Priester gewählt. Die Anzahl der Diakone in Rom war auf sieben beschränkt (als Erinnerung an die Wahl von den Sieben in Apostelgeschichte 6, 1 - 6). Die Beziehung des Diakone zum römischen Bischof und deren geringe Anzahl ermöglichte es ihnen, persönlich und individuell mit dem Bischof zu kommunizieren, was bedeutete, dass sie sich auf diese Weise gut positionieren und ihren Ruf steigern konnten. Obwohl die Zahl der Presbyter viel höher lag, konnten sie nicht ohne weiteres an Bedeutung und Ansehen gewinnen. Diese Tatsache verursachte die Empörung und den Neid der Presbyter. Das Ganze mündete in offene Streitigkeiten ein, weil die Presbyter die Meinung vertraten, dass sie wichtiger seien als die Diakone und sich nicht damit abfinden wollten, dass nun die Diakone größere Befugnisse besaßen.

Bei Origen (185 - 254) lesen wir auch über die negativen Eigenschaften der damaligen Diakone. Er kritisiert die Diakone, weil sie nach seiner Erfahrung geldgierig seien und „Reichtümer für sich selber horten, indem sie das Geld, das für die Armen bestimmt war, veruntreuen".[29] Es ist offensichtlich, dass es auch Diakone gab, die zu solchen Konflikten zwischen ihnen und den Priestern beigetragen hatten. Um das Jahr 387 n. Ch. entstanden die Kommentare auf die Briefe des Apostels Paulus. Der Verfasser dieser Kommentare war wahrscheinlich ein Presbyter, aber es wurde lange irrtümlicherweise die Meinung vertreten, dass sie von hl. Ambrosius stammten, weshalb der Verfasser als Ambrosiaster bezeichnet war.[30] Erst Erasmus von Rotterdam (1466 - 1536) bewies, dass diese Schriften nicht vom hl. Ambrosius verfasst wurden, sondern von einem unbekannten Schriftsteller – also handele es sich um einen Pseudoambrosius. In diesen Texten werden die drastischen Konflikte und Streitigkeiten zwischen Priestern und Diakonen zum Ausdruck gebracht. Die Angriffe des Pseudoambrosius auf die Diakone sind sehr tendenziös und voller Wut.

Ambrosiaster bezichtigt die Diakone der „Prahlerei", „Dummheit" und „Hochmut". Ähnlich beruft sich auch hl. Hieronymus auf die Bibel in seinem Brief an den Presbyter Evangelos und argumentiert: „In Jesaja (32, 6) lesen wir: 'Der Dummkopf redet nur Unsinn/und er hat nur Unheil im Sinn'."

Hieronymus weist auf die Bibel hin und vergleicht Aaron, seine Söhne und die Leviten mit den Bischöfen, den Priestern und den Diakonen. Denn wie die Leviten den alttestamentlichen Priestern unterstellt waren, sollten – nach seiner Auffassung – auch die Diakone den Priestern untergeordnet werden. Der Ambrosiaster warnt sogar davor, dass ungehorsame Diakone mit den Strafen der altbiblischen Zeiten rechnen müssen, weil sie behaupten, dass es keinen Unterschied zwischen ihnen und den Presbytern gebe.[31]

---

[29] G. L. MÜLLER, (Hg.), ebd., S. 22

[30] Vgl. B. DOMAGALSKI, Wiederherstellung des Diakonats? Der Diakon in patristischer Zeit, in: R. HARTMANN, F. REGER, S. SANDER (Hg.), ebd., S.109 - 111.

[31] Vgl. S. SANDER, ebd., S. 91 - 93.

Er zitiert eine Stelle im Alten Testament, wo erwähnt wird, dass Korah und all diejenigen, die gleiche Meinung vertraten, aufgrund des göttlichen Urteils in den Abgrund gestürzt seien, und das brennende Feuer habe plötzlich 250 Menschen verschlungen.

Ambrosiaster versucht sogar mit den verzerrten Zitaten aus der Apostelgeschichte hervorzuheben, dass die Diakone gewählt worden sind, damit sie jenen dienen, die die priesterlichen Aufgaben in den kirchlichen Gemeinschaften ausüben, also sowohl den Bischöfen als auch den Presbytern. In früheren Quellen ist aber die Rede davon, dass die Diakone mit ihren Diensten nur dem Bischof zur Verfügung stehen.

Eine sehr wichtige Rolle für die weitere Entwicklung des Diakonats spielten die Schriften „Statuta ecclesiae antiqua" (Alte Rechtssatzungen der Kirche). Diese Kirchendokumente sind zwischen 476 und 485 entstanden. Höchstwahrscheinlich hat sie der Presbyter Gennadius von Marseille verfasst und zusammengestellt. Sie stützten sich wiederum auf ältere kirchliche Vorschriften, insbesondere auf Traditio apostolica. Es ist offensichtlich, dass Gennadius aus Marseille, bestimmte Teile der Traditio Apostolica manipulierte, indem er versuchte, aus dem Text eine andere Bedeutung herauslesen zu können, als sie ursprünglich gedacht war. In Bezug auf die kirchlichen Dienstleistungen betont er, dass die kirchliche Leitung von Bischof, Presbyter (Priester) und Diakon ausgeübt werden, denn nur sie bekommen während der Ordination die „Auflegung der Hände". Zum ersten Mal macht er jedoch auf die Unterschiede zwischen diesen Diensten aufmerksam. Gennadius neigt dazu, die Stelle in den Schriften „Traditio Apostolica" umzuinterpretieren, wo es um den Zweck der Diakonen-Ordination geht. Der Diakon wird nach der ursprünglichen Darstellung der Apostolischen Tradition „nicht in sacerdotio, sed in ministerio episco – pi" ordiniert – also er wird geweiht „nicht zum Priestertum, sondern zum Dienst beim Bischof". Diese beiden letzten Worte „beim Bischof" lässt Gennadius weg und schreibt: Der Diakon wird nicht für das Priestertum ordiniert, sondern für den Dienst (allgemein) – wörtlich: „non ad sacerdotium, sed ad ministerium". Damit hat der ursprüngliche Ausdruck der Traditio

Apostolica seine echte Bedeutung verloren, weil der Presbyter Gennadius betont, dass der diakonische Dienst darin besteht, *sowohl* dem Bischof *als auch* den Priestern zu dienen. Seine Schriften ordnen den Diakon als den Diener des Bischofs *und* des Presbyters ein.

Der Diakon, der zuvor direkt in den Dienst des Bischofs getreten war und persönlich die Befehle von ihm erhalten hatte, wird nun – nach den Statuta ecclesiae antiqua – auch von den Presbytern abhängig. Da sich damals in der Zeit der Völkerwanderungen (vom späten 4. Jahrhundert bis zur Mitte des 7. Jahrhunderts) das Christentum beträchtlich erweitert hat, entstehen auch neue pastorale Räume. Die christlichen Gemeinden, die in den meisten befestigten Städten und ihren Gemeinden existierten, werden jetzt auch in den Dörfern der neu getauften Welt von Franken, Germanen und anderen gegründet.

Diese neu gegründeten christlichen Gemeinden in ländlichen Gebieten sind schnell gewachsen. Es war nicht möglich, dass der Bischof, der seinen Sitz in der befestigten Stadt (oppidum) hatte und folglich seine Aufgaben dort wahrzunehmen hatte, sich seelsorglich im vollen Umfang auch am Land einsetzt. Das war einer der Hauptgründe, warum die Presbyter, die es zu der Zeit im Vergleich zu den Diakonen in viel größerer Zahl gab, quasi als Vertreter des Bischofs die seelsorgliche Betreuung der ländlichen Gemeinden übernahmen. Der kirchliche Dienst beschränkt sich so zunehmend nur auf Bischöfe und Priester. Die Diakone aber, deren Zahl viel geringer als die der Presbyter war, verlieren langsam ihren Anteil am kirchlichen Leitungsauftrag, so dass ihr Dienst allmählich irrelevant und letztendlich überflüssig wird.[32] Der Diakonat verliert als hierarchischer Stand und ständiges Amt der Kirchenleitung am Ende des X. Jahrhunderts seine Bedeutung und als solcher verschwindet. Wir betonen jedoch, dass der Diakonat im Kern niemals von der Kirchenleitung abgeschafft worden ist, denn er wurde im Zuge der Vorbereitung den Kandidaten für die Priesterweihe verliehen und bestand weiterhin „per gradum" und „ad tempus" (als Übergangsstufe zum Priestertum) weiter.

---

[32] Vgl. G. PREDEL, Veränderte soziale Wirklichkeit – Verändertes Amt, in: K. ARMBRUSTER / M. MÜHL (Hg.), Bereit wozu? Geweiht für was?, 2009, S. 70-72.

Im Römischen Reich war der Priester derjenige, der die Opfergaben darbrachte. Dieses Element beeinflusste im gewissen Umfang auch die Ausgestaltung der Eucharistiefeier. Bis zum 4. Jahrhundert hielten die Gläubigen bei ihren Zusammenkünften das gemeinsame Mahl zur Sättigung, und danach folgte das Mahl des Herrn mit Brotstücken und Kelch Wein, über denen die Worte Christi gesprochen wurden: „Das ist mein Leib" – „Das ist mein Blut" – so wie es eben am letzten Abendmahl Jesu geschah. Der Diakon achtete darauf, dass die Armen nicht vergessen und eine wirksame Hilfe den Notdürftigen und Abwesenden geleistet wurde. Seit dem 4. Jahrhundert die Synode in Hippo im Jahr 393 bestimmte, dass nur das Brot und Wein auf den Altar gebracht, die übrigen Speisen jedoch in den Nebenräumen abgelegt werden, konzentrieren sich die christlichen Versammlungen zunehmend und ausschließlich auf den liturgischen Teil, und so gewinnt der Priesterstand immer mehr an Bedeutung und Ansehen.

Die Pflege der Armen und all jener, die in Armut und Elend leben, wird allmählich auf Klöster und Mönche übertragen, die sich dann um solche Menschen kümmern, so dass auch hiermit die Diakone weniger wichtig wurden.

Es sei auch an die „fragwürdige" synodale Bestimmung im Neocaesarea zu Beginn des 4. Jahrhunderts erinnert, die entschied, dass keine kirchliche Gemeinschaft, unabhängig von der Anzahl der Gläubigen, mehr als sieben Diakone haben sollte, weil in der Apostelgeschichte (6, 1 - 6) die Rede nur von den Sieben sei. Diese Bestimmung wurde in der Praxis nicht überall akzeptiert, insbesondere nicht im Osten. Auch das hat dazu beigetragen, dass nun wegen der begrenzten Anzahl von Diakonen viele diakonische Dienste auf andere Kleriker oder sogenannte „ordines minores" (niedrigere Weihestufen) übertragen wurden. In den alten Schriften Didascalia Apostolorum werden auch die Subdiakone und Lektoren erwähnt. In einem Dokument der Diözese Rom wurde vermerkt, dass der römische Klerus zu dieser Zeit aus einem Bischof, 46 Presbytern, 7 Diakonen, 7 Subdiakonen, 42 Akolyten, 52 Exorzisten, einigen Lektoren und Ostiariern bestand. Entsprechend den Bedürfnissen der Ortskirche wurden auch die leitenden Funktionen angepasst oder erweitert; manchmal wurden sie auch reduziert z.B. im 8. Jahrhundert in Rom werden nicht mehr die Ostiarier und Exorzisten erwähnt. Die Diakone versuchten nun ihr Profil und ihre Stellung vor allem bei den liturgischen Aufgaben deutlicher kenntlich zu lassen, was natürlich zu Konflikten mit den Priestern führte.

Auf der anderen Seite verlieren die Versammlungen der Gläubigen während der Eucharistiefeier zum Teil ihr vormals so wichtiges soziales Merkmal, das für die Versorgung der Armen, Schwachen und Kranken wesentlich war. Um die Eucharistiefeier als Opfer des Herrn entwickeln sich zunehmend Gebräuche und Rituale, die die Priester und Leviten in der jüdischen Synagoge ausgeübt haben als auch die priesterliche Tradition des römischen Reiches pflegte. Opfer (sacrificium) und Priester (sacerdos) sind die Träger der sich formenden Zeremonien. Die zunehmende Konzentration auf die sakramentale Gegenwart Jesu Christi unter den Gestalten von Brot und Wein führte zu einer Änderung älterer Praktiken, so dass die Synode in Hippo (393) anordnet, nur Brot und Wein vermischt mit Wasser auf den Altar hinzustellen, während alle anderen Gaben in den Nebenräumen aufzubewahren seien, wie bereits oben angedeutet.[33] Weil die Priester die Eucharistiefeier anstelle des Bischofs leiten, wo er selber nicht anwesend sein kann, wächst ihr Ruf. In den neu gegründeten Pfarrgemeinden der Dörfer vertritt der Presbyter (jetzt Sacerdos oder Priester genannt) den Bischof und bekommt somit die Fülle der Befugnisse. Der Diakon dagegen wurde nicht zum Priester geweiht und konnte der Eucharistiefeier nicht vorstehen, so dass er nun keine spezifischen Aufgaben dabei besaß, denn die soziale Fürsorge hatte sich langsam von der Eucharistiefeier getrennt und der Einsatz für die Einsamen, Verlassenen, Kranken, Armen, Schwachen und Waisen, wie bereits erwähnt, zunehmend auf Mönche und Klostergemeinschaften verlagert. Neben dem Vorlesen des Evangeliums und dem Rezitieren aus den Texten der Väter während des Gottesdienstes verliert der Diakon auch die bisherige Kompetenz für die Katechese (die Gläubigen

---

[33] Vgl. U. HUDELMEIER, Diakonische Elemente in der Eucharistiefeier, in: K. ARMBRUSTER / M. MÜHL (Hg.), ebd. S. 165.

zu unterrichten). In all dem werden die Priester durch die Statuta ecclesiae antiqua (alte kirchliche Vorschriften), in denen der Presbyter Gennadius aus Marseille die älteren Texte aus der apostolischen Tradition veränderte und eigenwillig umformulierte, unterstützt. Wie bereits erwähnt, schält Gennadius einige Worte der alten Tradition heraus und behauptet: Diakon wird geweiht „nicht ad sacerdotium sed ad ministerium", also wird nur für den allgemeinen Dienst bestellt, was unterstreichen soll, dass er sowohl dem Bischof als auch dem Priester zu dienen hat. Das ursprüngliche Wort lautete aber „für den Dienst beim Bischof".

Die Statuta ecclesiae antiqua (Alte kirchliche Rechtssatzungen) betonen außerdem, dass der Diakon die hl. Kommunion nur in Notsituationen austeilen darf („si necessitas cogit") oder wenn es nicht genügend Priester gibt.

Aufgrund der Konkurrenz und des Konflikts zwischen den Presbytern und den Diakonen lösen die angeführten Schriften dieses Problem in der Weise auf, dass sie die ursprünglichen und aus der ersten Zeit des Christentums bekannten Aufgaben des Diakons z.B. Predigen und Austeilen der Kommunion – nun als Ausnahmen deklarieren, so dass die Diakone die pastorale Tätigkeit nur dann übernehmen dürfen, wenn der Priester ausnahmsweise abwesend ist. Aber die Bischöfe stellten niemals die theologischen Grundlagen und die Mission der Diakone, die von den Aposteln selbst ausgehen, infrage, sondern passten ihre Dienste aufgrund der größeren Anzahl von Presbytern und ihres unverhältnismäßig hohen Rufs an. Obwohl der Bischof bis zum 6. Jahrhundert ausschließlich als Priester (sacerdos) genannt wurde, wird ab dieser Zeit auch der Presbyter als „sacerdos" bezeichnet, da er den Bischof in den ländlichen Gebieten vertritt. Die Bischöfe der damaligen Zeit haben diese für den Diakonat ungünstige Entwicklung nicht erkannt und auch keine angemessene Intervention veranlasst.

In den Texten vom Anfang des 7. Jahrhunderts kündigt sich das Verschwinden des Diakonats im Vergleich zum Episkopat und dem Presbyterat an. Im Pariser Edikt (614) ist z.B. die Rede von Bischöfen und Priestern und von Klerikern niedrigeren Rangs. Das ist ein Zeichen dafür, dass die Diakone hier nicht einmal erwähnt werden, sondern in dem Begriff der niederen Kleriker subsummiert (zusammengefasst) werden. Im letzten Drittel des 6. Jahrhunderts war der größte Teil der Bevölkerung christianisiert worden, und man begann in größerer Anzahl auch die Kinder zu taufen. Weil die Kleinkinder in jener Zeit sehr häufig verstarben, war es notwendig geworden, ihnen in solchen Fällen die Nottaufe zu spenden. Die Dörfer waren damals von den Zugängen zu den Städten meist abgeschnitten, so dass der Presbyter, der damals im Dorf lebte, auch das Sakrament der Taufe erteilte.

Aufgrund der geringen Anzahl von Diakonen, die in den ländlichen Gemeinden selten vertreten waren, wurde die Taufspendung nun hauptsächlich von den Presbytern durchgeführt. Zur Erinnerung: Bis dato haben die Diakone die Taufen regelmäßig erteilt. Auch das ist einer der Gründe, warum man den Diakonen nun die Beauftragung zur Taufspendung strittig gemacht hat.

Hier sei nochmals auf die alte Praxis hingewiesen: Die Erste Synode in Orléans (511) betont, dass in dringenden Fällen sogar die suspendierten Diakone und Presbyter (die Reihenfolge der Aussage ist auffällig!) das Recht haben, die Taufe zu spenden, denn man war der Überzeugung, dass die Taufe für die individuelle Rettung der Seele unerlässlich sei.

Da der Diakon an vorderster Stelle erwähnt wird, ist es plausibel, dass er neben dem Bischof – wenigstens auf dem gallischen Gebiet – derjenige war, dem meistens die Aufgabe des Taufens anvertraut war. Am wahrscheinlichsten ist es, dass die Diakone im 4. und 5. Jahrhundert dieses Sakrament am häufigsten gespendet hatten.

Was das Sakrament der Krankensalbung betrifft, so berichtet schon Caesarius von Arles (ca. 470-542), (Serm 19, 5), dass die Diakone zusammen mit den Presbytern die Aufgabe haben, Gebete für die Genesung, Heilung und Heiligung („super eos") der Kranken zu sprechen. Der Presbyter wird hier als regelmäßiger Spender dieses Sakraments erwähnt.

Es wird jedoch betont, dass die Kranken in die Kirche gebracht werden, wo sie mit heiligem Öl gesalbt und Gebete für sie gesprochen wurden. Die gemeinsamen Gebete des Diakons und des Presbyters können als Fürbittgebete interpretiert werden, die während der Eucharistiefeier an Gott gerichtet wurden. Gleichzeitig ist das auch ein Hinweis darauf, dass die Diakone schon seit der Frühzeit des Christentums während der Eucharistie an den Fürbittgebeten Anteil hatten (in unseren Tagen als „Allgemeingebete" oder „Gebete der Gläubigen" bezeichnet), obwohl die Diakone das eucharistische Gebet nicht gesprochen haben.[34] Fürbittgebete sind nach 5. Jh. in der römischen Liturgie fast verschwunden, aber sie sind auf dem II. Vatikanischen Konzil wieder eingeführt worden und werden auch heute regelmäßig bei der Feier des hl. Messopfers vorgetragen.

Als Folge der zunehmenden Taufen der Einwanderer, wie bereits angedeutet, werden größere Kirchengemeinschaften in ländlichen Gebieten gebildet, die weit entfernt von befestigten Städten (Oppida) liegen. Bereits der hl. Martin von Tours, einer der Hauptinitiatoren der Christianisierung der Heiden in den ländlichen Gebieten, gründete in seiner Provinz 6 Gemeinden. Die Führung dieser Gemeinden in den dörflichen Ländereien wurde hauptsächlich den Presbytern anvertraut, obwohl die Synode von Arles (314) neben den Presbytern auch die Diakone erwähnt, die in ihnen wirken.[35] Die gallischen Quellen führen auch die einzelnen Leitungen der Gemeinden an, die die Diakone übernommen hatten. Namentlich wird auf die Siedlung Issoire in Auvergne hingewiesen, da diese Kirchengemeinde im 6. und 7. Jahrhundert von den Diakonen geleitet wurde, was als eine Art der Kontinuität der diakonischen Teilhabe an der Kirchenleitung interpretiert werden kann, obwohl dies nur einzelne Beispiele sind. Die Leitung der ländlichen Gemeinden aber bleibt hauptsächlich in den Händen der Presbyter, die ihre Aufgaben im Namen des Bischofs und unter seiner Autorität wahrnehmen.

Aus dem Dargestellten folgt, dass der Diakon zu dieser Zeit keine besonderen Pflichten und Befugnisse hatte, weil sie jetzt vom Presbyter ausgeübt wurden. Zusätzlich: Die gemeinnützige Tätigkeit wurde auf Klöster verschiedener weiblicher und männlicher Gemeinschaften übertragen. Der Diakonat als selbstständiger Stand hört langsam auf zu existieren und

---

[34] Vgl. U. HUDELMAIER, ebd., S. 165-167.
[35] Vgl. G. PREDEL, ebd., S. 73-91.

bleibt nur als ein „Übergangsstadium" auf dem Weg zum Presbyterat. Es ist jedoch nochmals wichtig zu betonen, dass der Diakonat als selbstständiger hierarchischer Stand keinesfalls durch ein Dekret oder durch eine Synode oder ein Konzil offiziell abgeschafft worden ist. Er wird nur praktisch fast unkenntlich gemacht, sinnentleert, verdrängt und in die Vergessenheit geschoben, woran auch das Direktorium für den Dienst und das Leben der Ständigen Diakone pregnant erinnert:[36]

„Es ist die Sache des Ortsbischofs, bei den in der Diözese tätigen Diakonen einen 'Gemeinschaftsgeist' zu fördern, dabei aber das Entstehen jenes 'Korporativismus'[37] zu vermeiden, der in der Vergangenheit mit zum **Verschwinden**[38] des Ständigen Diakonats beigetragen hat."

Um das Jahr 1000 gibt es viele Pfarreien in den westeuropäischen Regionen, denen die Presbyter vorstehen. Die Diakone haben zu der Zeit keine besondere Rolle mehr. Es ist interessant, dass wir auch danach hie und da den einzelnen Diakonen begegnen, die entweder aus besonderen Gründen oder die aus innerem Antrieb und Entschluss zu ständigen Diakonen geweiht worden sind (s. auch spätere Ausführungen).

In diesem Prozess spielten die Schriften „Statuta ecclesiae antiqua" (= Alte Rechtssatzungen der Kirche), die am Ende des 5. Jahrhunderts am wahrscheinlichsten vom Presbyter Gennadius aus Marseille verfasst worden sind, die entscheidende Rolle. Wie wir bereits gesehen haben, hat Gennadius diese kirchlichen Bestimmungen durch die Verkürzungen oder Änderungen älterer Texte an die Anforderungen der Presbyter angepasst. Die Statuta ecclesiae antiqua war ein sehr wichtiges Dokument, das von der fränkischen Liturgie (damals war das Fränkische Reich in Europa vorherrschend) über die Kirche in Germanien bis hin zum Rom gelang, wo es vollständig akzeptiert und in die Praxis umgesetzt wurde.

---

[36] KONGREGATION FÜR DAS KATHOLISCHE BILDUNGSWESEN – KONGREGATION FÜR DEN KLERUS, Grundnormen für die Ausbildung der Ständigen Diakone – Direktorium für den Dienst und das Leben der Ständigen Diakone, 1998, S. 72.

[37] Korporativismus bedeutet Schutz, Vertretung und Bürgschaft für eigene Rechte und Vorteile einer Gruppe von Menschen, die wie ein Körper (Corpus) organisiert ist. (Anm. des Autors).

[38] Vom Autor hervorgehoben.

B. DIE GESCHICHTE DES WEIBLICHEN DIAKONATS

a) Apostolische Zeit

Wir haben bereits gesehen, dass die ersten Diakone „die sieben Männer von gutem Ruf und voll Geist und Weisheit" waren (Apg 6, 3), die die Apostel selbst geweiht und in das ihnen übertragene Amt eingeführt hatten. Die Frage erhebt sich: Waren die ersten Diakone nur Männer oder gab es auch Frauen als Diakoninnen in der apostolischen Zeit?

Hl. Paulus sagt uns in Röm 16, 1 - 2: „Ich empfehle euch unsere Schwester Phöbe, die Dienerin der Gemeinde von Kenhreä[38] Nehmt sie im Namen des Herrn auf, wie es Heilige tun sollen, und steht ihr in jeder Sache bei, in der sie euch braucht; sie selbst hat vielen, darunter auch mir, geholfen." Es handelt sich also um eine Frau, die ihren Besitz, ihr Können und ihren persönlichen Einsatz einbringt, um die Christen in Kenhreä und in Rom zu unterstützen und ihnen behilflich zu sein. Aus dem Kontext der Empfehlung durch den Apostel Paulus und der antiken Gepflogenheiten bei der Briefübermittlung geht klar hervor, dass Phöbe einen höheren Bildungsgrad besaß und sich frei bewegte in der damaligen Welt, denn sie trug auch den Paulusbrief den Christen in Rom. Sie war offenbar in der Lage, den Briefinhalt und seine Hintergründe ihren Zuhörern zu erläutern.[39] Das Wort Dienerin lautet im ursprünglichen Text „diakonon", weshalb es in den Übersetzungen als „Diakon" oder „Diakonin" wiedergegeben werden

---

[38] Im Originaltext (Röm 16, 1): συνιστημι δε υμιν φοιβην την αδελφην ημων ουσαν [και] διακονον της εκκλησιασ τησ εν κεγχρεαισ (sunistemi de umin **Foiben** ten adelfen emon ousan (kai) **diakonon** tes ekklesias tes keyhreais) – vom Autor hervorgehoben. Im Griechischen wird das Wort „diakonos" sowohl für das männliche als auch für das weibliche Geschlecht benutzt. Deshalb ist die Deutung mit dem Suffix überflüssig, wie das bei G. L. Müller, Der Diakonat – Entwicklung und Perspektiven – 2004, S.27 zu lesen ist.

[39] Vgl. M. GIELEN, Frauen als Diakone in paulinischen Gemeinden, in: D. W. Winkler (Hg.), Diakonat der Frau, 2010, S. 32.

kann. Diakonos kann nämlich im Griechischen sowohl den Diakon, also eine männliche Person als auch die Diakonin, eine weibliche Person, bedeuten. Einige Autoren sind der Meinung, dass der Apostel bei der Beschreibung des Dienstes der hl. Phöbe mit dem Wort „diakonos" in der Tat als eine Beauftragung im Sinne des Diakonenamtes gebraucht habe, obwohl das Amt des Diakons damals noch nicht näher und präzise definiert war.

Paulus nennt auch einige andere Frauen, die ihm zur Seite standen z.B. Priska, Maria, Tryphäna, Tryphosa, Persis und Julia (Röm 16, 3-15) sowie Evodia und Synthyche (Phil 4, 2f), die er als seine Mitarbeiterinnen bezeichnet (sinergoi). Priska habe sogar für ihn „ihr eigenes Leben aufs Spiel gesetzt" (Röm 16, 3); Lydia von Philippi (Apg 16, 14-40) habe dem hl. Paulus und seinen Begleitern eine Unterkunft in ihrem Haus gewährt. An diesen zwei Beispielen ist zu erkennen, dass es eine grössere Zahl an Frauen gab, die den Apostel als enge Mitarbeiterinnen bei der Evangelisierung tatkräftig unterstützten und einen diakonischen und karitativen Dienst unter Leitung des hl. Paulus verrichteten.

Im 1. Timotheusbrief (1 Tim 3, 11) schreibt Paulus auch über die geistigen Voraussetzungen für eine Person, die den diakonischen Dienst in der Kirche ausüben darf: „Ebenso sollen die Frauen ehrbar sein, nicht verleumderisch, sondern nüchtern und in allem zuverlässig". Bekanntlich war diese Stelle früher in der Weise interpretiert worden, dass es sich hierbei um Ehefrauen der Diakone handele, die der hl. Paulus im Sinn hatte. Die neueren Untersuchungen heben jedoch eine andere Erklärungssicht hervor: Es sei nicht begreiflich, warum hl. Paulus bei der Beschreibung der geistigen Qualitäten der Bischöfe (Episkopoi) nichts über deren Ehefrauen schreibt. Es ist nicht verstehbar, warum hl. Paulus nur die Ehefrauen der Diakone und nicht auch die Ehefrauen der Bischöfe im Blick haben sollte.

Das Einführungswort „ebenso ..." lässt vermuten, dass hierbei die Rede von einer besonderen Gruppe von Frauen als Trägerinnen des diakonischen Amtes in der Urkirche als wahrscheinlicher erscheint.

Heilige Phoebe (Phoibe) –
vom Hl. Paulus als Diakonin
bezeichnet (s.o.)

b) Nachapostolische Zeit

Im Jahre 111/112 n. Chr. schreibt
Plinius der Jüngere an den Kaiser
Trajan (Epistulae X, 96, 8) und berichtet dort über zwei Frauen, von
denen er etwas über das Christentum erfahren wollte; die Frauen
seien Mägde gewesen, die man als
„ministrae – Dienerinnen, Ministerinnen" bezeichnet habe – wörtlich: „ex
duabus ancillis, quae ministrae dicebantur". Das Wort ministrae wird von
einigen Autoren als Hinweis darauf angenommen, dass es sich hierbei um
Diakoninnen handele.

Klemens von Alexandrien (gest. um 215) schreibt, dass der weibliche Dia-
konat seit der apostolischen Zeit bestehe und für die Kirche notwendig sei.
Origenes (gest. um 253/254) schreibt ausdeutend den Brief des hl. Paulus
(Röm 16, 1-2): „Diese Stelle besagt mit apostolischer Autorität, dass auch
Frauen im Dienstamt der Kirche eingesetzt werden... Und so lehrt uns diese
Stelle zugleich zweierlei: Dass es sowohl Frauen als Amtsträgerinnen in
der Kirche gibt wie auch solche, die in das Dienstamt aufgenommen werden

sollen, die viele unterstützt haben und durch ihre guten Dienstleistungen es verdient haben, als Apostolinnen gelobt zu werden."[40]

Bereits im 3. Jahrhundert geben die alten kirchlichen Schriften Didascalia Apostolorum (Lehre der Apostel) an, dass die Leitung einer Kirchengemeinde durch einen Bischof (Episkopos) wahrgenommen wird, wobei er von seinen Mitarbeiterinnen – Diakoninnen (die damalige Bezeichnung: Diakonissa oder diacona) und Mitarbeitern – Diakonen unterstützt wird. Hier werden zum ersten Mal die Diakoninnen offiziell erwähnt. Der Ordo (Weihesakrament) wird entsprechend der Typologie des Ignatius von Antiochien in dem Sinne erklärt, dass der Bischof den Platz Gottes des Vaters, der Diakon den Platz Christi und die Diakoninnen den des Heiligen Geistes (der Heilige Geist ist in den semitischen Sprachen weiblichen Geschlechts) einnehmen, während die Presbyter, die hier selten erwähnt werden, die Apostel vertreten.

Die Didascalia Apostolorum unterstreichen die gemeinnützige und karitative Rolle von Diakonen und Diakoninnen (Diakonissen). Ihr Dienst sollte sich wie „eine Seele in zwei Körpern" manifestieren (zu erkennen geben). Das große Vorbild stellt Jesus Christus, wie er seinen Jüngern die Füße wäscht, dar. Der Bischof wählt Diakone aus, damit sie die Aufgaben, die er ihnen anvertraut, in die Tat umsetzen. Außerdem verwalten sie die Güter der Gemeinde im Namen des Bischofs. Die Diakoninnen kümmern sich besonders um die Frauen: Nehmen die Salbung des ganzen Körpers einer Frau bei der Taufe vor, belehren die Frauen im Glauben und besuchen die weiblichen Personen, die erkrankt sind. Hier sei die *„Geburtsurkunde"*[41] der Diakoninnen zu sehen. In den Schriften Constitutiones Apostolicae (Apostolische Bestimmungen) aus dem 4. Jahrhundert wird der Begriff Klerus (Klerikerstand, die „Auserwählten") auch auf die Diakonissen erweitert. Sie werden durch die Handauflegung (epithesis cheiron), die den Hl. Geist überträgt, eingeführt. Das Konzil von Chalkedon (can. 15) bestimmt das

---

[40] Vgl. E. THEODOROU, Frauenordination in der orthodoxen Kirche? Anmerkungen zum Diakonat der Frau, in: D.W. Winkler (Hg.), Diakonat der Frau, 2010, S. 44-45.

[41] Vgl. M. HAUKE, Die Geschichte der Diakonissen, in: M. HAUKE / H. HOPING (Hg.), Der Diakonat – Geschichte & Theologie, 2019, S. 367.

Aufnahmealter in den Diakonissenstand und grenzt es auf 40 Jahre ein. Ihre Betätigung wird als *leitourgia* charakterisiert, und sie dürfen nach der Weihe nicht mehr heiraten.[42] In Konstantinopel wirkte im 4. Jahrhundert die berühmte Diakonin namens Olympias; sie wird vom hl. Johannes Chrisostomus als die große Spenderin der Kirche bezeichnet. Der Patriarch habe sie geweiht (cheirotonein). Zu erwähnen sind auch andere bekannte Diakoninnen dieser Zeit, wie Makrina, Lampadion, Elissanthia, Eirene von Chryobalanton, die gleichzeitig Äbtissinnen und Diakoninnen waren. Auch die Ehefrauen von denjenigen Presbytern, die Bischöfe geworden waren, konnten zu Diakoninnen geweiht werden, nachdem sie ins Kloster gegangen waren.[43] Noch im 8. Jahrhundert legt der Bischof in Byzanz die Hände auf die Kandidatinnen für den Frauendiakonat auf und übergibt ihnen Orarion (auch als Stola genannt). Sie werden während der Euchraistiefeier, wie auch die Diakone, ordiniert (geweiht).

In der Kirche des *Westens* jedoch werden die Diakoninnen bis zum 4. Jh. kaum erwähnt. Nach Ambrosiaster (Rom, Ende 4. Jh.) sei der weibliche Diakonat das Erbe der häretischen Montanisten. Wir wissen, dass der Ambrosiaster auch den männlichen Diakonat zurückdrängen wollte und sich für diesen Zweck sogar der Fälschung der hl. Schrifttexte erlaubte (s. o.).

Im 6. Jahrhundert werden manchmal als Diakoninnen jene Frauen bezeichnet, die in den Listen der Witwen aufgeführt wurden. Um hier eine Klarheit zu verschaffen, verbietet das Konzil von Epaone im Jahre 517 die „Weihe der Witwen, die als Diakoninnen genannt werden".

Die zweite Synode von Orléans (533) schließt die Frauen von der Kommunion aus, wenn sie nach der Aufnahme in den Diakonissenstand trotz der kanonischen Verbote wieder heiraten.[44]

Byzantinischer Kaiser Konstantin VII., genannt Konstantin Porphyrogennetos (905-959), Geschichtsschreiber bezeugt, dass es zu seiner Zeit

---

[42] Vgl. G. L. MÜLLER (Hg.), ebd., S. 26-31.

[43] Vgl. E. MITSIOU, Weibliches Mönchtum und Diakonat in der byzantinischen Zeit, in: D. W. Winkler (Hg.), 2010, S. 59-61.

[44] Vgl. G. L. MÜLLER (Hg.), ebd. S. 30.

in der großen Kirche „Hagia Sophia" Diakoninnen gab, und dass ihnen dort ein bestimmter Ort zugewiesen war. Theodoros Balsamon aus dem 12. Jh., der zunächst als Diakon an der Hagia Sophia in Konstantinopel wirkte und später der Patriarch von Antiochien mit Sitz in Konstantinopel wurde, schreibt:

„Heutzutage werden nämlich keine Diakoninnen geweiht, obgleich einige Nonnen missbräuchlich Diakoninnen genannt werden". Er kannte auch den Gebrauch, die Diakoninnen aus dem Kreis der Nonnen zu wählen.[45] Daraus kann man schließen, dass es in früheren Zeiten wirklich Diakoninnen gab, welche durch Handauflegung (cheirotonein) geweiht waren.

Auch das Pontifikale des Patriarchen Michael von Antiochien aus dem 12. Jh. erwähnt, dass es in früheren Zeiten Diakoninnen gab, welche durch Handauflegung die Weihe bekamen. Sie hatten die Aufgabe, sich um die Frauen zu kümmern, ihnen die Botschaft des Evangeliums zu vermitteln, Hausbesuche bei den Frauen und Gefangenen abzustatten sowie die Fürsorge für Arme, Kranke und Verlassene wahrzunehmen. Sie sorgten auch für die Ordnung während der Gottesdienste und unterstützten dabei besonders Frauen und Kinder. Um es nochmals zu betonen: Während der Taufe der erwachsenen Personen wurde damals der nackte Körper meist drei Mal in das Wasser eingetaucht und anschließend gesalbt. Aus Respekt vor dem Frauenkörper standen die Diakoninnen dem Bischof zur Seite und verrichteten diese Aufgaben in seinem Namen.

Später, als man begonnen hatte, die Kinder zu taufen, habe sich diese ihre Aufgabe erübrigt.[46]

Die Konturen (Umrisse) des weiblichen Diakonats in den ersten Jahrhunderten des Christentums waren infolge der historischen Bedingungen, der damaligen Mentalität und der hierarchischen Entfaltungen nicht so deutlich zu Tage getreten, wie es beim männlichen Diakonat der Fall war. Dennoch hat der weibliche Diakonat gemäß den obigen Ausführungen in seinen wesentlichen Elementen und Charakterzügen (Ausbreitung des

---

[45] Vgl. E. MITSIOU, ebd., S. 65.
[46] Vgl. G.L. MÜLLER (Hg.), ebd. S. 40-41.

Gottesreiches, Mitwirkung bei den Taufen, Einsatz in der Fürsorge um die Schwachen, Armen, Kranken, Verlassenen und Verzweifelten) existiert. Im Mittelalter sind die Diakoninnen aus den oben dargelegten Gründen: Taufe der Kinder, Übertragung der karitativen Aufgaben auf die Klöster, aus den alten Zeiten verschleppte Mentalität über die Frauen und manche ausgedachte und unaufgeklärte Weltanschauungen des Mittelalters auf die Sexualität der Menschen sowie ungleichberechtigte Stellung der Frauen in der Gesellschaft überhaupt, um hier nur einiges anzuführen, aus ihrem Amt allmählich verdrängt worden.[47] In einigen Kirchen des Ostens, insbesondere in der Armenisch – Apostolischen Kirche begegnen wir ausnahmsweise den Diakoninnen bis in unsere Tage.[48]

M. Hauke[49] kommt zu einem anderen Endergebnis und stützt sich dabei hauptsächlich auf die Studie von A.-G. Martimort aus dem Jahr 1982. Diese Studie wird jedoch von der Internationalen Theologischen Kommission[50] nur am Rande erwähnt. Die Arbeit von K. Lehmann über den Diakonat der Frau und das dort zitierte Gutachten von Y. Congar wird von M. Hauke bedauerlicherweise gar nicht berücksichtigt.[51] S. d. C. Elena fasst die Ergebnisse der Forschung über den Frauendiakonat zusammen: „Im Endeffekt würde es sich darum handeln, den diakonalen Dienst, den die Frauen in vielen kirchlichen Bereichen ausüben, sakramental anzuerkennen, eine Argumentationslinie, die sich in AG (Ad Gentes) 16 findet und von Karl Rahner stammt".[52]

---

[47] Vgl. S. SPRATTE, Diakonat der Frau. Historischer und kirchenrechtlicher Kontext sowie aktuelle Diskussion, 2016, S. 9-12.

[48] Vgl. J. DUM-TRAGUT, Diakoninnen in der Armenisch-Apostolischen Kirche, in: D.W. Winkler (Hg.), Diakonat der Frau, 2010, S. 82-85.

[49] Vgl. M. HAUKE, Die Geschichte der Diakonissen, in: M. HAUKE., H. HOPING (Hg.), Der Diakonat-Geschichte & Theologie, 2019, S. 361-394.

[50] Vgl. G. L. Müller (Hg.), Der Diakonat-Entwicklung und Perspektiven, ebd., S. 26-36.

[51] Vgl. K. LEHMANN, in: R. HARTMANN, F. REGER, S. SANDER (Hg.), 2015, ebd. S. 24-30.

[52] Vgl. S. D. C. ELENA, Das Dokument der Internationalen Theologischen Kommission, in: M. HAUKE, H. HOPING (Hg.), ebd. S. 281.

c) Das Verschwinden der Diakoninnen

Wir haben bereits erwähnt, die Einführung der Kindertaufe ab Ende des 5. Jh. hat die Aufgaben der damaligen Diakoninnen eingeengt. Seit dem 6. / 7. Jh. werden Äbtissinnen auch als Diakonissen oder Diakoninnen bezeichnet. Die Äbtissinnen bekamen auch sehr häufig die Diakonatsweihe. Später wurde allmählich der ostkirchliche Diakonat nur als ein ehrenvoller Weihegrad für die Nonnen betrachtet. In Rom werden die Diakoninnen noch im 8. Jh. erwähnt. Die Synode von Paris (829) verbietet jedoch im Allgemeinen den Frauen, irgendwelche liturgischen Funktionen auszuüben. Im Mittelalter haben die Ordensschwestern de facto die diakonischen und karitativen Dienste in den Hospitälern und Herbergen verrichtet oder sich als Lehrerinnen betätigt, obwohl sie nicht mehr ordiniert (geweiht) wurden. Im Osten gab es bis zum Beginn des 12. Jh. weibliche diakonoi oder Diakonisses.[53] Einzig in der Armenisch-Apostolischen Kirche, wie bereits ausgeführt, gab es Diakoninnen bis in unsere Tage.[54]

---

[53] Vgl. B. J. GROEN, Einige liturgische und ökumenische Aspekte des Frauendiakonats, in: D. W. Winkler (Hg.), Diakonat der Frau, 2010, S. 89-95.

[54] S. bei A. LORETAN, Diakonat der Frau oder Trennung von Weihe und Leitung, in: R. Hartmann / S. Sander (Hg.), Zeichen und Werkzeug, 2020, S. 134.

C. ZEITRAUM AB DEM 14. JAHRHUNDERT ÜBER DAS TRIDENTINISCHE (1545 - 1563) BIS ZUM II. VATIKANISCHEN KONZIL (1962 - 1965)

Wir haben gesehen, dass die Ständigen Diakone in der Westkirche nach dem 10. Jahrhundert so gut wie verschwunden waren; sie bestanden jedoch in Ausnahmefällen z.B. heiliger Franz von Assisi, seliger Jordan von Sachsen, heiliger Tomas von Becket und einige andere. Der Diakon ist nur noch ein Übergangsschritt auf der hierarchischen Leiter, welche vom Kandidaten für das Priester- und das Bischofsamt durchlaufen wird. Die Synode von Serdika (342 - 344) schreibt vor, dass die Erwählten für das Bischofsamt vorher den Diakonat und Presbyterat erhalten haben sollen. Die entscheidende Rolle bei der Auslegung und Deutung des Weihesakraments (Ordo) spielte der hl. Tomas von Aquin (1225-1274). Seine Lehre war maßgeblich für die Väter des Tridentinischen Konzils. Dieser prominenteste scholastische Theologe aller Zeiten erklärte das Sakrament der Weihe (Ordo) aus seiner Hinordnung zum Sakrament der hl. Eucharistie. Gerade aus dieser Beziehung zur heiligen Eucharistie resultiere aus seiner Sicht eine Differenzierung der heiligen Weihen (Ordo insgesamt). Das Verhältnis zur Eucharistie verbinde sieben Weihestufen zu einem Ganzen.[55] Drei dieser sieben Weihestufen können aufgrund ihrer engen Verbindung zur Eucharistie als heilig (ordines sacri) genannt werden. Dies sind: *Priester, Diakon und Subdiakon.* Der Priester konsekriert, spricht die Wandlungsworte Jesu über die eucharistischen Gaben und heiligt sie; der Diakon teilt mit dem Priester die Eucharistie an die Gläubigen aus; der Subdiakan bringt die heiligen Gefäße auf den Altar, um die Eucharistiefeier vorzubereiten. Die anderen vier Weihestufen haben folgende Aufgaben: Die Akolythen bringen Wein und Wasser herbei, der Ostiarius (Pförtner) überwacht die Kirchenräume, damit die Ungläubigen nicht eintreten, der Lektor belehrt die Katechumen im Glauben, der Exorzist befreit die vom Teufel Besessenen. Nach der Auslegung des Thomas von Aquin ist das Bischofsamt nicht der höchste Grad des heiligen Weihe-

---

[55] Vgl. THOMAS v. AQUIN, S. th. suppl. Q.37, a. 2 c.a.

sakraments (Ordo), weil der Bischof keine größere Bevollmächtigung über den Leib und das Blut Christi inne habe als ein „einfacher" Priester. Der Bischof habe nur größere Jurisdiktionsmacht (Rechtsprechungsvollmacht), er sei eigentlich summus sacerdos (der höchste Priester). Was den Diakonat angeht, erkennt ihm Tomas von Aquin die Sakramentalität aus seiner Beziehung zur Eucharistie an, denn er ist der Überzeugung, dass die erhaltene *Vollmacht über die Eucharistie (protestes in eucharistiam)* das wesentliche Merkmal des Weihesakramentes ausmache. Das Tridentinische Konzil im 16. Jh. folgt der Lehre von Thomas von Aquin und stellt die Vollmacht über die Wandlung der eucharistischen Gaben in den Vordergrund, unterstreicht damit die priesterliche (sazerdotale) Bedeutung bei der Spendung des Weihesakraments und richtet das Augenmerk auf die „Vollmacht der Konsekration (,,Wandlung") und Darbringung des wahren Leibes und des Blutes des Herrn sowie auf die Lossprechung von den Sünden".[56]

Das Tridentinische Konzil spricht von den *Diakonen als Dienern (***ministri***)*, die zur kirchlichen Hierarchie gehören. Auf der 23. Sitzung (15. Juni 1563) erörtern die Konzilsväter das Sakrament der heiligen Weihe (Ordo) und so ist die Rede vom Diakonat. In den früheren Diskussionen wurde versucht, die Dienste von Diakonen, Subdiakonen und den sog. niederen Weihen (Akolyt, Lektor ...) wiederherzustellen und sie konkret mit Leben zu füllen. Die Entscheidungen der Konzilsväter haben in den Kanons 6 und 17 den Niederschlag gefunden: „Wenn jemand in der Katholischen Kirche behaupten würde, es bestehe keine von Gott gegründete Hierarchie, die aus den **Bischöfen, Priestern und Dienern ('ministri')** gebildet wird, der soll aus der Kirche ausgeschlossen sein – Anathema sit."[57] Die Beschlüsse in Can. 6 und 17 sind als tote Buchstaben auf dem Papier geblieben. Obwohl es also ernsthafte Versuche auf dem Trienter Konzil gab, den Diakonat und die sog. „niederen Weihen" zu erneuern, und obwohl man entsprechende Beschlüsse dazu verfasst hatte, wurde davon nichts in die Tat umgesetzt. Das Konzil hat, sich dabei stützend auf die Lehre des hl. Thomas v. Aquin, ganz besonders das presbyterale Amt als den wesentlichen Teil des Weihesakraments (Ordo) betont und befördert. Es wurde sogar eine detaillierte

---

[56] Vgl. S. SANDER, ebd., S. 88-91.

[57] Vgl. S. STEGER, Der Ständige Diakon und die Liturgie, 2006, S. 70-72.

und ausführliche Ausbildung und Vorbereitung eines Kandidaten für das Priesteramt definiert. Aber trotz der Dominanz der eucharistischen Vollmacht als Maßstab der Sakramentalität der heiligen Weihe hat das Tridenter Konzil, nach der Interpretation von M. Hauke, eindeutig zum Ausdruck gebracht, dass *der Diakonat dem Weihesakrament gehöre.*[58]

Weil aber nach dem Konzil von Trient keine der dort beschlossenen Vereinbarungen über die Erneuerung des Diakonats in die Praxis umgesetzt wurde, blieb der Diakonat als ständiger hierarchischer Grad auch danach so gut wie ohne Bedeutung und ohne Einfluss auf das kirchliche Leben; er hat weiterhin keine Funktionalität bis zum II. Vatikanischen Konzil. Dennoch wusste die Theologie darüber Bescheid, und es gab auch später Diskussionen über das Thema des Ständigen Diakonats, ja auch nach dem Tridentinum wirkten hie und da Ständige Diakone, wie z.B. E. Consalvi (19. Jh.) und G. Antonelli (19. Jh.).

Die Archidiakone im Mittelalter waren häufig als bischöfliche Verwalter im Rang der heutigen „Generalvikare" beschäftigt. Gerade in solchen Formen des Dienstes beim Bischof hält sich irgendwie das ursprüngliche Diakonenamt als ein Dienst beim und für den Bischof aufrecht und wird als solcher im Vertrauen, Bezug und in der Verfügbarkeit gegenüber dem Bischof sichtbar. Außerdem konnte man Diakone als Kardinaldiakone in der römischen Kurie erkennen. Der hl. Papst Johannes XXIII. hat die letzten Kardinaldiakone am Gründonnerstag 1962 zu Bischöfen geweiht, so dass die Kardinaldiakone seit diesem Datum nur nominell bestehen, d.h. sie werden so genannt, aber in Wirklichkeit sind sie Bischöfe.[59] Es ist erwähnenswert, dass es noch bis zum Ende des 19. Jh. Kardinaldiakone gab, die nie eine Priesterweihe bekommen haben z.B. die bereits oben genannten E. Consalvi, G.Antonelli und T. Mertel. Ab dem Jahr 1917 sah das Kirchliche Kanonische Recht (CIC) vor, dass alle Kardinäle vorher die Priesterweihe bekommen sollten.[60]

---

[58] Vgl. U. HELBACH, Der Diakonat im 19. und 20. Jahrhundert bis zum Beginn des Zweiten Vatikanischen Konzils, in: G. Riße / U. Helbach / H. J. Klein (Hg.), Boten einer neuen Zeit, 2018, S. 101.

[59] Vgl. S. STEGER, ebd., S. 66.

[60] Vgl. U. HELBACH, ebd., S. 101.

D. DAS ZWEITE VATIKANISCHE KONZIL (1962 - 1965)

a) Vorkonzilszeit

Noch bevor Papst Johannes XXIII. zum Konzil eingeladen hatte, wurden die Versuche unternommen, den Diakonat als einen der wesentlichen Teile des heiligen Weihesakraments wiederzubeleben. Bereits 1840 mahnte der Arzt und Schriftsteller J. K. Passavant aus Frankfurt die Wiedererrichtung des Diakonats an, da auf diese Weise der entstandene und praktizierte Abstand (die Distance) zwischen Priestern und Laien verringert werden könnte.

Auch der französische Priester A. Grea forderte im Jahre 1885 die erneute Einführung des ständigen Diakonats und hob seine Bedeutung für die gemeinnützige und karitative Arbeit hervor. In Italien wies V. Marchese 1912 darauf hin, dass es nützlich sein würde, den ständigen Diakonat wieder zu errichten, der mit wirtschaftlichen, administrativen, organisatorischen und karitativen Aufgaben betraut werden könnte, um auf diese Weise die vielen priesterlichen Verpflichtungen in Grenzen des Machbaren zu halten. Im Jahr 1905 hielt M. von Faulhaber, der spätere Erzbischof von München, einen Vortrag mit dem Titel „Das Diakonat der Frau". Dieses Referat wurde von Frauen, Mitbegründerinnen des Bayerischen Katholischen Frauenbundes, inspiriert. Als Erzbischof hat er einige von ihnen zu Diakoninnen gesegnet (nicht geweiht).[61] Nach fundierten wissenschaftlichen Studien und Erkenntnissen stellte sich um das Jahr 1930 auch die Frage nach dem Diakonat der Frauen. Hl. Edith Stein (1891-1942) äußerte sich im Jahre 1932 dazu: „Von weiblicher Seite regen sich Bestrebungen, dieser Betätigung (in dem neuerdings von Frauen vielgefragten kirchlich-caritativen Bereich und der Seelsorgehilfe) wieder den Charakter eines geweihten kirchlichen Amtes zu geben. „Es sei möglich, dass diesem Verlangen eines Tages Gehör gegeben wird."[62]

---

[61] Vgl. S. STEGER, ebd., S. 73.

[62] S. bei U. HELBACH, ebd., S.106-107.

1935 forderte Dr. Schräder aus Köln die Wiederherstellung des Diakonats in den dreifachen Betätigungsfeldern: Liturgie, Caritas und Katechese. Im Jahr 1950 entwarf H. Kramer innerhalb des Caritasvereins in Freiburg die Grundzüge der Ausbildung der Diakonenanwärter. 1951 gründete er auch den ersten „Diakonenkreis" mit sieben Männern, die auf den Hauptberuf des Diakons vorbereitet werden sollten. Unabhängig voneinander wurden an verschiedenen Orten der Weltkirche die Stimmen erhoben, die die Wiederherstellung des Diakonats als den hierarchischen Dauerstand verlangten.

Die Anstöße kamen allmählich aus der ganzen Kirche. Der asiatische Missionsbischof W. van Bekkum, der 1956 auf dem Internationalen Liturgisch-Pastoralen Kongress in Assisi auftrat, schlug die Wiederherstellung der Ständigen Diakone vor. Seine Erklärungen wurden weitgehend durch die Tatsache gestützt, dass ein spürbarer Priestermangel in den Missionsgebieten herrsche. In den Missionsländern war es nämlich üblich, dass 20 Seelsorgeeinheiten einem einzigen Priester zugeordnet waren. E. D. ´Souza, Erzbischof aus Indien hat gefordert, dass man dem Priestermangel und der Katechetenkrise in Indien mit der erneuten Einführung des Ständigen Diakonats entgegenwirken solle. In Lateinamerika wurden die gleichen Gründe für die Neuerrichtung des Diakonats angeführt. Auch dort war ein spürbarer Mangel an Priestern zu beklagen.

In Afrika macht B. Luykx aus Kongo darauf aufmerksam, dass die missionarische Kirche nur dort gegründet werden kann, wo sie durch die urkirchlich gegründete Einrichtungen und Betätigungen inspiriert wird. Auch er betonte, dass die überlasteten Priester nicht bloß dadurch entlastet werden können, indem man ihre Einzelaufgabe allein auf die Laien übertrage.

Auch der Bischof von Madagaskar weist auf den elementaren Notstand im Hinblick auf den Priestermangel hin und fordert ebenso die Einführung des Ständigen Diakonats.

Man kann zusammenfassend sagen, dass der **Mangel an Priestern** in außereuropäischen Ländern den Hauptgrund für die dortige Kirchenleitung darstellte, welcher sie motivierte, sich mit ganzer Kraft für die Wiederbelebung des Ständigen Diakonats in der katholischen Kirche einzusetzen.

Papst Pius XII. hat sich anlässlich einer Audienz im Jahr 1957 dahin geäußert, dass er im Prinzip nichts gegen die Neueinführung des Diakonats als eines ständigen hierarchischen Grads in der Kirche einzuwenden habe, vertrat aber die Meinung, dass die Zeit dafür noch nicht reif sei, um es zu verwirklichen. Diese seine Aussage ist für die damaligen bedeutenden Theologen, wie Y. Congar, F.X. Arnold und K. Rahner sehr ermutigend gewesen. Auch viele europäischen Länder, beispielsweise Schweiz, Österreich, Frankreich, Niederlande, Dänemark, Großbritannien und Deutschland unternahmen die notwendigen Schritte, um den Ständigen Diakonat wieder einzuführen. Wichtig war ebenso der Beitrag von G. Hombach über die liturgischen Vorüberlegungen bezüglich der hl. Messe mit dem Diakon (missa cum diacono), weil dies mit der Urtradition in Verbindung gebracht werden kann. Auf diese Weise würde man auf die eigene liturgische Identität des Diakons hinweisen; er hob hervor, dass der Diakon während des Gottesdienstes nicht bloß als eine beigefügte „Nebensache" die Feierlichkeit großartiger erscheinen lasse, sondern dass seine ursprüngliche Funktion bei der eucharistischen Versammlung dadurch zur Geltung käme.

Der eucharistische Kongress in München 1960 bearbeitet die Fragen über „die Wiedergeburt" des Ständigen Diakonats. Ein Jahr später 1961 setzt man sich mit dem gleichen Thema am Tag der österreichischen Theologen in Wien auseinander. Bereits im Jahr 1962 existieren Diakonatskreise in Köln, Trier, Aachen und München. R. Schaller beschäftigt sich 1958 / 1959 mit der Idee der Erneuerung des Ständigen Diakonats und als Hauptleiter der französischen Bewegung für die Wiederbelebung des Diakonats macht sich die Ideen der Vereinigung der „Arbeiterpriester" zu eigen; ihre Erfahrungen wendet er in den Vorbereitungsschritten zur Erneuerung des Diakonats an, denn gerade eine solche Nähe zu den Menschen sollte die zukünftigen Diakone auszeichnen. Frankreich und Deutschland arbeiten intensiv auf vielen theologischen Gebieten mit dem Ziel, den Ständigen Diakonat wiederzubeleben; man kann mit Recht diese zwei Länder als Vorreiter (Avantgarde) in den Bemühungen um die Erneuerung des Ständigen Diakonats in der katholischen Kirche bezeichnen.[63]

---

[63] Vgl. S. STEGER, ebd., S. 72 - 90.

b) Konzilszeit: Das Zweite Vatikanische Konzil (11.10.1962 - 08.12.1965)

Vor dem Beginn des Konzils wurden Zuschriften, Empfehlungen und Optionen aus der ganzen Welt gesammelt und geordnet. Eines der großen Themen war auch die Wiederbelebung des ständigen hierarchischen Grads des Diakonats. Die Bischöfe aus der gesamten Welt, besonders missionarische Orden haben das Thema unterstützt. Einzig die römische Kurie hat eine zurückhaltende Position eingenommen. Unter den Gründen für die Erneuerung des ständigen Diakonats war die bedrückende Feststellung des *Priestermangels*, ganz besonders in den Missionsländern sowie die Option einer möglichen Hilfe und zusätzlichen Kraft in der Apostolatsarbeit. Es wird angeführt, dass sich der Papst Johannes XIII. selbst zugunsten der Wiedereinführung des Ständigen Diakonats geäußert habe, denn so würde man den Mangel an Priestern lindern und gewissermaßen auffangen können. Erwähnenswert ist in diesem Zusammenhang, dass sich auf der Liste der Wünsche, Vorschläge und Forderungen für die Konzilsdiskussionen auch das Thema über die Ermöglichung der Weihe der Frauen zu Diakoninnen befand. Sogar einige von den Bischöfen und Konzilsvätern, wie z.B. der spätere Kardinaldiakon Jean Danielou setzten sich für die Neueinführung des sakramenten Diakonenamts für die Frauen ein, denn es habe ihn in der frühen Geschichte der Kirche gegeben.[64] Für die meisten Konzilsväter war bei der Diskussion um den männlichen Diakonat eines der größten Hindernisse die Frage, ob es wirklich möglich sei, auch die verheirateter Männer zu Diakonen zu weihen oder ob man von den Kandidaten für den Diakonat verlangen sollte, ähnlich wie bei den Priestern, auf die Ehe zu verzichten und den Zölibat zu geloben?

Am 11.10.1962 wurde das Konzil eröffnet, und die Konzilsväter nahmen Ihre Arbeit auf. Zuerst wurden Arbeitskommissionen bestimmt, u.z. entsprechend dem Vorschlag des Papstes und der Auswahl seitens der

---

[64] S. bei: R. RADLBECK-OSSMANN, Das Argument von der Einheit des Ordo: Fundament für die Ablehnung eines Diakonats der Frau?, in. D. W. Winkler (Hg.), Diakonat der Frau, 2010, S. 119.

Bischöfe. In die Vorbereitungskommission für theologische Fragen wurden unter anderen der Erzbischof von Split und Makarska Frane Franić und in die Generalkongregation der Zagreber Erzbischof und Kardinal Franjo Šeper gewählt.

Die Diskussion über den Diakonat hat in der zweiten Hälfte der Sitzungsperiode des Jahres 1963 begonnen. Gegen die Neueinführung des Diakonats haben sich Kardinal F. Speermann aus New York und Kardinal Bacci sowie einige Konzilsväter aus Spanien geäußert. Sie hatten eine ablehnende Haltung eingenommen, weil sie der Überzeugung waren, dass die Verheiratung der Diakone eine Gefahr für die Identität der zum Zölibat verpflichteten Priester darstelle. Sie versuchten darauf hinzuweisen, dass die verheirateten Diakone **eo ipso (von sich aus)** ein Anlass für die Erschütterung und Verweichlichung des Pflichtzölibats der Priester sein könnten und dadurch eine Abschwächung ihrer Position und letztendlich die Verringerung der Priesterzahlen zur Folge haben könnten. Eine ganz besondere Rolle hat zu dieser Zeit der damalige Präfekt (Vorsteher) des Heiligen Officiums (heute als Kongregation für Glaubensfragen bezeichnet) Kardinal A. Ottaviani, der auf alle möglichen Weisen versuchte, die Neueinführung des Ständigen Diakonats zu verhindern. Auch der Erzbischof von Split und Makarska F. Franić als Mitglied der theologischen Vorbereitungskommission des II. Vatikanischen Konzils war der gleichen Meinung wie Kardinal A. Ottaviani und widersetzte sich energisch gegen die Wiederbelebung des Ständigen Diakonats. Nach der Überzeugung des Erzbischofs F. Franić sei die Neueinführung des ständigen Diakonats[65] unter keinen Umständen geeignet, denn dies würde die Disziplin des Klerus gefährlich durchschütteln, insbesondere in dem Falle, wenn die Diakone verheiratet wären. Der Erzbischof F. Franić schreibt Jahre später nach der Beendigung des Konzils:

„In der aufgewühlten Diskussion über die Erneuerung des Ständigen Diakonats auch für die verheirateten Männer habe ich nochmals am 9.10.1963 die Erlaubnis bekommen, im Plenarsaal zu sprechen. Diesmal habe ich

---

[65] Vgl. ASCOV (Acta Synodalia Sacrosancti Concilii Oecumenici Vaticani), Vol. II., Pars II., 378 ff.

im Namen der gesamten Bischöfe des damaligen Jugoslawien berichtet. Dadurch erklärt sich auch die Erlaubnis, dass ich in so kurzem zeitlichem Intervall zum zweiten Mal über das Thema sprechen durfte. Der Bericht beinhaltete zwei Thesen, und beide sind vom Interesse:

Die erste These haben 16 Bischöfe des damaligen Jugoslawien unterschrieben, und sie lautete: 'Nach meiner Meinung ist es nicht geeignet für mein Bistum, solange diese jetzigen Umstände andauern, den Ständigen Diakonat mit den verheirateten Männern einzuführen.'

Die zweite These lautete: 'Ich vertrete die Meinung, dass die Erneuerung des Ständigen Diakonats eine Gefahr für die Vorschrift des heiligen Zölibats auch für die priesterlichen Berufungen darstellt.' Diese These wurde von 15 Bischöfen aus dem ehemaligen Jugoslawien unterschrieben. Zagreber Erzbischof und Vorsitzender der Bischofskonferenz, der spätere Kardinal Franjo Šeper, war der erste, dem diese Thesen zur Unterschrift gebracht worden waren mit der Bitte, sie zu unterschreiben. Der Erzbischof Šeper hat seine Unterschrift jedoch *verweigert*, da er die vorgebrachten Meinungen nicht teilen konnte."[66]

Die Befürworter des Ständigen Diakonats haben ihrerseits auf die Vorteile seiner Neueinführung hingewiesen, denn die Diakone würden eigentlich die Priester entlasten und ihre Hilfe anbieten, damit die Priester die ihnen spezifischen Aufgaben effektiver in der Seelsorge umsetzen können; in diesem Falle nämlich würden die Diakone die karitativen und administrativen Arbeiten zum großen Teil übernehmen (J. Landazuri Ricketts, Kard. aus Lima, Kard. Döpfner, Kard. L. Suenens). Kardinal Šeper hat ausdrücklich hervorgehoben, dass ein Priestermangel fürwahr besteht; damit aber die Krise in der Seelsorge überwunden werden kann, sei der übliche Laienapostolat ungenügend, man brauche vielmehr auch die Ständigen Diakone, deren Gründung in den Schriften des Neuen Testaments zu finden sei.[67]

Aus dem Angeführten kann ersehen werden, dass die Konzilsväter aufrichtig, ehrlich und engagiert über die Neuerrichtung des Ständigen Dia-

---

[66] https: //hrcak.srce.hr./file/80186.

[67] ASCOV, ebd., S. 359. Vgl. auch S. STEGER, ebd., S. 103.

konats diskutiert haben. In der Theologischen Vorbereitungskommission hatte sich auch Kardinal J. Frings, der Kölner Erzbischof eingebracht und ausdrücklich betont, er sei zu dem Zeitpunkt **gegen** die Neueinführung des Ständigen Diakonats. Doch Kardinal J. Frings hat später wegen der überzeugenden Argumente und der einleuchtenden Beweisführungen der übrigen Bischöfe und der Konzilsväter seine ursprüngliche Meinung *korrigiert* und ist zu einem der größten Befürworter und Vorläufer der Einführung und Verwirklichung des Ständigen Diakonats geworden.

Franjo Kard. Šeper (1905-1981)
Erzbischof von Zagreb
(großer Befürworter des Diakonats)

Frane Franić (1912-2007)
Erzbischof von Split und Makarska
(anfänglich gegen die Einführung
des Diakonats)

Obwohl die Abstimmung in der Theologischen Vorbereitungskommission **gegen** die Neueinführung des Ständigen Diakonats ausgefallen war, hat sich eine allgemeine Meinung durchgesetzt, über dieses Thema, bevor die endgültige Entscheidung getroffen wird, doch noch einmal im Plenum des Konzilsväter zu diskutieren. Die Überzeugungen und das Engagement vieler Theologen und Bischöfe aus der ganzen Welt war so ausgeprägt und eindringlich formuliert, dass man sie nicht einfach, so zu sagen im Handumdrehen und mit dem Entschluss der Theologischen Vorbereitungskommission wegwischen und beseitigen konnte. Es kam erschwerend hinzu, dass sich der Kardinal A. Ottaviani als damaliger Präfekt (Vorstand) des Heiligen Officiums (heute Glaubenskongregation) anlässlich einer Diskussion über ein anderes Thema, nicht eigentlich über den Diakonat, in die Debatte eingemischt und sich wiederum energisch **gegen** die Wiederbelebung des ständigen Diakonats geäußert hat. Er war bereit, sogar die Laien z.B. als Akolyten zu befördern und zu beauftragen, damit sie alle Aufgaben, die für die Diakone vorgesehen waren, verrichten können. Kard. Ottaviani habe bei dieser Rede die Aufmerksamkeit der übrigen Konzilsväter an sich gezogen, weil er die für ihn vorgesehene Redezeit maßlos überschritten hatte. Als dann der Kardinal Alfrink seine Rede – begleitet vom langen Applaus der Anwesenden – unterbrach, ist er (offenbar beleidigt) neun Tage den Konzilssitzungen fern geblieben.

Nach unzähligen Diskussionen und Konsultationen wurden die Konzilsväter auf der 91. Generalkongregation am 30. 09. 1964 zur Abstimmung aufgefordert, u.z. für den Text, welcher in die dogmatische Konstitution über die Kirche **Lumen gentium (Licht der Völker)**, Kapitel 24 - 29 eingebracht werden sollte. Das Ergebnis der abgegebenen Stimmen lautete: Von insgesamt 2240 Stimmen haben 1704 (also überwiegende Mehrheit der Konzilsväter) **für (placet)** die Neueinführung des Ständigen Diakonats votiert (gestimmt), 53 waren dagegen (**non placet**), 481 gaben ihre Einwilligung mit Einschränkung (**placet iuxta modum**), d.h. die Bestätigung des Vorschlags nur in Einzelteilen – also nicht gänzlich einverstanden mit dem Entwurf.

Zusammenfassend: Die überwältigend große Mehrheit der Konzilsväter hat für die erneute Einführung des ständigen Diakonats gestimmt. Auf dem Hintergrund dieser Abstimmung hat die dogmatische Konstitution über die Kirche mit der Überschrift **Lumen gentium (LG) („Licht der Völker")** unter der Nr. 29 folgenden Text bekommen:

„In der Hierarchie eine Stufe tiefer stehen die Diakone, welche die Handauflegung 'nicht zum Priestertum, sondern zur Dienstleistung empfangen'. Mit sakramentaler Gnade gestärkt, dienen sie dem Volke Gottes in der Diakonie der Liturgie, des Wortes und der Liebestätigkeit in Gemeinschaft mit dem Bischof und seinem Presbyterium. Sache des Diakons ist es, je nach Weisung der zuständigen Autorität, feierlich die Taufe zu spenden, die Eucharistie zu verwahren und auszuteilen, der Eheschließung im Namen der Kirche zu assistieren und zu segnen, die Wegzehrung den Sterbenden zu überbringen, vor den Gläubigen die Heilige Schrift zu lesen, das Volk zu lehren und zu ermahnen, dem Gottesdienst und dem Gebet der Gläubigen vorzustehen, Sakramentalien zu spenden und den Beerdigungsdienst zu leiten. Den Pflichten der Liebestätigkeit und der Verwaltung hingegeben, sollen die Diakone eingedenk sein der Mahnung des heiligen Polykarp: 'Barmherzig, eifrig, wandelnd nach der Wahrheit des Herrn, der aller Diener geworden ist'. Weil diese für die Kirche in höchstem Maße lebensnotwendigen Ämter bei der gegenwärtig geltenden Disziplin der lateinischen Kirche in zahlreichen Gebieten nur schwer ausgeübt werden können, kann in Zukunft der Diakonat als eigene und beständige hierarchische Stufe wiederhergestellt werden. Den zuständigen verschiedenartigen territorialen Bischofskonferenzen kommt mit Billigung des Papstes die Entscheidung zu, ob und wo es für die Seelsorge angebracht ist, derartige Diakone zu bestellen. Mit Zustimmung des Bischofs von Rom wird dieser Diakonat auch verheirateten Männern reiferen Alters erteilt werden können, ferner geeigneten jungen Männern, für die jeweils das Gesetz des Zölibats in Kraft bleiben muss."[68]

Dieser Text stellt die **Gründungsurkunde oder Magna Charta** der Wiedererrichtung des Diakonats als einer beständigen hierarchischen Stufe

---

[68] LUMEN GENTIUM, 29.

in der katholischen Kirche dar und wird als eine der Schlüsselentscheidungen und der weitreichendsten Folgerungen des Zweiten Vatikanischen Konzils erachtet, welcher in den vergangenen 55 Jahren das Antlitz der Kirche im positiven Sinne verändert hat. Das war zugleich einer der wichtigsten Beiträge des Konzils zur Aktualisierung des Glaubens in der Gegenwart („*aggiornamento* – Vergegenwärtigung"), wie sie der hl. Papst Johannes XXIII., der das Konzil einberufen und ihm die Programmatik samt der Vision eingeprägt, bezeichnete.

Obwohl in dieser Gründungsurkunde klar zum Ausdruck gebracht worden ist, dass der Diakonat als Teil des Weihesakraments anerkannt wird („mit sakramentaler Gnade gestärkt"), blieben doch einige Fragen offen, denn der Diakonendienst wurde nicht präzise genug formuliert. Man kann im Text einige Einflüsse der alten Schriften **Statuta ecclesiae antiqua** wiedererkennen, die um das Jahr 480 entstanden sind, weil aus der Aussage „Sache des Diakons ist es, je nach Weisung der zuständigen Autorität" nicht unbedingt zu erschließen ist, dass der Diakon eigentlich der **unmittelbare Mitarbeiter des Bischofs** ist, und dass der Diakon gemäß den ältesten kirchlichen Schriften nur diejenigen Angelegenheiten und Arbeiten vollzieht, die ihm **der Bischof** anvertraut und ihn damit eindeutig beauftragt.[69] „Die zuständige Autorität" hat hier eine ziemlich verallgemeinernde Bedeutung und bringt das ursprüngliche Verhältnis des Diakons zu seinem Bischof nicht gänzlich klar zum Ausdruck, wie es die älteren Schriften z.B. **Traditio apostolica** (entstanden um 210-235) eigentlich formulieren.

Das Konzil hat also erneut den Stand des beständigen hierarchischen Grads des Diakonats eingeführt, der eigentlich **von den Aposteln selbst gegründet** worden war, und welcher leider aus den Gründen, die wir oben angeführt haben, ca. 1000 Jahre verdrängt und kaum erkenntlich in Vergessenheit geraten war.

Der zitierte Text aus **LG 29** beschreibt jedoch nicht klar genug, welches Profil eigentlich der ständige Diakonat bekommen sollte; außerdem fehlen

---

[69] Vgl. S. SANDER, ebd., S. 68-72.

fast gänzlich die speziellen Hinweise, welche Aufgaben und Funktionen des Diakonats im sozial-karitativen Sinne als Leitlinien für den diakonischen Dienst in den Pfarrgemeinden wegweisend sein sollten. Daher musste man später den Text der Konstitution LG 29 mit Leben füllen und ihr die konkrete Gestalt in der Praxis geben. Noch in der letzten Phase der Konzilssitzungen wurde vom 22.10.1965 - 24.10.1965 ein Internationaler Kongress über die Erneuerung des ständigen Diakonats in Rom abgehaltenen, u.z. mit dem Versuch, dem Diakonat die konkreten Leitlinien und die eigenständige Gestalt in unserer jetzigen Zeit zu geben. Die Vorsitzenden des Kongresses waren Kardinäle Šeper, Döpfner und Silva sowie die Erzbischöfe d´Souza und Cornelis. Die Ansprache hat Papst Paul VI. gehalten.[70]

c) Nachkonziliare Zeit

1. Richtlinien des Hl. Stuhls

Es gab noch immer einige Würdenträger, die gegen die Neueinführung des Ständigen Diakonats waren. Deshalb versuchten sie nach dem Konzil eine Erlaubnis vom Hl. Stuhl zu bekommen, dass die Laien die hl. Kommunion austeilen und den Wortgottesdiensten vorstehen dürfen. Daraus ist erkenntlich, dass die Gegner der Wiedereinführung des Ständigen Diakonats, allen voran Kardinal A. Ottaviani, sich bemüht haben, die Ständigen Diakone überflüssig zu machen.

Um den Konzilsbeschluss, den Ständigen Diakonat wieder einzuführen, hat sich dann der hl. Papst Paul VI. selbst energisch und konsequent eingesetzt. Erinnern wir hier an die Entschlüsse bezüglich der Erneuerung des Ständigen Diakonats auf dem Tridentiner Konzil (16. Jh.), die zwar auch dort klar definiert, später jedoch nie umgesetzt worden sind. Deshalb ist es wichtig hervorzuheben, dass sich der Papst Paul VI., der wegen seiner Verdienste um das Konzil auch als „Konzilspapst" bezeichnet wird,

---

[70] S. bei S. STEGER, ebd., S. 125 - 126.

persönlich dieser Sache angenommen und sie vorangebracht hat. Am 18. Juni 1967 gibt er das Dokument Motupropio (aus eigenem Beweggrund) unter dem Titel **Sacrum diaconatus ordinem (das heilige Amt des Diakonats)** heraus, in welchem er die Leitlinien und genaue Anweisungen sowie konkrete Schritte bei der Verwirklichung der Konzilsbeschlüsse zur Wiedereinführung des Ständigen Diakonats gibt:

Zunächst hebt er das unauslöschliche Merkmal (character indelebilis) des hl. Weihesakraments des Diakonats, u.z. im Kontext der Dogmatischen Konstitution Lumen Gentium, Nr. 29. Danach empfiehlt er eine solide Ausbildung der zukünftigen Diakone, die sich über drei Jahre erstrecken soll. Für den Empfang der hl. Weihe bestimmt er das Alter der verheirateten Männer mit mindestens 35 Jahren, die zölibateren (ehelos lebende) Kandidaten können mit 25 Jahren zur Weihe zugelassen werden. Für die verheirateten Männer ist auch die Zustimmung ihrer Ehefrauen notwendig, und es wird eine Bewährung in der Ehe und Familie erwartet. Für die nicht verheirateten Kandidaten bleibt die Pflicht des Zölibats (Ehelosigkeit) auch nach der Weihe bindend. Im Falle, dass dem verheirateten Diakon die Ehefrau verstirbt, darf er ohne eine besondere Erlaubnis des Hl. Stuhls nicht nochmal heiraten. Die übrigen Bestimmungen bezüglich der Pflichten, Dienste und der Rechte des Ständigen Diakons werden noch genauer erörtert. Gerade dieses Motuproprio wurde zur Grundlage für die Entscheidungen der Bischofskonferenzen, die bereit waren, die Verwirklichung des Ständigen Diakonats in einzelnen Bistümern der Welt anzustoßen und in die Tat umzusetzen. So hat die Deutsche Bischofskonferenz bereits im September 1967 auf ihrer allgemeinen Tagung den Beschluss gefasst, an den Papst ein Gesuch zu richten mit der Bitte um die Erlaubnis, den Ständigen Diakonat in Deutschland einzuführen. Kurz darauf noch im selben Jahr hat der hl. Papst Paul VI. seine offizielle Genehmigung erteilt.

Der hl. Papst Paul VI., der sich fürwahr um die Erneuerung des Ständigen Diakonats verdient gemacht hat, gibt am 15.8.1972 sein Apostolisches Schreiben (Motuproprio) unter dem Titel **Ministeria quaedam** (einige Ämter), in welchem er weitere Anweisungen und konkrete Regeln in Verbindung mit dem Ständigen Diakonat bringt. Offensichtlich im Blick behaltend die pastoralen Funktionen der Diakone und die Wichtigkeit ihrer Brückenstellung zwischen den sakralen und profanen Räumen erklärt er die Tonsur nicht mehr für notwendig. Er betont noch einmal, dass der Ständige Diakon dem *Klerikerstand* angehört. Von den sog. niederen Weihen lässt er in Zukunft nur noch Lektorat und Akolytat weiterbestehen, der Subdiakonat und die sog. übrigen Niederen Weihen (Ostiarien, Exorcisten) seien nicht mehr notwendig.

Auch sein zweites Apostolisches Schreiben aus dem Jahre 1972 **Ad pascendum** (für die Seelsorge) ergänzt das vorherige Ministeria quaedam und bringt noch konkreter die Rahmenbedingungen für die erneute Verwirklichung des Ständigen Diakonats in der katholischen Kirche. Noch einmal betont er die Befunde aus der Zeit der Kirchenväter der frühen Christenheit (patristische Zeit) und zitiert die Aussagen aus den alten kirchlichen Schriften **Didascalia apostolorum** (Lehren der Apostel), in denen die enge Beziehungen der Diakone zu ihrem Bischof zum Ausdruck kommen: Die Diakone seien „Ohr, Mund, Herz und Seele des Bischofs". Hl. Papst Paul VI. erwähnt ebenfalls die Bedeutung des Diakonats in der Urkirche der ersten Jahrhunderte mit folgenden Worten: „So gelangte der Diakonat in der Kirche zu wunderbarer Blüte und gab zugleich ein großartiges Zeugnis der Liebe zu Christus und den Brüdern in den Werken tätiger Nächstenliebe, in der Feier des Gottesdienstes und in der Erfüllung pastoraler Aufgaben."[71] Der Ständige Diakon wird als Brückenbauer zwischen der höheren Hierarchie und dem Volk Gottes dargestellt; er ist zugleich der Anwalt all jener, die sich in irgendeiner Not befinden; er ist Förderer der Dienstleistung in der Gesellschaft als auch der Caritas und der Diakonie in den Ortsgemeinden, u.z. als Zeichen oder Sakrament des Herrn Christus Jesus, der „nicht gekommen ist, um sich dienen zu lassen, sondern um zu dienen" (Mt 20,28). Insgesamt regelt der Papst Paul VI. auch andere Fragen bezüglich des diakonischen Stands, gibt Anweisungen für die liturgischen Handlungen, insbesondere im Hinblick auf die Spendung

---

[71] Vgl. S. STÖGER, ebd., S. 133.

des Weihesakraments, so dass man zusammenfassend feststellen kann, dass hier noch konkreter und präziser beschrieben wird, auf welche Weise die Entscheidungen des Konzils, festgesetzt in der Konstitution Lumen gentium 29, in die Praxis umgesetzt werden können. *Der hl. Papst Paul VI. kann als Patron der Diakone unserer Zeit bezeichnet werden.*

Auch Codex Iuris Canonici (CIC) oder Der Kodex des Kirchenrechts von 1983 weist auf die weiteren Einzelheiten in Bezug auf die Verwirklichung des diakonischen Dienstes hin. Es wird klar ausgedrückt, dass der Diakon das Weihsakrament empfängt (Can. 1009 § 1) und als solcher den Anteil an der Leitungsfunktion der Gemeinde hat (CIC, 1983, Can. 129 § 1). Außerdem wird dort betont, dass der Diakon der ordentliche Spender der hl. Kommunion (minister ordinarius) ist, im Gegensatz zu den Laien, die für diese Aufgabe beauftragt werden (CIC, Can. 910 § 1).

Im Jahre 1998 gibt die Kongregation für das Katholische Bildungswesen konkrete Anweisungen für die Ausbildung der Diakone unter dem Titel: **Grundnormen für die Ausbildung der Ständigen Diakone** und die Kongregation für den Klerus die Richtlinien für den Dienst und das Leben der Ständigen Diakone unter dem Titel: **Direktorium für den Dienst und das Leben der Ständigen Diakone** sowie die **Gemeinsame Einführung** über die Detailfragen bei den Bemühungen, den Ständigen Diakonat zu erneuern.[72]

Wir werden daraus einige wichtige Anweisungen, Vorschriften und Richtlinien bezüglich des diakonischen Dienstes und der diakonischen Lebensweise zitieren und interpretieren:

Diakonie des Wortes: „Bei der Weihe übergibt der Bischof dem Diakon das Evangelienbuch mit den Worten: 'Empfange das Evangelium, dessen Verkünder du geworden bist'. Wie die Priester, so widmen sich auch die Diakone allen Menschen, sei es durch ihre gute Leitung oder durch die

---

[72] KONGREGATION FÜR DAS KATHOLISCHE BILDUNGSWESEN – KONGREGATION FÜR DEN KLERUS, Grundnormen für die Ausbildung der Ständigen Diakone – Direktorium für den Dienst und das Leben der Ständigen Diakone, Sekretariat der Deutschen Bischofskonferenz, Bonn (Hg.), 1998.

offene Predigt über das Geheimnis Christi, sei es durch die Weitergabe der christlichen Lehre oder durch das Eingehen auf aktuelle Probleme... Sie müssen die Kunst erlernen, dem modernen Menschen in ganz unterschiedlichen kulturellen Situationen und in verschiedenen Lebensabschnitten den Glauben wirksam und vollständig zu vermitteln. Sache des Diakons ist es, das Evangelium zu verkünden und mitunter über das Wort Gottes zu predigen. Diese Befugnis erwächst aus dem Sakrament".

Diakonie der Liturgie: Dem Diakon kommen wichtige Aufgaben zu: „Er empfängt das Weihesakrament, um als Amtsträger in hierarchischer Gemeinschaft mit dem Bischof und den Priestern der Heiligung der christlichen Gemeinden zu dienen...Seine Diakonie am Altar, da sie aus dem Weihsakrament hervorgegangen ist, unterscheidet sich wesentlich von jedem liturgischen Dienst, den die Hirten den nicht geweihten Gläubigen anvertrauen können". Der Diakon ist neben dem Bischof und Priester der ordentliche Spender des Taufsakraments sowie der ordentliche Kommunionspender; er darf wie der Priester die Eheschließung segnen und den Begräbnisritus im Namen der Kirche leiten; außerdem kann er den Andachten vorstehen und sie gestalten sowie die Segnungen spenden.

Während der Eucharistiefeier assistiert er und leistet Hilfe dem liturgischen Leiter (dem Bischof, in seiner Abwesenheit dem Priester) und repräsentiert so am Altar Christus als Diener aller.

Er vollzieht bei der hl. Messe vornehmlich den Dienst des Kelches und des Evangelienbuches: Den Kelch füllt er mit Wein, vor der Kommunion hebt und später reinigt ihn (purifiziert); das Evangelium verkündet der Diakon; er trägt die Fürbitten der Gläubigen vor und danach bereitet die eucharistischen Gaben am Altar; nach der Wandlung spricht er: „Geheimnis des Glauben" und lädt die Gläubigen vor der Kommunion ein, untereinander den Friedensgruß auszutauschen; während der Kommunion teilt er sie den Gläubigen aus, purifiziert (reinigt) die heiligen Gefäße und zum Schluss des Gottesdienstes entlässt er das Volk Gottes mit dem Ruf: Gehet hin in Frieden. Während der Messfeier trägt der Diakon die Dalmatik (des Diakons charakteristisches Obergewand) in entsprechenden liturgischen

Farben, die er über die Albe (einem langen weißen Untergewand) und der Stola, welche über die linke Schulter diagonal geführt und an der rechten Hüfte angebunden ist, anlegt.

Diakonie der Nächstenliebe: „Die karitativen Werke auf Diözesan- und Pfarrebene werden den Diakonen übertragen... Die Diakone übernehmen im Namen der Hierarchie die karitativen Verpflichtungen und die Verwaltungsaufgaben sowie die sozialen Hilfswerke."[73] Diözesane oder pfarrliche karitative Aufgaben genauso wie die Werke der Nächstenliebe auf dem kirchlich-erzieherischen Gebiet werden den Diakonen anvertraut. Die karitativen Aufgaben schließen auch die Verwaltung der Güter und der tätigen materiellen Hilfe ein. Im Einklang damit können die Diakone die Ämter der Diözesanökonomen und der beratenden Beisitzer übernehmen, wenn sie über entsprechende Qualifikationen verfügen.

„Von der drei Bereichen des diakonischen Dienstes werden sicher der eine oder andere einen mehr oder weniger großen Teil der Tätigkeit eines Diakons in Anspruch nehmen können, aber zusammen bilden sie eine Einheit im Dienst am göttlichen Erlösungsplan. Der Dienst des Wortes führt zum Altardienst, welcher seinerseits dazu anspornt, die Liturgie im konkreten Leben umzusetzen, das in der Nächstenliebe zur Blüte gelangt... Wenn es darum geht, sich an der Wahrnehmung der Seelsorgeaufgaben einer Pfarrei zu beteiligen – für den Fall, dass diese wegen Priestermangels nicht über die direkte Seelsorge durch einen Priester verfügt –, haben Ständige Diakone immer den Vortritt vor nicht geweihten Gläubigen... Besonders an den Orten, wo kein Priester für die Eucharistiefeier zur Verfügung steht, versammelt der Diakon die Gemeinde zu einem Wortgottesdienst mit Austeilung der sorgfältig aufbewahrten Kommunion... Es ist eine Vertretung, die der Diakon in kirchlichem Auftrag ausübt, wenn es darum geht, dem Priestermangel abzuhelfen... Wenn es Pflicht der Diakone ist, stets das Amt des Pfarrers zu respektieren und mit allen, die die Seelsorge mit ihm

---

[73] Vgl. DIREKTORIUM für den Dienst und das Leben der Ständigen Diakone, ebd., S. 83-84., 87-96.

teilen, gemeinschaftlich zusammenzuarbeiten, so ist es auch ihr Recht, von allen angenommen und voll anerkannt zu werden".[74]

Es werden auch die Eigenschaften, Fähigkeiten und Lebensweisen der Kandidaten für das Amt des Diakons angesprochen. Zunächst beruft sich die Kongregation auf den hl. Apostel Paulus, der in seinem Brief an Timotheus das Profil des Diakons umschreibt: „Ebenso sollen die Diakone sein: achtbar, nicht doppelzüngig, nicht dem Wein ergeben und nicht gewinnsüchtig; sie sollen mit reinem Gewissen am Geheimnis des Glaubens festhalten. Auch sie soll man vorher prüfen, und nur wenn sie unbescholten sind, sollen sie ihren Dienst ausüben... Die Diakone sollen nur einmal verheiratet sein und ihren Kindern und ihrer Familie gut vorstehen. Denn wer seinen Dienst gut versieht, erlangt einen hohen Rang und große Zuversicht im Glauben an Christus Jesus" (1 Tim 3, 8-10; 12-13). Es wird auch an die Worte des hl. Polykarps (gest. um 155) erinnert: „So sollen die Diakone vor seiner Gerechtigkeit ohne Fehler sein, als Diener Gottes und Christi, und nicht der Menschen; sie sollen keine Verleumder sein, nicht doppelzüngig, nicht geldgierig; tolerant in allem, barmherzig, engagiert; sie sollen ihren Weg in der Wahrheit des Herrn gehen, der sich zum Diener aller gemacht hat". Unter den Eigenschaften, die der Kandidat für den Diakonat mitbringen sollte, werden hervorgehoben: „Psychische Reife, Dialog und Kommunikationsfähigkeit, Verantwortungsbewusstsein, Fleiß, Ausgeglichenheit und Klugheit."[75] Es werden ein engagiertes Leben aus dem Glauben und die Mitwirkung in der Pfarrgemeinde wie auch die Eignung, Empathie und Willigkeit, den Menschen in jeder Not zu helfen, vorausgesetzt; auch die Bewährung in der eigenen Familie, im ausgeübten Beruf sowie die psychische und physische Gesundheit sollen sich nicht hinderlich auf seine zukünftige Tätigkeit auswirken; genauso werden die Übernahmen der verantwortlichen Tätigkeiten, Gewissenhaftigkeit, Mitarbeit in der Gemeinschaft sowie die Lernbereitschaft erwartet. Über die

---

[74] Vgl. DIREKTORIUM für den Dienst und das Leben der Ständigen Diakone, ebd., S. 96-98.
[75] Vgl. GRUNDNORMEN für die Ausbildung der Ständigen Diakone, ebd., S. 40-41.

Bedingungen und Voraussetzungen für die konkrete Aufnahme unter die Kandidaten für das Diakonenamt geben die bischöflichen Behörden z.B. Generalvikariate genaue Auskünfte und Einweisungen im Einzelnen. Der Diakon verpflichtet sich, das offizielle Stundengebet der Kirche täglich zu beten, u.z. Laudes und Vesper sowie ein Leben, dass vom Gebet und Vereinigung mit Gott geprägt ist, zu führen.

Die Ständigen Diakone können, sind aber nicht dazu verpflichtet, die klerikale Kleidung z.B. den römischen Kragen zu tragen.

2. Erneuerung des Ständigen Diakonats in einzelnen Bistümern und Ländern in der Zeit nach dem II. Vatikanischen Konzil

In Deutschland sind sehr schnell nach der Beendigung des Konzils die notwendigen Schritte unternommen worden, um den Ständigen Diakonat wiederzubeleben. Der Kölner Erzbischof Kardinal J. Frings (1887-1978) hat sich stützend auf das Motuproprio der hl. Papstes Paulus VI. aus dem Jahre 1967 „Sacrum diaconatus ordinem" (das heilige Amt des Diakonats) entschlossen, die Empfehlungen des II. Vatikanischen Konzils in die Tat umzusetzen. Wir erinnern nochmal daran, dass der **Kardinal J. Frings** sich anfangs als Teilnehmer der Theologischen Vorbereitungskommission zusammen mit dem Erzbischof F. Franić aus Split **gegen** die Erneuerung des Ständigen Diakonats geäußert hat. Doch während der weiteren Diskussionen auf dem Konzil hat Kard. Frings diese seine anfängliche Meinung durch die Argumente der übrigen Konzilsväter revidiert (geändert) und ist später, überzeugt von dem möglichen Beitrag des Diakonats für die Erneuerung und ersehnte Bereicherung des religiösen Lebens in unserer Kirche, zu einem der größten Befürworter der Wiedereinführung des Ständigen Diakonats geworden. Diese seine „Bekehrung" während des Konzils möchten wir gerne hervorheben und als eine unmittelbare und wirksame „Einmischung" des Heiligen Geistes interpretieren.

Joseph Kard. Frings (1887-1978)
Erzbischof von Köln
(Großer Befürworter des Diakonats)

Julius Kard. Döpfner (1913-1976)
Erzbischof von München
(Befürworter des männlichen
und weiblichen Diakonats)

Auch der heutige Erzbischof von Köln Kardinal R. M. Woelki betonte bei einer Gelegenheit: „Die Wiedereinführung des Ständigen Diakonats wird zu Recht als eine der schönsten Früchte des II. Vatikanischen Konzils bezeichnet".[76]

Am 28. April 1968 haben die ersten fünf Kandidaten – also nur 3 Jahre nach der Beendigung des II. Vatikanischen Konzils – das heilige Weihesakrament (die Diakonenweihe) in der Kölner Kathedrale empfangen. Das waren die ersten Ständigen Diakone in der ganzen Römisch-katholischen Kirche nach dem Konzil überhaupt. Die Diakoneneweihe selbst wurde vom Weihbischof A. Frotz gespendet, weil Kardinal J. Frings bereits zu der Zeit erblindet war, der sich aber nicht nehmen ließ, dennoch die Predigt während des Weihegottesdienstes selbst zu halten.[77]

---

[76] https:// institutionen.erzbistum-koeln.de/diakoneneninstitut/
[77] Vgl. S. STEGER, ebd., S. 151-152.

Allmählich wird nun der Ständige Diakonat sukzessive (nacheinander) in allen deutschen Bistümern des damaligen Westdeutschlands eingeführt und zum Teil auch auf der ganzen Welt. Auf der Würzburger Synode (1971-1975) werden die Bedingungen für den Werdegang beschrieben und das Profil des Ständigen Diakons genauer angegeben. Auf der gleichen Synode wurde auch eine rege Diskussion über den Diakonat der Frau geführt und nach der Überprüfung der Sachlage durch Fachgutachten sogar ein Schreiben an den Hl. Stuhl gerichtet mit der Bitte, die Erlaubnis für die Weihe der Frauen zu Diakoninnen zu gewähren.[78]

Die Bischofskonferenzen in der ganzen katholischen Kirche kommen nach und nach zu verschiedenen Zeiten nach dem Ende des II. Vatikanischen Konzils (1965) zu der Überzeugung, dass es vom großen Nutzen für das kirchliche Leben wäre, erneut den Ständigen Diakonat einzuführen. Das Konzil selbst hat die Frage nämlich offen gelassen, wann und wo der Ständige Diakonat erneuert werden sollte, sondern die konkrete Verwirklichung der Konzilsbeschlüsse den Bischöfen (Bischofskonferenzen) zur endgültigen Entscheidung überlassen. Wir haben gesehen, dass der Kölner Erzbischof Kardinal J. Frings nur drei Jahre nach dem Konzilsende die Entscheidung getroffen und den Ständigen Diakonat in seinem Bistum eingeführt hat. Seinem Beispiel folgend haben auch die anderen Bistümer in Deutschland begonnen, den Ständigen Diakonat wiederzubeleben. In der Zwischenzeit ist die Zahl der Ständigen Diakone in Deutschland die Marke von 3000 (s. die Statistik) überschritten, und es gibt Ständige Diakone in allen deutschen Bistümern. Innerhalb von 5 Jahre konnte ein Zuwachs von Ständigen Diakonen um ca. 40 % verzeichnet werden. In der Zwischenzeit wurden auch einige Mitglieder der Ordensgemeinschaften z.B. aus dem Franziskanerorden zu Diakonen geweiht.[79]

Was den Stand des erneuerten Ständigen Diakonats in der Gesamtkirche betrifft, können wir feststellen, dass sich diese Erneuerung in den meisten Ländern der Welt ereignet hat. Die ersten fünf Ständigen Diakone,

---

[78] Vgl. S. STEGER, ebd., S. 152-154.

[79] Vgl. M. VLAHO, Đakonat u Katoličkoj Crkvi, (2018), Verlag „Glas Koncila", S. 62.

wie wir oben bereits erwähnt haben, sind am 28. April 1968 in der Kölner Kathedrale geweiht worden. Danach sind die ersten Weihen der Ständigen Diakone z.B. im Juni 1968 auch in Chile, im August 1968 in Kolumbien, im November 1968 in Reute (Deutschland), ebenso im Dezember 1968 in Bamberg (Deutschland) sowie im Dezember 1968 in Douala (Kamerun) gespendet worden.[80]

Von 1968-2007 wurden allein im Kölner Erzbistum 373 Ständige Diakone geweiht. Im Jahre 1970 haben auch folgende Bischofskonferenzen die Erlaubnis aus dem Vatikan bekommen, den Ständigen Diakonat wieder einzuführen: Argentinien, Australien, Brasilien, England, Kuba, Österreich, Philippinen und Portugal und danach viele andere Länder der Welt. Schon anfangs des Jahres 1971 gab es 309 Ständige Diakone auf allen fünf Kontinenten und im Jahre 2011 ist ihre Zahl auf mehr als 40.000 weltweit angestiegen. Gemäß dem „Annuarium Statisticum Ecclesiae" des Jahres 2014 (die Angaben erstrecken sich bis zum 31.12. 2014. und sind im März 2016 veröffentlicht worden) betrug die Gesamtzahl der Ständigen Diakone auf dem Globus + / - 45.000. Alexander Gondan hat die statistische Auswertung der Zahlen der Ständigen Diakone nach den Kontinenten vorgenommen und gemäß der Darstellung im „Annuarium Statisticum Ecclesiae" vom Jahr 2013, welche im Februar 2015 veröffentlicht wurde, zusammengefasst:[81]

Weltstatistik über die Ständigen Diakone

EUROPA – 14.199 Ständige Diakone in 34 Ländern

Albanien 1, Belgien 606, Bulgarien 1, Dänemark 4, Deutschland 3.201, Färöer Inseln 1, Frankreich 2.634, Griechenland 3, Großbritannien 881, Irland 34, Italien 4.292, Kroatien 22, Lettland 1, Litauen 2, Luxemburg 6, Moldawien 2, Monaco 3, Niederlande 376, Norwegen 5, Österreich 654, Polen 20, Portugal 339, Rumänien 2, Russische Föderation in Europa 1,

---

[80] Vgl. DIACONIA CHRISTI, 2011, S. 251-252.

[81] Vgl. Für die Zusammenstellung und Angaben danke ich Alexander Gondan, Freiburg.

San Marino 4, Serbien 3, Slowakei 17, Slowenien 37, Spanien 408, Schweden 32, Schweiz 250, Tschechische Republik 209, Ukraine 25, Ungarn 123.

AFRIKA – 427 Ständige Diakone in 29 Ländern
Angola 1, Ägypten 15, Äquatorialguinea 1, Äthiopien 7, Botswana 4, Burkina Faso 1, Elfenbeinküste 8, Eritrea 2, Gabon 2, Ghana 2, Guinea-Bissau 1, Kamerun 22, Kap Verde 10, Kenia 3, Kongo 1, Mosambik 4, Namibia 47, Nigeria 5, Reunion 22, Sambia 3, Senegal 1, Seychellen 1, Simbabwe 22, Sudan 3, Südafrikanische Republik 231, Tansania 1, Tschad 1, Uganda 1, Zentralafrikanische Republik 5.

AMERIKA – 27. 949 Ständige Diakone in 38 Ländern
Amerikanische Jungferninseln 32, Antigua und Barbuda 3, Argentinien 870, Bahamas 14, Belize 2, Bolivien 101, Brasilien 3.494, Costa Rica 522, Chile 1.032, Dominica 2, Dominikanische Republik 503, Ecuador 83, El Salvador 3, Französisch-Guayana 9, Grenada 8, Guadeloupe 12, Guatemala 5, Haiti 3, Honduras 1, Jamaika 54, Martinique 12, Mexiko 904, Nicaragua 28, Panama 73, Paraguay 180, Peru 63, St. Lucia 12, St. Vincent und Grenadinen 6, Suriname 4, Trinidad und Tobago 20, Uruguay 104, Venezuela 274, Vereinigte Staaten von Amerika 17.589.

ASIEN – 238 Ständige Diakone in 24 Ländern
Russische Föderation in Asien 1, Saudi-Arabien 1, Singapur 1, Sri Lanka 1, Syrien 16, Thailand 1, Türkei 2, Vereinigte Arabische Emiraten 1, Vietnam 4, Zypern 3, Malaysia 10, Pakistan 1, Thailand 1, Ost-Timor 1, Jordan 9, Indien 25, Hon Kong 22, Indonesien 8, Irak 23, Israel 11, Japan 27, Kuwait 1, Libanon 42, Türkei 2, Korea 6, Philippinen 21

AUSTRALIEN UND OZEANIEN – 389 Ständige Diakone in 11 Ländern
Guam 18, Kiribati 2, Marshallinseln 1, Mikronesien 44, Nauru 1, Neukaledonien 16, Neuseeland 37, Papua-Neuguinea 4, Samoa 52, Tokelau 1.

Gemäß den Angaben vom 31.12. 2013 wurden 622 Pfarreien, in denen es keine Pfarrer gab, den Ständigen Diakonen anvertraut.

Detaillierte Statistiken über den Ständigen Diakonat in einigen Ländern:

Statistik der Arbeitsgemeinschaft Ständiger Diakonat in Deutschland[82] zeigt die Entwicklung und den heutigen Stand der Zahlen über den Ständigen Diakonat in Deutschland.

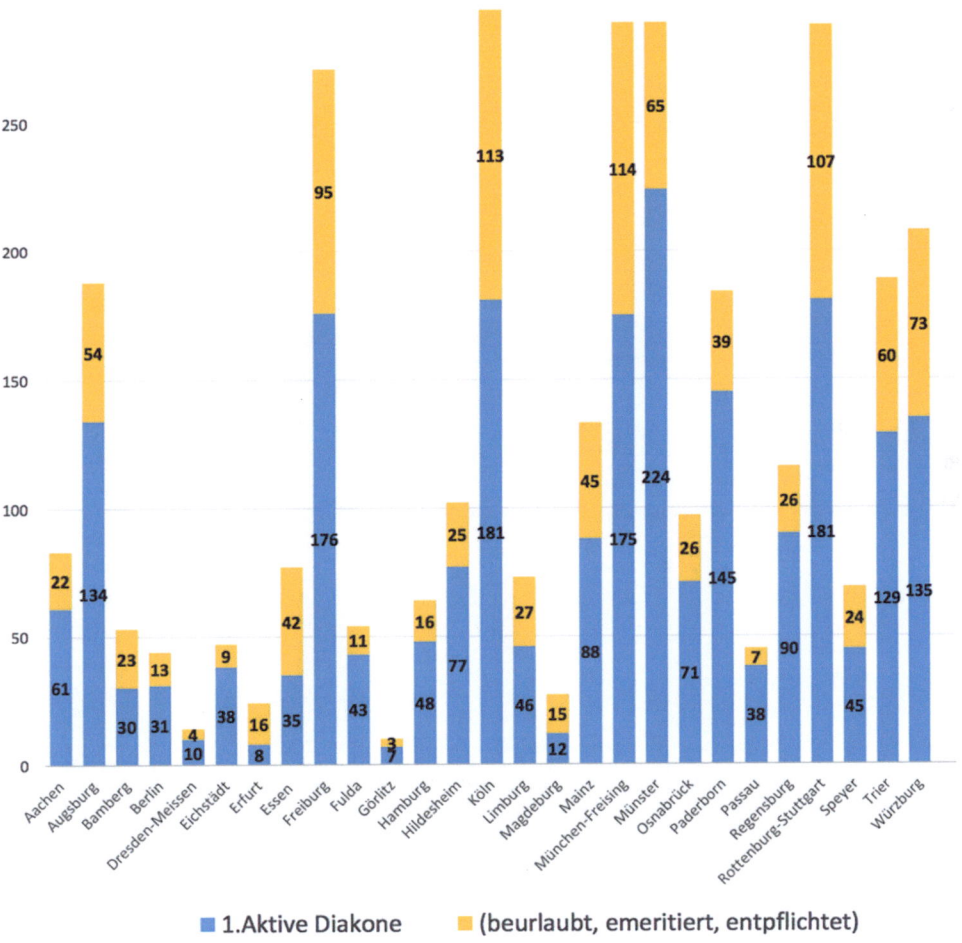

Anzahl der Ständigen Diakone in den deutschen Bistümern (31.12.2019)

---

82   Mit Erlaubnis von M. Schofer, Bamberg (https://www.diakone.de).

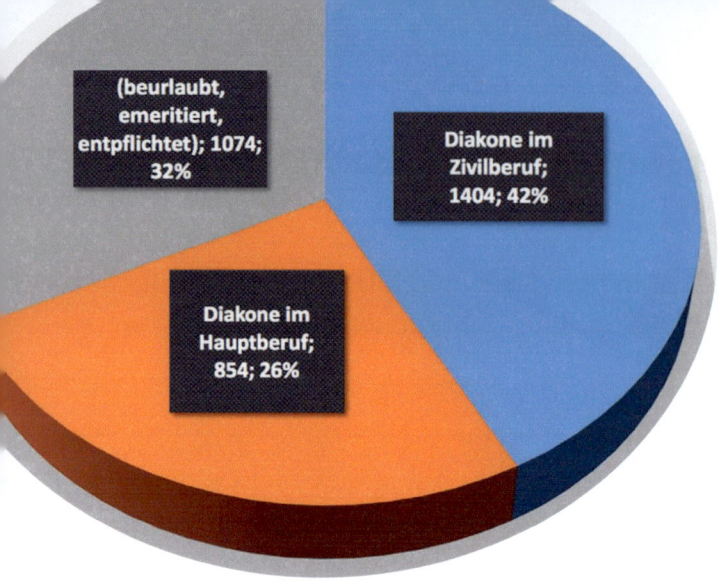

(beurlaubt, emeritiert, entpflichtet); 1074; 32%

Diakone im Zivilberuf; 1404; 42%

Diakone im Hauptberuf; 854; 26%

Ständige Diakone nach Tätigkeitsformen in Deutschland Gesamtzahl: 3332 (Stand 31.12.2019)

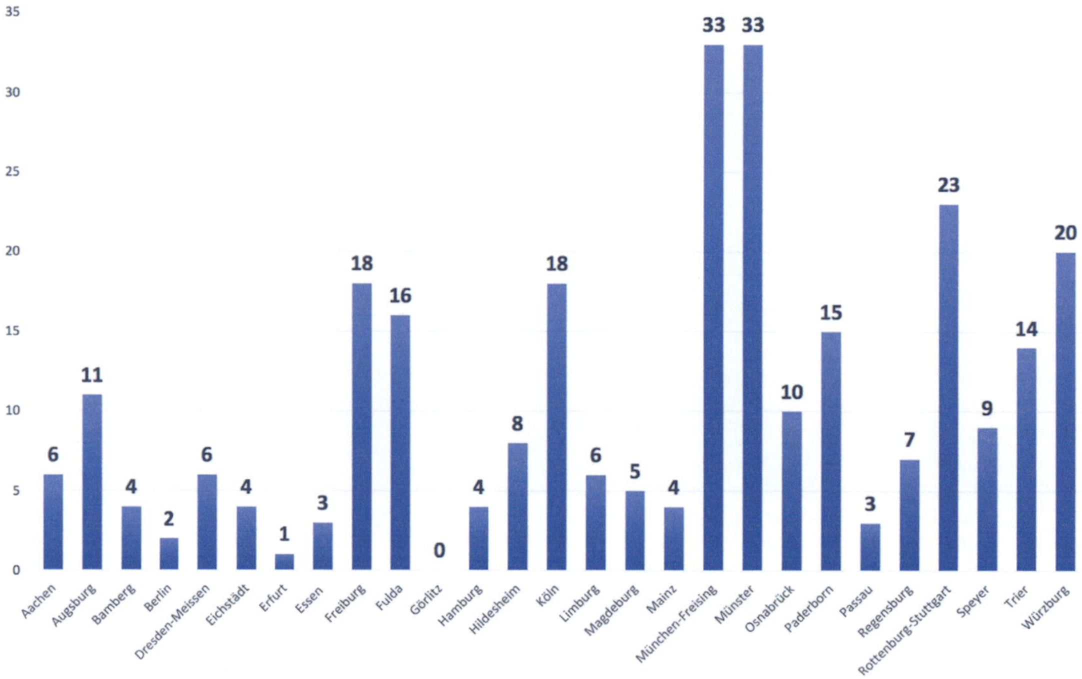

Anzahl der Diakonatsbewerber in der Ausbildung in Deutschland
(Stand: 31.12. 2019)

Erzdiözese Wien		216
Diözese St. Pölten		90
Diözese Linz		125
Erzdiözese Salzburg		54
Diözese Feldkirch		22
Diözese Innsbruck		67
Diözese Gurk-Klagenfurt		65
Diözese Graz-Seckau		74
Diözese Eisenstadt		28
Militärdiözese		5

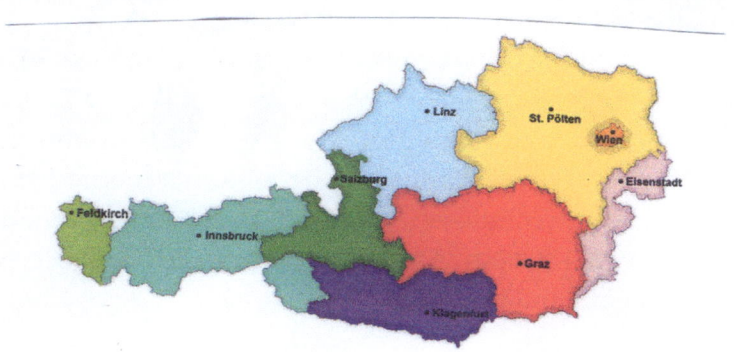

Zahl der Diakone in Österrich
Insgesamt: 746 entsprechend den Angaben von F. Ferstl

Die Zahl der in Österreich wirkenden Priester ist zuletzt ganz leicht zurückgegangen: Von 3.944 im Jahr 2015 auf 3.920. Insgesamt zeigt sich in den vergangenen Jahren aber eine stabile Situation. (2014: 3.898, 2013: 3.933, 2012: 3.998, 2011: 4.035). Dafür ist die Zahl der ständigen (und meist verheirateten) Diakone deutlich gestiegen: Die amtliche Statistik für 2016 weist 719 aus. 2015 waren es erst 688. Im Jahre 2019 betrug ihre Zahl 746. Der längerfristige Trend scheint hier eindeutig: 2019: 746; 2014 waren es 691; 2013: 656; 2012: 634; 2011: 628. Das – und noch viel mehr – geht aus der offiziellen Kirchenstatistik hervor, die von der Österreichischen Bischofskonferenz veröffentlicht und von F. Ferstl auf den neuen Stand gebracht wurde.[83] In allen österreichischen Bistümern gibt es Ständige Diakone.

Kein Diakon sei als Diakon in Österreich angestellt, sondern nur als Pastoralassistent oder in einem diözesanen Bereich z.B. als Krankenhausseelsorger/Referatsleiter usw. beschäftigt.

Die Diakone seien *Ehrenamtliche auf Lebenszeit*, und das unterscheide sie von den anderen Ehrenamtlichen, die meist eine solche Aufgabe für eine gewisse Zeit übernehmen.

Fast 90 % der Ständigen Diakone in Österreich sind verheiratet, 6 % haben sich zum Zölibat verpflichtet, die übrigen sind verwitwet oder leben getrennt von ihren Ehepartnern (Stand: 2016).

Was die Abgeltung für die Ausgaben, die der Diakon hat, betrifft, so sei das je nach der Diözese unterschiedlich geregelt. In Wien z.B. bekomme der Diakon jährlich ein Buchgutschein in Höhe von 50 Euro, und er habe die Möglichkeit bei den Exerzitien und Weiterbildungen einen Kostenersatz von 50 Euro mit Beleg einzulösen. Sie seien in der Tat Ehrenamtliche, die der Kirche ganz wenig kosten. Andere Fahrtkosten/Kopierkosten müssen mit der Pfarre abgerechnet werden.[84]

---

[83] F. FERSTL, ebd. S. 62 – 69 und 75.

[84] F. FERSTL, persönliche Mitteilung.

Statistik der katholischen Kirche in der Schweiz

Statistik 2017 (Quelle: Annuario Pontificio 2019, Città del Vaticano: LEV)

	Basel	Chur	Lausanne-Genf-Freibourg	Lugano	Sitten	St. Gallen	Einsiedeln
Ständige Diakone	117	61	31	6	19	36	-

Statistik über die Ständigen Diakone in einzelnen Bistümern der Schweiz[85]

Im Jahr 2017 gab es insgesamt 270 Ständige Diakone in der Schweiz, und sie wirkten in allen schweizerischen Bistümern. Seit 1991 hat sich die Zahl der Ständigen Diakone vervielfacht. Sie stellen die enzige pastorale Gruppe dar, die im kraftvollen Wachstum begriffen ist. Im Unterschied zu Deutschland und Österreich sind die allermeisten Diakone als Gemeindeseelsorger oder in der Spezialseelsorge tätig und bekommen von den entsprechenden Behörden ihr Gehalt. Dort ist keine Rede von ehrenamtlichen Diakonen (vgl. Österreich) oder jenen im Zivilberuf (vgl. Deutschland) oder gar von einer kleinen finanziellen Entschädigung, wie das häufig bei Ehrenamtlichen praktiziert wird.

---

[85] Vgl. https://kirchenstatistik.spi-sg-ch/seelsorgende-situation-in-der-schweiz/.

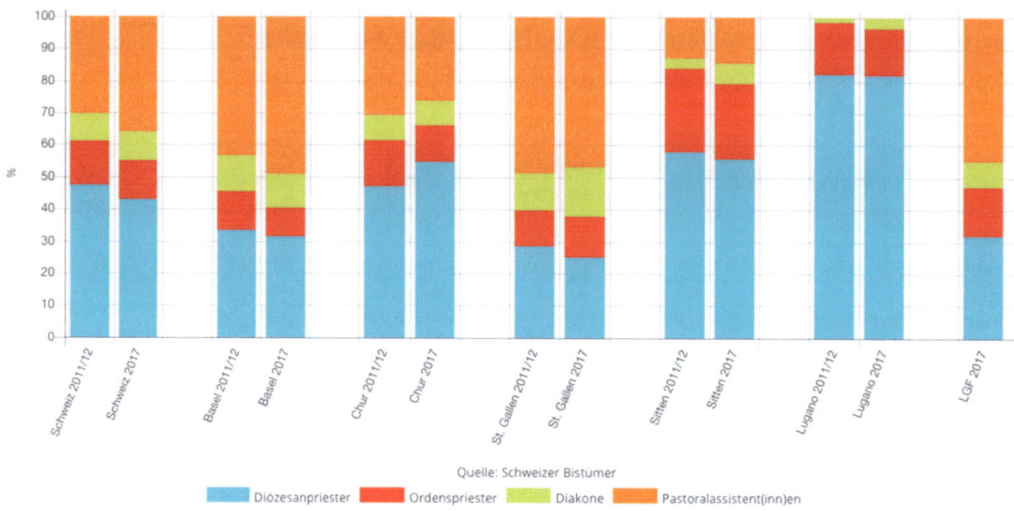

Quelle: Schweizer Bistümer

■ Diözesanpriester ■ Ordenspriester ■ Diakone ■ Pastoralassistent(inn)en

Statistik über die Zahlen der Diözesanpriester, Ordenspriester, Pastoralassistenten und Diakone in den Schweizer Bistümern (2017)[86]

Im Jahre 1982 hat die damalige Bischofskonferenz des ehemaligen Staates
Jugoslawien entschieden, den Ständigen Diakonat einzuführen. Danach sind
leider einige Jahrzehnte vergangen, bis es erst im Jahre 2008 zur Weihe
der ersten Ständigen Diakone in der Zagreber Kathedrale kam. T. Markić
berichtet, dass die Zahl der Ständigen Diakone im Jahr 2012 in Kroatien
24 insgesamt betrug, von denen 15 auf das Zagreber Erzbistum entfallen,
dass es aber mittlerweile auch einige in anderen Bistümern z.B. Požega,
Đakovo, Poreč-Pula, Rijeka, Varaždin und Sisak gibt. Zum Vergleich: In
Deutschland, wo die Zahl der Katholiken 23,9 Millionen beträgt, hat die
Zahl der Ständigen Diakone die Grenze von 3.000 überschritten und ist
bisher ständig im Wachstum begriffen, wie bereits oben angegeben.[87]

---

[86] Vgl. https://kirchenstatistik.spi-sg-ch/seelsorgende-situation-in-der-schweiz/.
[87] Mit Erlaubnis von U. SCHMAUS, Limburg, Arbeitsgemeinschaft Ständiger Diakonat in Deutsch-
     land, 2014, S. 60-62.

Die statistischen Daten über die Ständigen Diakone in Kroatien nach Erz/Bistümern (Stand: 27.11.2015)[88]

In Kroatien, wo gemäß der Volkszählung aus dem Jahr 2011 ein wenig mehr als dreiundeinhalb Millionen (3.697.143) Katholiken leben, beträgt die Zahl der Ständigen Diakone insgesamt 25.

Die Zahl der Ständigen Diakone in den einzelnen Erz / Bistümern Kroatiens:

Zagreber Erzbistum	15
Bistum Varaždin	1
Bistum Sisak	3
Bistum Bjelovar – Križevci	1
Bistum Križevci (griechisch-katholisch)	0
Erzbistum Đakovo – Osijek	1
Bistum Požega	2
Erzbistum Rijeka	1
Bistum Gospić – Senj	0
Bistum Krk	0
Bistum Poreč – Pula	1
Erzbistum Split – Makarska	0
Bistum Dubrovnik	0
Bistum Hvar	0
Bistum Šibenik	0
Erzbistum Zadar	0
Militärdiözese	0

---

[88] Für die statistischen Daten danke ich dem Nationalen Katecheten Amt der Bischofskonferenz Kroatiens (Nacionalni katehetski ured biskupske konferencije Hrvatske), Zagreb (NKU HBK).

Durchschnittliches Alter der Ständigen Diakone in den Erz / Bistümern Kroatiens:

Zagreber Erzbistum	49,2 Jahre
Bistum Varaždin	42 Jahre
Bistum Sisak	44,6 Jahre
Bistum Bjelovar-Križevci	46 Jahre

Bis jetzt sind in Kroatien noch keine Ordensangehörigen zu Diakonen geweiht worden.

3.   Betätigungsfelder der heutigen Diakone

Wir haben bereits gesehen, dass die kirchliche Konstitution Lumen gentium unter der Nr. 29 den Entwurf für die Betätigungsfelder der Ständigen Diakone in unserer Zeit vorgibt. Diese Wirkungsbereiche erstrecken sich in drei Richtungen und umfassen: Liturgie (leitourgia), Zeugnis für das Reich Gottes, repräsentiert in und durch Jesus Christus (martyria) und Einsatz im Namen Gottes für die Verwirklichung der Gerechtigkeit, nämlich gegenseitiger Hilfe, Empathie und Liebe unter allen Menschen (diaconia, caritas).

3.1   Liturgie (leitourgia)

Liturgie (leitourgia) bedeutet gottesdienstliche Betätigung des Volkes im Sinne der Ehrerbietung und des respektvollen Verhaltens Gott gegenüber als dem Schöpfer alles Sichtbaren und Unsichtbaren. In liturgischen Taten findet die Begegnung mit Gott statt: Wir verehren und beten ihn an, wir danken ihm für unser eigenes Leben und das Leben anderer Menschen, bitten ihn um Verzeihung für unsere Fehler und flehen um alles, was wir für ein glückliches Leben von uns selber und von den Mitmenschen brauchen. Aus diesen Begegnungen schöpfen wir Kraft und Motivation für den weiteren Lebensweg, stärken unsere Hoffnung und Zuversicht in den endgültigen Sinn und Erfüllung der Suche nach dem unvergänglichen Sein und Glück trotz der spürbaren, sichtbaren und unumkehrbaren Vergänglichkeit, trotz dem zu erwartenden Körperzerfall und trotz dem sinnlosen Ende im Tode, der uns alle ohne Ausnahme treffen wird. Im liturgischen Wirken (ob im privaten Bereich, ob in öffentlich-gemeinschaftlicher Beteiligung) erwächst uns zunehmend Sicherheit, Befreiung von den Ängsten der Ausweglosigkeit, und es stellt sich ein Gefühl der Freude ein, wie es bereits der Prophet Nehemia zum Ausdruck gebracht hat: „Die Freude an Gott ist unsere Kraft" (Nah 8,10).

Die Eucharistiefeier (heilige Messe) ist für die Christen Quelle, Mitte und Gipfel des christlichen Lebens und der Lebensfreude (vgl. Lumen Gentium 11). In ihr gedenken wir des Todes Christi und seiner gloreichen Auferstehung in der Weise, wie Jesus Christus uns bei seinem letzten Abendmahl als Vermächtnis anvertraut hat. Gerade hierin drückt Jesus seinen Wunsch aus, dass auch wir das nachahmen, was er selbst während des letzten Abendmahls getan hat. Es ist offensichtlich, dass sein Wunsch und testamentarisch ausgedrücktes Vermächtnis tiefe und unauslöschbare Spuren im Gedächtnis all jener, die am letzten Abendmahl teilgenommen hatten, hinterlassen hat, denn sowohl der hl. Lukas als auch der hl. Paulus *heben* gerade diese Erinnerung *hervor*, u.z. jeder nach seiner Art und Weise:

Nachdem er nämlich über dem Brot das Dankgebet gesprochen hatte, „brach er das Brot und reichte es ihnen mit den Worten: Das ist mein Leib, der für euch hingegeben wird. *Tut dies zu meinem Gedächtnis!*" (Lk 22, 19).

Bei hl. Paulus lesen wir: *„Das ist mein Leib für euch. Tut dies zu meinem Gedächtnis!* Ebenso nahm er nach dem Mahl den Kelch und sprach: Dieser Kelch ist der neue Bund in meinem Blut. *Tut dies, sooft ihr daraus trinkt, zu meinem Gedächtnis!*" (1 Kor 11, 24 – 25).

Erinnern möchten wir auch an *noch ein Vermächtnis Jesu* von seinem letzten Abendmahl, worüber nur der hl. Johannes berichtet: „Als er ihnen die Füße gewaschen, sein Gewand wieder angelegt und Platz genommen hatte, sagte er zu ihnen: Begreift ihr, was ich an euch getan habe? Ihr sagt zu mir

Meister und Herr und ihr nennt mich mit Recht so, denn ich bin es. Wenn nun ich, der Herr und Meister euch die Füße gewaschen habe, dann müsst auch ihr einander die Füße waschen. *Ich habe euch ein Beispiel gegeben, damit auch ihr so handelt, wie ich an euch gehandelt habe*" (Jo 13, 12-15).

Bemerkenswert ist, dass Johannes die Worte, die Jesus über dem Brot und Wein gesprochen hatte, nicht erwähnt, sondern die Aufmerksamkeit auf seine Handlung an den Jüngern lenkt, nämlich *die Fußwaschung* der Jünger vor dem Mahl.

Aus den Berichten über das letzte Abendmahl geht hervor, dass es Jesu Herzensanliegen war, im testamentarischen Vermächtnis seine *zwei wichtigsten Wünsche* mitzuteilen: Erstens möchte er, dass seine Jünger das Brot brechen und den Wein trinken auf gleiche Weise, wie er das beim letzten Abendmahl getan hat, denn er bleibt im Brot und Wein göttlich anwesend unter seinen Nachfolgern und bürgt für das Gelingen unserer Suche nach Glück und Unsterblichkeit in allen Generationen und allen Zeiten.

Doch auch *der zweite Wunsch* als letztes Vermächtnis ist Jesus ebenso wichtig, worüber der Evangelist hl. Johannes sehr eindrücklich berichtet, nämlich die gegenseitige Achtung unter den Menschen, Solidarität, Erbarmen, Entgegenkommen, Hilfeleistung, Unterstützung, Empathie, zwischenmenschliche Liebe: Die Fußwaschung beim letzten Abendmahl mit der Einladung, dass auch wir *„einander Füße waschen"*; das ist der zweite Teil des Willens und des testamentarischen Vermächtnisses Jesu.

Wenn wir also die Eucharistie (heilige Messe) feiern, ahmen wir nach und gedenken des Willens und des Vermächtnisses Jesu von seinem letzten Mahl unter uns Menschen: Wir essen das Brot, in dem Jesus sakramental dauernd bleibt und trinken den Wein, das Blut seiner Liebe, um an seinem göttlichen Leben teilzuhaben, um dann mit seiner Hilfe unseren Nächsten *„die Füße zu waschen"*, sie zu achten und zu lieben so, wie er es getan hat.

Die erste Bewährung dieser zweifachen Bedeutung der Eucharistie (Gottesliebe und Nächstenliebe) finden wir bei den Emmausjüngern: Angekommen in Emmaus tat Jesus, „als wolle er weitergehen, aber sie drängten ihn und sagten: Bleib doch bei uns, denn es wird bald Abend, der Tag hat sich schon geneigt" (Lk 24, 28-29). Einen Fremden, der sich ihnen „zufällig" unterwegs hinzugesellt hatte, zu beherbergen, ist doch nicht selbstverständlich, schon gar nicht in unseren Zeiten. *Diese Nächstenliebe* der Emmausjünger zu einem Fremden erweist sich *wirkmächtig*, denn „da gingen ihnen die Augen auf und *sie erkannten ihn*" (Lk 24, 31).

Wenn wir das im Sinn behalten, dann werden wir in die Lage versetzt, die diakonischen Dienste während der Eucharistiefeier besser zu verstehen. Der Diakon am Altar stellt Jesus Christus als den Großdiakon dar, der, wie er selbst betont hat, „*nicht gekommen ist, um sich dienen zu lassen, sondern um zu dienen*" (Mk 10,45).

Der Bischof und der Priester (in Abwesenheit des Bischofs) sprechen die Worte Jesu über dem Brot und Wein, in welchen er durch die Kraft seiner Worte selbst sakramental und real in die Gemeinschaft der Gläubigen tritt.

Hier ehren, loben und danken wir dem allmächtigen Gott, dem Quell und Ziel unseres Lebens. Gerade diese Gottesgemeinde, alle Menschen auf der Welt, werden Kinder und Erben Gottes; so generiert die Liebe zu Gott auch die Liebe zum Nächsten, zu allen Menschen. Es ist unmöglich, die Liebe zu Gott von der Liebe zum Nächsten zu trennen: „Du sollst den Herrn, deinen Gott, lieben mit ganzem Herzen, mit ganzer Seele und mit all deinen Gedanken. Das ist das wichtigste und erste Gebot. *Ebenso wichtig* ist das zweite: Du sollst deinen Nächsten lieben, wie dich selbst. An diesen beiden Geboten hängt das ganze Gesetz samt den Propheten" (Mt 22, 37-40).

In der Eucharistie bringen wir zum Ausdruck unsere Liebe zu Gott, indem wir seine Worte hören, sie verinnerlichen und uns mit Gott in den heiligen Gaben von Brot und Wein vereinen. Das ist der erste Teil der Eucharistiefeier. Untrennbar mit diesem *ersten Teil* ist auch der *zweite Teil*, nämlich jene Tat, durch welche Jesus als Diakon die Füße seiner Jünger wäscht und uns alle einlädt, dass auch wir das Gleiche tun. „**Füße waschen**" bedeutet einander helfen, entgegenkommen, verzeihen, beschenken, sich gegenseitig unterstützen, Gerechtigkeit walten lassen, emphatisch und liebevoll kommunizieren. Die Eucharistie ist die sakramentale Wiederholung Jesu Taten und zugleich ein Ansporn, den Willen und das Vermächtnis Jesu in der Gegenwart zur Geltung zu bringen. Gerade diesen zweiten Teil der Eucharistiefeier, „die Fußwaschung", repräsentiert der Diakon sakramental während der hl. Messe. Daher muss hervorgehoben werden, dass die Aufgabe des Diakons in der hl. Messe nicht in erster Linie darin besteht, dem Priester zu helfen (assistieren), sondern als Diener Gottes Jesus Christus zu vertreten, vornehmlich, wie er die Füße seiner Jünger wäscht, wie er allen Menschen dient. Darin mögen die Gläubigen den **dienenden** Christus auch am Altar mystisch erkennen. Schon von der ersten Zeit des Christentums an hatte der Diakon ihm eigene Sonderaufgaben bei der Eucharistie. Ignatius von Antiochien (der Märtyrer aus der ersten Hälfte des 2. Jh.) z.B. hat die Eucharistie als „Arznei für die Unsterblichkeit" genannt. Der Märtyrer Justin (um 110-165) schreibt: „Darauf werden dem Vorsteher der Brüder Brot und ein Becher mit Wasser und Wein gebracht...; ist er mit den Gebeten und Danksagung zu Ende, so gibt das ganze Volk seine Zustimmung mit dem Wort „Amen". ...

Nach der Danksagung (Eucharistie) des Vorstehers und der Zustimmung des ganzen Volkes teilen die, die bei uns Diakone heißen (oi kaloumenoi par´ hemmen diakonoi) jedem der Anwesenden von dem Brot, Wein und Wasser aus, über die die Danksagung (Eucharistie) gesprochen wurde und bringen davon auch den Abwesenden".[89]

Auch die alten kirchlichen Schriften *Traditio apostolica* (entstanden um das Jahr 210) beschreiben ausführlich die damalige Art und Weise des eucharistischen Feierns. Es wird deutlich hervorgehoben, dass die Feier aus zwei untrennbaren Teilen besteht: Zunächst wird ein gemeinsames Mahl als Zeichen der gegenseitigen Zuneigung, des Willkommens und der Liebe (Agape) gehalten und anschließend die Eucharistie gefeiert, d.h. nach den Gebeten, Schriftlesung und Ausdeutung des Wortes Gottes die Partizipation (Teilhabe) am Brot und Wein, über die der Vorsteher die Worte Jesu „das ist mein Leib ....das ist mein Blut" gesprochen hat, vollzogen. Für die Austeilung des Essens sind von Bedeutung auch die Hinweise, dass die Diakone die Reste des Mahls zu den Abwesenden trugen, die der Feier nicht beiwohnen konnten. Daraus ist zu ersehen, dass der Gottesdienst und die soziale Fürsorge

---

[89] Vgl. bei G. L. MÜLLER (Hg.), Der Diakonat – Entwicklung und Perspektiven, 2004, S.21-22.

Dalmatik – das liturgische
Gewand des Diakons

als *kultisch-sakrale und soziale Dimension wie* verfassungs-gemäße und *untrennbare* Komponenten der Zusammenkünfte der ersten Christen galten. Bei Johannes Chrysostomus (349-407) lesen wir: „Das Sakrament des Altares ist nicht zu trennen vom Sakrament des Bruders"; der Papst Gregor der Große (540-604) drückt das noch einprägsamer aus:

„*Wenn ein Mensch in Rom des Hungers stirbt, ist der Papst nicht würdig, die Messe zu feiern*" [90]. Der Diakon hat also bei den Versammlungen der Gläubigen zur Agape und Eucharistie eine ihm eigene und spezifische Sendung. „Seine Diakonie am Altar, da sie aus dem Weihesakrament hervorgegangen ist, unterscheidet sich wesentlich von jedem liturgischen Dienst, den die Hirten den nicht geweihten Gläubigen anvertrauen können. Der liturgische Dienst des Diakons unterscheidet sich auch von dem des geweihten Priestertums... Am Altar vollzieht der Diakon den Dienst des

---

[90] Vgl. S. SANDER, ebd., S. 24.

Kelches und des Evangelienbuches, trägt den Gläubigen die Gebetsintentionen vor und lädt sie zum Austausch des Friedensgrußes ein.“[91]

Wir unterscheiden heute zwei wesentliche Teile der Eucharistiefeier (der hl. Messe), auf die wir hier im einzelnen eingehen werden: Erster Teil besteht im Dienst des **Wortes Gottes** und der zweite im Dienst der **Eucharistie**.

Vor der Eucharistiefeier kommen Bischof, Priester und Diakon in die Sakristei und ziehen ihre Messgewänder an. Der Diakon legt zunächst den weißen Schultertuch (Amikt, Humerale) an, danach zieht er die Albe (vestis, tunica) – ein weißes knöchellanges Gewand an und bindet die Albe im Bauchbereich mit dem Zingulum (einem weißen Stoffgürtel), danach legt er die Diakonenstola (ein Stoffstreifen in liturgischen Farben, welchen der Diakon diagonal über die linke Schulter führt und im Bereich der rechten Hüfte bindet) und zum Schluss zieht der das Diakonenobergewand, die Dalmatik[92] an. Zu Beginn der Eucharistiefeier ziehen zunächst die Messdiener mit dem Weihrauch (bei feierlichen Gottesdiensten) aus der Sakristei in den Kirchenraum ein, es folgt ein Messdiener mit dem hl. Kreuz, anschließend zwei Messdiener mit angezündeten Kerzen, in deren Mitte der Diakon mit

---

[91] Vgl. DIREKTORIUM für den Dienst und das Leben der Ständigen Diakone, ebd., S. 87-91.

[92] Die Dalmatik ist das spezifische Obergewand des Diakons während der hl. Messe. Dalmatik stammt ursprünglich aus Dalmatien, also aus den heutigen kroatischen Gebieten an der Adria. (Die kroatischen Diakone können darauf besonders stolz sein). Im 2. Jh. trugen sie die vornehmen Römer als Obergewand. Sie war aus der dalmatinischen Wolle gewoben. Nach der Konstantinischen Wende haben sie die Bischöfe und die Diakone getragen, denn zu der Zeit war noch keine strenge Trennung zwischen der alltäglichen Kleidung und den besonderen liturgischen Gewändern. Ende des 4. und Anfang 5. Jh. infolge der Völkerwanderung haben die Germanen ihre Art der Bekleidung in das Römische Reich hineingetragen z.B. Hosen, Hemden und Wams (ein mantelartiges Kleidungsstück, das über die Hose bis zum Knie gereicht hat), und das haben sich die Bürger des damaligen Römischen Reichs ebenfalls angeeignet. Die liturgischen Gewänder blieben später jedoch in der Art und Weise der älteren römischen Bekleidungsgewohnheiten (Albe, Dalmatik, Kasel), während die Zivilkleider weiteren Entwicklungen und Gebräuchen entstammen. Schon ab dem 4. Jh. ist die Dalmatik das amtliche Gewand des Diakons. Der Bischof hat seit dieser Zeit während der Eucharistiefeier eine Dalmatik und über der Dalmatik eine Kasel als Zeichen der Fülle und der Vollmacht des hl. Weihesakraments getragen (vgl. auch https://de.m.wikipedia.org>wiki<Litur...).

erhobenen Armen das Evangelienbuch trägt, danach restliche Messdiener, Priester und zum Schluss der Bischof. Sie alle gehen zum Altarraum. Der Diakon kommt als erster zum Altar und legt das Evangelienbuch auf den Altar, kehrt zurück zu den Stufen vor dem Altartisch und wartet auf den Bischof. Nach der Kniebeugung vor dem Altar steigt er mit dem Bischof, ihm zur Rechten stehend, zum Altar, küsst mit dem Bischof den Altar, der Christus symbolisiert – („Begrüßungskuss"), übernimmt das Weihrauchgefäß aus der Hand des Ministranten und reicht es dem Bischof, welcher schreitend um den Altar diesen als anwesenden Christus mit Weihrauch ehrt, wobei der Diakon ihn begleitet. Zum Schluss übernimmt der Diakon das Weihrauchgefäß vom Bischof, gibt es dem Ministranten und begibt sich mit dem Bischof zum Sitzplatz.[93]

Im Wortgottesdienst – Tisch des Wortes ist der Einsatz des Diakons von großer Wichtigkeit, denn er hat seit uralten Zeiten die Ermächtigung und den Auftrag, das Evangelium zu verkünden, auch dann wenn mehrere Bischöfe oder Priester bei der Messfeier mitwirken. Das ist eine der herausragendsten Aufgaben eines Diakons während der Eucharistiefeier, nämlich den *Tisch des Wortes Gottes vorzubereiten und zu gestalten*. Es ist auch sehr bedeutsam, dass der Bischof während der Weihe eines Diakons ihm das Evangelienbuch überreicht als Zeichen seiner Sendung und seines Auftrags, die frohe Botschaft allen Geschöpfen zu verkünden. Die Übergabe des Evangelienbuches geschieht auch bei der Bischofsweihe, jedoch ist sie nicht bei der Priesterweihe vorgesehen. Die Priester bekommen die gleiche Ermächtigung auf eine andere Weise, nämlich bei der Diakonenweihe, die ihnen als Übergang zum amtlichen Priestertum gespendet wird. Daraus schließen wir, dass der Bischof ausdrücklich den Diakon ermächtigt, die frohe Nachricht Christi den Schwachen, Bedrängten, Armen und Kranken sowohl in Wort als auch in Tat zu überbringen. Die Nachfolger Jesu Christi nämlich ernähren und erhalten ihr Leben zunächst durch das Wort Gottes, in welchem Jesus Christus anwesend und wirkmächtig alles begleitet, formt

---

[93] Den Diakonendienst während der hl. Messe kann man jeden Sonntag live im Internet um 10 Uhr mitverfolgen z.B. aus dem Kölner Dom im www.domradio.de (Web-TV).

und befähigt, um die Taten der Nächstenliebe wirken zu können. Deshalb ist der Diakon **der Diener der Freude** (vgl. 2 Kor 1, 24) par excellence!

Vor der Verkündigung des Evangeliums tritt der Diakon vor den Bischof (in seiner Abwesenheit vor den Priester), der ihm einen besonderen Segen erteilt. Danach trägt er das Evangeliar mit erhobenen Armen und mit allergrößter Hochachtung zum Ambo, denn er ist sich dessen bewusst, dass Gott in seinem Wort gegenwärtig und den Menschen ganz nahe ist. Er wird von den Messdienern, die in ihren Händen die leuchtenden Kerzen tragen, begleitet, denn das Evangelium ist das Licht für unseren Lebensweg. Vor der Lesung des Evangeliums (bei feierlichem Ritus) wird das Evangeliar mit Weihrauch geehrt, denn das Wort des Evangeliums stellt Jesus Christus dar. Nach der Beendigung der Verkündigung des Evangeliums hebt der Diakon das Evangeliar hoch, zeigt es nochmals allen Gläubigen und spricht (singt) dabei: "Evangelium unseres Herrn Jesus Christus"! Er trägt es anschließend zum Bischof, der das Evangelienbuch küsst und mit ihm das Volk Gottes segnet.

Wenn der Bischof nicht anwesend ist, dann gibt der Diakon dem Evangelienbuch einen Kuss (Christus selbst ist in seinem Wort anwesend) und hebt es zum Zeichen der Freude und des Segens hoch; danach trägt er es zum Ambo oder an eine dafür vorgesehene Stelle. Je nach der Verabredung mit dem Pfarrer kann der Diakon anschließend das Wort Gottes den Gläubigen in der Predigt ausdeuten.

Das Fürbittgebet war bereits im 3. Jh. von Tertullian erwähnt worden[94], in späteren Jh. z. B. im Mittelalter aber nicht mehr im Gebrauch, um erst durch das II. Vatikanischen Konzil wieder eingeführt zu werden. Der Diakon ist also seit alten Zeiten als „Auge, Ohr und Mund des Bischofs" beauftragt, die Fürbittgebete oder wenigstens einige davon vorzutragen, denn er kennt sich mit den Nöten und Bedrängnissen seiner Umgebung und der übrigen Welt.

---

[94] Vgl. G. PREDEL, Veränderte soziale Wirklichkeit - verändertes Amt", in: K. ARMBRUSTER / M. MÜHL (Hg.), ebd., S. 91.

Der zweite Teil bezeichnet als **Eucharistischer Dienst – Tisch der Eucharistie** beginnt mit der Bereitung der Gaben des Volkes Gottes, die der Priester als Vorsteher der Eucharistiefeier dem erhabenen Gott darbringt, um sie ein wenig später mit den Worten Jesu vom letzten Abendmahl „Das ist mein Leib... das ist mein Blut" verwandeln zu lassen; am Ende werden die verwandelten Gaben allen Anwesenden als Leib und Blut Christi ausgeteilt. Die Bereitung der Gaben ist auch eine *herausragende Aufgabe des Diakons*. Bevor das Brot und der Wein mit Wasser auf den Altar gelegt werden, findet die Kollekte, d.h. das Geldsammeln für die Armen und Bedürftigen statt, denn seit dem Urchristentum hat man während des Herrenmahls und der Agape (des gemeinsamen Essens) auch der Abwesenden und Armen gedacht. Der Diakon oder ein Presbyter waren diejenigen, die die vorbereiteten Speisen an die Anwesenden austeilten. Die Schrift *Traditio apostolica* betont außerdem eindrücklich (das möchten wir nochmals hervorheben), dass bei der Agape (dem gemeinsamen Mahl) *maßvoll* und mit Bedacht gegessen werden soll, damit auch für die abwesenden Kranken und Bedürftigen etwas übrig bleibe. Die übriggebliebenen Reste hat der Diakon zu denen, die nicht kommen konnten, nach Hause getragen.[95] Hier ist der Urgrund für eine Diakonie der Fürsorge und der Hilfe für die Bedürftigen. Die Sorge um die Schwachen, Armen, Kranken und Entrechteten ist also in der *Eucharistie verwurzelt*. Das war zugleich das Gedächtnis jener Tat Jesu an seinen Jüngern kurz vor dem letzten Abendmahl, nämlich der Fußwaschung. Deshalb wäre es angebracht, dass die Gläubigen unserer Zeit jedes Mal bei der Durchführung der Kollekte die Fußwaschung Jesu an seinen Jüngern in Erinnerung rufen. Leider hat dieser Teil der Versammlung der ersten Christen nach und nach an Bedeutung verloren, weil die karitative Betätigung, die Hilfe für die Armen und die soziale Fürsorge auf die männlichen und weiblichen Klöster (wie bereits ausgeführt) übertragen worden war, obwohl das Vermächtnis Jesu ganz klar und ausdrucksstark zu vernehmen ist. Gerade die gemeinsamen Mähler und die soziale Fürsorge der ersten Christen haben ihre anders-

---

[95] Vgl. S. SANDER, ebd., S. 76.

gläubigen Mitbürgerinnen und Mitbürger stark beeindruckt, so dass auch diese Tatsache ihre missionarische Sendung tatkräftig unterstützt hat.

Nach den Fürbitten empfängt der Diakon die Opfergaben Brot und Wein, der mit Wasser vermischt wird, und legt sie auf den Altar. Parallel dazu wird die Kollekte unter den Gläubigen gehalten (darauf kommen wir später ausführlicher zurück). Nachdem der Bischof (in seiner Abwesenheit der Presbyter) die Gaben betend Gott dargebracht hat, damit sie zum Brot des Lebens und zum Kelch des Heiles werden, ehrt der Bischof (in feierlichem Ritus) mit Weihrauch den Altar, der den anwesenden Christus in der Kirche symbolisiert (darstellt). Der Diakon assistiert dem Bischof (dem Priester) bei dieser Handlung stehend ihm zur rechten Seite und begleitet ihn beim Umschreiten des Altares. Anschließend bekommt er das Weihrauchgefäß aus der Hand des Bischofs (Priesters), ehrt mit dem Weihrauch als dem Duft des Himmels und des aufsteigenden Gebetes zunächst den Bischof, die anwesenden Priester und danach alle Gläubigen, das ganze Volk Gottes.

Während der Wandlung spricht der Bischof (Priester) Jesu Worte über Brot und Wein vom letzten Abendmahl: „Das ist mein Leib, das ist mein Blut, tut dies zu meinem Gedächtnis". Nach der Wandlung tritt der Diakon, der vorher im Hintergrund ca. 1/2 - 1 m vom Bischof entfernt stand, nach vorne, stellt sich neben dem Bischof (Priester) und erinnert alle an das Geheimnis der Gottes Allmacht mit den Worten: „Geheimnis des Glaubens (mysterium fidei)". Darauf antwortet das ganze Volk Gottes: „Deinen Tod, o Herr, verkünden wir, Deine Auferstehung preisen wir, bis Du kommst in Herrlichkeit". Ein wenig später übernimmt der Diakon den Kelchdienst während der Doxologie (Ehrerbietung) dem Dreieinen Gott. Der Diakon tritt auch während der Doxologie neben den Bischof, der ihm den hl. Kelch überreicht, hebt den Kelch hoch neben der hl. Hostie, die der Bischof in den Händen hält, während alle Zelebranten sprechen (singen): „Durch ihn und mit ihm und in ihm ist dir Gott, allmächtiger Vater, in der Einheit des Heiligen Geistes, alle Herrlichkeit und Ehre, jetzt und in Ewigkeit". Das Volk Gottes antwortet: „Amen"! Nach dem gemeinsamen Gebet des Herrn: „Vater umser..." spricht der Bischof (Priester): „Der Friede des Herrn sei allezeit mit euch", und das Volk Gottes antwortet: „Und mit deinem Geiste", worauf der Diakon wieder in gleicher Weise neben den Bischof tritt und alle zum Friedensgruß einlädt: „Gebt einander ein Zeichen des Friedens und der Versöhnung"!

Die Eucharistie hat eine dreifache Dimension: Als Opfer, als Mahl und als Vorgeschmack (Unterpfand) der ewigen Glückseligkeit, wie es auch der Katechismus der katholischen Kirche unterstreicht (Nr. 1322-1419).[96]

Einige Theologen unserer Zeit betonen insbesondere das sakramentale Mahl für alle Gläubigen.[97] In der Urkirche bis zum frühen Mittelalter war es ein allgemeiner Brauch, dass alle Gläubigen an dem heiligen Mahl (Kommunion) teilnahmen. In den späteren Zeiten war der Zutritt zu der Kommunion deutlich seltener, so dass es Zeiten gab, wo *nur* der Priester allein kommunizierte. Im Mittelalter gab es außerdem eine kirchliche Anweisung, dass alle Gläubigen, die den Wunsch hatten, zur Kommunion zu gehen, vorher das Sakrament der hl. Beichte empfangen sollten. Die Streitgespräche über die wirkliche (reale) Präsenz (Gegenwart) Jesu in der hl. Hostie haben auch zur Entstehung einer noch größeren Ehrfurcht vor dem Kommunionsakrament geführt mit der Folge, dass die Gläubigen immer seltener zur Kommunion gingen. Auch die praktischen Anweisungen der Kirchenleitung z.B. das Nüchternbleiben vor dem Kommunionempfang (vor der Kommunion durfte man viele Stunden weder essen noch trinken) hatten den Zugang zur hl. Kommunion deutlich erschwert. Eine solche Begleitentwicklung hat die allgemeine Meinung der Gläubigen geformt, so dass praktisch nur der Priester am Altar an dem Mahl (Kommunionempfang) teilgenommen hatte, während die Gläubigen lediglich ca. vier Mal im Jahr, anlässlich der großen Feiertage, zur Kommunionbank gingen.

Es ist nochmals zu betonen, dass der Diakon „*ordentlicher Spender der heiligen Kommunion* ist, und er teilt sie während und außerhalb der Eucharistiefeier aus und bringt sie als Wegzehrung zu den Kranken".[98]

---

[96] KATECHISMUS DER KATHOLISCHEN KIRCHE, 2005, Nr. 1322-1419.

[97] Vgl. F. LURZ, Erhebet die Herzen, 2011, S. 79.

[98] DIREKTORIUM FÜR DEN DIENST UND DAS LEBEN DER STÄNDIGEN DIAKONE, ebd., S. 91.

Wir haben bereits darauf aufmerksam gemacht, dass der Kommunion-empfang der Gläubigen ab dem frühen Mittelalter bis zum Beginn des 20. Jh. immer seltener war. Der Ständige Diakonat war ohnehin in diesen Zeiten kaum existent. Als der Papst Pius X. jedoch mit dem Dekret aus dem Jahr 1905 die strengen Regeln als Vorbedingung zum Empfang der hl. Kommunion gelindert hatte, und nachdem die rigorosen Vorschriften über den Nüchternzustand vor der Kommunion beseitigt wurden, begannen die Gläubigen weltweit immer häufiger und in größerer Zahl zur Kommunion zu gehen. Heutzutage haben fast alle Gläubigen, wie in der Urkirche, Anteil an der hl. Kommunion. Hier hat auch *der Diakon seine ursprüngliche Aufgabe zurück*bekommen, den hl. Leib und das Blut Christi neben dem Bischof und Priester an die Gläubigen austeilen zu dürfen. Nach dem heutigen Ritus übergibt der Bischof die Patene (flache, vergoldete Schale) mit den Hostien dem Diakon, der dann alle Konzelebranten bedient, indem er ihnen anbie-tet, dass sie je eine Hostie in die Hand nehmen; er kehrt dann zurück zum Hauptzelebranten (Bischof, in seiner Abwesenheit Priester) und überreicht ihm die Patente mit den restlichen Hostien. Der Bischof übernimmt dann die Patente, gibt eine Hostie dem Diakon und anschließend kommunizieren alle Anwesenden am Altar *gemeinsam*. Nach dem Empfang des hl. Leibes Christi nimmt der Bischof den Kelch in die Hand und trinkt daraus. An-schließend reicht er den Kelch *zuerst dem Diakon*, der ebenso daraus trinkt. (Die symbolische Geste des Bischofs, mit der er *zuerst* den hl. Kelch dem Diakon reicht, kann im Sinne der Sendung des Diakons verstanden werden, nämlich die Freude den Armen, Entrechteten und Schwachen, Kranken und Verlassenen zu überbringen). Dann stellt der Bischof den Kelch auf den Altar und alle anwesenden Bischöfe und Priester trinken nacheinan-der aus dem Kelch, der in der Mitte des Altars steht. Es sei hier ebenso vermerkt, dass die Abfolge der Kommunionempfangs der Konzelebranten und des Diakons auf oben beschriebene Weise nicht überall gleich vollzogen wird. Viele Bischöfe und (in ihrer Abwesenheit die Priester) handhaben es häufig ein wenig anders; darauf kommen wir später zurück. Nachdem sie alle kommuniziert hatten, gehen die Bischöfe, Priester und Diakone zum

Volk Gottes und teilen die hl. Kommunion an die anwesenden Gläubigen aus. Wenn die Kommunionausteilung zu Ende gegangen ist, sammelt der Diakon die Reste der geweihten und verwandelten Gaben, stellt sie in das liturgische Gefäß hinein und bringt sie in den Tabernakel („Zelt", kunstvolles Schränkchen, in dem die konsekrierten Hostien aufbewahrt werden); nach der Reinigung des Kelches und der anderen liturgischen Geräte stellt er diese an den geeigneten Platz im Altarraum ab.

Wenn der Bischof (Priester) das Schlussgebet gesprochen und den Segen erteilt hat, entlässt der Diakon die anwesenden Gläubigen mit den Worten: „Gehet hin in Frieden" und möchte damit alle aufrufen und auffordern: Geht und *bringt* den Frieden, seid Friedensstifter, verbreitet Zuversicht und Freude im Namen Jesu Christi, denn „in der Eucharistie erfahrene Zuwendung Gottes soll weitergegeben werden und in den Alltag hineinwirken." [99] Oder wie es K. Wallner formuliert: „Jetzt seid ihr hinausgesandt. Also strengt euch an, dass Gott überall mehr geliebt wird".[100]

Das Volk Gottes antwortet: „Dank sei Gott dem Herrn"! Vor dem Auszug gibt der Diakon gemeinsam mit dem Bischof (Priester) dem Alter einen Kuß („Abschiedskuß").

Bei der Aussetzung und Anbetung des allerheiligsten Sakraments hat der Diakon wichtige Aufgaben. In Abwesenheit vom Priester kann er selbstständig die Andacht leiten. Er setzt zuerst das Allerheiligste in der Monstranz aus, spricht die vorgesehenen Gebete oder singt mit den anwesenden Gläubigen die passenden Lieder dazu. Bei der Aussetzung trägt er das Pluviale (einen mantelähnlichen Umhang) und während der Segnung ein Velum dazu (ein rechteckiges Tuch, das den Schultern und einem Teil des Rückens aufliegt).

Zum Schluss der Andacht reponiert er (legt zurück) das Allerheiligste in den Tabernakel.

---

[99] Vgl. U. HUDELMAIER, Diakonische Elemente in der Eucharistie, in: K. Armbruster / M. Mühl (Hg.), ebd. , S.177.

[100] Vgl. K. WALLNER, Plädoyer für einen missionarischen Aufbruch, in: G. AUGUSTIN, N.ETE-ROVIĆ (Hg.), Mission in säkularer Gesellschaft, 2020, S. 164.

Im Wortgottesdienst ohne Eucharistiefeier, wenn kein Priester anwesend ist, steht der Diakon der Feier vor (im Einklang mit den bischöflichen Anweisungen), verkündigt das Evangelium, hält anschließend eine Predigt, spricht die vorgesehenen Gebete, teilt die Kommunion aus, segnet das Volk Gottes und entlässt es mit dem Ruf: „Gehet hin in Frieden". Er leitet den Wort-Gottesdienst anstelle des Priesters und nimmt die stellvertretende Funktion an mit der Ausnahme, dass er keine Wandlungsworte sprechen darf, denn für diese Aufgabe ist nur der Priester vom Bischof ermächtigt. Der Wortgottesdienst sonntags und feiertags stellt die Möglichkeit dar, die christliche Gemeinde zu Versammlung zu bringen, um Gott zu feiern, ihm zu danken, ihn um Gnade zu bitten und sich mit Jesus Christus zu vereinen in der hl. Kommunion, die der Bischof oder Priester vorher konsekriert (geweiht) hat.

Bei ökumenischen Gottesdiensten z.B. mit den Vertretern der evangelischen Kirche und – das ist in Deutschland relativ oft der Fall – kann der Diakon die katholische Seite repräsentieren und nach Absprache mit dem evangelischen Pastor auch die Predigt halten. Ansonsten spricht er abwechselnd oder in Gemeinschaft mit dem Vertreter der evangelischen Kirche die Gebete, erteilt zum Schluss den gemeinsamen Segen und entlässt die Gemeinde.

Am Karfreitag kann der Diakon, wenn ein Priester in einer kleineren Gemeinde fehlt, die Karfreitagsliturgie anstelle des Priesters *leiten*. Das ist auch ein Beispiel, wie der Diakon den Gläubigen ermöglichen kann, an der Karfreitagsliturgie teilzunehmen, wenn ein Mangel an Priestern herrscht, wie es in Westeuropa häufig der Fall ist. Wenn ein Priester die Karfreitagsliturgie leitet, singt der Diakon die großen Karfreitagsfürbitten, ruft die Gläubigen nach jeder Fürbitte ihre Knie zu beugen („beuget die Knie – flectamus genua"), um sie kurz darauf aufzufordern: („erhebt euch – levate").

In der Osternacht-Liturgie hat der Diakon wichtige Aufgaben zu erfüllen: Während der Nachtwache (Ostervigil) segnet der Bischof (in seiner Abwesenheit der Priester) und zündet das Osterfeuer an, der Diakon hält dabei die große Osterkerze in den Händen. Anschließend zündet der Bischof

(Priester) die Osterkerze in den Händen des Diakons an. Daraufhin trägt der Diakon mit angehobenen Armen die angezündete Osterkerze begleitet von den Messdienern in die noch ganz dunkle Kirche hinein, macht beim Gang zum Altar je einen Halt an drei Stellen, hebt die Osterkerze hoch und singt: „Lumen Christi – Christus, das Licht", reicht die Kerzenflamme den Gläubigen in seiner Umgebung, die ihre kleinen Kerzen an der Osterkerze anzünden und das Licht weitergeben. So wird durch das Licht der Osterkerze das Dunkel im Inneren der Kirche vertrieben, und die dunkle Kirche erstrahlt ganz im Glanz des Osterlichts, das von der Osterkerze flutet, von Christus dem Licht der Welt. Der Diakon trägt zum Schluss die Osterkerze an die mit blumengeschmückte Stelle neben dem Ambo, ehrt sie als anwesenden auferstandenen Christus mit dem Weihrauch und singt dann am Ambo „Exultet (frohlocket) – Osterankündigung, Osterlob des Herrn". So eröffnet der Diakon mit dem „Exultet" das Osterfeiern, die österliche Freude.

Der Diakon ist, wie wir gesehen haben, der ordentliche Spender der hl. Sakraments der Taufe für die Kinder und die Erwachsenen. Das ist eine große Herausforderung für die Diakone. Während der Vorbereitung auf die Taufe eines Kindes wird der Diakon den Eltern des Kindes einen Hausbesuch abstatten, mit ihnen Gespräche im Einzelnen führen, einen Plan aufstellen, wie feierlich und harmonisch der Ritus der Taufe stattfinden soll und welche Vorbereitungen zu treffen sind, damit der Tauftag unvergesslich für die Familie, Verwandten und Freunde bleiben kann. Da der Diakon in der Regel verheiratet ist und eine Familie mit Kindern hat, kann er aufgrund eigener Erfahrungen einen fundierten (grundlegenden) Beitrag im Gespräch und der Beratschlagung mit den Eltern authentisch leisten, die Wünsche der Eltern gut verstehen und interpretieren. Die Auswahl an Möglichkeiten zur Vorbereitung und Durchführung des Taufritus ist sehr mannigfaltig, so dass eine persönliche Kreativität gefordert ist. Nicht selten glaubt einer des Elternpaares überhaupt nicht oder bezweifelt die Existenz Gottes, steht der Institution Kirche und besonders ihrem Leitungspersonal sehr skeptisch gegenüber. Auch das ist die Chance, wo der verheiratete Diakon auf eine ruhige und vernünftige Art und Weise die

Realität und die Botschaft des Evangeliums authentisch und glaubwürdig darstellen kann. Das ist zugleich eine enorme und verantwortungsvolle Aufgabe in der Neuevangelisation unserer Zeit, denn hier wird eine lebendige und *persönliche* Erfahrung mit Gott gefordert. Die *persönlichen Kontakte* und Gespräche mit den Eltern vor der Taufe des Kindes können in der Wohnung der Eltern oder an einem vereinbarten Ort stattfinden, je nach Wunsch der Eltern.

Der Diakon ist auch der ordentliche kirchliche Amtsträger, welcher der sakramentalen Eheschließung beiwohnt (assistiert) und sie im Namen der Kirche segnet. Er tut das immer in Absprache mit dem Pfarrer und mit seiner Ermächtigung. Während der Vorbereitung auf die Eheschließung führt der Diakon Gespräche mit dem Brautpaar, um den feierlichen und unvergesslichen Tag für die Braut und den Bräutigam sowie für alle Verwandten, Freunde und Bekannten zu entwerfen und die notwendigen Schritte dafür zu unternehmen. Auch hierbei ist die Herausforderung des Diakons sehr groß, denn der Diakon als verheirateter Mann mit eigener Familie und eigenen Kindern ist in der Lage, den Blick des Brautpaares überzeugend und authentisch auf die Werte und den Glanz der christlichen Ehe zu lenken. Oft wird er den Brautpaaren begegnen, die in erster Linie die schönen kirchlichen Zeremonien mit sakralen Gesten, die Segnung der Trauringe sowie wundervolle Gesänge und ähnliches in den Vordergrund stellen. Auch hier bietet sich die Gelegenheit an, die theologische Bedeutung und die Werte der christlichen Ehe kritisch zu begründen: Die Werteskala, verantwortete Elternschaft, die Wahrheit und die Lüge von der sogenannten grenzenlosen Freiheit und den dazugehörigen Konsequenzen sowie eine Warnung vor den illusorischen Möglichkeiten ohne feste Grundlage zum Ausdruck zu bringen. Die verheirateten Diakone haben hier ungeahnte Möglichkeiten, eigene Erfahrung, Erkenntnisse und Wissen ins Spiel zu bringen, um die Ehe im wahren Licht zum Leuchten zu bringen sowie die christliche Ehegemeinschaft als Widerschein der göttlichen Liebe und des ungetrübten Glücks in und mit Gott darzustellen.

Die Leitung einer Begräbnisfeier ist neben dem Priester auch dem Diakon anvertraut. Die katholisch-religiöse Begräbnisfeier ist eine liturgische Form, mit welcher wir unsere Gebete für die Verstorbenen vollziehen und andererseits unser Mitgefühl den trauernden Angehörigen und Freunden zeigen. Wir Christen glauben nämlich, dass der Mensch im Tode nicht in ein Nichts und ein absolutes Vergessen hinein verschwindet, sondern in ein unvergängliches und glückliches Leben mit Jesus Christus findet. Deshalb können wir ein Mitgefühl mit den Trauernden zeigen und sie mit in Gott begründeter Hoffnung begleiten und trösten. Der Besuch des Diakons bei den Trauernden vor dem Begräbnis ist eine Möglichkeit, die individuelle und persönliche Gestaltung der Begräbnisfeier gut vorzubereiten und die Botschaft des Evangeliums in der existentiellen Not als eine wirkliche und lebendige Stütze der Trauernden darzustellen. Auch die Segnung der Friedhöfe und der einzelnen Gräber z.B. anlässlich der Allerseelen (Tag des Gedenkens an alle Verstorbenen) kann der Diakon (nach Absprache mit dem Pfarrer) vornehmen: Dort kann er am Friedhof Gebete abwechselnd mit den Gläubigen sprechen oder singen, kurze Ansprache halten und dann mit den Messdienern einzelne Gräber mit Weihwasser betend besprengen.

Einzelne Andachten, wie die Maiandacht, die Segnung der Häuser um das Fest der hl. Drei Könige, Segnung der Devotionalien z.B. Rosenkranz sowie der Motorräder, Autos, Fahrräder und anderer Gegenstände (Spendung der Sakramentalien) sind auch eine der Ermächtigungen und Sendungen des Diakons.

Seit den Zeiten der Urkirche trug man die geheiligten Gaben vom Herrenmahl auch den Kranken und alten Menschen nach Hause als eine göttliche Stärkung. Auch heute ist das eine besondere Aufgabe des Diakons nämlich den Schwachen, Kranken und Verlassenen die hl. Kommunion ins Haus zu tragen und mit ihnen und für sie betend den Trost des Allmächtigen Gottes zu erbitten. Bei dem Sakrament der Krankensalbung kann der Diakon die Patienten in allem vorbereiten, die hl. Beichte und die Salbung mit dem hl. Öl ist jedoch nach der jetzigen Weisung der Kirchenleitung dem Priester vorbehalten.

Zusammenfassend kann man feststellen, dass die heutigen Diakone am breiten Spektrum der liturgischen Aufgaben in großem Umfang teilhaben. Bei allen diesen Einsätzen und kirchlichen Beauftragungen steht an erster Stelle das persönliche und begleitende Gebet des Diakons für die ihm anvertrauten Schwestern und Brüder. Seine Betätigung auf dem liturgischen Gebiet ist sehr mannigfaltig, breit, selbständig, spezifisch und sehr umfassend. Vergleichend mit den Zeiten vor dem II. Vatikanischen Konzil sind die liturgischen Wirkungsfelder der Diakone zur ungeahnten Entfaltung gekommen und erscheinen im vollen Glanz des gegenwärtigen kirchlichen Vollzugs.

3.2 Zeugnis (martyria)

Wie und wo kann der Diakon seinen *Glauben bezeugen*? Es ist selbstverständlich, dass jeder(e) Christ*in von innen heraus danach trachtet und auch dazu berufen ist, das Zeugnis über das, was er(sie) durch den Glauben eingesehen und erfahren hat, vor den Mitmenschen abzulegen – entsprechend den Empfehlungen des hl. Petrus: „Seid stets bereit, jedem Rede und Antwort zu stehen, der nach der Hoffnung fragt, die euch erfüllt; aber antwortet bescheiden und ehrfürchtig, denn ihr habt ein reines Gewissen" (1 Petr 3, 15-16).

Der Diakon ist jedoch auch aufgrund des empfangenen Weihesakraments, mit dem er von Gott durch seine Kirche beschenkt und befähigt worden ist, aufgerufen, auf eine *besondere und ihm spezifische* Weise bei jeder Gelegenheit zu bezeugen, was er persönlich durch Gott und mit Gott erlebt, und wie er selber zu Gottes Gegenwart in unserer jetzigen Welt steht. Zeugnis geben können wir nur dann, wenn wir von dem zu bezeugenden Sachverhalt *selbst überzeugt* sind und dessen Wertigkeit wir begriffen und erfahren haben.

Der Autor möchte hier einige Überlegungen und Gedankengänge aufzeigen, die *seinen eigenen* Lebensweg im Hintergrund (background) begleiten und flankieren mit der Option, dass sie vielleicht auch für die anderen Diakone und Christgläubigen von Nutzen sein könnten.

Die Frage der Gottesexistenz, seines Bestehens und Wirkens – das ist die *Schlüsselfrage aller* vorherigen und heutigen Menschen, besonders jener, die ehrlich eine begründete und überzeugende Antwort darauf geben möchten. Das ist zugleich das Fundament und die Grundlage für das Leben und Wirken eines Diakons.

In unserer heutigen Zeit sind wir mit vielfältigen und aggressiven (militanten) Angriffen jener Menschen konfrontiert, die Gottes Existenz verneinen. Das hat bereits der Psalmist an eigener Haut erfahren: „Wie ein Stechen in meinen Gliedern ist für mich der Hohn der Bedränger; denn sie rufen mir ständig zu: **Wo ist nun dein Gott?**" (Ps 42,11). Die Öffentlichkeit hat die Tendenz, mehr und mehr die Religiosität in den privaten Bereich zu verdrängen und steht den religiösen Gedanken oder der religiös-gelenkten Ethik entweder gleichgültig oder aggressiv leugnend und herabwürdigend gegenüber. Das Wort „GOTT" ist immer seltener auf den öffentlichen Plätzen zu hören; dieses Wort scheint nicht mehr salonfähig zu sein, viele Menschen schämen sich sogar, es auszusprechen, weil es für viele als „rückständig und mit dem modernen Denken nicht vereinbar" klinge. Die Neoatheisten berufen sich z.B. auf Richard Dawkins (geb. 1941) und sein bekanntes Buch unter dem Titel „The God Delusion (Der Gotteswahn)" , in welchem er ein neues, humanistisches Weltbild entwirft, denn – nach seiner Meinung – nur die säkulare (weltbezogene) und naturwissenschaftliche Weltansicht ermöglicht uns, den Erfolg und das Ziel des Humanismus zu erlangen. Zu diesem Zweck sei es notwendig, den ganzen metaphysischen Müll zu beseitigen und abzuschütteln, weil die Metaphysik unser Selbstbewusstsein verdunkelt – ja noch viel schlimmer – das Leid hervorruft und mehrt.[101]

Auch der sehr anerkannter Astrophysiker Stephen Hawking (1942-1918) beschreibt und behauptet in seinem Buch, das er zusammen mit Leonard Mlodinow unter dem Titel „The Grand Design (Der große Entwurf)" herausgegeben hat, dass Gott der Schöpfer eigentlich *überflüssig* geworden sei. Er ist der Meinung, dass man das Universum und seine Entstehung

---

[101] Vgl. A. KISSLER, Diakonat als Mission – Kirche und neuer Atheismus , in: Arbeitsgemeinschaft Ständiger Diakonat, 2009, S. 3-8.

auch ohne Existenz eines Schöpfergottes erklären könne. „Vielleicht gibt es keine Antwort auf die Frage, warum das Weltall existiere. Aber wenn die Antwort darauf existierbar wäre und wir sie auch finden würden, dann wüssten wir so viel wie auch Gott selbst" (S. Hawking). Als er gefragt wurde, welchen Sinn das Leben auch in Anbetracht seiner schweren Krankheit (ALS – Amyotrohe Lateralsklerose), an der er über 50 Jahre litt, überhaupt hat, antwortete er: „Do Your best" („Gib dein Bestes").

Auf der anderen Seite können wir die Tatsache nicht verbergen, dass im Namen der Religion vielfach Gräueltaten und Verbrechen begangen worden sind z.B. Hexenverbrennungen, Plünderungen und Morde während der Kreuzzüge im Christentum, die unauslöschbare Spuren im geschichtlichen Gewissen und Bewusstsein hinterlassen haben. Heutzutage erleben wir, was alles im Namen des Islams geschieht.

Mit solchen schrecklichen Hinweisen aus der Geschichte im Gedächtnis fühlen wir uns als Christen häufig mutlos, ratlos, verwirrt und sprachlos, wenn es um *die Rechtfertigung* unseres Glaubens geht. Außerdem ist es offensichtlich, dass die Kriege, Ungerechtigkeiten, Naturkatastrophen mit Vernichtung des unschuldigen menschlichen Lebens in unserer Welt die Möglichkeit und die Chance für die Beweisführung zugunsten eines allmächtigen und zugleich barmherzigen und liebenden Gottes versperren und erschweren. Alle religiösen Fragen heute werden gesammelt und fokussiert auf den folgenden Punkt: **Existiert Gott überhaupt** und wenn ja, welche Argumente können wir dafür anbieten und vorführen? Das ist die Hauptherausforderung aller Christen*innen unserer Tage, denn wir wollen „jedem Rede und Antwort stehen, der nach der Hoffnung fragt, die uns erfüllt" (vgl. 1 Per 3, 15). **Die Gottesfrage** und die Frage nach seiner Anwesenheit in unserer Welt als auch in unserem eigenen Leben – das ist die allerwichtigste Fragestellung, der wir *jeden Tag* begegnen und welche von uns verlangt, nicht nur vor uns selber, sondern auch vor anderen Mitmenschen die Rechtfertigung und Begründung unseres Glaubens ausdrücklich und konkret zu liefern.

Der Diakon als kirchlicher Amtsträger hat in diesem Aufgabenbereich eine besondere Rolle und Bedeutung. Sein Leben, seine Worte, seine Begegnungen mit den Menschen müssten so transparent und überzeugend erscheinen, dass die Linien und Umrisse des unsichtbaren Gottes durch ihn zu erahnen und konsequent zu erkennen sind.

Wie also das Zeugnis über Gott und seine Wirkung in der Welt zu formieren und abzulegen? Wir möchten hier versuchen, einige eigene Antworten und Überzeugungen darzulegen, denn es ist bekannt, dass es so viele Antworten auf die Gottesfrage gibt, so viele Menschen auch existieren. Woher kommen wir? Wohin gehen wir? Warum leben wir und arbeiten? Worauf hoffen wir und was können wir am Ende unseres Lebens erwarten, welches ohne Ausnahme mit dem Tode endet?

Rufen wir in Erinnerung die gewaltigen Errungenschaften der Naturwissenschaften. Wir haben bereits die Meinung von S. Hawking dargelegt. Es gibt aber auch andere geniale Wissenschaftler z.B. A. Einstein (1879 - 1955), die sich zu Gottesfrage geäussert haben. A. Einstein schreibt: „Ich bin kein Atheist. Das Problem ist zu groß für unseren eingeschränkten Geist. *Gott würfelt nicht.* Ich glaube an Spinoza's Gott, der sich in der gesetzlichen Harmonie des Seienden offenbart, nicht an einen Gott, der sich mit den Schicksalen und Handlungen der Menschen abgibt".[102] Das ist die sog. *kosmische Religiosität* von A. Einstein, der in den Naturgesetzen die Begründung des Wirkens Gottes gesehen hat, geradezu wie auch B. Spinoza behauptet hat, dass Gott ein konstitutiv – durchdringender (immanenter) Teil des Universums sei. Nach seiner Darlegung ist Gott jene Kraft, die alles schafft und bewegt. Unvergesslich bleibt Einsteins Behauptung: „Die Wissenschaft ohne Religion ist lahm, die Religion ohne Wissenschaft blind". Im Jahre 1932 hat er vermerkt: „Das Schönste und Tiefste, was ein Mensch erleben kann, ist *das Gefühl des Geheimnisvollen.* Es liegt der Religion und allem tiefen Streben in Kunst und Wissenschaft zugrunde. Wer dies nicht erlebt hat, erscheint mir, wenn nicht wie ein Toter, so doch wie ein

---

[102] Vgl. M. PLATE, Der kosmische Gott, Einstein und Religion, in: Christ in der Gegenwart, Extra Heft, Das Herz des Universums, Einstein und die Frage nach Gott, 2005, S. 11.

Blinder. Zu empfinden, dass hinter allem Erlebbaren ein für unseren Geist Unerreichbares verborgen ist, dessen Schönheit und Erhabenheit uns nur mittelbar und im schwachen Widerschein erreicht, das ist Religiosität. In diesem Sinne bin ich religiös. Es ist mir genug, diese Geheimnisse staunend zu ahnen und zu versuchen, von der erhabenen Struktur des Seienden in Demut ein knappes Abbild geistig zu erfassen." [103] Einstens kosmische Religiosität unterstellt keinen persönlichen Gott. Deshalb ist die Frage erlaubt: Wie ist es möglich, dass Gott als das immanente Prinzip dieser Welt das Personensein der Menschen hervorbringt, ohne selbst als Person zu gelten? Gerade deshalb, weil Gott *nicht nur* auf kosmische Harmonie im Spiel der Naturgesetze in den Bereichen der Materie, Masse und Energie sowie ihrer gegenseitigen Beeinflussung zurückgeführt werden kann, ist es nicht zu begreifen, dass unsere Personenhaftigkeit, Intellekt und Bewusstsein nicht Jemandem entstammen, der auch selbst nicht sowohl Person als auch Intellekt und Bewusstsein wäre. Die letzte Wirklichkeit muß etwas Höheres sein, als all das Erwähnte, denn Gott kann nicht *unter* unserer Ebene stehen.

Auch Max Planck (1858 - 1947) hat sich zu Gottesfrage geäußert: „Alle Materie entsteht und besteht nur durch eine Kraft, welche Atomteilchen in *Schwingung* bringt und sie zum winzigsten Sonnensystem des Alls zusammenhält. Da es in ganzem Weltall aber weder eine intelligente Kraft noch eine ewige Kraft gibt – es ist der Menschheit nicht gelungen, das heißersehnte Perpetuum mobile zu erfinden – so müssen wir hinter dieser Kraft einen *bewussten intelligenten Geist* annehmen. Der Geist ist der Urgrund aller Materie…*Religion und Wissenschaft* – sie schließen sich nicht aus, wie manche heutzutage glauben oder fürchten, sondern sie *ergänzen und bedingen einander*. Es ist die historische Tatsache, dass gerade die größten Naturforscher aller Zeiten, Männer wie Kepler, Newton, Leibniz von tiefer Religiosität durchdrungen waren".[104]

---

[103] Vgl. M. PLATE, ebd., S. 9 - 10.

[104] Vgl. MAX PLANCK zum Thema Gott und Naturwissenschaften , in: www.weloennig.de/Max Planck.html.

An einer anderen Stelle erfahren wir über die Meinung des Begründers der Quantenmechanik W. K. Heisenberg (1901 - 1976), einem der genialsten Physiker des 20. Jh. In einer Radiosendung am 6. 1. 1972 sei folgende Frage an Heisenberg gestellt worden: Glaubst Du eigentlich an einen persönlichen Gott? Er habe geantwortet: „Kannst du, oder kann man der *zentralen Ordnung* der Dinge oder des Geschehens, an der ja nicht zu zweifeln ist, so unmittelbar gegenüber treten, mit ihr so unmittelbar in Verbindung treten, wie dies bei der Seele eines Menschen möglich ist?....Ich würde sagen, auch wenn wir der Seele eines anderen Menschen begegnen, ist diese Begegnung nur dann ganz intensiv, wenn wir spüren, dass wir nun mit dem anderen *im Einklang* sind, das heißt, dass wir dessen Empfindungen auch selber haben, und dass er auch unsere Empfindungen hat. Das heißt, dass eine Art von *Resonanz* stattfindet zwischen Seele des anderen und uns selber, so dass die beiden eigentlich ein und dasselbe sind für einen Moment und ebenfalls in gewissen Reaktionen. Und gerade in diesem Punkt erscheint mir der Vergleich dann gut, denn wir empfinden eben auch, wenn wir die *zentrale Ordnung* erleben, dass sie sowohl zu dem draußen als auch zu uns selber gehört. Also wir empfinden auch diese *Resonanz mit dem Draußen in der zentralen Ordnung.*" [105]

Peter Higgs hat bereits im Jahre 1964 eine Theorie vorgestellt, mit welcher er durch mathematisch – logische Schlüsse zu der Erkenntnis gelangt war, dass ein Mechanismus bestehe, durch dessen Hilfe die Elementarteichen mit Masse ausgestattet werden. Es erstreckt sich nämlich ein unsichtbares Feld durch das ganze Weltall, welches die Elementarteilchen bremst und sie dabei mit einer Masse „bekleidet", bildlich ausgedrückt wie in einem großen Topf mit Honig. Theoretisch war dies auch für die anderen Physiker überzeugend und logisch, aber niemand konnte diese Theorie auch experimentell bestätigen. Erst im Jahre 2012, also fast 50 Jahre nach der Veröffentlichung des Postulats von Higgs, konnte in CERN bei Genf (Schweiz) experimentell bestätigt werden, dass jenes Teilchen wirklich existiert, welches auch als

---

[105] Vgl. F. MANN, C. MANN, Es werde Licht (Einheit von Geist und Materie in der Quantenphysik), 2017, S.119 - 120.

Higgs-Boson oder Higgs-Teilchen oder in den Medien als „Gottesteilchen" benannt wurde. Die elementaren Anregungen durch das Higgs-Feld wurden als Higgs-Bosonen erkannt. Higgs hat im Jahre 2013 den Nobelpreis für seine Entdeckung bekommen. Die geniale Erfindung, die Higgs vor ca. 50 Jahren in der Theorie vorgestellt, sozusagen „prophezeit" hatte, ist nun auch experimentell bestätigt worden.

Ausdrücklich möchten wir auch auf die Entdeckung der Gravitationswellen im Jahre 2016 aufmerksam machen, die A. Einstein vor ca. 100 Jahren theoretisch vorausberechnen, aber nicht experimentell nachweisen konnte. Auch hierbei war seine *logische „Prophezeiung"* durch Wissenschaftler R. Weiss, B. Barish und K. Thorne letztendlich *auch experimentell* bestätigt worden, weshalb sie den Nobelpreis für Physik im Jahre 2017 bekamen. Wir sind Zeugen dieses großartigen wissenschaftlichen Ereignisses, welches als Schlüsselinstrument für die Erklärung der Big Bang Theorie oder des Urknall-Modells über die Entstehung des Universums sein könnte. Das Begreifen der postulierten Singularität vor dem Urknall wäre dadurch dann ein wenig besser beleuchtet. Diese zwei vorausberechnenden, nennen wir sie „wissenschaftlich-prophetische" Errungenschaften des menschlichen Geistes, sind für mich sehr überzeugende Bestätigungen und Hinweise, dass logische Schlüsse auch *auf dem Gebiet der Metaphysik* einen großen Beitrag leisten können, um die Wirklichkeit in uns und um uns besser und *umfassender* zu ergründen. Der Fall des Higgs-Bosons und die theoretische Entdeckung von Gravitationswellen durch A. Einstein führen uns zu den Überlegungen von Aristoteles (384 - 322 v. Chr.) sowie der späteren christlichen Philosophen z. B. des hl. Anselm von Canterbury (1033 - 1109), des hl. Thomas von Aquin (1225 - 1274) und vieler anderer Denker.

Erinnern möchten wir an die fünf Wege des hl. Thomas von Aquin, mit welchen er – angelehnt an die Argumente des Aristoteles – versucht, auf die Vernünftigkeit (Rationalität)[106] der Annahme, dass Gott wirklich existiert, hinzuweisen. In der uns bekannten Welt ereignet sich, entwickelt oder verwandelt sich alles auf dem Boden einer oder mehreren Ursache und

---

[106] Vgl. auch: PAPST JOHANNES PAUL II., Fides et ratio, Nr. 43.

ihrer Folgen. Hl. Thomas von Aquin hält sich an dieses Gesetz der *Kausalität*, (Ursache-Wirkung-Prinzip), welches für das ganze Universum und für jede Aktivität der Menschen gilt und daraus schlussfolgert, dass eine Erste Ursache und ein Erster Beweger wirklich existiert; außerdem weist er darauf hin, dass die beobachteten Phänomene in unserer Umwelt eine Absolute Güte, ein Letztes Ziel und ein Vollkommenes Wesen *voraussetzen*.

Zu einer späteren Zeit hat Immanuel Kant (1724‑1804) an den Argumenten des hl. Thomas von Aquin Kritik geübt und auf einige strittige Punkte aufmerksam gemacht. E. Kant behauptete: „Alle unsere Schlüsse, die uns über das Feld möglicher Erfahrung hinausführen wollen, sind trüglich und grundlos".[107] Aber es gibt auch eine Kritik über die Kantsche Kritik. Kant hat nämlich in seinen Überlegungen die evolutiven Prozesse des Universums und die Lebensentwicklung von Einzellern bis zum Säugerorganismen auf der Erde nicht berücksichtigt, denn sie waren später erkannt und beschrieben worden, weshalb auch seine Schlüsse bezüglich der moralischen Entscheidungen nicht vollkommen sind. Wir wissen heute, dass unser vegetatives System, Hormonhaushalt und genetische Prädisposition einen großen ursächlichen Anteil an unseren Gefühlen und Entscheidungen haben. Trotz Kant's Kritik über die Reflexionen des hl. Thomas von Aquin gelten die angeführten Thomas' Argumente als sehr wichtige Wegweiser zur Erkenntnis der Gottesexistenz. Natürlich, können die metaphysischen Schlussfolgerungen nicht als experimentell nachgewiesene Tatsachen validiert (bestätigt) werden, wie das bei dem Nachweis des Higgs-Bosons und der Gravitationswellen von Einstein in CERN gelungen ist. Daher sind die metaphysischen Schlüsse nicht Beweise im naturwissenschaftlichen Sinn, sondern logisch formierte Wegweiser zur *Annäherung* an die Erkenntnis der Gottesexistenz. Kein einziges Argument in sich ist so vollkommen, dass es in der Lage wäre, die Existenz Gottes zweifellos und allumfassend „beweisen" zu können. Deshalb ist das Hinterfragen jeder Behauptung von

---

[107] H. KÜNG, Existiert Gott? Antwort auf die Gottesfrage der Neuzeit, (Taschenbuchausgabe), 2010, S. 593.

Nutzen. Sogar Thomas von Aquin hat Kritik an dem ontologischen Beweis von Anselm von Canterbury geübt, der seine Gedanken in dem bekannten Satz zusammengefasst hat: Gott ist ein Wesen, „worüber hinaus nichts Größeres gedacht werden kann – quo nihil maius cogitari potest". Thomas von Aquin merkt an, dass wir nicht in der Lage sind, mit Sicherheit zu behaupten, Gott existiere nur auf Grund unserer Analyse der Ideen, die wir von Gott haben.[108] Wie oben bereits erwähnt, hat I. Kant ähnliche Kritik an Thomas' „Gottesbeweisen" oder besser gesagt, an seinen „Wegweisern" angemeldet.

Kant insistiert darauf und mahnt an, dass wir aus der Idee oder Vorstellung unseres Intellektes nicht unbedingt verlangen können, dass das Vorgestellte auch in der Wirklichkeit dieser Idee entspricht. Dennoch auch I. Kant schlägt eine Lösung vor, die er *nicht als Beweis* gelten lassen will, sondern eher als eine *Forderung oder Postulat* bezeichnet. Wenn nämlich die reine Vernunft an der Absurdität und dem Chaos in unserer Welt nicht zerbrochen und vernichtet werden will, dann *muss* sie auf Grund des *Moralgesetzes postulieren* (fordern, verlangen), dass wirklich ein Erster Beweger (Urquell), Vollender, Allmächtiger und absolut Gerechter existiert.[109] Dieses *Kantsche Postulat* könnten wir heute auch so formulieren: Es ist in letzterer Instanz nicht möglich, Opfer und Täter gleich zu setzten, ebensowenig Recht und Unrecht, Gut und Böse. Wir alle *postulieren (fordern)* eine zufriedenstellende Lösung, die nur ein allmächtiger, guter und gerechter Gott *garantieren* und *schenken* kann.

Auf die Frage, woher alles kommt, antwortet Hans Küng: *„Das Ganze stammt aus jenem schöpferischen Grund der Gründe, den wir Gott, eben den Schöpfergott, heißen.* Und wenn ich ihn auch *nicht beweisen* kann, so kann ich ihn doch mit gutem Grund bekennen: in jenem für mich so vernünftigen, geprüften, aufgeklärten Vertrauen, in welchem ich schon seine Existenz bejaht habe. Denn wenn der Gott, der existiert, wahrhaft Gott ist,

---

[108] Vgl. K. WARD, Zašto gotovo sigurno ima Boga (kroat. Übersetzung von M. Fridl), 2010, S. 166.

[109] Vgl. G. NEUHAUS, Fundamentaltheologie, 2013, S. 296-298.

dann ist dieser nicht nur Gott für mich hier und heute, sondern ist schon Gott am Anfang, Gott von aller Ewigkeit."[110]

Viele Physiker heute behaupten, dass *nicht nur ein* Universum existiert, sondern *viele Universen* (Multiversum). Mancher von ihnen postuliert die Existenz einer *Singularität* hinter allen Universen, welche eben Gott darstellt. „Die Gesetze der Physik sagen uns, unser Universum hat in einer *ursprünglichen Singularität* begonnen, und es wird in einer *finalen Singularität* enden."[111]

Es ist nun erlaubt zu fragen: Was ist vor dem *Urknall* gewesen, seit dem wir Raum und Zeit wahrnehmen? Die kürzlich entdeckten Gravitationswellen, die A. Einstein bereits vor 100 Jahren theoretisch formuliert und postuliert hatte, eröffnen uns neue Möglichkeiten, etwas deutlicher und klarer die Entstehung des Urknalls und des Universums zu erkennen und damit auch unser *Begreifen* von der *Gottesexistenz zu erweitern*. Unser Verständnis von Raum und Zeit ist uns so eingebrannt, dass wir uns kaum eine Alternative vorstellen können. Dennoch versuchen die Physiker unserer Tage dahinter zu kommen, weshalb einige bereits voraussetzten, dass die Zeit durch eine überzeitliche Wirklichkeit, der sog. *Singularität* jenseits der Zeit entstanden sei.

„Die zeitlose Ursache ist nicht die erste Wirklichkeit in der Zeit. Sie ist der Urgrund von allem in der Zeit, ob die Zeit einen Anfang und ein Ende hat oder nicht. *Aus diesem Zeitlosen* entstehen alle Zeiten, und alles Seiende in der Zeit ist vielleicht von diesem Zeitlosen abhängig – aber *kommen nicht nach ihm*".[112] In die gleiche Richtung zielt auch die Aussage von Einstein: „Alle Religionen, Künste und Wissenschaften sind Zweige desselben Baumes".[113]

---

[110] H. KÜNG, Was ich glaube, 2009, S. 293-294.

[111] F. J. TIPLER, Die Physik des Christentums – Ein naturwissenschaftliches Experiment, übersetzt von H. Reuter), 2008, S.11.

[112] Vgl. K. WARD, Zašto gotovo sigurno ima Boga,(Übersetz. M. Fridl), 2010, S. 71.

[113] Vgl. F. MANN, C. MANN, ebd., S. 5.

Die Schlussfolgerungen von Aristoteles über die Existenz eines ewigen, unbewegten Bewegers, Anselms Definition (Gott ist „das, worüber hinaus Größeres nicht gedacht werden kann") , die fünf Wege des hl. Thomas von Aquin zur Erkenntnis Gottes (Hinweise auf den unbewegten Beweger, die erste Ursache, das notwendig Seiende, die vollkommene Güte und das letzte Ziel) als auch das Kantsche Postulat (der Mensch muss die erste und letzte Wirklichkeit – Gott – voraussetzen, wenn er sinnvoll und moralisch leben will) erweitern unsere schwache und lückenhafte Kenntnis von Gott. Alle diese wissenschaftlichen Errungenschaften sind ein Versuch, eine Antwort auf die uns ewig und überall begleitenden Fragen eine Antwort zu geben: **Existiert Gott** und wer oder was ist er? Auch die grossen Denker und Wissenschaftler nach Thomas von Aquin z.B. Leibniz, Descartes, Spinosa, Kant, Hegel und viele andere bis in unsere Tage haben sich mit dieser Frage konfrontiert gesehen, und sie haben die Ergebnisse ihrer Überlegungen weiter gegeben. Der Prozess der Suche nach Gott ist mitnichten zum Stillstand gekommen, denn auch der große Mathematiker K. Gödel (1906-1978) hat einen mathematischen Beweis für die Gottesexistenz vorgestellt, den wir hier kurz beschreiben möchten:

Auf Grund des Bestehens der *positiven Eigenschaften und Qualitäten* versucht er die Gottesexistenz zu erschließen. In der ersten Prämisse (Voraussetzung, Annahme) behauptet er, dass die Summe der positiven Eigenschaften in sich positiv ist. Etwas ist *göttlich* dann, wenn es *alle positiven* Qualitäten (Eigenschaften) besitzt. Eine Eigenschaft ist das Wesentliche (die Essenz) von einem Objekt genau dann, wenn alle Eigenschaften des Objektes als *notwendige Folge* dieser wesentlichen Eigenschaft sind. Einem Wesen (Entität) gehört notwendigerweise die Existenz genau dann zu, wenn jeder einzelne wesentliche Bestandteil des Objektes auf diese Weise *erklärbar* ist. Wenn aber die Möglichkeit besteht, dass etwas Göttliches existiert, dann ist es auch möglich, dass es unbedingt zu gelten hat, dass dieses *Göttliche auch existiert*, denn die notwendige Existenz ist eine *positive*

Eigenschaft (Qualität).[114] Die später durchgeführte Computersimulation hat ergeben, dass seine Überlegungen in der Gesamtheit absolut logisch sind.

Der Vollständigkeit halber führen wir auch die philosophischen Beiträge von Karl Rahner (1904 - 1984): „Der Mensch ist das *Wesen der Transzendenz*, insofern alle seine Erkenntnis und seine erkennende Tat begründet sind *im Vorgriff* auf das 'Sein' überhaupt, in einem unthematischen, aber unausweichlichen Wissen *um die Unendlichkeit* der Wirklichkeit... Ein theoretischer Gottesbeweis will also nur ein reflexives Bewusstsein darüber vermitteln, dass der Mensch *immer und unausweichlich* in seiner geistigen Existenz *mit Gott zu tun hat*, ob er darauf reflektiert oder nicht, ob er das frei annimmt oder nicht. Das eigentümliche Verhältnis nachträglicher Begründung des Gründenden und immer schon Anwesenden – des heiligen Geheimnisses – macht Eigenart, Selbstverständlichkeit und Schwierigkeit des reflexiven Gottesbeweises aus." [115]

Alle angeführten Beispiele können als *Teile eine großen Mosaiks* aufgefasst werden, die je auf ihre eigene Weise zu der vom Verstand her geleiteten und erweiterungsbedürftigen Erkenntnis der Gottesexistenz wertvolle *Hinweise* geben, obwohl sie im strengen naturwissenschaftlichen Sinne keine Beweise sind. [116]

Noch einmal ist hervorzuheben, dass die Bemühungen um die Nachweisbarkeit Gottes in und ausserhalb unserer Welt nicht zum Stillstand gekommen ist.[117] „Die Frage nach Gott fordert alle geistigen Kräfte des Menschen heraus. Doch auch bei noch so großer eigener Anstrengung bleibt das Ergebnis unbefriedigend." [118] Der kürzlich verstorbene Philosoph Robert Spaemann (1927 - 2018) hat ebenso einen Gottesbeweis vorgestellt, den er als den *letzten Gottesbeweis* nennt: „I. Alle Tatsachenwahrheiten sind ewige Wahrheiten. II. Jede Gegenwart ist die Vergangenheit einer künftigen Gegen-

---

[114] Vgl. J. BROMAND, Gödels ontologischer Beweis und andere modallogische Gottesbeweise, in: J. BROMAND – G. KREIS (Hg.), Gottesbeweise von Anselm bis Gödel, 2011, S. 392 - 405.

[115] UPS. bei: R. HILTSCHER, Gottesbeweise, 2008, S. 146 - 147.

[116] Vgl. H. KÜNG, Existiert Gott, ebd., S.583 - 640.

[117] Vgl. M. LÜTZ, Gott – Eine kleine Geschichte des Größten, 2009, S. 147 - 181.

[118] M. LÜTZ, ebd., S. 180.

wart. III. Der ontologische Status dieser ewigen Wahrheiten besteht weder in einer Wirkung noch im Erinnertwerden, sondern im Gewusstwerden. Es ist somit in einem absoluten Bewusstsein, also Gott, gegenwärtig." [119] Auch R. Spaemann hat versucht spekulativ, im Sinne einer grammatikalischen Logik ein wenig *die Gottesfrage* auszuleuchten, denn diese lässt sich nie gänzlich durchdringen. Dennoch sei es möglich, die Existenz Gottes alleine durch den Einsatz unseres Intellektes (der kritischen und praktischen Vernunft) plausibel (einleuchtend) zu machen.

Die oben kurz beschriebenen Ergebnisse der Überlegungen vieler genialer Menschen sind im Einzelnen als Teilbeiträge zum besseren Begreifen und Verständnis der Gottesexistenz zu werten. Kein Argument oder Hinweis auf Gottesexistenz ist in sich erschöpfend, aber alle zusammen ergeben ein erweitertes Verständnis und tieferen Einblick in die Gottesfrage.

In diesem Sinne äußert sich auch der hl. Apostel Paulus und gibt eine Empfehlung an die ersten Christen: „Ihr sollt Frucht bringen in jeder Art von guten Werken und **wachsen** in der *Erkenntnis Gottes*" (Kol 1, 10).

Unser Wissen von Gott ist nicht nur durch den Einsatz unseres Intellektes und der logischen Gedankengänge erreichbar, sondern auch mittels unserer *eigenen Erfahrung* aus dem täglichen Leben. Der Mensch besteht nicht nur aus der Vernunft und ihren Betätigungsfeldern. Er ist vielmehr ein komplexes Wesen im Zusammenspiel der körperlichen (sinnlichen) Vorgänge und Erlebnisse mit der geistigen Durchdringung und Reflexion. Das Eine kann das Andere beeinflussen und mitbedingen, so dass daraus neue Dimensionen entstehen. *Das Ganze* kann bekanntlich *mehr bedeuten* als die Summe der einzelnen Teile, vergleichbar mit Wasserstoff und Sauerstoff, die durch ihre Verbindung und Durchdringung etwas Neues ergeben, nämlich Wasser.

Deshalb ist auch die persönliche Erfahrung eine Wirklichkeit, der sich lohnt nachzugehen: Im Alltag des Lebens erfahren wir alle *gute*, weniger gute und böse Dinge – Augenblicke des Glücks, aber auch Zeiten der Ausweglosigkeit und des Verzweifelns. Wenn wir retrospektiv (rückblickend)

---

[119] Vgl. R. SCHÖNBERGER, Gott denken, in: R. SPAEMANN, Der letzte Gottesbeweis, 2007, S. 117.

die Ereignisse unseres Lebens betrachten, können wir oft sehr „merk- und fragwürdige" Dinge entdecken, die uns vermuten lassen, dass es sich hierbei um die *Spuren* der glaubwürdigen Gottesbegleitung, seiner Anwesenheit und seines Wirkens in unserer Welt handelt. Hier ein Beispiel aus eigener Erfahrung: Eines Tages, als ich im Erdgeschoss meines Ferienhauses weilte, habe ich vergessen, den Wasserhahn im Duschraum zu schließen. Aus dem geöffneten Wasserhahn ist das Wasser weiter geflossen, während ich in Gedanken über etwas anderem das Erdgeschoss verlassen habe. Später tief in der dunklen Nacht wollte ich ein Medikament einnehmen, das ich einige Zeit gesucht habe. Plötzlich fiel mir ein, dass sich das Medikament in dem Erdgeschoss befindet, wo ich vorher am späten Nachmittag war. Dieses Medikament war für mich in dem Moment nicht absolut notwendig, aber erwünscht. In der Dunkelheit der tiefen Nacht war es für mich nicht gerade angenehm, die Außentreppe des Hauses zu benutzen und in die Parterre hinunterzusteigen. Ein Hauch der Unentschiedenheit und der Angst saßen mir im Nacken. Dennoch hat mich eine innere Kraft dazu gedrängt, trotz der versteckten Angst und unangenehmen Empfindung das kalte und finstere Erdgeschoss aufzusuchen. Als ich in das Erdgeschoss eintrat, hörte ich ein Schrecken einflößendes Geräusch. Als ich die Tür vom Badezimmer eröffnete, sah ich, dass das Wasser aus der Dusche mit Rauschen in die Badewanne herausgeflossen und über die Wanne übergeschwappt war, so dass der Fußboden bereits mit Wasser bedeckt war. Wäre ich in diesem Augenblick nicht gekommen, hätte sich das Wasser über die Kante der Badewanne die ganze Nacht hindurch weiter ergossen und dadurch langsam das ganze Erdgeschoss überflutet. Also noch gerade zu rechter Zeit konnte ich den Wasserhahn zudrehen und einen Riesenschaden verhindern. In diesem Augenblick habe ich zunächst einen Schreckmoment erlebt, aber zugleich habe ich blitzschnell eine Ermutigung und Dankbarkeit Gott gegenüber verspürt und mich an jenes Wort des Evangeliums erinnert: „Es ist der Herr!" (Jo 21, 7). Wir alle, denke ich, können von solchen oder ähnlichen Erlebnissen aus dem Alltag berichten. Und wer möchte nicht, ein wenig mehr und genauer über das vermutete und bezeugte Eingreifen Gottes in unserem Alltag erfahren? Ein weiteres Beispiel: Ein evangelischer Pastor hat öffentlich in einer Predigt erklärt, dass er ebenso ein für ihn plausibles Eingreifen Gottes erlebt habe. Er erzählte, dass er sich während einer Fortbildung sehr niedergedrückt und elend gefühlt habe. Er sei von dem Gefühl überfallen worden, dass er der Aufgabe eines Pastors nicht gewachsen sei, sich selbst als Versager bezichtigt und deshalb im Grübeln darüber gequält worden ist, er sei völlig falsch am Platze. In der Pause zwischen den Vorträgen habe ihn unerwartet eine Teilnehmerin angesprochen und ihm offen gesagt, er sei ein toller Pastor. Das habe ihn ein wenig aufgerichtet, aber nicht vollends seine schwarzen Gedanken vertrieben. Kurze Zeit nach der erwähnten Fortbildung habe ihm eine andere Frau geschrieben, dass er als Pastor ganz großartig da steht und sein Wirken als sehr segensreich bezeichnet. Erst jetzt habe er gemerkt, dass Gott selber ihn durch die zwei Frauen aufgerichtet und getröstet habe. Der bekannte Theologe H. Küng gibt zu diesem Sachverhalt folgende Deutung: „Wir können Gottes Macht und Herrlichkeit und seine 'Vorsehung' immer erst *im Nachhinein* erkennen. Wenn ich auf mein Leben zurückschaue, dann kann ich im Nachhinein, im 'Nach-Sehen' erkennen, dass und wo ich besonders gehalten und geführt war. Das muss mir genügen, und es genügt mir." [120]

Ähnlich hat sich Kardinal K. Lehmann geäußert: „Oft sieht man *erst später*, dass manches für einen vielleicht so auch besser war, als man selber dachte. Da liegt für mich eigentlich auch die letzte Wurzel des Gottesglaubens: Gott weiß besser, was für dich gut ist als du allein." [121] Die Erfahrung mit Gott in den Ereignissen des Lebens – das ist der Lackmustest für den religiösen Menschen. Doch die *Vergesslichkeit* ist eine der häufigsten und markantesten Eigenschaften des Menschen, mit der wir rechnen müssen. Deshalb ist es von großer Wichtigkeit, die eigenen Erlebnisse mit Gott auch in Form von Notizen in einem Tagebuch aufzuschreiben und festzuhalten z.B. in einem Heft oder auf einem Smartphone, das wir heutzutage fast immer bei uns tragen. Schon der Psalmist drückt es so aus: „Ich denke an

---

[120] H. KÜNG, Was ich glaube, ebd., S. 201.

[121] K. LEHMANN, Es ist Zeit an Gott zu denken, 2001, S. 77.

die Taten des Herrn, ich will denken an deine früheren Wunder. Ich erwäge all deine Werke und will nachsinnen über deine Taten" (Ps 77, 12-13). An einer anderen Stelle heißt es: „Ich denke an die vergangenen Tage, sinne nach über all deine Taten, erwäge das Werk deiner Hände" (Ps 143, 5). Befinden wir uns manchmal in Not oder Bedrängnis aller Art, könnte der Blick in die früheren Notizen über die Begegnungen mit Gott sehr hilfreich sein. Denn unsere eigenen Erfahrungen mit Gott auf der Reise durch die Vergänglichkeit, mögen sie manchmal naiv, banal und „zufällig" klingen, sind vom großen Wert für unser existentielles Wachsen in der Erkenntnis Gottes. Man sollte nicht alles mystifizieren oder mit einem Zauber der Esoterik umhüllen, aber bei näherem und ehrlichem Betrachten ist vieles sowohl in der Gegenwart als auch in der Rückschau (Retrospektive) auf die Vergangenheit aufspürbar („detectable") und erkennbar. Es wäre gut, wenn alle Christen, besonders die Priester und Diakone häufiger, mutiger und kraftvoller über ihre eigenen Begegnungen und Erlebnisse mit Gott berichten würden, denn oft überfallen Einen bei solchem Kommunizieren nicht gerechtfertigte Unsicherheit, ausgeprägte Zurückhaltung und sogar Scham. Wir dürfen die Menschen nicht allein auf die Vernunft, Überlegungen und Gedanken zurückführen, sondern auch ihre Emotionen, Gefühle, Erfahrungen, Ahnungen und Intuition gelten lassen – also den Menschen als das Ganze annehmen. *Die Klugheit* bedeutet etwas mehr als Wissen oder Kennen der vielfältigen Naturgesetze und ökonomischen Regeln, sie ist eben *mehr* als Kunst, Zurechtfinden, technische Geschicklichkeit und Fähigkeit, sich die Natur zunutze zu machen. *Die Klugheit* befähigt uns, die Spuren Gottes in unserem Leben und in unserer Welt zu erahnen und nach und nach zu erkennen als auch die Transzendenz (jenes über die Welt Hinausragende) zu entdecken. Obwohl persönliche Erfahrungen nicht als experimentelle Beweise gelten, dennoch haben sie die existentielle Bedeutung in der klugen und synoptischen (umfassenden) Ausdeutung der Ereignisse in und um uns. Wie bereits betont, der Mensch ist nicht nur die Naturwissenschaft und die Errungenschaften der Technik. Ihn machen auch sein Bewusstsein, Gewissen, Beziehungen zu den anderen Mitmenschen (der Ehefrau, dem Ehemann, den Kindern, den Freunden und der menschlichen Gemeinschaft überhaupt), die Gefühle (Emotionen), Gerechtigkeit, Ungerechtigkeit, das Erbarmen, die Liebe und Sehnsucht nach Glück im ewigen Dasein aus. Der *Mensch ist das alles und noch viel mehr.* Deshalb haben neben den Naturwissenschaften und der Technik auch andere Erkenntnisse und Disziplinen ihre Berechtigung. Wir wissen, dass die Naturwissenschaften nicht imstande sind, eine *befriedigende Antwort* auf die Fragen zu geben: Woher, wohin, warum? Warum existiert etwas und nicht vielmehr nichts (Leibniz)? Welchen Sinn hat das Leben eines jeden einzelnen Menschen und aller Menschen?

Wenn wir die Antworten der verschiedenen Religionen (Buddhismus, Hinduismus, Konfuzianismus, Shintoismus, Daoismus, Taoismus, Judentum und Islam) auf die oben erwähnten Fragen berücksichtigen und diese mit der Antwort der christlichen Religion vergleichen, können wir relativ schnell zur Einsicht kommen, dass das Evangelium des Jesus von Nazareth etwas *Besonderes und Einzigartiges* in der gesamten Geschichte darstellt. Ohne die Antworten anderer Religionen herabzustufen oder gering zu schätzen, möchten wir *den Glanz* des *christlichen* Lebensmodells hervorheben und auf die Ausstrahlungskraft des christlichen Lebensentwurfs, der im Evangelium Jesu Christi gründet, aufmerksam machen. Heutzutage kann jede/r im Internet die Angebote verschiedener Religionen kennenlernen und vergleichen, um dann nach bestem Wissen und Gewissen sowie nach ehrlicher Überlegung und Überzeugung die beste Antwort für sein eigenes Leben zu wählen. Für die Orientierung im christlichen Glauben ist es wichtig, auf die Botschaft des Evangeliums zu achten und seine Entscheidung nicht von den Fehlern der einzelnen Christen oder christlichen Gruppierungen durch die Geschichte abhängig zu machen. Entscheidend sollte nur das authentische Evangelium und das Leben Jesu Christi sein. Es ist gut, Jesu Worte in Erinnerung zu rufen: „Wenn ihr in meinem Wort bleibt, seid ihr wirklich meine Jünger. Dann werdet ihr die Wahrheit erkennen und die Wahrheit wird euch befreien" (Jo 8, 31 - 32).

Joseph Ratzinger (Papst Benedikt XVI.) macht auf folgende Tatsachen aufmerksam: „Geht nicht von Jesus eine durch die Jahrhunderte wachsende Lichtspur aus, die von keinem bloßen Menschen kommen konnte und in der wirklich das Licht Gottes in die Welt hineinleuchtet? Hätte die Predigt der Apostel Glauben finden und eine weltweite Gemeinschaft aufbauen können, wenn nicht die Kraft der Wahrheit in ihr gewirkt hätte?"[122]

Er erklärt auch, auf welche Weise sich Gott zu jeder Zeit bemerkbar macht: „Der Herr kommt durch sein Wort; er kommt in den Sakramenten; er kommt durch die Worte oder Ereignisse in mein Leben hinein.

Es gibt aber auch epochale Weise dieses Kommens. Das Wirken der beiden großen Gestalten Franziskus und Dominiks im 12. aufs 13. Jahrhundert war eine Weise, wie Christus neu in die Geschichte hereintrat, neu sein Wort und seine Liebe zur Geltung brachte; eine Weise, wie er seine Kirche erneuerte und die Geschichte auf sich zu bewegte. Ähnliches können wir von den Heiligengestalten des 16. Jahrhunderts sagen: Teresa von Avila, Johannes vom Kreuz, Ignatius von Loyola, Franz Xaver bringen mit sich neue Einbrüche des Herrn in die verworrene und von ihm wegtreibende Geschichte ihres Jahrhunderts. Sein Geheimnis, seine Gestalt erscheinen neu – und vor allem: Seine Menschen verwandelnde und Geschichte formende Kraft wird auf neue Art gegenwärtig".[123] Wir können diese Reihenfolge auch durch viele andere heilige Männer und Frauen der vergangenen Jh. sowie unserer Zeit z.B. hl. Mutter Theresa, Johannes Paul II., Alojzije Stepinac, Paul VI., Oscar Romero usw. ergänzen.

Trotz eigenen Erfahrungen und vielen Tatsachen aus der Gegenwart, welche uns überzeugende Hinweise zum Erkennen der Gottesspuren in unserer Welt führen, bleibt ein großer Teil der Wirklichkeit fraglich, unerklärlich und häufig sogar absurd. Wir sind nach wie vor nicht imstande, Gottes Allmacht, Gottes Güte und Liebe in Einklang zu bringen mit dem erlebten Bösen in unserem persönlichen Leben als auch im Leben der anderen Menschen. Auch der Psalmist klagt darüber: „Hat Gott seine Gnade

---

[122] J. RATZINGER (BENEDIKT XVI.), Jesus von Nazareth, 2. Teil, 2011, S. 302.

[123] J. RATZINGER (BENEDIKT XVI.), ebd., S. 316-317.

vergessen, im Zorn sein Erbarmen verschlossen? Da sagte ich mir, 'Das ist mein Schmerz, dass die Rechte des Höchsten so anders handelt'" (Ps 77, 10-11). Dennoch, in der Gesamtschau können wir zur nächsten Erkenntnis kommen: Gottes Güte und seine Allmacht sind entsprechend unserer Erfahrung in uns und um uns bemerkbar und interpretierbar, obwohl das Böse als solches weiterhin als unerklärlich, rätselhaft und absurd erscheint. Nach unserer Überzeugung hat Jesus aus Nazareth bis jetzt die beste Lösung zur Beherrschung und Überwindung des Bösen in der Welt angeboten.

Noch einmal ist zu betonen: Der Mensch ist ein multidimensionales (vielschichtiges) Wesen. Die Wirklichkeit in uns und um uns ist ebenso unendlich vielfältig und sehr komplex. In welcher Weise kann man solchen Herausforderungen gerecht werden und die verschiedenen Schichten der Wirklichkeit in ihrer Interaktion (Untereinander-Wirken) und in der Bedeutung für uns persönlich deuten? Klaus Berger mit seinem Modell der vier in Verbindung stehenden Zimmer versucht, einen möglichen Zutritt zu dieser vielschichtigen und undurchschaubaren Wirklichkeit aufzuzeigen: Das erste Zimmer bedeutet die Naturgesetze, Kausalität und die Abhängigkeit des Einen von dem Anderen; das zweite Zimmer bewohnt die Klugheit, welche sich im gemeinsamen Leben bewährt; das dritte Zimmer vertritt den Glanz der Schönheit und des Glücks; das vierte Zimmer steht für die konzertierte Macht (Gebet, Visionen, Hl Geist).

Diese vier Räume sind als kommunizierende Röhre untereinander vorstellbar, um die Wirklichkeit in und um uns besser und klarer zu erfassen. In allen vier Räumen ist Gott als Unterpfand und Garant sowohl für die Kausalität als auch für die Klugheit, das Glück und die Entstehung alles Sichtbaren und Unsichtbaren als auch für die stufenweise Entwicklung (Evolution) bis hin zu „einem neuen Himmel und einer neuen Erde" wirkmächtig gegenwärtig.[124]

Eigene Überlegungen: Nach dem Energieerhaltungsprinzip ist die Gesamtenergie unabänderlich, und das bedeutet, dass sich die Energie und Masse ineinander ($E = m \times c^2$) umwandeln lassen. Physikalisch sei es

---

[124] Vgl. K. BERGER, Jesus, 2004, S. 277-278.

vorstellbar, dass Photonen Teilchen und zugleich eine Form der elektromagnetischen Wellen sind; auch eine *Entmaterialisierung könne* durch den elektroschwachen Quanten-Tunneleffekt realisiert werden, wobei ein Proton plus Elektron in Neutrino plus Antineutrino übergehen. Eine erneute Materialisierung geschehe durch den umgekehrten Prozess.[125] Wir können uns aber nicht vorstellen, dass sich ETWAS ins NICHTS verwandelt oder ins NICHTS verschwindet. Ebensowenig ist denkbar, dass aus dem NICHTS ETWAS entsteht. Nun ist die Tatsache, dass Masse (Materie) und Energie zweifelsohne bestehen und ineinander unwandelbarer sind, wobei letztendlich *nichts verloren* geht. Da wir Menschen mit Bewusstsein und mit Freiheit sowie schöpferischen Kräften ausgestattet sind und den Status der PERSONEN erlangt haben, können sich diese Qualitäten nicht in ein NICHTS umwandeln oder völlig verschwinden. Auch nach dem Tod und dem körperlichen Zerfall sind sie keinesfalls in ein NICHTS versunken. Sie sind verwandelt in eine andere Existenz-Form übergegangen und von der großen Wirklichkeit aufgefangen worden, also in etwas GRÖSSEREM, das wir GOTT bezeichnen, der ersten und letzten **SINGULARITÄT**, verborgen aufbewahrt.

Gottes Existenz gibt den letzten Sinn allen unseren Erfahrungseindrücken, ansonsten würden wir in einen Abgrund des Nichts (des Nihilismus), der Sinnlosigkeit und des Fatalismus (der bloßen Zufälligkeit und des launischen Schicksals) stürzen.

Unser Glaube an Gott und das Vertrauen in ihn werden jeden Tag und fast auf jeden Schritt und Tritt im Alltag herausgefordert und auf die Probe gestellt, da uns überall Leid, Krankheiten, Ärger, Mühsal, das Böse in vielfältigen Formen und häufig auch Todesängste z.B. im Straßenverkehr begegnen. Wie ist es also möglich, unseren Glauben und Hoffnung im Angesicht der sehr hohen Berge des Bösen und des Unrechts in unserer Welt zu rechtfertigen und zu begründen?

Das ist, ehrlicherweise zugegeben, das große Geheimnis (mysterium iniquitatis = das Geheimnis des Bösen), die Unbegreiflichkeit und das schreck-

---

[125] Vgl. F. J. TIPLER, Die Physik des Christentums (Deutsche Ausgabe: Piper Verlag), 2008, S. 282.

liche Fragezeichen, auf welches Niemand bis jetzt eine für alle Menschen zufriedenstellende, schlüssige und endgültige Antwort geben konnte. Das ist zugleich die unendlich große Herausforderung für jeden Einzelnen von uns als auch für die ganze Welt (das Problem der Theodizee). Dennoch bieten die christliche Lehre eine Antwort an, über die es sich lohnt nachzudenken und sie vergleichend zu überprüfen: Am Kreuz, als Gestalt und Sammelbegriff des Bösen, überwindet und besiegt Jesus aus Nazareth in einer geheimnisvollen Tat der Liebe das ganze Übel in uns und um uns. Gerade am Kreuz ereignet sich die Geburt einer neuen Schöpfung, denn Jesus aus Nazareth – nach christlicher Überzeugung – hat in seiner anschließenden Auferstehung definitiv und endgültig unsere Hoffnung auf das ewige Leben mit Gott begründet. In der Praxis und in unserer christlichen Erfahrung können wir diese Auswirkung sowohl bei uns selbst als auch bei vielen heiligen Menschen erahnen und langsam auch deutlich erkennen.[126]

Die Glaubenspraxis zielt nicht darauf ab, eine allumfassende Erklärung des Bösen zu bieten, sondern versucht, die Aufmerksamkeit auf die Veränderung der Lebenseinstellung der Leidenden zu lenken, bei denen sich die Verzweiflung, Ausweglosigkeit und Hoffnungsverlust in Zuversicht und Vertrauen auf Gott, den Bürgen und Garanten für den Sieg des Guten über dem Bösen, verwandeln. Das bedeutet nicht, dass die medizinischen, juristischen, wissenschaftlichen, wirtschaftlichen und politischen Maßnahmen dadurch überflüssig seien, um das Übel in jeder Form zu bekämpfen. Das Gebet und die Glaubenspraxis vermitteln die Hoffnung, den Trost und die Orientierung, aber nicht dadurch, dass sie das Sinnlose in das Sinnvolle umwandeln wollen, sondern damit sie die Einstellung der Patienten zu ihren Leiden verändern. Es gibt keine Garantie, dass das immer gelingen wird. Aber wo es gelingt, eröffnet sich doch eine Möglichkeit, das unausweichbare, sinnlose und absurde Leiden anzunehmen und auch in dieser Lebensphase menschenwürdig mit dem Leiden fertig zu werden.[127]

---

[126] Vgl. K. LEHMANN, Die Frage nach dem Ursprung des Bösen, in: I. U. DALFERTH – K. LEHMANN – N. KERMANI (Hg.), Das Böse, 2011, S. 78-79.

[127] Vgl. I. U. DALFERTH, Diesen Kontingent des Bösen, in: I. U. DALFERTH – K. LEHMANN – N. KERMANI, (Hg.), ebd., S. 50-52.

Ohne Gott ist es nicht möglich, den Sinn und das Ziel unseres Lebens in allen bunten Facetten des Glücks und in den finsteren Formen des Unglücks zu begreifen und zu akzeptieren.

Zusammenfassend können wir schlussfolgern: Der Glaube an Gott ist in seiner letzten Instanz ein kühnes Unternehmen, weil wir nicht in der Lage sind, die naturwissenschaftlichen, experimentellen und gültigen Beweise für ihn zu liefern. F. von Kutschera formuliert es so: „Die Entscheidung für den Glauben erfolgt in einer Situation der Unsicherheit. Sie ist daher ein Wagnis, aber ein schönes Wagnis, das Wagnis, einer großen Hoffnung zu folgen. Das Wagnis ist vernünftig, weil ihm keine guten sachlichen Gründe entgegenstehen und sich die große Hoffnung nur erfüllen kann, wenn man sich auf das Wagnis einlässt".[128] Wir Christen*innen sind der Überzeugung, dass für diesen Schritt und Sprung eine Hilfe notwendig ist, die von Gott unmittelbar als Gnade und Geschenk kommt (gratia, donum fidei), welche jede(r), der ehrlich und aufrichtig nach der ganzen Wahrheit des Lebens sucht, auch bekommt. Und wenn man durch die Abwägung der Hinweise auf die Gottesexistenz gekoppelt mit unserer eigenen Erfahrung des lebendigen Gottes die Gewissheit im Glauben erreicht, dann gewinnen wir ein „weises Herz" und werden mit der **allergrößten und anhaltendsten Freude** unseres Lebens durchströmt. Die Schriftstellerin S. Lewitscharoff legt diese Erfahrung in den Mund ihres Romanhelden Ralph (im Roman Consummatus) und bringt es so zum Ausdruck: „**Die frohe Botschaft** lautet: *ES GIBT* ihn, so sicher wusste ich bei meinen ersten wackligen Schritten im Totenreich: **ES GIBT IHN!** Geahnt, gewünscht hatte ich es immer, dran gezweifelt immer, er ist die große schwarze Null. Zusammenfall seines Reichs mit dem Universum und einer Winzigkeit darüber hinaus, durchs Leben streicht er als Hinwelle, das Totenreich durcheilt er als Rückwelle." [129]

---

[128] F. Von KUTSCHERA, Philosophie des Geistes, 2009, S. 269.

[129] Vgl. https:// www. deutschlandfunkkultur.de/ gottessuche-der-saekulare-beichtspiegel.1278.de. html? dram:article id=282638.

„Seid stets bereit, jedem Rede und Antwort zu stehen, der nach der Hoffnung fragt, die euch erfüllt" (1 Pt 3, 15) – das ist die Anweisung des Apostels Petrus. Wie also authentisch, lebendig und überzeugend als Gesandter Gottes und Vertreter der Kirche im Diakonenamt diese Hoffnung darzustellen und offen darzulegen? Das ist ein Prozess, der sich das ganze Leben hindurch entfalten und bewähren soll, weshalb auch eine große Verantwortung auf den Schultern jener ruht, welche die Aufgabe der Verkündigung der guten Nachricht (des Evangeliums) und der aufgeklärten Hoffnung übernommen haben. Zu diesem Zweck ist eine solide Ausbildung, eine große Bildung des Herzens und die unaufhörliche persönliche Vervollkommnung neben der Wahrnehmung des Fortschritts der Naturwissenschaften und der Technik einerseits und dem Praktizieren des Evangeliums Jesu Christi im Alltag andererseits unbedingt erforderlich.

Der Diakon wird über seinen Glauben das Zeugnis zunächst in der Gemeinschaft der Glaubenden (der Kirche) durch die Predigt, in den Diskussionen und Gesprächen innerhalb des kirchlichen Raumes, bei den Zusammenkünften der verschiedenen Gremien als auch im Pfarrgemeinderat ablegen können. Außerdem wird er seine Stellungnahme in allen Situationen seines Zivilberufes und Wirkens, wo immer sich eine Gelegenheit anbietet, kundtun: auf dem Arbeitsplatz, in seiner Umgebung, im Gespräch mit den anderen Menschen, gerade eben wie der erste Diakon Philippus im Gespräch mit dem Äthiopier auf dem Weg von Jerusalem nach Gaza (vgl. Apg 8, 26 - 40), in den Vorträgen (wenn sich die Gelegenheit bietet) als auch in der Mitbeteiligung am öffentlichen Leben der Bürgerinnen und Bürger. Wir möchten daran erinnern, dass auch die Kongregation für den Klerus im Direktorium für den Dienst und das Leben der Ständigen Diakone sogar die Möglichkeit der politischen Aktivität in Betracht zieht: „Die in der Kirche gültige Regelung verbietet den Ständigen Diakonen – in Abweichung von den für die anderen Kleriker geltenden Vorschriften – weder die Übernahme und berufsmäßige Ausübung weltlicher Gewalt noch die Verwaltung von Vermögen, das Laien gehört, und die Ausübung der weltlichen Ämter, die mit der Pflicht zur Rechenschaftsablage verbunden sind… Der aktive Einsatz in politischen Parteien und in Gewerkschaften *kann* in Situationen gestattet werden, die von besonderer Wichtigkeit sind, um 'die Rechte der Kirche zu schützen oder das allgemeine Wohl zu fördern', gemäß den von den Bischofskonferenzen erlassenen Vorschriften".[130] Hier ist sicherlich eine kluge, besonnene, differenzierte, scharfsinnige und mutige Abwägung gefragt. Wir möchten in Erinnerung rufen, welche Bedeutung das segensreiche Wirken von Konrad Adenauer (1876 - 1967) als überzeugtem und praktizierendem Katholiken für die Versöhnung der Völker (Frankreich – Deutschland) und besonders für die Entwicklung seines Heimatlandes Deutschland zur Folge hatte. Erwähnenswert ist auch der beispielhafte Einsatz des ehemaligen Bundespräsidenten Joachim Gauck (der vorher als protestantischer Pastor gewirkt hat) als auch der Bundeskanzlerin Angela Merkel, die aus einer evangelischen Familie stammt, mit ihrem Engagement für die christlichen Werte und Flüchtlinge. Hierzu gehört auch Barack Obama, der Ex-Präsident von USA, der sich als überzeugter Christ unermüdlich für Frieden und Sicherheit eingesetzt hat (Versöhnung mit Kuba, Verringerung der Nukleargefahren, Vernichtung der Nuklearwaffen usw.) und viele andere. Heutzutage benötigen wir gerade solche mutigen und tapferen Menschen (Frauen und Männer), welche im öffentlichen Leben mit Wort und Tat die christlichen Prinzipien vertreten und vorleben.

Die Ständigen Diakone können sich aufgrund ihrer Ausbildung und Befähigung, besonders jene, die in ihrem Zivilberuf tätig sind, in die gegenwärtige Verbreitung des Evangeliums (Neo-Evangelisation) einbringen. Hier einige Beispiele:

Ein Diakon, der im Zivilberuf als Arzt tätig ist, legt in seinem Warteraum für die Patienten nicht nur die bekannten Zeitschriften, Zeitungen und Modehefte aus, sondern auch die Bücher und Schriften, die sich mit den christlichen Themen beschäftigen, insbesondere jene, die die Grenzfragen zwischen der Theologie und Medizin bearbeiten. Die heutigen Patienten sind aufgeklärt und viele ringen mit der Suche nach Orientierung und

---

[130] KONGREGATION FÜR DAS KATHOLISCHE BILDUNGSWESEN, KONGREGATION FÜR DEN KLERUS, ebd., S. 76-77.

Wahrheitsfindung. Hier kommt ihnen das Angebot seitens des Arztes, der zugleich auch Diakon ist, entgegen. Im Gespräch mit den Patienten wird man häufig unter anderem mit den existentiellen Fragen in Berührung gebracht, welche uns die schweren und manchmal unheilbaren Krankheiten auferlegen. Welche Antwort in solchen Situationen kann (darf) gegeben werden? Hier wird nicht nur ein umfangreiches fachliches Wissen, Klugheit und mutige Entscheidung gefordert, sondern ebenso die Herzensbildung, Erfahrung und Empathie. Denn es ist nicht einfach, in solchen existentiellen Nöten das rechte Wort der Hoffnung und des Trostes zu finden. Aber auch in diesen Situationen wird der Arzt, der zugleich Diakon ist, nach kurzem Stoßgebet, eine gute Erklärung und christliche Hoffnung spenden können.

Ein zweiter Diakon ist neben seinem Zivilberuf am Arbeitsamt im Malteser Hilfsdienst engagiert. Er als Leiter des örtlichen Teams kümmert sich um die Organisation und fruchtbare Arbeit des Vereins, der sich „die Bezeugung des Glaubens und Hilfe den Bedürftigen" auf die Fahne geschrieben hat.

Ein dritter Diakon als Lehrer an einer Mittelschule versucht im Gespräch mit den Schülern und Eltern seine Hilfe anzubieten bei der Bewältigung der schulischen Ausbildung und der entstandenen Probleme. Auch hier ist der Diakon gefordert, ein passendes Wort zur richtigen Zeit zu finden und durch seine Lebenshaltung sowie vom Glauben getragenes Beispiel hilfreich entgegenzukommen.

Die Diakone im Zivilberuf haben die Gelegenheit, gerade an ihren Arbeitsplätzen und in ihrer Umgebung auf eine ihnen spezifische Weise wie auch in vielfältigen Formen auf die Selbstverständlichkeit des religiösen Hintergrunds bei jeder menschlichen Tätigkeit den passenden Hinweis zu geben mit dem angestrebten Ziel, die Verbreitung und Stärkung des Glaubens an den lebendigen Gott zu fördern.

Aus den angeführten Beispielen kann man erahnen (und das möchten wir nochmal betonen), dass gerade der Diakon aufgrund seiner Teilnahme an allen möglichen Arbeitsprozessen in der Gesellschaft ganz konkret in die Lage versetzt wird, das Evangelium Jesu Christi zu verlebendigen und zu vergegenwärtigen (aggiornamento) und damit unterstützend für die Ausbreitung des Reiches Gottes und seiner Liebe unter den Menschen zu wirken. Der Diakon baut immer neu und überall die Brücken zwischen den sakral-liturgischen Räumen, wo meistens die Priester zu sehen sind, und den Personen an ihren Arbeitsplätzen, die in Alltagssorgen und im Bemühen ihre Lebensziele zu verwirklichen eine Ganzheitsorientierung benötigen und herbeiwünschen.

3.3   Diakonie (diakonia) bedeutet Dienst

Wir haben oben beschrieben, wie das Amt des Diakons entstanden ist und rufen es in diesem Zusammenhang nochmal in die Erinnerung: Die Apostel haben die Hände über sieben Männer aufgelegt, welche „von gutem Ruf und voll Geist und Weisheit" waren, damit sie für die Witwen der hellenistischen Juden Sorge tragen, denn sie, damals geradezu entrechtete Personen, waren bei der täglichen Versorgung mit den Nahrungsmitteln übersehen worden. Wegen der Vergrößerung der Gemeinde in Jerusalem konnten die Apostel alle Aufgaben, die dort nacheinander angefallen waren, nicht alleine wahrnehmen und völlig bewältigen. Zunächst war es nötig, den „Dienst an den Tischen" zu organisieren, um die Witwen der griechisch stammenden Juden mit der täglichen Nahrung zu versorgen (vgl. Apg 6, 1 - 6). Das Diakonenamt ist der erste Dienst, den die Apostel gemeinsam gegründet haben. Doch neben des „Dienstes an den Tischen" haben die ersten Diakone, je nachdem wie sie gefordert wurden, auch die anderen Aufgaben wahrgenommen, offensichtlich im Einklang und unter der Leitung der Apostel selbst. Bei dem hl. Stephan sehen wir, dass er predigt, mit den jüdischen Schriftgelehrten sogar Streitgespräche führt (vgl. Apg 6 und 7) und verteidigt das Reich Gottes, das in Jesus von Nazareth erschienen ist. Bei dem Diakon Philippus beobachten wir dies ebenso: Er belehrt den Äthiopier unterwegs nach Gaza und zum Schluss tauft ihn; außerdem wirkt er in Samarien als Missionar (Apg 8). So ist der Dienst der ersten Diakone, angefangen bei dem Einsatz „an den Tischen" , auf immer größere Felder

Fußwaschung (unterer Teil) und Eucharistie (oberer Teil) vom letzten Abendmahl
(aus dem Perikopenbuch des Kaisers Heinrich II. um das Jahr 1007,
Bayerische Staatsbibliothek München, Clm 4452, fol. 105V)

der materiellen und der geistlichen Fürsorge ausgeweitet worden nämlich überall dort, wo die Apostel wegen der Zunahme der Anzahl der Gläubigen nicht in der Lage waren, alle anfallenden Aufgaben selbst zu erledigen. Bereits in der zweiten Hälfte des 1. Jahrhunderts beobachtet man, dass sich der Diakonendienst sehr wirkungsvoll entfaltet. Der Apostel Paulus gibt z.B. einige Anweisungen für die Diakone hinsichtlich der rechten Ordnung in den Gemeinden (vgl. 1 Tim 3). Natürlich waren die Grenzen der Tätigkeiten zur damaligen Zeit nicht durch eine Art des kanonischen Rechts definiert, aber alle wussten, dass der Bischof der christlichen Gemeinde vorsteht und die vielfältigen Aufgaben zumTeil an seine engen Mitarbeiter Presbyter und Diakone überträgt (delegiert).

Es stellt sich nun die Frage: Worin besteht der Diakonendienst, was ist das *Wesen seines Dienens* in der Kirche?

Aus dem Evangelium geht hervor, dass nicht nur die Bischöfe, Priester und Diakone dazu berufen sind, die Mitmenschen als Schwestern und Brüder anzunehmen und ihnen immer und überall zur Seite zu stehen, denn dazu sind *alle Christen*innen* aufgefordert. Die *diakonische (dienende) Dimension* ist das Fundament, auf dem die Kirche als Gemeinde Christi gründet. Die Liebe zu Gott und die Liebe zu dem Nächsten machen den Kern eines jeden christlich gelenkten Lebens aus und sind als zwei Seiten einer Medaille untrennbar voneinander zu verstehen.

Aus diesen einleitenden Worten wird uns klar, dass das Sakrament der Diakonenweihe als Folge der *Grundeinstellung* der Lebensweise aller Christen*innen zu begreifen ist. Wir wissen aus den Evangelien, das Jesus aus Nazareth seine Nachfolger folgendermaßen gekennzeichnet (charakterisiert) hat: „Wer bei euch groß sein will, der soll aller Diener sein, und wer bei euch der Erste sein will, soll der Sklave aller sein. Denn auch der Menschensohn ist nicht gekommen, um sich dienen zu lassen, sondern um zu dienen und sein Leben hinzugeben als Lösegeld für viele (Mk 10, 43-45). Jesus Christus nennt sich selber als Diakon (Diener): „Der Größte unter euch soll werden wie der Kleinste und der Führende soll werden wie der Dienende. Welcher von beiden ist größer: wer bei Tisch sitzt oder wer bedient? Natürlich der, der bei Tisch sitzt. *Ich aber bin unter euch wie der, der bedient*" (Lk 22, 26 - 27).

Bei Johannes (13, 14 - 17) lesen wir, dass der Herr Jesus seinen Jüngern beim letzten Abendmahl die Füße gewaschen hat: „Wenn nun ich, der Herr und Meister, euch die Füße gewaschen habe, dann müsst auch ihr einander die Füße waschen. Ich habe euch eine Beispiel gegeben, damit *auch ihr so handelt*, wie ich an euch gehandelt habe. Amen, amen, ich sage euch: Der Sklave ist nicht größer als sein Herr und der Abgesandte ist nicht größer als der, der ihn gesandt hat. Selig seid ihr, wenn ihr das wisst und *danach handelt*". An einer anderen Stelle hat Johannes vermerkt: „Wenn einer mir dienen will, folge er mir nach; und wo ich bin, dort wird auch mein Diener sein. Wenn einer mir dient, wird der Vater ihn ehren" (Jo 12, 26). Jesus Christus nachfolgen, bedeutet *leben und wirken* so, wie er es getan hat. Und worin hat das Leben Jesu bestanden? Er hat das Reich Gottes verkündet und ausgebreitet, Sorge getragen für die Armen, Hungrigen, Trauernden, Kranken, Ausgestoßenen, Vergessenen und die Sünder; er hat überall Gottes Liebe unter die Menschen gesät. Das beinhaltet, dass die Nachfolger*innen Jesu nicht nur die „Füße den Anderen" waschen, sondern auch in die Fußstapfen Jesu in allem und überall treten sollen. So wie der Dienst Jesu Christi auf seine Jünger und alle Menschen ausgerichtet war, so sind auch seine Jünger*innen gesandt, der ganzen Welt das umfassende Heil zu bringen.[131]

Das haben die Apostel und die ersten Christen ganz verinnerlicht: Hl. Paulus sammelt Geld bei den Gemeinden Mazedoniens, danach auch in Korinth (vgl. 2 Kor 8), um den in Not Geratenen und Armen in Jerusalem zu Hilfe zu kommen. In der Apostelgeschichte lesen wir genauer, wie die erste kirchliche „Kollekte" organisiert war: „Jetzt gehe ich zuerst nach Jerusalem, um den Heiligen einen Dienst zu erweisen. Denn Mazedonien und Achaia haben eine Sammlung beschlossen für die Armen unter den Heiligen in Jerusalem. Sie haben das beschlossen, weil sie ihre Schuldner

---

[131] Vgl. T. SÖDING, Nicht bedient zu werden, sondern zu dienen (Mk 10, 45), in: K. ARMBRUSTER – M. MÜHL (Hg.), ebd., S. 42 - 44.

sind. Denn wenn die Heiden an ihren geistlichen Gütern Anteil erhalten haben, so sind sie auch verpflichtet, ihnen mit irdischen Gütern zu dienen. Wenn ich diese Aufgabe erfüllt und ihnen den Ertrag der Sammlung ordnungsgemäß übergeben habe, will ich euch besuchen und dann nach Spanien weiterreisen" (Röm 15, 25-28); vgl. auch (Apg. 11, 29-30).

Weil das Dienen bei Jesus Christus und in der ersten Kirche die Verwirklichung des Reiches Gottes im allumfassenden Sinne und nicht nur in der Beseitigung materieller Nöte seine Sinnerfüllung findet, werden für uns auch die Wirkungsfelder der ersten Diakone verständlich, auf die die Apostel einen Teil ihrer Aufgaben übertragen haben. Alles hat seinen Anfang mit dem „Dienst an den Tischen" genommen und sich später auch auf andere Gebiete ausgeweitet, je nach dem, wie die damaligen Notwendigkeiten und Umstände es verlangten. Die Arbeit und der Einsatz im Reich Gottes bedeuten, jedem Menschen das *ganzheitliche* Heil zu ermöglichen: Die Gesundheit des Leibes und der Seele, Zufriedenheit und vernunftgestützte, aufgeklärte und berechtigte Hoffnung anzubieten, die die Horizonte des ewigen Lebens und des Glücks in Gott eröffnet. Bei den häufiger in der Apostelgeschichte erwähnten ersten Diakonen Stephanus und Philippus sehen wir das ganz konkret (vgl. Apg 6, 7, 8, 21). Als das Lebenswerk „jener Sieben" (so wurden die ersten Diakone in der Apostelgeschichte bezeichnet – vgl. Apg 21,8) setzt sich ihre Tätigkeit fort. Bereits der Apostel Paulus erwähnt in seinen Brief an die Philipper neben den Bischöfen auch die Diakone (Phil 1, 1), und wir können davon ausgehen, dass es nach und nach in vielen Gemeinden der damalige christlichen Welt Diakone gab (vgl. Didachè 15, 1 am Ende des 1. Jh. sowie hl. Polykarp, Schüler des hl. Apostels Johannes, gest. um 155, Epist. ad Philippenses 5, 1-2). Die Tätigkeit der Diakone in den ersten Jahrhunderten beobachten wir bei den Zusammenkünften der damaligen Christen, wo man die gemeinsamen Mähler hielt, miteinander sprach, untereinander teilte, unterstützte und einen Teil der Nahrung für die Nicht-Anwesenden, Kranken, Armen und Schwachen bereitstellte. Das wurde zum Teil schon oben erwähnt. Die Diakone waren diejenigen, die die Notbedürftigen in ihren Häusern besuchten und sie mit den überbrachten

Gaben versorgten. Bei den christlichen Zusammenkünften feierte man beides: Sowohl *die Agape* (das Sättigungsmahl) als auch *die Eucharistie (das Herrenmahl)*. Die soziale Fürsorge machte einen der wesentlichen Bestandteile der Eucharistiefeier aus. Das ist bei solchen Treffen in den ersten Jahrhunderten des Christentums sehr augenfällig und charakteristisch gewesen. Erwähnen wir hier eine geschichtliche Begebenheit, die diesen Sachverhalt beleuchtet: Papst Gregor I., der Große, (540-604) war zunächst einer der Regionaldiakone der sieben römischen kirchlichen Provinzen des Papstes Pelagius II. Nach dem Tod des Pelagius II. wurde Gregor zu seinem Nachfolger gewählt. Nach der Wahl zum Papst organisierte er die umfassende soziale Fürsorge für die arme Bevölkerung. Weil er überzeugt war, dass der Kirchenbesitz und Kirchenschatz eigentlich als *das Eigentum der Armen* zu betrachten ist, hat er sich dafür eingesetzt, dass diese an die Notbedürftigen verteilt werden. Die Versorgung der Stadt Rom mit Getreide war ungenügend, weshalb der Papst Gregor I. den Auftrag erteilte, die großen kirchlichen Felder und Äcker in Süditalien und auf Sizilien erneut zu organisieren und gründlicher zu bearbeiten. Am Anfang eines jeden Monats wurden die Lebensmittel an die Bedürftigen ausgeteilt. Er hat auch die anderen Bischöfe dazu ermahnt, die Sorge um die Armen zu tragen, denn jene, die arm und hungrig sind, können die verkündeten Worte Gottes nur dann annehmen, wenn ihnen zuvor die echte Hilfe gewährleistet wird, vor allem die ausreichende Nahrung. Gregor I., der Große, hat sich selbst als „Diener der Diener Gottes" (Servus servorum Dei) bezeichnet, und diesen Titel tragen alle nachfolgenden Päpste bis heute.[132]

Der Evangelist Matthäus beschreibt im Kapitel über das Weltgericht (Mt 25, 34-46) sehr eindrücklich, wie sich Jesus mit den Armen und Hilfsbedürftigen gleichsetzen und wiedererkennen will. Das haben die meisten ersten Christen*innen und viele der nachfolgenden christlichen Generationen gut verstanden und folglich immer und überall versucht, die notwendige Hilfe und das großherzige Erbarmen anzubieten. Hier möchten wir an die sog. leiblichen Werke der Barmherzigkeit erinnern: Hungrige speisen,

---

[132] Vgl. https://www.heiligenlexikon.de > Gregor...

Durstige tränken, Fremde beherbergen, Nackte kleiden, Kranke pflegen, Gefangene besuchen, Tote bestatten. Die geistigen Werke ergänzen die leiblichen: Unwissende lehren, Zweifelnde beraten, Trauernde trösten, Sünder zurechtweisen, Beleidigern gern verzeihen, Lästige geduldig ertragen, für Lebende und Verstorbene beten. Dieses Aufzählen mag langweilig und ein wenig der Vergangenheit angehören, dennoch bleiben das Erbarmen und die Barmherzigkeit in den täglichen Herausforderungen immer aktuell und neu. Denn wir wissen intuitiv und aus eigener Erfahrung, wo die Hilfe not tut und wo es angebracht und nötig ist, die selbstlose Hilfe zu leisten. Der Bischof J. Wanke (Erfurt) hat die 7 neuen Werke der Barmherzigkeit in einer für unsere moderne Welt passenden Form vorgestellt: „Einem Menschen sagen: Du gehörst dazu, ich höre dir zu, ich rede gut über dich, ich gehe ein Stück mit dir, ich teile mit dir, ich besuche dich, ich bete für dich." [133] Das Leben Jesu Christi hat sich gerade in dieser Atmosphäre der Barmherzigkeit Gottes vollzogen, denn in ihm können wir das Erbarmen Gottes mit den Menschen auf Schritt und Tritt erkennen und erfahren. Das kann uns motivieren, entschiedener auf dem gleichen Weg der Barmherzigkeit voranzuschreiten.

In seiner Bulle (Urkunde) unter dem Titel *Misericordiae Vultus (Das Antlitz der Barmherzigkeit* vom 11. 04. 2015 hat Papst Franziskus das außerordentliche Jubiläum der Barmherzigkeit ausgerufen, welches anlässlich der 50 Jahre nach der Beendigung des II. Vatikanischen Konzils am 08. 12. 2015 begonnen hatte. In den ersten Zeilen des Schreibens hebt er hervor: „Jesus Christus ist das Antlitz der Barmherzigkeit… in Jesus von Nazareth ist die Barmherzigkeit des Vaters lebendig und sichtbar geworden und hat ihren Höhepunkt gefunden" [134]

Mit der Handauflegung im Weihesakrament werden die Personen auserwählt und geheiligt, damit sie auf *besondere Art und Weise* als Gottesgesandte und in seinem Namen das Reich Gottes auf Erden gründen, entfalten und verwirklichen und zugleich mit ihrem Leben Jesus Christus repräsentieren als den Diener (den Großdiakon). So wie Jesus seine Apostel

---

[133] www.jahrderbarmherzigkeit.at > werke
[134] Vgl. PAPST FRANZISKUS, Misericordiae Vultus, 1 (m.vatican.va > content > documents).

auserwählt und ausgesandt hat, sein begonnenes Werk fortzusetzen, auf gleiche Weise haben die Apostel ihre *Helfer und Mitarbeiter* berufen, sich am Aufbau des Reiches Gottes zu beteiligen.

Nach der Wiederbelebung und Erneuerung des Diakonats als ständigen hierarchischen Grades durch das II. Vatikanische Konzil sind einige Details des diakonischen Dienstes „offen" geblieben. Der konkrete Dienst eines Diakons sollte auch mit Leben gefüllt werden. Wir sehen, dass in unserer Zeit die soziale Fürsorge und die Zuwendung zu den Armen, Schwachen und Verlassenen als auch die Fragen der sozialen Gerechtigkeit und Ungerechtigkeit ebenso die Hauptmotive vieler politischer Strömungen, Parteien und Privatorganisationen geworden sind. Auch die Vereinigten Nationen haben verschiedene Sektionen gegründet, denen die Aufgabe der Versorgung der Menschen, die in Not geraten sind oder ihr Land verlassen mussten, übertragen worden ist. Wir wissen, dass in unserer Welt 844 Millionen Menschen keinen ausreichenden Zugang zum sauberen Trinkwasser haben, ca. 690 Millionen Menschen hungern und alle 5 Sekunden ein Kind infolge des Hungers stirbt (vgl. UNICEF-Berichte).[135] Viele weltliche Institutionen z.B. Rotes Kreuz, Arbeiterwohlfahrt und andere stehen als organisierte Hilfe den in Not geratenen Menschen zur Seite. Auch die kirchlichen Organisationen, wie Caritas, Diakoniewerk, Misereor, Adveniat, Brot für die Welt sind in der Versorgung der Notbedürftigen und Schwachen engagiert. Es ist bemerkenswert, das es der Deutschen Caritas gelungen ist, zum größten Arbeitgeber Deutschlands aufzusteigen (500.000 Mitarbeiter und 500.000 ehrenamtliche Helfer). Auf dem Wohlfahrtsgebiet in Deutschland sind ca. 1,5 Millionen Arbeitnehmer beschäftigt, und sie realisieren einen Umsatz von ca. 45 Milliarden Euro jährlich. Sie sind hervorragend organisiert und sind fast überall präsent. Erwähnen wir auch die „Tafeln" als eine der gemeinnützigen Organisationen, die vorzugsweise Lebensmittel, welche geschenkt wurden oder aus den qualitativ guten und sauberen Resten bestehen, an die Bedürftigen verteilen. Das wird dadurch ermöglicht,

---

[135] Vgl. Die Welt, 13. 09. 2013 sowie https://www.zdf.de/nachrichten/heute-19-uhr/videos/sauberes -trinkwasser-fehlt-100.html

dass sich viele Bürgerinnen und Bürger freiwillig oder als Ehrenamtliche dort einbringen und engagieren. Wir sind Zeugen wunderbarer Beispiele der Solidarität, des Engagements und der enormen Aktivität sowohl der jüngeren als auch der älteren Personen in ihrem Wirken als Ehrenamtliche z.B. bei dem Einsatz zur Hilfeleistung und Versorgung der Flüchtlinge in Deutschland.

In der heutigen christlichen Welt ist die soziale Fürsorge professionell sowohl von den staatlichen, privaten als auch kirchlichen Institutionen organisiert und ist meist sehr effektiv. Die Hilfsbedürftigen und die Armen können sich bei den entsprechenden Stellen melden, die sich dann bemühen, die Wege der ersten Hilfe zu finden und nach der Prüfung der Sachlage eventuell auch die möglichen Wege zu erschließen, wie solche Personen der Armut entrinnen können.

Wir fragen uns nun nach diesen Erläuterungen: Wo kann ein Diakon *heute* seinen dakonalen (dienenden) Einsatz auf dem karitativen Feld vollziehen und seinen Anteil dazu beisteuern? Besteht für ihn in einer solch geordneten und umsorgten Gesellschaft der westlichen Zivilisationen ein geeigneter Platz und wo?

Aus den oben dargelegten Ausführungen kann man deutlich sehen, dass die liturgische Betätigung eines Diakons bereits auf dem II. Vatikanischen Konzil präzise und klar definiert und beschrieben worden ist. Auf dem Gebiet des Zeugnisablegens (martyria) bleibt ein wenig unklar, auf welche Weise ein Diakon *spezifisch* und seiner Sendung entsprechend die Überzeugung von dem Glauben und der Hoffnung, die ihn erfüllen, zur Geltung bringen kann. Sicher ist, dass die Worte und das konkrete Leben eines Diakons im Einklang stehen müssen, damit dies als authentisch erkannt werden kann. Es bestehen noch keine neuen, theologisch und rational fundierten Entwürfe, wie sich die Diakone, aufgrund ihrer Möglichkeiten z.B. als Beschäftigte im Zivilberuf am geeignetsten einbringen können. Denn gerade im Wirkkreis seines Zivilberufes hat er mannigfaltige Formen und Möglichkeiten auf unterschiedliche Herausforderungen zu reagieren und an den Existenzeckpunkten auf die Bedeutung der Gottesfrage hinzuweisen. Natürlich bieten sich heutzutage auch andere Betätigungsfelder an: Medien, Internet, Twitter, Blog, Facebook, Talks im Fernsehen und aktive Teilnahme an gesellschaftlichen Diskussionen. Gerade für diese heute so wichtigen Plattformen gibt es bisher keine besonderen diakonisch orientierten Empfehlungen oder bewährten Erfahrungen.

Auf dem karitativen Gebiet, wie bereits ausgeführt, sind so viele private und staatliche Institutionen tätig, dass sich die Frage in noch schärferer Form stellt: Wo ist da ein Platz für einen Diakon, der sich eigentlich von seiner Berufung her als Helfer und Diener einbringen möchte? Es genügt nämlich nicht zu sagen, sie kümmern sich im *allgemeinen und immer* um die Armen, Alten, Kranken, Schwachen. Wie also sollten die Diakone ihre soziale Betätigung in der Praxis gestalten?

Kommen wir nochmal auf die Geldsammlung oder Kollekte (Almosen – Sammlung) in unsrer Kirche zurück, die üblicherweise während der Gabenbereitung oder Opferung in der heiligen Messe durchgeführt wird. Das ist der Augenblick in der Eucharistiefeier, wo die Gläubigen ihre christliche Bereitschaft zum sozialen Mitwirken (Engagement) zeigen. Warum, für wen und zu welchem Zweck wird das Geld gesammelt? Häufig geschieht auch keine Vorankündigung oder Zweckbestimmung des Kollektierens. Zuweilen beschleicht uns ein Gefühl, dass dies nur ein traditionsreicher Brauch ist. Heutzutage wird das Geld so gesammelt, dass 1 - 2 Personen mit den Sammelkörben durch die Reihen der anwesenden Kirchenbesucher gehen, und diese einen Geldbetrag nach ihrem Ermessen hineinlegen, oder aber die Gläubigen reichen die Sammelkörbe einander weiter. Zum Schluss bringen die Sammler die gespendeten Gaben zum Altar und legen sie an einer geeigneten Stelle vor dem Altar ab. Vielen Gläubigen ist dieser Brauch und sein Zweck nicht ganz verständlich, so dass sie die Fragen stellen: „Warum wird das Geld während der Eucharistiefeier gesammelt und zu welchem Zweck? Wieviel Geld solle man spenden usw?" [136]

Hier scheint es vonnöten, das Kollektieren oder Geldsammeln noch besser und transparenter zu erklären. Es muss jedoch vorausgeschickt werden,

---

[136] Vgl. www.glas-koncila.hr/portal.html

dass der Einsatz des gesammelten Geldes je nach dem Standard und der Weise der Versorgung des Kirchenpersonals in verschiedenen Ländern der Welt sehr unterschiedlich sein kann. Deutschland z.B. hat andere Grundbedingungen, weil der Unterhalt des kirchlichen Personals durch Kirchensteuer gewährleistet ist, während in Kroatien auch die Gehälter und die Aufwendungen für die kirchlichen Gebäude aus dem gesammelten Geld mitfinanziert werden.

Es ist darauf hinzuweisen, dass das Kollektieren selbst durch die Weterreichung der Sammelkörbe und das Suchen des Geldes in den Geldbeuteln oder Taschen für eine *Unruhe* sorgen, denn dies alles geschieht während eines der wichtigsten Teile der hl. Messe nämlich der Gabenbereitung für die Eucharistie. Wegen der entstandenen Unruhe beim Suchen des Geldes in den Portemonaies (Taschen, Geldbeuteln) werden die Gläubigen abgelenkt, um die Gabenbereitung (Opferung) andächtig mitverfolgen und noch weniger daran aktiv teilnehmen oder daran partizipieren zu können. Wäre es nicht notwendig, eine grundsätzliche Reform des Kollektierens (Almosen-Sammlung) durchzuführen?

Wir haben gesehen, wie die Diakone in den ersten Jahrhunderten des Christenheit mit großem Eifer und Fleiß die Nahrungsmittel von den gemeinsamen Mählern (Agape) während der Eucharistiefeier gesammelt und zu den Armen, Schwachen und Kranken hingetragen haben. Erinnern möchten wir nochmals an den hl. Paulus, der die erste Kollekte der Christenheit (Spenden oder Almosen Sammlung) in den Gemeinden Mazedoniens, Achaias (Korinths – s. o.) und Antiochia organisiert hatte, um den in Not geratenen Schwestern und Brüdern im Glauben in Jerusalem zu Hilfe zu kommen, wo wegen des Mangels an Nahrungsmitteln eine große Hungersnot entstanden war. In diesem Kontext sei einiges wiederholt und besonders auf die Gemeinde von Antiochia hingewiesen (Apg 11, 27-30). Im 2. Brief an die Korinther (2 Kor 8 und 9) lesen wir von den weiteren Bemühungen des hl. Paulus für die Unterstützung der Kirche in Jerusalem, die in Not geraten war. Er spornt die Großzügigkeit an, empfiehlt persönlich die Freigebigkeit beim Spenden („Gott liebt einen fröhlichen Geber" – 2 Kor 9, 7) und macht auch auf die segensreiche Bereicherung sowohl des Gebers als auch des Empfängers aufmerksam: „Wie ihr aber in allem reich seid, an Glauben, Rede und Erkenntnis, an jedem Eifer und an der Liebe, die wir in euch begründet haben, so sollt ihr euch auch an diesem Liebeswerk mit reichlichen Spenden beteiligen" (2 Kor 8, 7). Die Aufmunterung der Christen zum Spenden erklärt Paulus an einer anderen Stelle: „Gott, der Samen gibt für die Aussaat und Brot zur Nahrung, wird auch euch das Saatgut geben und die Saat aufgehen lassen; er wird die Früchte eurer Gerechtigkeit wachsen lassen. In allem werdet ihr reich genug sein, um selbstlos schenken zu können; und wenn wir diese Gabe überbringen, wird sie Dank an Gott hervorrufen. Denn euer Dienst und eure Opfergabe füllen nicht nur die leeren Hände der Heiligen, sondern werden weiter wirken als vielfältiger Dank an Gott. Vom Zeugnis eines solchen Dienstes bewegt, werden sie Gott dafür preisen, dass ihr euch gehorsam zum Evangelium Christi bekannt und dass ihr ihnen und allen selbstlos geholfen habt. In ihrem Gebet für euch werden sie sich angesichts der übergroßen Gnade, die Gott euch geschenkt hat, eng mit euch fühlen" (2 Kor 9, 10 - 14); im Brief an die Korinther gibt er auch konkrete Anweisungen bezüglich der Sammlungsaktion, wann und wie sie getätigt werden sollte: „Was die Geldsammlung für die Heiligen angeht, sollt auch ihr euch an das halten, was ich für die Gemeinden Galatiens angeordnet habe. Jeder soll immer am ersten Tag der Woche etwas zurücklegen und so zusammensparen, was er kann. Dann sind keine Sammlungen mehr nötig, wenn ich komme. Nach meiner Ankunft werde ich eure Vertrauensleute mit Briefen nach Jerusalem schicken, damit sie eure Liebesgabe überbringen. Ist es der Mühe wert, dass ich selbst hinreise, dann sollen sie mit mir reisen" (1 Kor 16, 1 - 4). Aus diesen Zeilen ist zu ersehen, welche Empathie, Solidarität und Mitgefühl die Einstellung des hl. Paulus und der ersten Christen gegenüber den armen, bedürftigen und in Not geratenen Mitchristen*innen geprägt haben.

Die Kollekte oder die Geldsammlung in der heutigen Kirche könnte noch effektiver und gezielter organisiert werden, nämlich durch eine diakonisch orientierte Kollekte, denn der heutige Diakon ist bei der Gabenbereitung fast ausschließlich auf die Vorbereitung der für die Eucharistie vorgesehenen Gaben von Brot und Wein beschränkt.[137] Wie ausführlich oben dargestellt, hat sich der hl. Paulus nicht „geschämt", die Geldsammlung zu organisieren und zu leiten, ja er hat sie sogar selber mit Barnabas zusammen nach Jerusalem getragen. Hier ist gerade die Chance für die heutigen Diakone, die Kollekte im Sinne des hl. Paulus „wiederzubeleben" und zu reorganisieren. Obwohl viele andere Organisationen sehr effektiv in der Fürsorge für die Armen und Bedürftigen tätig sind (Caritas, Diakonie, Brot für die Welt, Rotes Kreuz und andere), sehen wir, dass in der Praxis trotz bestehenden Quellen der wirksamen Hilfe der professionellen und institutionellen Unterstützung *große Lücken* in der Versorgung der Bedürftigen bleiben.

Der Diakon ist berufen sorgfältig und aufmerksam zu beobachten, wo die Menschen seiner Pfarrei eine Hilfe und Unterstützung sowohl materieller als auch geistiger Art benötigen. Je nach dem Standard eines Landes werden die Bedürfnisse der Menschen differenzierter betrachtet werden müssen. Aus der Erfahrung wissen wir nur allzu gut, dass es überall Notbedürftige, Arme, Vergessene, Schwache, Kranke, Alte und Einsame gibt. Deshalb wird der Diakon unserer Zeit als „Gehör, Mund, Herz und Seele des Bischofs"[138] versuchen, dies wachsam wahrzunehmen und Sorge zu tragen für diejenigen, welche ihre gerechtfertigten Forderungen nicht verwirklichen können. Leider ist auf diesem Gebiet vieles „im Allgemeinen" geblieben, ohne brauchbare und ganz konkrete Anweisungen. Wie soll sich also der heutige Diakon auf dem Gebiet der sozialen Fürsorge im karitativen Sinne in seiner konkreten Pfarrei einbringen?

Wir möchten hier eigene Vorschläge unterbreiten:

– Zunächst ist es nötig, den Wirkungskreis der diakonisch-karitativen Tätigkeit in den Pfarrgemeinden zu definieren.

---

[137] Vgl. S. SANDER, Ein Amt – vier Ausführungen?, in: K. ARMBRUSTER / M. MÜHL (Hg.), ebd., S. 280.

[138] Vgl. DIDASC. Cap.XI (TU 25, 2, 59).

- Er könnte z.B. die Verantwortung für die Geldsammlungen (Kollekte) in der Eucharistiefeier übernehmen. Vor dem Kollektieren würde er den Gläubige erklären, für was und wofür es geschieht.

- Nach den einleitenden Worten und Erklärung, wofür gesammelt wird, dürfte der Diakon seinen eigenen Beitrag in den Klingelbeutel (das Sammelkörbchen) hineinlegen und danach dem zelebrierenden Priester (den Priestern, falls mehrere Konzelebranten anwesend sind) anbieten, seinen (ihren) Anteil zu leisten. Auch eine digitale Kollekte wäre möglich, wie sie bereits von einigen Pfarreien praktiziert wird.

- Anschließend würde der Diakon mit seinen Helfern die Klingelbeutel oder Sammelkörbe unter das Volk Gottes bringen und es entsprechend weiterreichen.

- Der zelebrierende Priester könnte während dieser Einführungsphase der Kollekte an seinem Sitzplatz bleiben, bis der Diakon die Sammelkörbe wenigstens an einige Gläubige weitergegeben und die eucharistischen Gaben am Altar vorbereitet hat.

- Wenn die Kollekte beendet worden ist, übernimmt der Diakon alle Sammelkörbe, trägt sie zum Altar und stellt sie an eine geeignete Stelle unmittelbar vor dem Altar hin.

- Nun bedankt sich der Diakon bei den Gläubigen für die gespendeten Gaben. Diese Reihenfolge wäre geeignet, das gleichzeitige Geschehen der Opferung und des Kollektierens zu ordnen und die „Unruhe" während des Geldsammelns durch das Suchen in den Taschen zu verringern, damit alle Gläubigen andächtig und aufmerksam an der Opferung, einem sehr wichtigen Teil der hl. Messe, teilnehmen können.

– Nach der Eucharistiefeier wird der Diakon mit noch 2 Gläubigen z.B. Mitarbeitern des Pfarrgemeinderates die Geldsammlung auszählen und im Einvernehmen mit diesem „Kollektenausschuss" an eine dafür vereinbarte Stelle ablegen (deponieren) oder zur Bank bringen.

– Der Diakon könnte aus diesem Fonds der Almosen im Einvernehmen mit dem Pfarrer und dem Pfarrgemeindeausschuss für die kirchliche Kollekte denjenigen Pfarrgemeindemitgliedern die konkrete Hilfe und Unterstützung anbieten, die ungenügende oder gar keine Zuwendungen von Seiten der Institutionen für die soziale Fürsorge oder sonst einer Wohlfahrtsorganisation bekommen.

– Es ist hervorzuheben, dass einige Diakone in der Zwischenzeit mit einer Sendung und seelsorgerischen Aufgaben vom Bischof beauftragt werden, in Altersheimen und Krankenhäusern, insbesondere dort, wo es an Priestern mangelt, ihren Dienst im Auftrag der Kirche auszuüben. Das ist ebenfalls ein weiteres Gebiet, wo der heutige Diakon nicht nur durch ein gutes Wort und Gebet mit den alten und kranken Menschen, sondern auch durch den karitativen Einsatz in der Versorgung mit materiellen Gütern solchen Menschen entgegenkommen kann.

– Die Diakone, die auch in einem Zivilberuf tätig sind, werden achtsam in ihrer Umgebung die Brennpunkte der Armut und Bedürftigkeit jeglicher Art registrieren und jenen, die eine Soforthilfe benötigen, die Unterstützung anbieten.

– Auf den Sitzungen des Pfarrgemeinderates, an denen der Diakon kraft seines Amtes nach Möglichkeit immer teilnimmt, wird er versuchen, auch die Mitarbeiter zu sensibilisieren (empfindsam zu machen) für die Beobachtung der notwendigen Interventionen unter den Gläubigen der Pfarrei. Auf diese Weise würde man in größerem Umfang einen „Feedback" oder eine Rückmeldung über die entstandenen Nöte in der ganz konkreten Situation einer Pfarrgemeinde oder eines Seelsorgebezirks bekommen, um so gezielte Wege zur Linderung oder Behebung der Bedürftigkeit bei den Mitgliedern der Gemeinde ausfindig zu machen.

Alles in allem und trotz Bestehen vieler staatlicher oder privater Institutionen für die soziale Fürsorge und Krankenversorgung bleibt ein großer Teil der Bevölkerung, der durch diese professionellen sozialen Fürsorgenetze durchfällt oder ungenügend versorgt wird, bestehen. Das ist insbesondere dann der Fall, wenn eine solche Hilfe an den einsamen und schlecht zugänglichen Ortschaften sowie auf Gebieten eines relativ niedrigen Standards nicht oder schlecht greifen. Auch hier ist der Diakon als „Auge" des Bischofs gesendet, seinen Blick zu schärfen und mit einer konkreten Hilfe den Menschen in Not behilflich zu sein.

Selbstverständlich auch der Besuch der Kranken und deren Familien im Sinne der seelsorglichen Tätigkeit bleibt als ein wirkungsreicher Bereich der diakonischen Arbeit, denn wir alle wissen, dass die unvorhersehbaren Herausforderungen gerade in Krankheitsfällen viel Empathie, Solidarität und Hilfsbereitschaft verlangen. Außerdem müssen wir in unserem Blickfeld beibehalten, dass die Armut heutzutage anders definiert wird, als das vor 50 oder 100 Jahren der Fall war. Wo beginnt die Armut? Sie schließt nicht nur den Bedarf an genügend Nahrung oder Kleidung oder Hilfe bei psychischer Belastung ein, sondern ebenso die wesentlichen Bedürfnissen einer bestimmten Gesellschaft, in der wir leben und uns bewegen.

Wir müssen an dieser Stelle auf das sog. Helfer-Syndrom (Helper syndrom) aufmerksam machen. Dieser Begriff beinhaltet, dass es Menschen gibt, die infolge einer psychischen Krankheit unter einem Zwang leiden, der sie wie eine Droge ständig anspornt, den anderen Menschen helfen zu müssen. Sie erleben die dargebotene Hilfe als *eigenen* Selbstwert und als Steigerung des Selbstgefühls, so dass sie sich bei solcher Hilftätigkeit wohler und zufriedener im Sinne eines Narzissmus fühlen.[139] Der Altruismus hingegen bedeutet die selbstlose Hilfeleistung um des Wohlergehens der anderen

---

[139] Vgl. R. FULGOSI-MASNJAK, Syndrom pomagača, 2008, www.hrcak.srce.hr / file / 45553.

Personen willen. Dennoch werden auch bei einer solchen Hilfsbereitschaft die selbstbelohnende Prozesse, die durch die Evolution entstanden sind, in Gang gesetzt. Wo immer wir nämlich den Anderen unsrer Art helfen, erwarten wir im Unterbewusstsein einen gewissen Lohn, denn auf solche Weise wird unser Ansehen in einer Gemeinschaft gesteigert. Wenn das Helfen auf der anderen Seite nur egoistisch motiviert ist, dann versuchen wir, eigene Unannehmlichkeiten zu verringern, um so das Gefühl der Sicherheit in sich selbst wie auch Überzeugung in eigene Qualitäten und Kompetenzen zu erreichen. Deshalb muss jeder, der auf dem Gebiet der sozialen Fürsorge tätig ist, selbstkritisch sein und sich immer wieder hinterfragen, ob solche Züge des Helfersyndroms entstanden sind; wenn ja, dann ist es nötig, sich einer „psychotherapeutischen Maßnahme" zu unterziehen. Es ist immer wieder und von Neuem zu überprüfen, welche Motivation sich hinter meinem karitativen Bemühen verbirgt. Jeder Christ*in, insbesondere das Leitungspersonal der Kirchengemeinden wird im Gedächtnis behalten müssen, dass Gottes Anwesenheit und die unsichtbare Gestalt Jesus von Nazareth ihre Aktivitäten begleiten. Wir wissen, dass Jesus Christus sich selbst unermüdlich für das Wohl der Menschen, unter denen er sich bewegte, eingesetzt hat: Er hat die Kranken geheilt, die Hungrigen gesättigt, die Trauernden getröstet, viele von ihren Sünden und Verfehlungen befreit, sogar die Toten auferweckt. Er hat dabei ohne Unterlass das Anbrechen des Gottesreiches verkündet. Bei ihm war das alles selbstverständlich, spontan und ohne irgendwelche Hintergedanken einer persönlichen „Rechnung", Ehrsucht, Selbstverwirklichung oder Narzissmus geschehen. Wir wissen auch, dass er die ganze Welt nicht total verändert, verwandelt und von jedem Übel, Krankheit, Hunger und Krieg befreit hat. Aber er hat den Anfang des „neuen Himmels und der neuen Erde" gesetzt, das Feuer der göttlichen Liebe auf der Erde angezündet und uns aufgerufen, sein Werk fortzusetzen und unseren Beitrag zu einer immer größeren Verwirklichung seines Reiches zu leisten. Die Diakone brauchen daher nicht unter Zwang und Druck zu geraten, weil ihre Arbeit manchmal so wenig bewegt, auch dann nicht, wenn sie so oft mit schier unübersehbaren Bergen des menschlichen Elends und ihrer Hilflosigkeit konfrontiert werden. Wichtig bleibt dabei, immer wieder seine Motivation zu überprüfen und sich konsequent am Beispiel Jesus von Nazareth zu orientieren.

3.4   Stellvertretende Aufgaben

Wir haben bereits erwähnt, dass der Diakon in Abwesenheit der Presbyter befugt war, viele seiner Aufgaben zu übernehmen. Das haben wir oben zum Teil ausgeführt. In diesem Kontext der Stellvertretungsfunktionen der Diakone verweisen wir auf die Details dort. In der Traditio Apostolica (3. Jh.) wird über die damalige Agape (gemeinsames Mahl) der Gläubigen berichtet. Die Agapefeier wurde durch den Bischof eröffnet, und das Aufteilen der Mahlgaben von einem Presbyter *oder einem Diakon* übernommen. Wenn der Bischof bei der Agape nicht anwesend sein konnte, *vertraten* ihn ein Presbyter *oder ein Diakon*. Die Reste des Mahls wurden gesammelt und von einem Diakon denjenigen, die nicht anwesend sein konnten, nach Hause gebracht. Man habe vorher die Gläubigen darauf aufmerksam gemacht, mit Zucht und Maß zu essen, damit die Reste an Kranke und Schwache verteilt werden können.[140] Cyprian von Karthago (geb. um 200 oder 210, gest. 258) schreibt aus seinem Exil, da er unter Verfolgung des Decius flüchten musste, dass die Büßer nicht auf die Rückkehr ihres Bischofs warten müssen: „Sie können vor jedem beliebigen anwesenden Presbyter oder auch, wenn ein solcher nicht zu finden und das nahe Ende schon zu befürchten ist, vor einem *Diakon* das Bekenntnis der Sünden ablegen, so dass sie nach der Handauflegung der Buße vor den Herrn kommen mit Frieden".[141] In der Traditio Apostolica wird erwähnt, dass der Diakon im Auftrag des Bischofs den Kranken im Notfall das „signum" geben soll, worunter einige Autoren verstehen, dass es sich dabei um die

---

[140] Vgl.Traditio apopstolica, 28 (FC I, 280 und 282).
[141] Cypr. ep. 18, 1,2 (CCL 3B, 100f. Diercks).

Krankensalbung gehandelt habe.[142] Die Leitung der christlichen Gemeinden war einigen Diakonen anvertraut. So hebt die Synode von Elvira diesen Punkt im Canon 77 hervor: „Wenn ein Diakon, welcher das Volk Gottes leitet, eine Person in Abwesenheit von Bischof oder Presbyter tauft, soll der Bischof später durch die Segnung diese vollenden, denn wenn sie vorher das Diesseitige verlassen haben sollte, könne sie im Glauben, den sie bekannt hatte, gerettet werden".[143] Auch heutzutage üben die Diakone in vielen Bereichen einige stellvertretende Funktionen des Priesters aus, soweit sie beauftragt werden. Nach einer Zusammenstellung aus dem Jahr 2013 werden auf der Welt 622 Pfarreien, die keinen Priester haben, von einem Diakon verwaltet, wobei ihre Kompetenzen und der Umfang ihrer Bevollmächtigung vom Bischof klar definiert werden.[144] Die Amazonas-Synode (6. bis zum 27.10.2019) hat zunächst die Diakone im Blick, wenn sie die Empfehlung gibt, die erfahrenen Männer (viri probati) zu den Priestern dort zu weihen, wo ein ausgesprochener Priestermangel herrscht. Da heißt es: „Für die Kirche Amazoniens ist die Förderung, Ausbildung und Unterstützung von ständigen Diakonen dringend erforderlich, weil dieser Dienst für die Gemeinde wichtig ist. Insbesondere viele Gemeinden der indigenen Völker brauchen diesen Dienst der Kirche. Die spezifischen pastoralen Bedürfnisse der christlichen Gemeinden in Amazonien führen uns zu einem erweiterten Verständnis des Diakons, eines Dienstes, den es von Anfang an in der Kirche gibt und der vom Zweiten Vatikanischen Konzil als autonomer, dauerhafter Weihegrad wiederhergestellt wurde (LG 29, AG 16, OE 17). Heutzutage muss der Diakonat auch die ganzheitliche Ökologie, die Entwicklung des Menschen, die Sozialpastoral voranbringen als ein Dienst an Menschen, die sich in verwundbaren Situationen und in Armut befinden, und so jenem Christus ähnlich werden, der gekommen ist zu dienen. Das heißt barmherzige, samaritische, solidarische und diakonische Kirche sein. Die Priester müssen sich darüber im Klaren sein, dass der Diakon – wie sein

---

[142] Vgl. Traditio apostolica 24, (FC i, 274).

[143] Vgl. H. DENZINGER, ebd. S. 61.

[144] A. Gondan, Freiburg (persönliche Mitteilung).

Name sagt – im Dienst der Gemeinde unter der Leitung des Bischofs steht. Die Priester sind dazu verpflichtet, die ständigen Diakone zu unterstützen und mit ihnen zusammenzuarbeiten… In Anbetracht dessen, dass die legitime Vielfalt der Gemeinschaft und Einheit der Kirche keinen Schaden zufügt, sondern sie vielmehr zum Ausdruck bringt und ihr dient (LG 13; OE 6), wie die Vielzahl der Riten und die verschiedenartigen Ordnungen bezeugen, schlagen wir vor, dass die zuständige Autorität im Rahmen von „Lumen gentium" Nr. 26 solche Kriterien und Ausbildungsbestimmungen festlegt, nach denen geeignete und in der Gemeinde anerkannte Männer zu Priestern geweiht werden können. Diese sollten das Amt des ständigen Diakons wirksam wahrgenommen und eine angemessene Ausbildung zum Priesteramt erhalten haben, aber auch mit ihrer legitimen, stabilen Familie zusammenleben. So könnten sie durch die Verkündigung des Wortes und die Feier der Sakramente in den entlegensten Gebieten Amazonen das Leben der christlichen Gemeinden aufrechterhalten. Einige haben in diesem Zusammenhang auch dafür plädiert, das Thema auf weltkirchlicher Ebene zu behandeln".[145]

In der orthodoxen Kirche galt diese Regel seit jeher bis heute, denn der Bischof kann dort bei Bedarf den Diakon zum Priester bestellen und weihen (s. nachfolgende Ausführungen). Bereits die Traditio Apostolica hebt hervor, dass der Diakon zum Dienst beim Bischof geweiht wird und nur das tut, was ihm der Bischof auftrage.

---

[145] Vgl. https://www.adveniat.de/fileadmin/user_upload/_Informieren/Themen/_Zukunft_Amazonas/_Schlussdokument_Amazonien_final.pdf, Nr. 104-111.

4. Vergleiche: Diakonat in der orthodoxen und evangelischen Kirche

Wir haben die Bereiche der Betätigung der heutigen katholischen Diakone nach dem II. Vatikanischen Konzil im Detail oben beschrieben. Es wurde festgestellt, dass sich enorme Felder der Möglichkeiten zu ihrem Einsatz an der Verwirklichung des Reiches Gottes anbieten. Daraus können wir schließen, dass die Erneuerung und Entfaltung des Diakonats in der katholischen Kirche trotz einiger Widerstände unter dem erfahrbaren und sichtbaren Einfluss des Hl. Geistes einen kräftigen Schritt nach vorne gekommen sind, so dass der katholische Diakonat heute in einem bis dato ungeahnten Glanz erscheint.

Damit wir uns ein besseres Bild vom katholischen Diakonat machen können, ist es von Nutzen, die Diakonatsentwicklung und den jetzigen Stand auch in der orthodoxen und evangelischen Kirche in den Blick zu nehmen.

4.1 Diakonat in der orthodoxen Kirche

Ende des 9. Jh. werden die Diakone in der Ostkirche als ein Teil des Klerus angesehen, aber Ihre Tätigkeiten erstrecken sich fast ausschließlich auf das liturgischen Gebiet. Die Diakone in der orthodoxen Kirche bestanden ohne Unterlass und kontinuierlich vom Anfang der Kirche bis in unsere Tage fort. Es gab also keine Unterbrechung des Ständigen Diakons, wie das leider in der Westkirche der Fall war, wo er ab dem 10. Jh. kaum erkennbar war (s.o.). Die Aufgabe der Diakone in der Orthodoxie besteht darin, das sie dem Presbyter (Priester) bei dem Vollzug der heiligen Geheimnisse helfen. Es ist nicht vorgesehen, dass der Diakon irgendeinen Gottesdienst selbständig leiten kann, ja es ist ihm nicht einmal erlaubt, das Sakrament der Taufe zu spenden, außer in Notfällen, was eigentlich jeder Gläubige in solchen Notsituationen darf. Der Diakon kann nicht beauftragt werden, der Eheschließung zu assistieren und sie im Namen der Kirche zu segnen.

Seine Rolle im Gottesdienst (in der Göttlichen Liturgie) ist, vorzugsweise und abwechselnd mit dem Priester die Gebetstexte zu sprechen (zu singen) und mit dem Orarion (Stola) den Gläubigen anzuzeigen, wann die Gebete und / oder heilige Handlungen beginnen sollen (Orarion kommt aus dem Griechischen Wort horio und bedeutet: Ich betrachte, ich sehe). Der Diakon trägt dabei ein Sticharion (einen langen, engen Talar mit langen Ärmeln), der oft aus Brokatstoff angefertigt ist. Über die linke Schulter legt er das Orarion (eine schmale Stola) ebenso aus Brokatstoff an und nimmt den unteren Teil des vorderen Orarions in die rechte Hand, wenn er auf spezielle liturgische Handlungen hinweisen sollte. Die Protodiakone (die ersten und die besonders ausgezeichneten Diakone) können ein Doppelorarion tragen. An den Handgelenken tragen sie Epimanikien (Manipel, Ärmelstulpen) aus einem dicken Stoff z.B. Brokat. In einigen orthodoxen Kirchen hat das Sticharion die Form einer Dalmatik. Die Diakone können einen Bart tragen, aber sie müssen es nicht; die Diakone als Mönche tragen immer den Bart. Auch in der orthodoxen Kirche kümmert sich der Diakon um die Armen und Notbedürftigen, aber der Schwerpunkt seiner Tätigkeit liegt in der Beteiligung an den liturgischen Handlungen während der Göttlichen Liturgie. Er hat bei der sozialen Fürsorge keine speziellen und auf den Diakonat zugeschnittenen Aufgaben. Die Diakone sind in der Regel verheiratet, nur die Mönche als Diakone bleiben unverheiratet. Stirbt einem Diakon die Ehefrau, ist ihm nach kirchlichem Recht nicht gestattet, zum zweiten Mal zu heiraten.[146] Dies ist z. Zt. auch die geltende Regel in der katholischen Kirche.

In den ersten Jahrhunderten der Christenheit gab es in der Ostkirche häufiger und länger Frauen, die zu Diakoninen oder Diakonissen geweiht wurden, wie wir bereits oben ausführlich dargelegt haben. Die sakramentale Weihe der Frauen zu Diakoninnen oder Diakonissen ist mit der Abnahme der Erwachsenentaufe immer unbedeutender geworden, so dass es später kaum Diakoninnen gab, außer großen Ausnahmen z.B. die sakramentale Weihe der Diakoninnen, die der heilige Nektarios von der Pentapolis (1846 -

---

[146] Vgl. https://de.m.wikipedia.org > wiki > Ortho...

1920) gespendet hatte[147] als auch in der Apostolisch-armenischen Kirche bis in unsere Tage. Über die Neueinführung der Diakoninnen wird auch in der Ostkirche zur Zeit eine rege Diskussion geführt.

In einem kürzlich geführten Interview mit einem orthodoxen Priester und mehreren orthodoxen Diakonen in Kroatien haben wir die Einzelheiten über die Aufgaben und Rechte der heutigen orthodoxen Diakone erfahren können. Ihre Stellung deckt sich im Großen und Ganzen mit dem, was wir oben ausgeführt haben. Auf die Frage, ob die Diakone Sorge tragen für die Armen und Bedürftigen haben wir die Antwort bekommen: Sie haben im sozialen Segment der kirchlichen Fürsorge keine besondere Aufgabe oder Beauftragung. Solche Angelegenheiten werden in ihren Kirchengemeinden durch bestimmte Ausschüsse, in denen auch die Diakone mitwirken, in Angriff genommen und nach Lösungen gesucht. Daher sind einige Autoren der Meinung, dass der Diakonat in der orthodoxen Kirche betont „verliturgiesiert sei".[148]

Was die Besoldung der heutigen Diakone und Priester betrifft, konnten wir in Erfahrung bringen, dass die Priester von den Spenden der Gläubigen leben, während der Diakon, der zugleich des öfteren auch der Fahrer des Bischofs (Vladika, Episkop) ist, vom Bischof seinen Lebensunterhalt bekomme. Der Bischof kann einen Diakon – je nach dem Bedarf – befördern und ihn zum Priester weihen. Von Bonifacije Andrija Škulić, dem Archiepiskop von Zagreb und Metropolit der HPC bekamen wir die Information, dass die Orthodoxe Kirche in Kroatien augenblicklich 5 Diakone und 3 Hypodiakone (Subdiakone) habe.[149]

---

[147] Vgl. https://de.wikipedia.org/wiki/-Orthodoxe _Kirchen

[148] Vgl. S. STEGER, ebd., S. 67.

[149] Persönliche Mitteilung über E-Mail, 2018.

4.2   Diakonat in der evangelischen Kirche

In der evangelischen Kirche Deutschlands, die Martin Luther im 16. Jh. gegründet und von der katholischen Kirche getrennt hat, existierte zu seiner Zeit der Diakonat de facto nicht, weshalb Martin Luther den Diakonat in seinen Schriften kaum erwähnt. Erst im 19. Jh. werden Versuche unternommen, den Diakonat doch wiederzubeleben. Im Jahre 1833 bemüht sich Johann Hinrich Wichern (1808-1881) aus Hamburg den Diakonat im biblischen Sinne wieder einzuführen. Er stützt sich darin auf die urkirchliche Praxis und auf die heiligen Schriften. Auch Theodor Fliedner (1800-1864) weist auf das Vorbild der christlichen Sozialfürsorge der hl. Phöbe aus dem Römerbrief des hl. Paulus hin (Röm 16,1) und ruft die Diakonissen als Dienerinnen Jesu ins Leben. Der Diakon und die Diakonin in der evangelischen Kirche stellen die Verbindung zwischen der Verkündigung des Evangeliums und der sozialen Fürsorge dar. Zum Einsatz kommen sowohl männliche als auch weibliche Personen (Diakone und Diakonissen), die nach entsprechender Ausbildung im kirchlichen Auftrag ihre Arbeit auf dem Gebiet der Vorsorge und Fürsorge für die Armen, Notbedürftigen, Kranken und Ausgestoßenen aufnehmen. Sie haben je nach der Ausbildung ihr Betätigungsfeld z.B. im sozialen oder pädagogischen Bereich als auch in der Kranken- und Altenpflege. Wenn sie entsprechende Qualifikation erlangen, können sie auch in der Seelsorge und / oder Beratungsstellen mitwirken. Sie werden in der vorbereitenden Ausbildung angewiesen, sich bei der Ausübung ihrer Tätigkeit von dem Gedanken leiten zu lassen, dass Ihr Dienst sich in und an der Welt in gegenseitiger Durchdringung mit dem Gottesdienst verwirklichen soll. Diakonissen und Diakone in der evangelischen Kirche besitzen in der Regel die staatliche Anerkennung als Sozialfacharbeiter*innen und eine theologische Ausbildung in Dauer von mindestens 2 Jahren zusätzlich. Diese zweifache Ausbildung und Befähigung ist charakteristisch für die Diakonissen und Diakone in der evangelischen Kirche Deutschlands. Die Verpflichtung zum Zölibat besteht nicht. Sie haben außerdem oft – je nach Vereinbarung mit dem Pastor und Presbyter – die Mitverantwortung für die Vorbereitung und den Vollzug der Gottesdienste, für die Verkündigung des Wortes Gottes, für die Seelsorge sowie Belehrung der Gläubigen. Ihr Schwerpunkt jedoch liegt vorwiegend im Einsatz in der sozialen Fürsorge.

Zusammenfassend können wir festhalten:

1. *Der männliche Diakonat in der orthodoxen Kirche* hat Bestand seit der Urkirche, u.z. ohne Unterbrechung bis in unsere Tage. Dort waren bis ins 12. Jh. auch die Frauen zu Diakoninnen (Diakonissen genannt) geweiht worden, sie sind jedoch seit der zunehmenden Kindertaufe überflüssig geworden. Die Diakoninnen gab es später nur in der Armenisch-apostolischen Kirche bis in die Neuzeit. In der orthodoxen Kirche wird zur Zeit der Diskurs über die Wiedereinführung des weiblichen Diakonats ebenso wie in der katholischen Kirche geführt. Die männlichen Diakone sind in der Orthodoxie auf Handlungen bei der Göttlichen Liturgie fokussiert.

2. *In der evangelischen Kirche wurde der Diakonat* erst im 19. Jahrhundert sowohl für die männlichen als auch für die weiblichen Personen eingeführt. Die Diakone und Diakonissen haben eine zweifache Ausbildung und Qualifikation (staatlich anerkannte Zeugnisse über die Befähigung in der sozialen Fürsorge und zweijähriges Theologiestudium) und sind hauptsächlich auf den Feldern der Sozialarbeit eingesetzt.

3. Die Diakonatsentstehung und seine Entfaltung in der katholischen Kirche haben wir oben ausführlich beschrieben. Aus den Vergleichen mit dem Diakonat in der orthodoxen und evangelischen Kirche können wir folgende Schlussfolgerungen ziehen:

   a) Der männliche Diakonat in der katholischen Kirche hat nach der Wiedereinführung auf dem II. Vatikanischen Konzil eine überraschend große und schnelle Entwicklung auf allen Kontinenten durchgemacht.

b) Die Einsatzmöglichkeiten der Ständigen Diakone in der katholischen Kirche sind enorm erweitert worden, insbesondere dadurch, dass Viele von ihnen in ihrem Zivilberuf weiter arbeiten und so den liturgischen Bereich mit dem Alltag und der Arbeitswelt verbinden, um das Reich Gottes im Rahmen der Neoevangelisation überall zugänglich machen zu können. J. Ratzinger (Benedikt XVI.) hat den Sachverhalt zum Ausdruck gebracht: „Das Diakonenamt ist von seinem Ursprung her der Ausdruck einer dynamischen Reaktion auf neue Änderungen; es bietet die Möglichkeit an, ähnliches wieder zu tun und umschreibt einen Rahmen, der weit genug ist, um beträchtliche Variationsmöglichkeiten nach den unterschiedlichen Bedürfnissen der kirchlichen Regionen zuzulassen."[150]

c) Die katholischen Diakone haben im Vollzug der Gottesdienste eine wichtige Rolle bekommen, so dass klar erscheint, dass der Diakon sowohl im liturgischen als auch im sozialen Bereich eine Sendung als Bote der frohen Botschaft und einer neuen Zeit hat.

d) Die Frage über die Neueinführung des weiblichen Diakonats wird z. Zt. in der katholischen Kirche sehr intensiv geführt und ist sogar zur Sache des Papstes Franziskus geworden. Auf seine Antwort nach der Vorarbeit der von ihm neuerdings im Jahr 2020 eingesetzten Kommission zur Überprüfung der geschichtlichen theologischen Grundlagen des Frauendiakonats wartet die ganze Kirche.

---

[150] Zit. nach S. STÖGER, ebd., S. 235-236.

E. THEOLOGIE DES DIAKONATS

a) Sakramentalität des männlichen Diakonats in der Urkirche und in den späteren Zeiten über das Konzil von Trient bis zum II. Vatikanischen Konzil

Der Begriff des Weiheamtes (Ordo) war in der Urkirche noch nicht scharf umrissen und klar definiert. Hieronymus (347 - 420) behauptete in seinem Brief an den römischen Presbyter Evangelus, dass dem Presbyter die gleiche Würde wie dem Bischof zukomme, der Bischof sich jedoch nur dadurch vom Presbyter unterscheide, dass er in Verwaltungssachen und strittigen Fragen das entscheidende Wort zu sprechen (juridische Vollmacht) habe. Der Diakon aber bekomme eine Weihe, die *nicht* dem Sakrament des Ordo (Weihesakrament) gleichzusetzen sei. Da die Diakonatsweihe nach seiner Meinung *nicht* dem Weihesakrament gehöre, postulierte er, dass die Diakone den Presbytern (Priestern) ebenso wie dem Bischof untergeordnet werden sollen. Erst im 12. Jh. wird versucht, das Weihesakrament noch genauer zu erklären und im Einzelnen zu beschreiben. In den scholastischen Betrachtungen war es jedoch eingeengt auf die Übertragung der Vollmacht, welche bestimmte Amtsträger befähigt, die Gaben von Brot und Wein zu heiligen (konsekrieren), damit diese in den Leib und das Blut Christi während der Eucharistiefeier verwandelt werden; außerdem gehörte dazu auch die Lossprechung von den Sünden (Absolution) in der Beichte. Der Priester (Presbyter) wurde mit diesen beiden Vollmachten ausgestattet.

Sogar die Bischofsweihe war *nicht* als eine neue sakramentale Stufe erachtet, sondern aus ihrer Beziehung zur Eucharistie auf den priesterlichen Auftrag mit *besonderen zusätzlichen* Verwaltungsvollmachten zurückgeführt worden. Daher ist der Bischof nach scholastischen Darstellungen als nur der erste Priester (summus sacerdos) bezeichnet worden. Er habe nämlich gemäß solchen Ausdeutungen keine größere Vollmacht über den Leib und das Blut Christi als irgend ein anderer Priester.

Der bedeutendste Vertreter der Scholastik hl. Thomas von Aquin (1225 - 1274) hat die Meinung vertreten, dass das Weihesakrament nur aus seinem Verhältnis zur Eucharistie definiert werden kann. Da aber drei Weihestufen auf ihre je eigene Weise die Beziehung zur Eucharistie haben, hat er den Schluss gezogen, dass es eben *drei heilige Weihegrade* gibt (ordines sacri): *Priester, Diakon und Subdiakon.* „Der Priester konsekriert die Eucharistie; der Diakon teilt mit dem Priester die Eucharistie aus; der Subdiakon bringt die heiligen Gefäße für die Bereitung der Eucharistie an den Altar; der Akolyth reicht Wein und Wasser dar. Drei weitere Ordines bereiten die Empfänger für den würdigen Empfang der Eucharistie vor: Der Ostiarier hält die Ungläubigen an der Tür zurück, der Lektor unterweist die Katechumenen in den Grundlagen der christlichen Lehre, der Exorzist befreit die Energumenen aus der Gewalt des Satans."[151] Alle *sieben Weihegrade* haben also einen bestimmten *Bezug zur Eucharistiefeier*, welcher sie zu einer Einheit verbindet. Thomas von Aquin war und ist eine Autorität in der theologischen Welt.

Das Konzil von Trient stand auch unter starkem Einfluss der scholastischen Lehre des Thomas von Aquin. Das Konzil hat die Weihe der Personen durch die Handauflegung des Bischofs (cheirotonia) als Sakrament anerkannt. Was die Konzilsbeschlüsse bezüglich des Diakonats betrifft, blieb es ein wenig unklar im Hinblick auf die Formulierung. Der Diakon habe die Aufgabe, dem Presbyter (Priester) zu helfen, aber es werden die ältesten kirchlichen Schriften nicht herangezogen, in denen betont zum Ausdruck kommt, dass der Diakon geweiht wird, um *dem Bischof* zur Seite zu stehen (in ministerio *episcopi*). Auffällig ist auch, dass das Konzil von Trient hauptsächlich den Diakonat als Durchgangsstufe zum Priestertum erwähnt, weniger ist die Rede von dem sog. Ständigen Diakonat. Das Konzil bestätigt, dass die Weihe durch Handauflegung (cheirotonia) ein echtes Sakrament ist, aber spricht sich nicht ganz klar und unmissverständlich aus, dass die Weihe der Diakone ebenso ein wirkliches Sakrament ist; der Diakonat ist nämlich in die Reihe der sog. kirchlichen Diener zugeordnet (*ordines ministrorum*),

---

[151] Vgl. Zit. bei S. SANDER, ebd., S. 96 - 97.

welche aus mehreren Schichten bestanden z.B. Subdiakon, Lektor, Exorzist, Akolyth und andere. Man kann jedoch nicht unterstellen, dass das Konzil auch die sog. niederen Weihen zum Sakrament erklären wollte.

Immerhin erklärt das Konzil in Can. 7, dass die Bischofsweihe auch mehr Weihegewalt bedeutet und sich somit von der Priesterweihe *unterscheidet* und als Sakrament bezeichnet wird. Die Lehre von unauslöschbarem sakramentalem Prägemal (character indelebilis) bezieht sich hier direkt und ausdrücklich noch auf die Priester; die Diakone werden dabei nicht direkt erwähnt.

Es ist nützlich in diesem Zusammenhang den Wortlaut des Canon 6 vor Augen zu führen: „Si quis dixerit in Ecclesia catholica non esse hierarchiam, divina ordinatione institutam, quae constat ex episcopis, presbyteris et ministris - anathema sit" („Sollte jemand sagen, dass es in der Katholischen Kirche keine Hierarchie gibt, welche durch göttliche Verfügung eingesetzt aus Bischöfen, Presbytern und Dienern besteht, der sei aus der Kirche ausgeschlossen")[152]. Die Bezeichnung Diener (ministri) datiert aus der frühen Geschichte des Christentums, womit die Diakone gemeint waren, weshalb einige Theologen diese Stelle interpretierend die Deutung des Wortes „ministri – Diener" nur auf die Diakone beziehen und nicht auch auf die „niederen Weihen – ordines minores". Es ist augenfällig, dass die meisten Theologen des 16. und des 17. Jahrhunderts der Überzeugung waren, dass der Diakonat zum Weihesakrament gehöre, obwohl deren Formulierungen diesen Sachverhalt nicht immer klar definieren.[153]

Das Zweite Vatikanische Konzil nimmt zu der Frage die definitive Stellung: In der dogmatischen Konstitution des II. Vatikanischen Konzils (LG, Nr. 29) wird zum Ausdruck gebracht, dass den Diakonen die Hände aufgelegt werden „nicht zum Priestertum, sondern zur Dienstleistung („non ad sacerdotium sed ad ministerium"). Es ist jedoch fraglich und offen geblieben, warum hier die Rede vom Dienen im Allgemeinen ist und nicht vom Dienen beim Bischof, wie es in den ältesten kirchlichen Schriften z. B. Traditio

---

[152] Canon 6 (DH 1776).

[153] Vgl. G. L. MÜLLER (Hg.), Der Diakonat - Entwicklung und Perspektiven, ebd., S. 46 - 49.

Apostolica (entstanden um 210 n. Chr.) heißt. Die Handauflegung und das begleitende Gebet des Bischofs – sie bilden eigentlich den Schlüsseltext für das Verstehen der Diakonenweihe. In diesen zwei Elementen spricht das Konzil klar von der Sakramentalität des Diakonats (LG, 29): „Gratia enim *sacramentali* roborati, in diaconia liturgiae, verbi et caritatis Populo Dei, in communione cum Episcopo eiusque presbyterio, inserviunt" (übersetzt: Mit *sakramentaler Gnade gestärkt,* dienen sie dem Volke Gottes in der Diakonie der Liturgie, des Wortes und der Liebestätigkeit in Gemeinschaft mit dem Bischof und seinem Presbyterium). Und ein anderes Konzilsdokument unter dem Titel Ad gentes (AG) (Dekret über die missionarische Sendung der Kirche – zu den Völkern) in der Nummer 16 erklärt: „…ut ministerium suum per gratiam sacramentalem diaconatus efficacius expleant" (…damit sie ihren Dienst mit Hilfe der sakramentalen Diakonatsgnade wirksamer erfüllen können); das Konzil lässt also außer Zweifel, dass die Diakonenweihe zum Weihesakrament gehöre.

Auch nach der Konzilsbeendigung wird die Diakonatsweihe des öfteren als Sakrament hervorgehoben. Hl. Papst Paul VI. erweitert und weist ausdrücklich auf den sakramentalen Charakter des Diakonats in seinem Motuproprio (aus eigenem Beweggrund) *„Sacrum diaconatus ordinem" (heilige Diakonatsweihe) aus dem Jahr 1967 hin, in welchem er zum ersten Mal betont, dass es sich bei der Diakonatsweihe um ein unauslöschbares Prägemal (character indelebilis)* handelt, denn in den Konzildokumenten ist dieser Ausdruck nicht zu finden. Ebenso in seinem Motuproprio *„Ad pascendum"* (Um das Volk Gottes zu weiden…) aus dem Jahr 1972 gebraucht der Papst Paul VI. für den Diakonat die Bezeichnung „heilige Weihe" – (sacra ordinatio) und hebt nochmal die Sakramentalität des Diakonats hervor.

Das II. Vatikanische Konzil hat sich ganz klar über das Weihesakament geäußert: „Um Gottes Volk zu weihen und immerfort zu mehren, hat Christus in seiner Kirche verschiedene Dienstämter eingesetzt, die auf das Wohl des ganzen Leibes ausgerichtet sind. Denn die Amtsträger, die mit heiliger Vollmacht ausgestattet sind, stehen im Dienste ihrer Brüder, damit alle, die zum Volk Gottes gehören und sich daher der wahren Würde eines Christen erfreuen, in freier und geordneter Weise sich auf das nämliche Ziel hin ausstrecken und so zum Heile gelangen" (LG 18). Die *Bischöfe* haben die *Fülle des Weihesakraments* empfangen und „sie haben also das Dienstamt in der Gemeinschaft zusammen mit ihren Helfern, den Priestern und Diakonen, übernommen. An Gottes Stelle stehen sie der Herde vor, deren Hirten sie sind, als Lehrer in der Unterweisung, als Priester im heiligen Kult, als Diener in der Leitung" (LG 20). Drei Grade der Ordination (der hl. Weihe) auf verschiedenen Stufen der Hierarchie verdienen den Titel „*die Diener des Heils*" (AG 16).

Wie aber ist der Ordo (das Weihesakrament) von dem allgemeinen Priestertum aller Gläubigen zu unterscheiden und wie ist die Eigenart der Anteilnahme des Diakonats am Ordo im diesem Zusammenhang zu werten?

Das Volk Gottes hat kraft der hl. Taufe Anteil an dem priesterlichen Dienst Jesu Christi, des Hohenpriesters, vor Gott dem Vater: „Ihr seid ein auserwähltes Geschlecht, *eine königliche Priesterschaft*, ein heiliger Stamm, ein Volk, das sein besonderes Eigentum wurde, damit ihr die großen Taten dessen verkündet, der euch aus der Finsternis in sein wunderbares Licht gerufen hat" (1 Pt 2, 9). Jeder Gläubige nämlich bringt in den Werken seines Lebens dem erhabenen Gott geistige Opfer dar, verkündet seine Schöpfermacht und die gewaltigen Taten, die er vollbracht hat, wendet sich an ihn im Gebet und gibt das Zeugnis von Jesus Christus und seinem Evangelium. Durch die *hl. Weihe* wählt jedoch Gott unter den Getauften jene heraus, die ihm auf eine besondere Weise im priesterlichen Amt (im *hierarchischen Priestertum*) dienen. Sie unterscheiden sich von dem allgemeinen Priestertum nicht nur nach dem Grad, sondern in einem *wesentlichen Merkmal*, obwohl beide einander angewiesen sind. Das Priestertum, das mit dem hl. Weihesakrament gekennzeichnet ist, besitzt ein *unaustilgbares Prägemal (character indelebilis)*, das es durch die von Gott geschenkte Gnade *sakramental befähigt*, das Volk Gottes zu lehren, die Leitung der Gemeinschaft der Gläubigen auszuüben und die Worte vom Reich Gottes in die Tat umzusetzen; außerdem wirken die Geweihten in Person Jesu Christi als des Hohenpriesters und des Dieners (Diakons) und bringen Gott das eucharistische Opfer dar, wobei die Gläubigen „kraft ihres königlichen Priestertums an der eucharistischen Opferung teilhaben" (LG, 10). Hierbei handele es sich um *keine* Konkurrenz, sondern um eine *Ergänzung* (Papst Benedikt XVI.). In den Konzilstexten ist die Rede vom Wirken in der Person Christi des Hauptes (in persona Christi Capitis), wenn der Dienst des Bischofs oder des Priesters beschrieben wird, denn sie stehen der Eucharistiefeier vor und heiligen (konsekrieren) sie. Bei der Umschreibung des Diakonendienstes wird der Ausdruck in der Person Christi des Hauptes (in persona Christi Capitis) nicht gebraucht, aber solche Ausdrücke sind in den postkonzilaren Dokumenten zu finden. Wegen dieser Tatsachen sind später theologische Diskussionen entstanden, wie das Wirken der Diakone eigentlich zu interpretieren sei.

Auf dem II. Vatikanischen Konzil ist also klar definiert worden, das sich die Fülle des Weihesakraments im Episkopat (Bischöfe und ihr Kollegium) befindet. Schon ab dem 12. Jh. wird immer wieder betont, dass das Weihesakrament eine *Einheit* bildet, die auch auf dem II. Vatikanum hervorgehoben wird. Weil das Weihesakrament im Episkopat voll und umfassend verwirklicht wird und auf diese Weise auch das Fundament seiner Einheit bildet, kann erschlossen werden, dass die Priester und Diakone auf je eigene Weise daran Anteil haben. Wir haben bereits gesehen, dass der Diakon nach einer der ältesten Kirchenschriften (Traditio Apostolica) zum Dienst beim Bischof (ad ministerium episcopi) geweiht wird. Das beinhaltet, dass der Diakon im Gegensatz zu den Behauptungen des Hieronymus ein unmittelbares Verhältnis nur zum Bischof hat und auch an der Fülle der Bischofsweihe teilhat. „Bei der Weihe eines Diakons legt *nur der Bischof* die Hände auf ihn, denn er wird *nicht zum Priestertum* geweiht, sondern zum *Dienst beim Bischof*, damit er das tut, was ihm der Bischof aufträgt"[154].

In der Praxi der Kirche der ersten Jahrhunderte konnten die Diakone *direkt* zum Bischof oder Papst gewählt werden (erinnert sei z.B. an die Weihe

---

[154] B. BOTTE (Hg.), Traditio apostolica, SCh 11 bis, Paris 1968, 58 (lateinischer Text: „Indiacono ordinando solus episcopus imponat manus, propterea quia non in sacerdotio ordinatur, sed in ministerio episcopi, ut faciat ea que ab ipso iubentur".- S. auch bei: G. L. Müller, ebd., S. 83 und 99.

des hl. Gregor des Großen), ohne dass es notwendig war, vor der Bischofs-Weihe zum Presbyter (Priester) geweiht werden zu müssen. Zusammenfassend können wir sagen, dass das amtliche Priestertum und der Diakonat je auf eigene Weise Anteil haben (partizipare) an der Fülle des bischöflichen Weihesakraments, welche nur dem Bischof eigen und immanent ist. Deshalb sind Priester und Diakone als *Mitarbeiter des Bischofs* zu begreifen, dem sie bei der Weihehandlung auch den Gehorsam versprechen. Diese Grundlagen über das Weihesakrament und seine Differenzierung wird von den meisten Theologen bejaht. Da aber das II. Vatikanische Konzil keine präzisen Unterscheidungskriterien zwischen dem Priestertum und dem Diakonat aufgestellt hat, sind nach dem Konzil Diskurse und mit Spannungen geladenen Auseinandersetzungen entstanden, wie man die Eigenart (Spezifität) des Diakonats und sein Verhältnis zum Priestertum erörtern soll. Die spätere willkürliche Änderung der frühen christlichen Schriften aus dem 3. Jh., indem man durch Textmanipulation den ursprünglichen Sinn der Aussagen den eigenen Bestrebungen angepasst hatte nämlich, dass die Diakone nicht nur zum Dienst beim Bischof, sondern auch zum Dienst bei den Priestern bestellt seien, hatte weitreichende Konsequenzen für die Entwicklung des Diakonats. Codex Iuris Canonici (CIC) oder Kirchenrecht aus dem Jahr 1983 reiht die Diakone im Canon 1008 und 1009 in die geheiligten Diener (sacri ministri) ein, welche die Weihe bekommen und dazu bestimmt seien, je nach eigenem Weihegrad ihren Dienst in der Person Christi des Hauptes (in persona Christi Capitis) zu verrichten und so das Volk Gottes zu lehren, zu heiligen und zu leiten.

Wenn wir die Worte Christi „Der Größte unter Euch soll werden wie der Kleinste und der Führende soll werden wie der Dienende" (Lk 22, 26) als das wesentliche Merkmal der Nachfolger Jesu tief zu erfassen und zu begreifen versuchen, dann wird uns klar, dass die Träger der Dienstämter in der Kirche die frohe Botschaft für das Heil aller Menschen ausbreiten und in ihrer Rolle die wirkmächtige und erlösende Kraft Jesu Christi selbst *vergegenwärtigen* wollen. Betrachten wir in diesem Rahmen die einzelnen Elemente des kirchlichen Dienstes an den Menschen als konstitutive Teile der ganzheitlichen Sendung der Kirche (die Vollmacht der Konsekration, der Heiligung der eucharistischen Gaben in der hl. Messe, Lossprechung von den Sünden in der hl. Beichte, geschwisterliches Teilen und Dienen untereinander als Ausdruck der umsorgenden und heilenden Liebe Christi), dann können wir mit vollem Recht sagen, dass Christus selbst diese Mitwirkung im kirchlichen Dienstamt gegründet hat.

Noch einmal sei auf die Worte Jesu beim letzten Abendmahl erinnert: „Wenn nun ich, der Herr und Meister, euch die Füße gewaschen habe, dann müsst auch ihr einander die Füße waschen. Ich habe euch ein Beispiel gegeben, damit auch ihr so handelt, wie ich an euch gehandelt habe" (Jo 13, 14 - 15). In einzelnen Teilen, die sich auf das Ganze beziehen, macht Jesus aufmerksam, warum er gekommen sei und was er wünsche, dass seine Nachfolger in die Zukunft weiter tragen. Der Auftrag Christi im Wesentlichen (Substantiellen) und nicht bloß im juristischen Sinn begriffen, bringt uns zu der Erkenntnis, dass Christus beim letzten Abendmahl sowohl das Priestertum als auch den Diakonat eingesetzt hat.[155] Der Diakonat ist demnach „Icona vivens Christi servi in Ecclesia" (das lebendige Bild des Christus des Dieners in der Kirche), denn in ihm und durch ihn wird er sakramental und wirkmächtig: Dienen, Helfen, Solidarität, Barmherzigkeit, Empathie – mit einem Wort die Liebe Christi zu den Menschen – und so vergegenwärtigt. Das Dienstamt des Diakons in der Kirche gehört zum hl. Weihesakrament (Ordo), das ihn prägt, damit er mit dem Priester und Bischof die Sendung Christi aktualisieren kann. Die Worte des hl. Ignatius von Antiochia aus dem 2. Jahrhundert n. Chr. bringen diesen Sacherhalt zum Leuchten: „Alle solle die Diakone achten wie Jesus Christus, ebenso den Bischof als Abbild des Vaters, die Presbyter aber wie eine Ratsversammlung Gottes und wie eine Vereinigung von Aposteln. Ohne diese ist von der Kirche nicht die Rede".[156]

---

[155] Vgl. H. J. WEBER, Zur theologischen Ortsbestimmung des Diakonats im einen Weihesakrament, in: J.G. PLÖGER und H. J. WEBER (Hg.), Der Diakon. Wiederentdeckung und Erneuerung seines Dienstes, 1980, S. 107.

[156] Zit. nach G. L. MÜLLER, ebd., S. 92.

Am 26. 10. 2009 hat Papst Benedikt XVI. sein Motuproprio mit den Anfangsworten *„Omnium in mentem"* (allen zur Erinnerung) herausgegeben. Die Kanons 1008 und 1009 des CIC (Codex iuris canonici) sind dort, wo das Ehe- und Weihesakrament beschrieben werden, neu formuliert und ergänzt worden. Besonders auffällig war die Erklärung des diakonischen Anteils am Weihesakrament im Kanon 1009 § 3: „Diejenigen, die zu Bischöfen und Priestern geweiht worden sind, empfangen die Sendung und die Vollmacht, in der Person Christi, des Hauptes zu handeln; die Diakone hingegen die Kraft, dem Volk Gottes in der Diakonie der Liturgie, des Wortes und der Liebe zu dienen".[157]

Diese Formulierung über die Merkmale des Diakonendienstes und seiner Teilnahme (Partizipation) am Ordosakrament hat zunächst für eine große Verwunderung und die zu Diskussionen unter den Theologen und Diakonen selbst geführt. Manche weisen auf die Tatsache hin, dass durch die Handauflegung und Gebet die Gaben des Heiligen Geistes auf die geweihten Personen ausgegossen werden und so das unauslöschbare Prägemal in sie eingestiftet wird, damit sie als Bischöfe, Priester und Diakone je auf eigene Weise Christus ähnlich, ja ihm gleichgeschaltet werden. Insofern wird die Meinung vertreten, dass die zusätzliche Formulierung im Motupropro des Papstes Benedikt XVI. nicht die Einheit des Ordo (Weihesakraments) berührt, denn dort wird betont, dass sich das Weihesakrament *wesentlich* von dem Priestertum aller Gläubigen unterscheidet. Die Deutung folgt vielmehr dem Kathechismus der Katholischen Kirche, wo es unter der Nr. 1570 heißt:

„Die Diakone haben an der Sendung und der Gnade Christi auf besondere Weise teil. Das Sakrament der Weihe drückt ihnen ein Siegel auf. Dieses kann nicht getilgt werden und gestaltet sie Christus gleich, der zum 'Diakon', das heißt zum Diener aller geworden ist. Aufgabe der Diakone ist es unter anderem, dem Bischof und den Priestern bei der Feier der göttlichen Geheimnisse, vor allem der Eucharistie, zu helfen, die heilige Kommunion zu spenden, der Eheschließung zu assistieren und das Brautpaar zu seg-

---

[157] www.kathapedia.com < title = Omnium_in_...

nen, das Evangelium zur verkünden und zu predigen, den Begräbnissen vorzustehen und sich verschiedenen karitativen Diensten zu widmen".[158]

Sicherlich hat das II. Vatikanische Konzil bezüglich der Umschreibung der Spezifität des Diakonats einige Fragen offen gelassen, auf welche die adäquaten Antworten in der postkonziliaren Zeit gesucht wurden. Mit seinem Motuproprio *Omnium in mentem"* hat Benedikt XVI. in der ganzen katholischen Welt die Diskussion angeregt, das Weihesakrament in seiner Einheit und in dreifacher Ausprägung gründlicher zu verstehen versuchen. Wie also die Bischöfe, Priester und Diakone Jesus Christus als den unsichtbaren Retter und Erlöser darstellen und repräsentieren? Wie ist deren Sendung nach dem Empfang der hl. Weihe zu deuten?

Wenn wir annehmen, dass die Kirche der Leib Christi ist und den sakramentalen Dienst im ekklesiologischen (die Kirche betreffenden) Sinn deuten, begreifen wir, dass das heilige Weihesakrament bestimmte Gläubigen befähigt, in der Person Jesu Christi und in der Person der Kirche zu wirken (in persona Christi et in persona Ecclesiae), was eigentlich die Kirche bildet (konstituiert). Doch diese sakramentale Darstellung und Repräsentation, im Ganzen betrachtet, bedeutet **Diensterweisung** (ministerium) dem Volke Gottes oder mit anderen Worten den Vollzug der *Diakonie*. Gemäß dem II. Vatikanischen Konzil befindet sich die Fülle des Weihesakraments in den Bischöfen, welche dadurch in den Stand versetzt werden, in der Person Jesu Christi des Hauptes sein Werk und sein Wirken fortzusetzen; die Presbyter (Priester) und die Diakone haben – jeder auf ihre eigene Art und Weise – teil an der Fülle der bischöflichen sakramentalen Vollmacht, wie wir bereits oben ausgeführt haben. Der Diakon repräsentiert somit Jesus Christus als den Diakon (Diener aller) und folgerichtig (konsequent) seine Kirche, die ihrem Wesen nach eine *dienende Kirche* ist („repraesentatio Christi diaconi et Ecclesiae servientis"). So interpretiert, zeigt der Ordo (Weihesakrament) an und erklärt, dass die Diakonie eigentlich als wesentliche Dimension der kirchlichen Leitung zu verstehen ist.[159] Das zweifache Gebot „Liebe Gott

---

[158] www.vatican.va > archive > DEU0035 (Katechismus der Katholischen Kirche, Nr. 1570).

[159] Vgl. S. SANDER, ebd., S. 136-138

über alles und den Nächsten wie dich selbst" ist für alle Handlungen und jedes Wirken in der Kirche konstitutiv (wesentlich, in der Grundverfassung verankert) und bezeichnet das normbildende Prinzip des Reiches Gottes. Diese zwei Seiten einer Medaille werden von den Priestern und Diakonen dargestellt und repräsentiert, deren Einheit und Vervollkommnung der Bischof (das Kollegium der Bischöfe) verbürgt und garantiert. Obwohl bei beiden eigene Schwerpunkte bestehen, bilden sie eine Einheit, indem sie sich gegenseitig stützen, ergänzen, manchmal auch vertreten und „perichoretisch" (eine Einheit bildend) durchdringen. „Das Zueinander der Ämter bezeugt auf der Ebene der hierarchisch strukturierten, sichtbaren Kirche, was Zielbestimmung, Sinn und Zweck von Kirche ist, nämlich Sakrament des Heils für die Welt zu sein, das in der vorgängigen, erlösenden Zuwendung Gottes in Jesus Christus gründet und nicht aus eigener Kraft, sondern nur in der Kraft des Geistes Gottes vollzogen werden kann".[160]

Betrachten wir alle theologischen Aspekte in einer Zusammenschau einerseits und die Aussagen des II. Vatikanischen Konzils im Ganzen sowie in ihrer Absicht als auch die postkonziliare Deutungen z.B. *Sacrum diaconatus ordinem* aus dem Jahre 1967 andererseits, können wir festhalten, dass die Einheit des Ordo (Weihesakraments) trotz neuen Formulierungen im Motuproprio „*Omnium in mentem*" erhalten geblieben ist. Die heilige Weihe nämlich gewährt den geweihten Personen die Fähigkeit und die Vollmacht, damit sie wirken (agieren) im Namen Jesu Christi und ihn auf diese Weise bei der Verwirklichung des Reiches Gottes darstellen und repräsentieren. Die diakonische Weihe kann als die allgemeinste Heiligung zum Dienst und zum Dienen in der Kirche verstanden werden, was eigentlich beinhaltet, dass sie *das tragende Fundament* und den wesentlichen Inhalt all jener, die am Weihesakrament teilhaben, bildet. In diesem Sinne sind „*alle kirchlichen Amtsträger mithin immer Diakone.* Bischöfe sind zum *Dienst in der Kirche* ordiniert und zusätzlich als Priester zur Feier der Eucharistie und darüber hinaus als Bischöfe für die selbstständige Leitung einer Ortskirche.

---

[160] Vgl. M. KIRSCHNER, Amtlich in der Person Christi handeln – als Diakon?, Diaconia Christi, 2010, S. 241.

Priester sind zum *Dienst in der Kirche* ordiniert und darüber hinaus insbesondere für die Feier der Eucharistie."[161] Die Diakone sind ordiniert, damit sie mit ihrem Leben und ihrem Wort ohne Unterlass an die Dimension des *Dienens und der Dienstleistung* in der Kirche erinnern und die menschliche Blickrichtung auf Jesus Christus, den Diakon, lenken, der durch die ganze Geschichte hindurch darauf aufmerksam macht: „Wer bei euch groß sein will, der soll euer Diener sein, und wer bei euch der Erste sein will, soll der Sklave aller sein. Denn auch der Menschensohn ist nicht gekommen, um sich dienen zu lassen, sondern um zu dienen" (Mk 10, 44-45).

In diesem Kontext sollten in der Kirche Jesu Christi eigentlich keine Statussymbole existieren, wie das in den „weltlichen" Kreisen der Fall ist. In Deutschland werden die Titel „Hochwürden oder Hochwürdigster Herr" für die Priester kaum mehr gebräuchlich, sondern sie werden mit einfacher Anrede „Herr Pfarrer" angesprochen. Diese Entwicklung ist sehr zu begrüßen. In anderen Ländern z.B. Kroatien sind solche Betitelungen mit „Hochwürden" oder „Hochwürdigster Herr" ganz allgemein üblich, in Österreich zum Teil auch, wobei sich die Länder in diesem Punkt deutlich voneinander unterscheiden. Beim Diakon besteht eine Unsicherheit unter den Gläubigen, wobei die Meisten den Diakon mit „Herr Diakon" ansprechen. Auf diese Tatsachen weist auch der Papst Franziskus hin und richtet seinen Blick besonders auf das Leitungspersonal der Kirche. Hier sei an die Episode im Evangelium erinnert:

„Sie kamen nach Kafarnaum. Als er dann im Haus war, fragte er sie: Worüber habt ihr unterwegs gesprochen: Sie schwiegen, denn sie hatten unterwegs miteinander darüber gesprochen, wer (von ihnen) der Größte sei. Da setzte er sich, rief die Zwölf und sagte zu ihnen: Wer der Erste sein will, soll der Letzte von allen und der Diener aller sein. Und er stellte ein Kind in ihre Mitte, nahm es in seine Arme und sagte zu ihnen: Wer ein solches Kind um meinetwillen aufnimmt, der nimmt mich auf; wer aber mich aufnimmt, der nimmt nicht nur mich auf, sondern den, der mich gesandt hat" (Mk 9, 33-37). Bei hl. Matthäus lesen wir, wie Jesus eindrücklich, direkt, klar und

---

[161] Vgl. R. MIGGELBRINK, 50 Jahre nach dem Konzil, 2012, S. 111.

unmissverständlich seine Nachfolger ermahnt: „In jener Stunde kamen die Jünger zu Jesus und fragten: Wer ist im Himmelreich der Größte? Da rief er ein Kind herbei, stellte es in ihre Mitte und sagte: Amen, das sage ich euch: Wenn ihr nicht umkehrt und wie die Kinder werdet, könnt ihr nicht in das Himmelreich kommen. Wer so klein sein kann wie dieses Kind, der ist im Himmelreich der Größte" (Mt 18, 1-4). Das ist das Fundament und Prinzip des Reiches Gottes.

Die Heiligen haben diese Aussagen Jesu gründlich verstanden und danach ihren Lebensstil ausgerichtet. Erinnert sein nochmal an den Papst Gregor den Großen (540-604), der sich einen „passenden" Titel dazu auserwählt hat, nämlich „Diener der Diener Gottes" (Servus servorum Dei), der seit seiner Zeit auch von den anderen Päpsten im Gebrauch ist. Dieses Prinzip sollte den Lebensstil aller Christinnen und Christen, besonders jener, die an der Leitung der Kirche teilhaben, formen und auszeichnen. So werden höchste Würde, Selbstwertgefühl und Vollmacht in die Sprache des Reiches Gottes übersetzt. Der heilige Augustinus von Hippo (354-430) erklärt mit ähnlichen Worten seine bischöfliche Position: „Für euch bin ich Bischof, mit euch bin ich Christ" (Vobis einem sum episcopus, vobiscum sum Christianus).

b) Sakramentalität des weiblichen Diakonats

Wie oben bereits dargelegt, ist die Tätigkeit der Frauen als Diakoninnen sowohl in der westlichen als auch in der östlichen Kirche bezeugt worden. Im 3. Jahrhundert werden Frauen als Diakoninnen (diaconae) oder Diaconissinnen (diaconissae), manchmal auch synonym (gleichbedeutend) erwähnt. Die kirchlichen Schriften (Didascalia Apostolorum = Lehre der Apostel) aus dem 3. Jh. führen unmissverständlich aus, dass „die Diakoninnen den Platz des Heiligen Geistes einnehmen", neben dem Bischof, der den Platz des Gottes des Vaters hat, neben dem Diakon, der Christus vertritt und neben den Presbytern, die die Apostel repräsentieren. Sie alle gehörten also zum Leitungspersonal der damaligen Kirche und hatten je ihre spezifischen

Aufgaben inne. In der Didascalia ist jedoch der Ordinationsritus dieser Dienste kaum beschrieben. Wir wissen jedoch, dass im 4. Jahrhundert die berühmte Diakonisse Olympias (um 368-408), die der Patriarch Nektarios I. zur Diakonin weihte, gewirkt hat.[162] Von Johannes Chrisostomus (um 344-407) wird sie als große Spenderin der Kirche dargestellt; sie sei mit drei Gefährtinnen zur Diakonin geweiht worden (cheirotonein). „Der Canon 15 von Chalkedon (451) scheint zu bestätigen, dass die Diakonissen durch Handauflegung (cheirotonia) ordiniert wurden. Ihr Dienst wird leitourgia genannt, und sie dürfen nach der Ordination keine Heirat mehr eingehen."[163] Noch im 8. Jh. weiht der Bischof die Diakoninnen mit Handauflegung und kleidet sie mit dem Orarion oder der Stola ein. Die Weihe wird, ähnlich der der männlichen Diakone, während der Euchristiefeier gespendet. Es muss aber betont werden, dass es den Diakoninnen nicht erlaubt war, am liturgischen Dienst am Altar teilzunehmen.

Ab etwa dem 10. Jh. werden die Diakoninnen (Diakonissen) in der Ostkirche kaum mehr erwähnt.

In der Westkirche waren die Frauen, die in die Liste der Witwen aufgenommen waren, als Diakonissen bezeichnet. Ab dem 6. Jh. werden auch im Westen die Diakoninnen bezeugt.[164] Die Synode von Epaôn (517) verbietet jedoch „die Konsekration der Witwen, die Diakoninnen heißen". Ab dem 13. Jh. werden die Diakoninnen (Diakonissen) auch im Westen nicht mehr erwähnt. Die Synode von Paris (829) verbietet, dass die Frauen die liturgischen Aufgaben irgendwelcher Art übernehmen.

Bevor wir uns den Argumenten für die Sakramentalität des Frauendiakonats zuwenden, schien uns angemessen, nochmals auf einige historische Tatsachen aufmerksam zu machen, die zum Teil bereits oben beschrieben worden sind.

---

[162] https://de.wikipedia.org. > wiki > Olym…

[163] Vgl. G. L. MÜLLER (Hg.), Der Diakonat-Entwicklung und Perspektiven, ebd., S. 30.

[164] S. bei K-H. MENKE, Die sakramentale Einheit des Ordo unter besonderer Berücksichtigung der Fragen nach der Sakrtamentalität des Diakonates und einem sakramentalen Diakonat der Frau, Vortrag am 15. 03. 2018 in Köln (Manuskript persönlich zur Verfügung gestellt).

Welche Argumente sprechen für die Sakramentalität des Frauendiakonats?

1. Hl. Paulus nennt seine Mitarbeiterin Phöbe als *Diakonin*... „sie selbst hat vielen, darunter auch mir, geholfen" (Röm 16, 2). Phöbe hat offenbar auch die Aufgabe, den Brief des Apostels nach Rom zu überbringen und den Briefinhalt den dortigen Gläubigen zu erörtern. Sie ist in der Gemeinde von Kenchreä auf dem karitativen Feld sehr aktiv und dazu hat sie auch die theologische Kompetenzen, um das Schreiben des Apostels in Rom auszudeuten. Diese Tätigkeiten sind wesentlich für das diakonale Wirkungsspektrum in den ersten christlichen Gemeinden.

2. Hl. Paulus schreibt in seinem 1. Brief an Timotheus über die Ordnung in den Gemeinden und erwähnt neben dem Bischof und den Diakonen auch die Frauen, die im kirchlichen Dienst sind: „Ebenso sollen die Frauen ehrbar sein, nicht verleumderisch, sondern nüchtern und in allem zuverlässig" (1 Tim 3, 11). Nach Meinung vieler Exegeten, handelt es sich hier *nicht um die Ehefrauen* von den Diakonen, denn Paulus erwähnt in diesem Abschnitt keine Ehefrauen der damaligen Bischöfe, die zu der Zeit verheiratet waren. Warum sollte er nur an die Ehefrauen der Diakone gedacht haben? Wahrscheinlicher ist es, dass es sich um Frauen als Mitarbeiterinnen im Dienst an und in der Gemeinde handelt, denn solche Mitarbeiterinnen (sinergoi) hebt Paulus mehrere Male in seine Briefen hervor (Röm 16, 3; Ph 4, 2f).

3. Die kirchlichen Schriften aus dem *3. Jh. Didascalia Apostolorum* betonen, dass die Diakoninnen in der Gemeinde den Platz des Hl. Geistes einnehmen. Didascalia sprechen vom ministerium diaconiae (das Amt des Dienens), das die Diakone und Diakonissen ausüben. Die Schriften aus dem *4. Jh. Constitutiones Apostolicae* (Apostolische Konstitutionen), die sich auf die älteren Beschreibungen aus Didache (2. Jh.) und Didascalia (3. Jh.) stützen, führen die Epiklese (Anrufung des Hl. Geistes)

auf die Kandidatinnen für den Diakonat an: „Schau nun auf diese deine Dienerin, die zum Diakonat bestimmt ist, und gib ihr deinen Heiligen Geist und reinige sie von aller Befleckung des Fleisches und des Geistes, damit sie das ihr aufgetragene Werk würdig durchführen kann zur Ehre und zum Lobe deines Christus".[165]

4. In der byzantinischen Zeit gab es in der östlichen Kirche den Ritus der Ordination für die Diakonissen, wie das Codex Barberinos (8./9. Jh.) bezeugt. Der Bischof legte seine Hand auf das Haupt der Kandidatin und betete: „Gott, Du Heiliger, Du Allmächtiger, der Du durch Deines eingeborenen Sohnes und unseres Gottes Geburt dem Fleisch nach aus der Jungfrau das weibliche (Geschlecht) geheiligt hast, und der Du nicht nur den Männern, sondern auch den Frauen die Gnade und Ausgießen des Heilige Geistes geschenkt hast, Du selbst, o Herr, siehe auch jetzt auf Deine Dienerin herab und rufe sie zum Werk Deiner Diakonie, und sende ihr herab die reiche Gabe Deines Heiligen Geistes; bewahre sie in Deinem orthodoxen Glauben, in untadeligem Lebenswandel gemäß dem Dir Wohlgefälligen ihren Dienst in allem erfüllend… Souveräner (Despota) Herr, Du hast diese Frauen, die sich selbst anbieten und in deinen heiligen Häusern dienen wollen, nicht abgewiesen, sondern sie in den Stand der Liturgien aufgenommen; schenke die Gnade Deines Heiligen Geistes auch dieser Deiner Dienerin, die sich Dir zur Verfügung stellt und vollende die Gnade des Diakonats, wie Du die Gnade des Diakonats Phöbe gabst, die Du berufen hast; gewähre ihr, o Gott, ohne Tadel in Deinen heiligen Tempeln auszuharren, sich zu mühen um die rechte Lebensführung, vor allem um Besonnenheit, und nimm Deine vollendete Dienerin an; damit auch sie, die am Altar Christi stand, den würdigen Lohn der guten Lebensführung empfangen möge. Durch das Erbarmen und die Menschenliebe Deines eingeborenen Sohnes, mit dem Du gepriesen bist…".[166] Nach dem Gebet legte der Bischof der geweihten Frau das Orarion (die Stola) um den Hals so an, dass die beiden Spitzen der Stola nach vorne kamen.

---

[165] Zit. nach G. L. Müller, ebd., S. 29.
[166] Zit. nach E. THEODOROU, ebd., S. 46-48.

5. Die volle Bedeutung und das Verstehen des Weihesakraments hat sich im Laufe der Kirchengeschichte dynamisch entwickelt, nach und nach geklärt und immer wieder neue Formulierungen erfahren. Erst das II. Vatikanische Konzil vor 55 Jahren hat die heutige Fassung definiert, nach der der *Bischof die Fülle des Weihesakraments* bekomme, die Priester und die Diakone je auf eigene Weise daran teilhaben. Wir haben gesehen, dass Hieronymus (347‑420) den Diakonat aus dem Weihesakrament (Ordo) ausgegliedert hatte. Für Thomas von Aquin gehörte der Diakonat neben dem Presbyterat und Subdiakonat zum Weihesakrament (Ordo), die Bischofsweihe aber unterschied sich im Wesentlichen *nicht* von der Presbyterweihe, da der Bezug zur hl. Eucharistie für ihn entscheidend war; seine Lehre war über Jahrhunderte maßgebend. Die definitive Klärung kam also erst auf dem II. Vatikanischen Konzil. Einige Konzilsväter z.B. Kardinaldiakon J. Danielou versuchten auf dem II. Vatikanum auch die Klärung der Sakramentalität des weiblichen Diakonats herbeizuführen, blieben jedoch in ihren Bemühungen erfolglos.

6. Die Frage der Sakramentalität der Frau als Diakonin ist also auch auf dem II. Vatikanischen Konzil offen geblieben. Eine Gruppe von Theologen führen an, dass nur Bischof, Priester und Diakon das Wiehesakrament übertragen bekommen, wobei der Bischof allein die Fülle des Sakraments inne hat, die Presbyter und Diakone je auf eigene Weise daran teilhaben. Nur diese drei würden zum Ordo gehören und *eine Einheit* bilden. Alle anderen Änderungen seien nicht vereinbar (kompatibel) mit der Auffassung von *der Einheit* des Weihesakraments. K.-H. Menke bemerkte in seinem Vortrag am 15.03.2018 in Köln: „Indem die Kirche von Christus her und auf Christus hin lebt, erkennt sie sich selbst, erkennt sie zum Beispiel ihre Apostolizität, erkennt sie den Unterschied zwischen Aposteln und Apostelnachfolgern, erkennt sie die Einheit des Ordo, aber auch die Endgültigkeit der Trias von Bischöfen, Priestern und Diakonen"[167] Nach Meinung von K.-H. Menke sei die Gleichrangigkeit des

---

[167] Vgl. K.‑H. MENKE, Vortrag 2018, ebd.

männlichen und weiblichen Diakonats nicht erwiesen, obwohl die Weihe der Diakoninnen unter Handauflegung und Epiklese ähnlich der Weihe der männlichen Diakone erfolgt ist (wir haben oben den Wortlaut der entsprechenden Dokumente zitiert). Nach der ausführlichen Darlegung der historischen Tatsachen und theologischen Reflexionen sprechen viel mehr Argumente **für** die Sakramentalität des Frauendiakonats als gegen. Auch wenn der weibliche Diakonat in der Vorgeschichte mit dem männlichen nicht ganz gleich zu setzen oder 1:1 übertragbar ist, können wir einwandfrei feststellen, dass die *wesentlichen* Tätigkeiten der Diakoninnen auf den Hauptfeldern des Einsatzes der männlichen Diakone stattfanden: Karitative Arbeit mit dem Besuch der Kranken und Armen, Sorge um die Kinder, Unterstützung der Schwachen und Notbedürftigen; katechetische Aufgaben bei der Belehrung, besonders der Frauen, Hinführung zum Glauben und Umsorgung der christlichen Gemeinde; liturgischer Einsatz beim gemeinsamen Gebet, Überbringen der hl. Kommunion den kranken, alten und schwachen weiblichen Personen, Austeilung der Kommunion auch in der Gemeinde. Nicht zuletzt wurden die Kandidatinnen vom Bischof durch die Handauflegung und das Gebet (Epiklese), ähnlich wie die männlichen Diakone auch, zu ihrem Dienst geweiht und bestellt.

c) Ritus der Diakonenweihe

Am Ende der theologischen Reflexionen über den Diakonat möchten wir den Ablauf des Ritus der diakonischen Weihe in wesentlichen Zügen vorstellen: Nach dem feierlichen Einzug in die Kirche werden die Kandidaten für das Diakonenamt dem Bischof vorgestellt, welche der Bischof in den vorhergehenden Konsultationen und Gesprächen mit den Verantwortlichen kennengelernt und für den Dienst in der Kirche erwählt hatte. Nach dem Gesang „Ehre sei Gott in der Höhe..." und dem Tagesgebet geben die Kandidaten ihr Jawort und versprechen den Gehorsam dem Bischof gegenüber.

Sie legen sich danach auf die Erde, u.z. mit der vorderen Seite des ganzen Körpers und dem Gesicht zur Erde hin (Prostration - Niederwerfung) als ein demütiges Zeichen der Ehrerbietung und des Gehorsams Gott und seinem Vertreter gegenüber.

Prostration (Sich - Niederwerfen) der Kandidaten für den Diakonat

Die Weihe eines Diakons: Der Bischof legt schweigend beide Hände auf den Kopf des Kandidaten und verharrt einige Sekunden im Schweigen (Handauflegung – materia des Sakraments); ein wenig später spricht er das Gebet (Epiklese – forma des Sakraments)

Der Bischof übergibt dem neungeweihten Diakon das Evangeliar

Der Chor und die Gläubigen singen während der Prostration die Aller-
heiligenlitanei. Am Ende der Litanei erheben sich die Kandidaten von der
Erde, treten einzeln vor den Bischof und knien sich nieder mit zum Gebet
gefalteten Händen. Der Bischof legt dem Kandidaten schweigend beide
Hände auf den Kopfscheitel, verharrt einige Sekunden in dieser Haltung,
um danach die Worte der hl. Weihe zu sprechen. „Die Materie der Diakonatsweihe ist die Handauflegung des Bischofs; die Form besteht in den Worten
des Weihegebets, das sich in die drei Abschnitte – der Anamnese, der Epiklese und der Fürbitte – gliedert…Die wesentliche Form für das Sakrament
ist neben der Handauflegung die *Epiklese*, die in den Worten besteht: Wir
bitten dich, o Herr, gieße über sie den Heiligen Geist aus, dass er sie mit
den sieben Gaben deiner Gnade stärke, damit sie das Werk des Dienens
treu verrichten".

Nach der Handauflegung (Cheirotonia) und dem Weihegebet (Epiklese)
legt der Bischof dem neugeweihten Diakon eine Stola auf, die über die
linke Schulter auf der Körpervorder- und Hinterseite diagonal zur rechten
Hüfte hin geführt wird; die Priester aus den Pfarreien, woher die Diakone
stammen, ziehen ihnen nun die Dalmatik an. Die Neugeweihten treten

so in liturgischer Kleidung des Diakons (mit der Stola quer über die linke Schulter und der Dalmatik darüber) Einzeln vor den Bischof, welcher ihnen jetzt das Evangeliar übergibt und damit zum Ausdruck bringen will, dass der diakonische Dienst im Wesentlichen darin besteht, das Evangelium zu leben und zu verkündigen. Das bedeutet noch mehr als die alleinige Aufgabe, den Text des Evangeliums in der Liturgie vorzutragen.

Die Botschaft des Evangeliums, das er verkündet, soll ihn nämlich so prägen und durchpulsen, dass er bereit sein möge, sein eigenes Leben für Christus einzusetzen. Der Bischof stellt ihm das nochmal vor Augen mit den Worten: „Was du verkündest, erfülle mit Leben"! Dies bezieht sich auf das Wesen und den Dienst des Diakons, welcher durch das Evangelium immer ähnlicher Christus geformt und gleichgeschaltet werden soll.

Dienen und Dienstamt sind ekklesiologische Grundprinzipen. Auf dem II. Vatikanischen Konzil wird die Gemeinschaft der Gläubigen (koinonia, communio) hervorgehoben, welche in der aktiven Teilhabe am Leben und Wirken der Mitchristen*innen sowie aller Menschen guten Willens verwirklicht wird. Ein glückliches Leben kann nämlich nicht in der Vereinzelung, Individualseparation und Isolation gelingen, sondern *nur in der Gemeinschaft,* denn wir sind in erster Linie Sozialwesen, die sich gegenseitig bedingen, veredeln, ergänzen und vervollständigen. Die Gemeinschaft mit Christus (koinonia, communio Christi) zeichnet die Mitglieder der Kirche dadurch aus, dass sie einander Hilfe leisten, sich untereinander unterstützen, mit Empathie jedem begegnen, ehrlich (authentisch) miteinander umgehen. Alle Amtsträger in der Kirche (Bischöfe, Priester und Diakone) sind *immer und überall Diener und Helfer des Volkes Gottes.* Christus sendet die von ihm erwählten Personen unter den Gläubigen, damit sie sein Werk der Erlösung von dem Bösen und des umfassenden Heils durch alle Zeiten fortsetzten. Er sendet sie nicht in erster Linie, damit sie mit großen Vollmachten ausgestattet, als Manager (Leiter) oder als clevere Organisationsexperten das Volk Gottes sammeln und führen, sondern im *Sinne der Dienstbereitschaft und nach dem Beispiel Jesu Christi* auf die Menschen zugehen, den Kontakt mit ihnen suchen, den vorhandenen Glauben festigen oder den verlorengegangenen wieder beleben und sich dafür einsetzten, dass die Menschen ihr Verhältnis zu Gott dem Schöpfer, Erlöser und Zielgeber des Lebens überzeugend erklären und den Weg in eine sichere Zukunft finden. An diese Grundlage oder Charakteristik aller kirchlichen Ämter im Sinne des Dienens und der Dienstleistung – das möchten wir nochmal hervorheben – erinnert und vergegenwärtigt sie die Diakonenweihe. Der Diakon ist dazu berufen, das eigentliche soziale Bewusstsein und Gewissen der Gesellschaft zu fördern sowie der Vertreter der Barmherzigkeit und Gerechtigkeit Gottes unter den Menschen zu sein. An diese Grundlage und Charakteristik *aller* kirchlichen Ämter im Sinne des *Dienens* und der *Dienstleistung* erinnert und vergegenwärtigt sie zugleich die Diakonenweihe. Von der absoluten Güte Gottes stammt doch alles, was wir sind und haben, ähnlich dem, was jedes Kind bei seinen Eltern erfährt und erlebt: Im Kind entsteht ein grenzenloses Vertrauen in seine Mutter und seinen Vater, und die Eltern umsorgen das Kind, *dienen ihm*, bieten ihm jede „Dienstleistung" als auch liebevollen Schutz und Geborgenheit an und umkreisen es mit Freude und erfülltem Glück. Deshalb bedeuten der Dienst und das Dienen keine Versklavung und kein sinnloses Kriechen, sondern Teilhabe an der Güte Gottes.

F. AUSBILDUNG UND VORBEREITUNG DER DIAKONE FÜR DEN HEILIGEN DIENST MIT BEISPIELEN

Welche Ausbildung und Bildung benötigen die Diakonie vor und nach der Weihe? Auf diese Frage gibt es fast so viele Antworten, wie viele Bistümer es gibt. Es sind bis heute keine genauen Entwürfe oder erarbeiteten Vorschläge für die Ausbildung der Diakone formuliert worden, welche für die ganze Kirche gültig wären, obwohl die ersten Ständigen Diakone im Jahr 1968, also vor mehr als 50 Jahren, geweiht wurden. Hier sei exemplarisch ein Programm des Erzbischöflichen Diakoneninstituts Köln vorgestellt:

Zeitplan für die Ausbildung am Erzbischöflichen Diakoneninstitut Köln

ZEITANFORDERUNGEN während der Ausbildungs – und Vorbereitungszeit (gesamt 6 Jahre):

Die Ausbildung bis zur Diakonenweihe dauert 4 Jahre. Darin eingeschlossen sind die vorbereitende Phase zur sorgfältigen Prüfung der Berufung im ersten Jahr; zeitgleich mit dem Vorgenannten beginnen die theologischen Studien über ca. 3 Jahre mit Abschluss Anfang des vierten Jahres, der Diakonatskurs im 4. und Diakonenweihe am Ende des Jahres. Nach der Diakonenweihe schließt sich zur begleitenden Einführung über 2 Jahre der Pastoralkurs an.

Beginn der Ausbildung ist jeweils nach den Sommerferien.

Im Einzelnen:

— Ausbildungsveranstaltungen finden alle 2 Wochen von freitags 18.00 Uhr bis samstags 17:00 Uhr, mit Übernachtung in Köln, Essen oder Aachen statt.

— 1 Studienwoche pro Jahr.
Die Studienwoche findet in den Herbstferien statt. Nach der Diakonenweihe findet jährlich eine Werkwoche außerhalb der Ferienzeit statt.

— 1 Studienblock von Mittwoch 18:00 Uhr bis Samstag 17:00 Uhr im Frühjahr unter Einbeziehung eines Feiertags in Köln, Essen oder Aachen.

— 1 Exerzitienwoche pro Jahr.

— Keine Lehrveranstaltungen in den Oster-, Sommer- und Weihnachtsferien.

— Für die Ehefrauen und Familien gibt es eine eigene Begleitung während der Ausbildung.

Ausbildungsfächer am Erzbischöflichen Diakoneninstitut Köln

Die Ausbildung am Erzbischöflichen Diakoneninstitut in Köln gliedert sich in **vier Bereiche**:
— menschliche Bildung
— wissenschaftlich – theologische Ausbildung
— pastorale Ausbildung
— geistliche Formung

Das **theologische Studium** dauert **drei Jahre** mit folgenden Fächern:

- Philosophie
- Altes Testament
- Neues Testament
- Patrologie / Kirchengeschichte
- Theologie der Spiritualität
- Fundamentaltheologie
- Dogmatik
- Moraltheologie
- Christliche Gesellschaftslehre
- Liturgiewissenschaft
- Liturgische Praxis
- Kirchenrecht, Pastoraltheologie
- Pastoralpsychologie
- Religionspädagogik
- Katechetik
- Homiletik
- Sprecherziehung
- Caritaswissenschaften
- Diakonische Seelsorge

Der **Diakonatskurs im 4. Jahr** endet mit der **Weihe zum Ständigen Diakon**. Schwerpunkte sind:

- Homiletik
- Liturgische Praxis
- Praktische Kirchenmusik
- Praktische Rhetorik
- Gesprächsführung
- Trauerpastoral
- Erwachsenenkatechese
- Taufpastoral und Ehepastoral

In der Regel erfolgt die Weihe zum Diakon mit Zivilberuf im Vorbereitungsdienst (DmZiV).

Nach der Weihe findet im 5. und 6. Ausbildungsjahr der **Pastoralkurs** statt. Schwerpunkte sind:

— Homiletik
— Liturgische Praxis
— Liturgischer Gesang
— Gemeindekatechese
— Gemeindepastoral
— Familienpastoral
— Schulische Religionspädagogik
— Diakonische Seelsorge
— Taufpastoral und -katechese
— Erstkommunionpastoral und -katechese
— Firmpastoral und -katechese
— Ehepastoral und -katechese
— Krankenpastoral
— Trauerpastoral
— Gesprächsführung
— Öffentlichkeitsarbeit
— Mentorengespräche
— Supervision

Erst im Jahr 1998 hat die Kongregation für das Katholische Bildungswesen und die Kongregation für den Klerus die Grundnormen für die Ausbildung der Ständigen Diakone und ein Direktorium für den Dienst und das Leben der Ständigen Diakone herausgegeben, in welchen die allgemeinen Empfehlungen (Normen) und die Richtlinien für die Ausbildung, Vorbereitung und Weiterbildung enthalten sind.[168] In der Zwischenzeit haben die Bischofskonferenzen oder die einzelnen Bistümer eigene Vorschriften oder An-

---

[168] KONGREGATION FÜR DAS KATHOLISCHE BILDUNGSWESEN - KONGREGATION FÜR DEN KLERUS, Grundnormen für die Ausbildung der Ständigen Diakone – Direktorium für den Dienst und das Leben der Ständigen Diakone, Sekretariat der Deutschen Bischofskonferenz, Bonn 1998.

weisungen zusammengestellt, wie in der konkreten Praxis die Ausbildung und Vorbereitung gestaltet werden soll. Bis heute gibt es keinen allgemein gültigen Konsens darüber, wie die Ausbildung und Vorbereitungsübungen aussehen sollten, um das möglichst effektive Ziel zu erreichen. Denn die Ausbildung und Bildung, welche nicht ganz vom Geist Jesu durchdrungen sind, obwohl auf der höchsten wissenschaftlichen Ebene, verfehlen ihren Zweck, wenn sie nicht mit der überzeugenden und radikalen Nachfolge des Evangeliums Jesus von Nazareth in Verbindung stehen.[169]

Wer kann Ständiger Diakon werden?

Die erste Voraussetzung bildet das Leben des Bewerbers, das vom Glauben geprägt sein sollte; von ihm wird auch Interesse, Einsatz und aktives Engagement in der kirchlichen Gemeinde erwartet. Wichtig sind sowohl seine Absichten und Fähigkeiten als auch sein Verständnis und Wissen um die Nöte der Mitmenschen sowie der innere Antrieb, den Anderen in Armut, Krankheit, Bedürftigkeit und in jeder Not helfen zu wollen. Es wird auch seine Erprobung und Affirmation in der Eheführung und Familie (für Verheiratete) als auch in seinem ausgeübten Beruf erwartet. Bevor er seine Bewerbung an das zuständige Amt (z.B. Generalvikariat) verschickt, müssen seine Familie und die Kirchengemeinde, in der er lebt, mit seinem Vorhaben einverstanden sein. Der Pfarrer stellt ihn bei der Gemeinde und bei der kirchlichen Behörde vor. Der Bewerber sollte eine solide Gesundheit des Körpers und der Seele haben, frei von Exzessen und Drogenabhängigkeit, um die Verantwortung für bestimmte Betätigungsbereiche zu übernehmen; außerdem wird eine Teamfähigkeit sowie die Bereitschaft, sich weiterzubilden, vorausgesetzt. Die verheirateten Kandidaten müssen bei der Weihe 35 Jahre alt sein, die Unverheirateten, die zölibatär (ehelos) weiter leben wollen, mindestens 25 Jahre. Für die älteren Bewerber gilt im Allgemeinen, dass sie nicht älter als 62 Jahre sind, obwohl hier unterschiedliche Vorschriften in einzelnen Bistümern praktiziert werden. Für die

---

[169] Vgl. G. KÖNIG, Wie schlägt sich die diakonale Sendung der Kirche in den Ausbildungsordnungen nieder? Ein Durchblick durch die Ausbildungsgänge der Diözesen, in: K. ARMBRUSTER – M. MÜHL (Hg.), Bereit wozu? Geweiht für was?, Freiburg i. B., 2009, S. 348.

Verheirateten gilt, dass die Ehepartnerin mit der Absicht des Bewerbers voll einverstanden ist.

Die Grundnormen für die Ausbildung der Ständigen Diakone sehen vor, das sich nur männliche Personen beim zuständigen Pfarrer oder der bischöflichen Verwaltung (Generalvikariat) anmelden und bewerben können, wenn sie den Wunsch verspüren, ein katholischer Diakon werden zu wollen. Die Beratung und die entsprechende Empfehlung folgen dann von dort. Wenn man dann unter *die Bewerber* aufgenommen worden ist, beginnt die sog. *Vorbereitungsphase.* Der Ausbildungsleiter ist verantwortlich für die Aufklärung des Bewerbers und für die gründliche und kritische Überprüfung der Berufung. Die Ehefrauen sollen bereits in dieser Phase mit einbezogen werden. Am Ende der *Vorbereitungsphase (ca. 1 Jahr Dauer)* erfolgt ein Gutachten über den Bewerber, welches dem zuständigen Bischof vorgelegt wird. Der Bewerber selbst stellt zuvor einen Antrag auf die Aufnahme unter die *Kandidaten* für den Diakonat. Mit positiven Entscheid des Bischofs erfolgt die Aufnahme feierlich und öffentlich im Rahmen eines liturgischen Ritus. Nach der vorbereitenden Phase folgt nun die Ausbildungszeit, die mindestens 3 Jahre dauern soll. Über die Modelle und Möglichkeiten für Ausbildung und Schulung entscheiden die Bischofskonferenzen oder die einzelnen Diözesanbischöfe. Vor der Weihe werden den Kandidaten die Dienstämter des Lektorats und Akolythats übertragen. Der Kandidat schreibt nach der erfolgreichen Ausbildungszeit einen eigenen Antrag an den Bischof, in welchem er bekundet, dass er „von sich aus und frei die heilige Weihe empfangen und sich dem kirchlichen Dienst für immer widmen wird".[170]

Der Bischof prüft dann im sog. *Scrutinium* (kritische Bewertung der gesammelten Daten über den Kandidaten sowie das persönliche Gespräch mit ihm und seiner Ehefrau) und fällt die *endgültige Entscheidung* über den Empfang der hl. Weihe. Der ehelose Kandidat muss sich nach den geltenden Vorschriften öffentlich zum Zölibat verpflichten.

Die Ausbildung für den Ständigen Diakon muss berücksichtigen, dass die Kandidaten aus verschiedensten Berufsgruppen – von den Universitäts-

---

[170] Vgl. GRUNDNORMEN FÜR DIE AUSBILDUNG DER STÄNDIGEN DIAKONE, ebd., S. 45-54.

professoren bis zu den Handwerkern, von jüngeren und älteren Personen, Verheirateten mit Familie und Unverheirateten – kommen.

Die Ausbildungs- und Vorbereitungszeit z.B. im Erzbistum Köln, beträgt 6 Jahre und wird durch entsprechende Abschnitte gegliedert (s. die Tab. oben).[171]

Bischofskonferenzen der verschiedenen Länder und oft auch einzelne Bistümer unterscheiden sich bezüglich der Programme für die Ausbildung, die konkret in der Praxis und vor Ort gestaltet werden soll. In Deutschland besteht eine solche „Rahmenordnung für Ständige Diakone in den Bistümern der Bundesrepublik Deutschland vom 19. Mai 2015", herausgegeben vom Sekretariat der Deutschen Bischofskonferenz, die sich auf die „Grundnormen" der Kongregation für das Katholische Bildungswesen und das „Direktorium" der Kongregation für den Klerus aus dem Jahr 1998 (bereits zitiert) stützt. Ähnliche Rahmenordnungen sind später auch von anderen Bistümern erfolgt, wie wir auch am zweiten Beispiel des Trierer Bistums aufzeigen werden:

Ausbildung und Vorbereitung auf das Diakonenamt im Bistum Trier:

Das Trierer Bistum hat im Jahre 2017 eine ORDNUNG für Ständige Diakone im Bistum Trier (Diakonenordnung) herausgegeben, auf die wir hier näher eingehen möchten:[172]

Die Ausbildung und Vorbereitung auf das Diakonenamt gliedert sich in ein *Interessentenjahr*, in welchem die betreffenden Personen sorgfältig prüfen sollen, ob ihre Berufung den Erfordernissen für den Diakonendienst entsprechen und ob sie in spiritueller Erfahrung bei dem Wunsch und der Überzeugung bleiben möchten, sich in den kirchlichen Dienst nehmen zu

---

[171] Für die Überlassung der Unterlagen danke ich dem Erzbischöflichen Diakoneninstitut, Köln.

[172] ORDNUNG FÜR STÄNDIGE DIAKONE IM BISTUM TRIER (Diakonenordnung), Herausgeber: Bischöfliches Generalvikariat Trier, 2017.

lassen. Zwei vom Bischof ernannten Leiter sind für die fruchtbare Durchführung des Interessentenjahres verantwortlich. Am Ende des Jahres trifft der Interessent frei seine Entscheidung, ob er dem *Diakonats-Bewerberkreis* beitreten möchte. Vorausgesetzt wird, dass der Interessent am Interssentenjahr teilgenommen *und* den *Grundkurs* von „Theologie im Fernkurs" der Katholischen Akademie Domschule, Würzburg (oder einen vergleichbaren bzw. höheren theologischen Abschluss) erfolgreich erworben hat. Der bischöfliche Beauftragte entscheidet über den Antrag nach der Anhörung der Leitung.

Die folgende *Ausbildungsphase* hat zum Ziel, den Bewerber menschlich, geistlich, theologisch und pastoral zu befähigen und auf sein zukünftiges Amt vorzubereiten. Nach seiner Bewährung im *Diakonatsbewerberkreis* kann er den schriftlichen Antrag stellen, um den *Akolythat und Lekorat* zu empfangen, worüber der Bischof nach der Anhörung des bischöflichen Beauftragten entscheidet. Vor der Übertragung dieser kirchlichen Dienstämter führt der Bischof mit dem Bewerber und seiner Ehefrau ein *Scrutinium* (Prüf- und Bewertungsgespräch). Während des letzten Ausbildungsjahres, mindestens ein halbes Jahr vor der Weihe wird der Betreffende auf seinen schriftlichen Antrag hin und nach der Anhörung seines Beauftragten vom Bischof unter die *Kandidaten* für das Weihe-Sakrament (*Admissio*) aufgenommen. Am Ende der Ausbildungszeit kommt der Kandidat in den *Weihekurs* und stellt bereits am Anfang des Kurses sein schriftliches Gesuch um die Diakonenweihe. Der Bischöfliche Beauftragte wendet sich nun an den Heimatpfarrer des Kandidaten und bittet ihn um seine Beurteilung. Nach positiver Antwort schlägt der Bischöfliche Beauftragte den Kandidaten dem Bischof zur Weihe vor. Danach führt der Bischof *erneut ein Scrutinium* mit ihm. Es folgt eine Bekanntmachung in der Heimatpfarrei, anschließend die *Weiheexerzitien* und *am Ende die Weihe*. Es wird dann auf die pastoral-praktische Ausbildung des Diakons mit Zivilberuf hingewiesen wie auch die pastorale Zusatzqualifikation zum Diakon im Hauptberuf im Einzelnen dargestellt.

Die Weihe der ersten vier Ständigen Diakone im Bistum Trier am 25.10.1970[173] (Das Bild wurde von der Bischöflichen Pressestelle Trier zur Verfügung gestellt).

Die ersten Ständigen Diakone im Bistum Trier wurden am 25.10.1970 geweiht.

Das 50-jährige Jubiläum im Jahr 2020 konnte wegen der Corona – Pandemie nicht feierlich begangen werden. Aus dem gleichen Grund wurde auch die Drucklegung dieses Buches auf das Jahr 2021 verschoben).

In Kroatien ist das Programm für die Diakonenausbildung mit einigen Abweichungen ähnlich zusammengestellt, wie wir im Ausbildungsplan des Diakoneninstituts, Köln gezeigt haben (s. oben). Die Aufnahmebedingungen weichen jedoch von den Empfehlungen der Kongregation für das Katholische Bildungswesen ab. Als Voraussetzung gelten entweder abgeschlossenes Studium der Philosophie und Theologie in Dauer von 5 Jahren oder abgeschlossenes Studium der Religionspedagogik und Katechese in Dauer von 5 Jahren oder Fachtheologisches Studium in Dauer von 3 Jahren (ehemaliges Institut für Theologische Kultur). Die Latte für die Aufnahme unter die

---

[173] Vgl. https://cms.bistum-trier.de >Integrale

Kandidaten ist hier besonders hoch eingestellt. In Deutschland hingegen muss kein abgeschlossenes Studium der Theologie vorliegen, es können auch Interessenten mit mittlerer Schulreife und mit einem zusätzlich erlernten Beruf (Handwerker, Verwaltungsangestellte, Krankenpfleger, Polizisten usw.) in die Formation zum Diakonat aufgenommen werden. Außerdem wird in Kroatien verlangt, dass die verheirateten Interessenten mindestens 8 Jahre in ehelicher Gemeinschaft gelebt haben sollten, bevor sie die Bewerbung einreichen dürfen. Der Ausbildungsplan sieht dann vor, dass die Kandidaten in Verbindung mit dem Erzbischöflichen Pastoralinstitut die weitere Ausbildung in verschiedenen Fächern für 2 Jahre fortsetzten, bevor sie zur Weihe zugelassen werden.

Im Allgemeinen kann man sagen, dass das Einführungsjahr der Ausbildung in den meisten Bistümern eine starke Akzentuierung auf die Bedeutung der Diakonie und der Caritas sowie der Fürsorge für die Schwachen, Kranken, Notbedürftigen und Abgehängten setzt. Es wird ein Ziel verfolgt im Bemühen, die verschiedenen Wege kennenzulernen, wie man die Hilfe organisieren und anbieten könnte, damit die Menschen eine bessere Perspektive im Licht des Evangeliums Jesu Christi gewinnen. Dazu gibt es unterschiedliche Zugänge. In einigen Bistümern besteht die Verpflichtung, dass der Praktikant im ersten Ausbildungsjahr ein konkretes karitatives Projekt unter Leitung und Begleitung einer erfahrener Person in einer Pfarrgemeinde oder einem Seelsorgebezirk ausführen soll. Im Bistum Osnabrück z.B. führt ein Aspirant auf Diakonat ein halbjähriges Vorbereitungspraktikum, um überhaupt unter die Diakonatskandidaten aufgenommen zu werden. Nach der erfolgreichen Aufnahme folgt ein einjähriges diakonisches Praktikum in einer sozial-karitativen Institution und wird als zentraler Punkt in der Ausbildung bewertet. In fast allen bekannten Ausbildungsprogrammen ist die Akzentuierung der diakonischen Dimension sowohl in Predigen als auch in praxisorientierten Tätigkeiten stark abgebildet.

In den Ordnungen der Bistümer für die Ausbildung der zukünftigen Diakone können folgende Ziele erkannt werden:

– Der Kandidat soll befähigt werden, die Wege der Diakonisierung der kirchlichen Gemeinden zu erschließen und „als Teilhaber an dem einzigen kirchlichen Dienstamt in der Kirche ein besonderes sakramentales Zeichen Christi, des Dieners zu wirken. Seine Aufgabe ist es, 'Deuter der Nöte und der Bedürfnisse der christlichen Gemeinschaften' zu sein sowie 'Anreger zum Dienst, d.h. zur diakonia', die ein wesentlicher Teil der Sendung der Kirche ist".[174]

– Die Spiritualität des Dienens wird in den geistigen Übungen und Exerzitien, die während der Ausbildung begleitend angeboten werden, vertieft.

– Die Kandidaten werden stufenweise auf ihren dreifachen Dienst in der Kirche hingeführt: Liturgie (leitourgia), Zeugnis (martyria) und Diakonie (diakonia), um ihrer Sendung gerecht zu werden.[175]

Folgende Fragen schweben im Raum: In welcher Richtung entfaltet sich die diakonische Ausbildung und die zukünftige Tätigkeit? Wird seine Gestalt und Bedeutung vom Mangel an Priestern bestimmt? Wo ist der richtige Platz für die Ständigen Diakone? Der bekannte Bischof aus Limburg (Deutschland) F. Kamphaus hat vor einiger Zeit in einem Vortrag unter dem Titel „Eine diakonische Kirche braucht den Diakon" eine beachtenswerte Antwort gegeben: „Den neuen römischen Dokumenten ist es ein Anliegen, die diakonische Dimension der Kirche mit Hilfe der Diakone neu in den Blick zu bekommen und zu definieren. Es ist deutlich geworden, dass bei der offiziellen Einführung des Ständigen Diakonats die Diakonie zu wenig im Blick gewesen ist... Das Konzept, das die Würzburger Synode zum Dienst des Ständigen Diakons vorgelegt hat, enthält durchaus die Verbindung von Caritas und Pastoral. Aber dazu ist es in der Praxis leider

---

[174] Vgl. KONGREGATION FÜR DAS KATHOLISCHE BILDUNGSWESEN. KONGREGATION FÜR DEN KLERUS, ebd., S. 24.
[175] Vgl. G. KÖNIG, ebd., S. 357.

bisher kaum gekommen, aus unterschiedlichen Gründen. Ein wesentlicher Grund ist in vielen Bistümern die prekäre Personalsituation... Heute ist viel vom Priestermangel die Rede. Wenn man tatsächlich ernst nimmt, dass die Kirche im Diakonat ein Amt hat, mit dem sie sich ihrer diakonischen Grundaufgabe stellt, dann müsste genauso von einem Diakonenmangel gesprochen werden. *Müsste nicht jede Gemeinde einen Diakon haben?*"[176] Wenn also der Diakon ein sakramentales Zeichen der Diakonie darstellen soll, dann müsste auch seine Ausbildung dieses Ziel vor Augen halten. Sicherlich muss das diakonische Wirken im Einklang mit der kulturellen, sozialen und wirtschaftlichen Situation der Gegend stehen, in der es ausgeübt wird. Aber der Grundgedanke und die Konzeption der Diakonie bleiben wesentlich für die weitere Entfaltung. Aus der Nachahmung Jesu Christi des Diakons entspringt das Gesamtwirkungspotential eines jeden Diakons ob in der Liturgie (leitourgia), ob im Zeugnis (martyria), in der Verkündigung des Evangeliums in Wort und Tat, ob im liebevollen Einsatz für die Armen und Schwachen (Diakonie).

Wir haben gesehen, dass fast jede Bischofskonferenz (sogar auch einzelne Bistümer) ihre *eigenen* Programme für die Ausbildung der Ständigen Diakone besitzen. Es scheint aber angebracht zu sein, die *Standards* zu entwickeln, die für die ganze Kirche gelten sollten, wie es bei der Priesterausbildung bereits geschehen ist. Leider ist das bei der Diakonenausbildung noch im Stadium des Experimentierens. Es müsste also nach vorheriger Analyse und Prüfung durch Fachleute ein allgemeiner Konsens gefunden werden. Wir plädieren auch dafür, die Fächer unter dem Titel „Die Geschichte und Entwicklung des Diakonats" sowie „Zusammenarbeit zwischen dem Diakon und dem Priester" hinzuzufügen. Das allerdings kann vermutlich nur auf einer Römischen Bischofsynode oder auf dem nächsten Konzil erreicht werden.

---

[176] Zit. nach: G. KÖNIG, ebd., S. 359-360.

G. DIAKONISCHE SPIRITUALITÄT

Als Vorüberlegung möchten wir anführen: Das Direktorium für den Dienst und das Leben der Ständigen Diakone betont: „Das Weihesakrament verleiht den Diakonen 'eine neue Weihe an Gott', mit der sie 'durch die Salbung des Heiligen Geistes geweiht und von Christus ausgesandt werden zum Dienst am Volk Gottes für den Aufbau des Leibes Christi' (Eph 4, 12).

`Daraus erwächst die diakonische Spiritualität, die ihren Ursprung in der sakramentalen Diakonatsgnade hat, wie das II. Vatikanische Konzil sie nennt... Wie die Bezeichnung 'Diakonat', selbst aussagt, kennzeichnet der Geist des Dienens das innere Fühlen und Wollen dessen, der dieses Weihesakrament empfängt. Durch den Diakonat will man verwirklichen, was Jesus in Bezug auf seine Sendung gesagt hat: 'Der Menschensohn ist nicht gekommen, um sich dienen zu lassen, sondern um zu dienen' (Mk 10, 45; Mt 20, 28)."[177]

Es erhebt sich also die Frage: Wovon leben die Ständigen Diakone? Welche innere Motivation bildet ihren Antrieb, sich auf ein solches Unterfangen und „Lebensabenteuer" einzulassen? Woher schöpfen sie ihre Kraft und Ausdauer, ihrem Dienst treu zu bleiben?

Jede Person hat je ihre eigenen Vorstellungen und inneren Bestrebungen, welche im Laufe des Lebens entstehen, sich zu entfalten, zu verändern und den Umständen der Lebensprozesse das Beste abzuringen.

Wir alle möchten ein erfülltes, erfolgreiches und glückliches Leben führen. Aber wie viele Menschen – so viele Vorstellungen von der Fülle des Lebens und der persönlichen Zufriedenheit. Warum also eine Person wünscht und sich dafür entscheidet, Jesus Christus, dem Großen Diakon, nachzufolgen, ihn nachzuahmen? Aus welcher Quelle schöpft sie die Freude, Kraft und dauernde (kontinuierliche) Motivation für die Verwirklichung dieses Ziels? Wo findet sie das Lebenselixier?

---

[177] Vgl. KONGREGATION FÜR DAS KATHOLISCHE BILDUNGSWESEN – KONGREGATIO FÜR DEN DIENST UND DAS LEBEN DER STÄNDIGEN DIAKONE, ebd., S. 102.

Wenn wir die Entwicklung des Menschen im Sinne der Evolution betrachten, können wir rasch erkennen, dass diese nicht nur zum homo sapiens führt, also zu einem intelligenten, mit Vernunft und Kreativität begabten Wesen, welches nach und nach auch sich selbst übersteigen kann. Unschwer sind in ihm Energien und Kraftfelder zu entdecken, die die Menschen in die Lage versetzen, selbst diesen evolutiven Prozess zu verändern und auf ihn lenkend (regulativ) Einfluss zu nehmen. Der menschliche Intellekt besitzt die Fähigkeit, sich nicht nur passiv im Spiel der Naturkräfte um ihn herum und in ihm selber zu verhalten, sondern aktiv eingreifend vieles zu ändern. Das wird ersichtlich in den Errungenschaften der modernen Wissenschaften und Technik, und wir ahnen etwas von den Möglichkeiten, die sich allmählich auftun. Gerade diese Fähigkeit und Eigenschaft des Menschen, sich selbst zu erkennen (das Wissen mit Gewissheit, Selbstbwwusstsein und Einsicht in die Prozesse seiner selbst und seiner Umgebung, zum Teil auch schöpferisch eingreifen, gestalten und verändern zu können) nennen wir *Geist*. Diese kraftvolle Energie charakterisiert den Menschen und macht ihn *einzigartig* in der uns bekannten Welt. Der Mensch ist außerdem ein *Kulturwesen*, das wir in der sog. *Kulturevolution* erkennen können, welche mitnichten eine Fortsetzung der biologischen Evolution beinhaltet, denn in ihr spielt unsere *Selbstbestimmung* eine überragende Rolle.[178] Mit seiner qualitativen Ausstattung ist der Mensch fähig, sowohl den Raum als auch die Zeit als auch die materiellen Bedingungen zu überschreiten, zu überwinden (übersteigen) und zu transzendieren (übersinnliche Wahrnehmung und Erfahrung aquirieren, erwerben). Wir sind heute Zeugen dieser erstaunlichen Entwicklung und der teilweisen Verwirklichung des Einsatzes der intellektuellen Fähigkeiten des Menschen. Wir leben heutzutage dank der Medizin und den übrigen Naturwissenschaften durchschnittlich doppelt so lange im Vergleich mit den Menschen vor 100 Jahren, mit der Tendenz einer weiteren Lebensverlängerung. Auf der anderen Seite ist dieselbe intellektuelle und geistige Kraft in der Lage, mit dem angehäuften atomaren Arsenal und / oder mit der weiteren selbstverursachten Klimaveränderung

---

[178] Vgl. F. von KUTSCHERA, ebd., S. 266.

das Leben auf der Erde zum Erlöschen zu bringen. Wir stehen also vor dem Mysterium (Geheimnis) der Möglichkeiten des menschlichen Geistes.

Und darin ist eindeutig zu erkennen, was der Mensch ist, wie er sich entwickelt und welche mögliche Entfaltungsrichtungen und Szenarien auf Grund der bisherigen Beobachtungen, Erfahrungen und Errungenschaften zu erwarten sind.

Wir selbst erkennen uns als Wesen, welche in vielem von den materiellen Bedingungen und Umständen abhängig sind, aber auch zugleich als diejenigen, die der eigenen Fähigkeiten und Möglichkeiten bewusst sind, dass wir zum Teil auch *über* den materiellen Gegebenheiten stehen und sie gestalten können. Daher versuchen wir in die geheimnisvollen Prozesse um uns und in uns selbst einzudringen und die gewonnenen Erkenntnisse zu nutzen, um ein erfülltes Leben und persönliche Zufriedenheit zu erreichen.

Um die materiellen Vorgänge und Prozesse in unserem Körper kümmert sich die Medizin, die diese in die gesundheitsfördernde Richtung lenkt.

Für die seelischen und geistigen Bedürfnisse und Entfaltungen sorgen Psychologie, Psychiatrie und andere Wissenschaften. Doch wissen wir, dass man die menschliche Person nicht in scharf trennbare meterielle und geistige Schichten (Sphären) aufteilen kann, denn beide Hälften bilden die *Einheit* oder noch besser ausgedrückt die *Ganzheit* des Menschen, der sich als *Person* empfindet und identifiziert. Die *Ganzheit* ist qualitativ immer mehr als die Summe der einzelnen Komponenten (Teile). Der Mensch als Person sucht immerfort nach der Antwort auf die ewig und überall gegenwärtigen Fragen: Woher er komme? Wozu er lebe? Warum er sterben muss? Kann es ein ewiges Leben geben?

Die christliche Botschaft mit dem Evangelium Jesu Christi unterbreitet uns ein Angebot, wie wir den Zweck und das Ziel unseres persönlichen Lebens erkennen können und wie wir diesen unaufhaltsamen und immer vorhandenen Drang nach der Fülle des Lebens verwirklichen können.

Vergleichen wir die Angebote und Antworten auf die erwähnten existentiellen Fragen im Bereich der anderen bekannten Religionen mit denen der christlichen Lehre, leuchtet uns bald auf, worin der Glanz und die Überzeugungskraft des Evangeliums Jesu Christi in seiner Einzigartigkeit und Einmaligkeit besteht.

Wie können wir also die geistigen Energien, die in uns vorhanden, aber häufig verschüttet unter der Oberfläche versteckt liegen, aufdecken, enthüllen, aufheben, „umgraben", ausrichten und zur Entfaltung bringen?

Unter dem Begriff „Spiritualität" (Spiritus = Geist) verstehen wir zunächst jene Eigenschaft des Menschen, mit deren Hilfe er sich selbst sowie seine Umgebung und sein Verhältnis zu anderen Wesen, besonders zu den Mitmenschen als auch seine Abhängigkeit und Beziehung zum Ursprung seines Lebens, Gott, erkennt. Gerade diese Einschätzung und Anpassung unserer verschiedenen Beziehungen zu sich selbst, zu den Mitmenschen und zu Gott führt uns zu den konkreten Wünschen, Verlangen, Sehnsüchten und Entscheidungen. Daher beinhaltet die christliche Spiritualität die einzigartige und ganzheitliche existenzielle Orientierung, welche in Verbindung mit Jesus Christus und seinem Heiligen Geist entsteht und als Maßstab jeglicher Tätigkeit als auch der wechselseitigen Wirkung (Interaktion) mit den anderen Personen zur Geltung kommt.

Da wir den Menschen nach der christlichen Auffassung als ein Wesen erkennen, das in seiner Ganzheit und Quintessenz auf eine Beziehung zu Gott, seinem Schöpfer und Erlöser hinweist und tendiert, definiert sich auch sein Verhältnis zu anderen Menschen, die ebenso als Kinder Gottes und sein Ebenbild geschaffen sind. Diese Einsichten und Erkenntnisse des eigenen Ichs sowie des aller anderen Personen ergründen und durchdringen unsere christliche Spiritualität und unsere Lebenskunst („ars vivendi").

Wenn wir das Leben Jesus von Nazareth Revue passieren lassen und seine Lebenskunst im Evangelium in den Blick nehmen, können wir die Hauptlinien seines Verhältnisses zu Gott dem Vater und zu anderen Mitmenschen und ihren Gemeinschaften erkennen. Beim aufmerksamen Lesen der biblischen Botschaften entdecken wir immer tiefer und intensiver, was uns das Leben anzubieten hat, und wie wir in die Lage versetzt werden, sich dem Quell des Lebens anzunähern. Das Evangelium ist also der Wegweiser, Leuchtturm und das Korrektiv für unser praktisches christliches Leben.

Dass das Evangelium und die Lebensweise Jesu Christi nicht nur etwas theoretisches und ideologisches darstellen, ergründen und bestätigen wir mit eigener alltäglicher Erfahrung. Jesus aus Nazareth hat vor ca. 2000 Jahren sein menschliches Leben unter den Menschen gelebt und vollendet. Nach der christlichen Überzeugung ist derselbe Jesus auch nach seinem Tod und seiner Auferstehung unter seinen Nachfolgern und in der Gemeinschaft der Gläubigen (Kirche) geblieben, wenn auch in vergeistigter (spiritueller) Form: „Seid gewiss: Ich bin bei euch alle Tage bis zum Ende der Welt" (Mt 28, 20). Er ist in seinen Worten, in seiner Gemeinde und in Sakramenten anwesend wie auch durch unsere Erfahrungen erkennbar. Die christliche Spiritualität lebt eigentlich aus den Erfahrungen, die wir durch das Lesen der hl. Schrift, durch das Feiern der Sakramente in der kirchlichen Gemeinschaft und durch die Hilfe, die wir den Notbedürftigen jeglicher Art leisten, denn hierin ist Gott anwesend und erlebbar als „Immanuel" (Gott mit uns).[179]

Einige wichtige Bestandteile der diakonischen Spiritualität sind hier besonders hervorzuheben:

1.   Eucharistiefeier

Eucharistie ist „Quelle und Höhepunkt des kirchlichen Lebens" (LG 11).

Jesus Christus hat beim letzten Abendmahl sakramental sein im Voraus gesehenes Leiden, Tod und Auferstehung in Brot und Wein wie in zwei Brennpunkten gesammelt, vorweggenommen (antizipiert) und vergeistigend gewandelt, um bei den Menschen eben auf diese Weise, unter den Gestalten von Brot und Wein, dauernd zu bleiben: „Und er nahm Brot, sprach das Dankgebet, brach das Brot und reichte es ihnen mit den Worten: Das ist mein Leib, der für euch hingegeben wird. Tut dies zu meinem Gedächtnis! Ebenso nahm er nach dem Mahl den Kelch und sagte: Dieser Kelch

---

[179] Vgl. G. FÜRST, Wie und wovon werden Diakone morgen geistlich leben?, Diaconia Christi, S.110-119.

ist der Neue Bund in meinem Blut, das für euch vergossen wird" (Lk 22, 19-20). Die Apostel und die ersten Gläubigen haben die Absicht und den testamentarischen Wunsch Jesu gut verstanden, denn sie haben sich nach seinem Tod und seiner glorreichen Auferstehung immer wieder getroffen, um diesen letzten Wunsch ihres Lehrers, der ihnen als sein Vermächtnis ins Herz eingebrannt war, zu erfüllen. Die Schrift berichtet ganz eindrücklich darüber: „Und alle, die gläubig geworden waren, bildeten eine Gemeinschaft und hatten alles gemeinsam...Tag für Tag verharrten sie einmütig im Tempel, brachen in ihren Häusern das Brot und hielten miteinander Mahl in Freude und Einfalt des Herzens" (Apg 2, 44; 46). Das ist die Mitte, um die sich die Christen aller Zeiten versammelt und die Kraft für ihren Alltag geschöpft haben. Die Bischöfe, Priester und Diakone beteiligen sich an der Eucharistie durch das Prägemal der heiligen Weihe auf eine *besondere* Weise. Die Bischöfe und Priester wiederholen dieselben Worte Jesu, die er beim letzten Abendmahl über Brot und Wein gesprochen hat, damit sie für uns zum Leib und Blut Jesu Christi werden; *die Diakone stellen den anwesenden Jesus als den Großen Diakon dar und vergegenwärtigen ihn, wie er beim letzten Mahl seinen Jüngern die Füße wäscht*, und erinnern an den zweiten Teil seines Vermächtnisses: „Ihr sagt zu mir Meister und Herr und ihr nennt mich mit Recht so; denn ich bin es. Wenn nun ich, der Herr und Meister, euch die Füße gewaschen habe, *dann müsst auch ihr einander die Füße waschen*. Ich habe euch ein Beispiel gegeben, damit auch ihr so handelt, wie ich an euch gehandelt habe. Amen, amen, ich sage euch: Der Sklave ist nicht größer als sein Herr und der Abgesandte ist nicht größer als der, der ihn gesandt hat. Selig seid ihr, wenn ihr das wisst und danach handelt" (Jo 13, 14-17).

Gerade beim letzten Abendmahl, das können wir den Berichten sicher entnehmen, hat der Herr Jesus durch die „Fußwaschung" den Diakonat in seiner Kirche gegründet und mit den Worten über Brot und Wein („das ist mein Leib, das ist mein Blut") das Weihesakrament des Presbyterats und Episkopats gespendet.

Dies verinnerlichend wird der Diakon als Vertreter Jesu Christi, des Großen Diakons, bei der Eucharistriefeier seine sakramentale Sendung immer *neu beleben*, vollständiger begreifen und die Worte beim Ritus der Diakonenweihe in Erinnerung rufen: „Seid ihr bereit, den Armen und Kranken beizustehen und den Heimatlosen und Notleidenden zu helfen?"

Das geistige Erlebnis der *Begegnung* mit Jesus Christus, dem *Großen Diakon*, in der Eucharistie wird auf eine besondere Weise die *Spiritualität des Diakons* prägen und ihn mit neuer Energie erquicken, damit er seinen diakonischen Dienst kraftvoll verrichte. Wenn er wegen seiner zivilen Beschäftigung oder aus anderen Gründen verhindert ist, der Eucharistiefeier an den Werktagen beizuwohnen, wird er dennoch 5 - 6 min. Zeit finden, sich zu sammeln und in seinen Gedanken des Letzten Abendmahls Jesu zu gedenken: Zunächst wird er vor seinen geistigen Augen die Fußwaschung Revue passieren lassen, danach gedanklich um die Gesten und Worte Jesu über Brot und Wein kreisen und den *testamentarischen* Wunsch („tut dies zu meinem Gedächtnis") zu erfüllen versuchen (*geistige Eucharistie*). Am Ende wird er sich in dieser Haltung mit Jesus im Geiste vereinigen (*geistige Kommunion*).

Für die Messfeier mit dem Diakon (missa cum diacono) wird sich der Diakon gewissenhaft auf die Verkündigung des Evangeliums vorbereiten, indem er über die Worte des Evangeliums nachdenkt, meditiert und betet, damit die Worte Jesu wirkungsvoll bei den Zuhörern ankommen. Hat er nach Rücksprache mit dem Pfarrer auch die Möglichkeit, das Wort Gottes in der Predigt auszudeuten, wird er dessen bewusst werden, dass für eine solche überaus verantwortungsvolle Aufgabe eine solide Vorbereitung nötig ist, die das Lesen der Literatur, die Meditation und das Gebet einschließen muss. Gerade eine solche Vorbereitung und die Verkündigung des Wortes Gottes wird auch *seine Spiritualität* intensivieren, vertiefen und bereichern. Die Teilnahme an der Eucharistie – ob am Altar, ob in Kirchenbänken unter den Gläubigen, ob auf geistige Weise außerhalb der Kirche – wird die Quelle, der Höhepunkt und das Eliksir des diakonischen Lebens, seiner Tätigkeit, inneren Friedens, positiver Gedanken und Empfindungen, des gesunden Optimismus und seiner Spiritualität werden.

2. Stundengebet

Ein zweites Merkmal der diakonischen Spiritualität besteht im täglichen Gebet, besonders in dem Stundengebet. Der Diakon verpflichtet sich nämlich bei der Weihe, das Stundengebet, das offizielle Kirchengebet jeden Tag zu vollziehen, u. z. Laudes (Morgenlob, Anbetung, Fürbitten und Danksagung) als auch die Vesper (das Abendgebet mit Danksagung, Fürbitten und Lobpreis, welcher seinen Höhepunkt im „Magnificat", dem Lobpreis der Mutter Gottes, erreicht). Die beiden Gebetsstunden enden mit („Vater unser...") und Tagesgebet. Den größten Teil im Stundengebet bilden die Psalmen, denn in den Psalmen erleben wir die befreiende und erlösende Kraft Gottes; erinnern uns an seine Taten mit den einzelnen Personen und an dem auserwählten Volk Israel; begleiten die Danksagung der Gläubigen aus der Vergangenheit; betrachten das Leben der früheren Menschen, ihr fehlerhaftes Verhalten und viele Niederlagen in aussichtslosen und verzweifelten Situationen, aber auch ihr Aufstehen unter dem Einfluss des wirkmächtigen Eingreifens und der Intervention Gottes.

Die Psalmen (insgesamt 150) beschreiben echte, authentische und konkrete Lebensvollzüge einzelner Menschen und ihrer Gemeinschaften, aber auch die Findungsprozesse bei der Suche nach dem Sinn des Lebens und dem Glück. In solchen echten (authentischen) und eindrücklichen menschlichen Elementen erkennen wir auch uns selber sowie unsere eigenen Probleme und Visionen wieder. Darin finden wir den Trost und die Motivation für den weiteren Weg durch das Leben und schöpfen daraus die Hoffnung auf den positiven Ausgang. Die Psalmen zeigen uns ebenfalls, wie ihre Verfasser oft eine Ahnung über die Ankunft des Messias, den wir Jesus Christus nennen, zum Ausdruck brachten, z.B. „Mein Sohn bist du. Heute habe ich dich gezeugt" (Ps 2, 7). Die Kirche hat die Psalmen in das Stundengebet eingeführt, weil sie messianisch inspiriert auf eine geheimnisvolle Art und Weise Jesus Christus ankündigen. Noch wichtiger ist die Tatsache, dass die Gemeinschaft der Gläubigen (die Kirche) bekennt, dass derselbe Messias (Jesus Christ) auch nach dem Tode seine Nachfolger lebendig begleitet, stärkt, führt und rettet. Jesus Christus selber beruft sich in Gesprächen mit seinen Jüngern nach seiner Auferstehung auf die Psalmen. Der Evangelist Lukas berichtet darüber bei der Beschreibung der Begegnung Jesu mit seinen Jüngern in Jerusalem: „Das sind die Worte, die ich zu euch gesagt habe, als ich noch bei euch war: Alles muss in Erfüllung gehen, was im Gesetz des Mose, bei den Propheten und *in den Psalmen* über mich gesagt ist" (Lk 24, 44). Die Bibelwissenschaftler sind überzeugt, dass Jesus in seinem irdischen Leben die Psalmen gebetet hat, wie das der Gebrauch bei den Juden war; sein letztes Gebet am Kreuz waren die Worte aus dem Psalm 22:

„Mein Gott, mein Gott, warum hast du mich verlassen..." (Ps 22, 2). Während des Wartens auf die Herabkunft des Heiligen Geistes, den Jesus seinen Jüngern versprochen hatte, beteten seine Nachfolger und Nachfolgerinnen zusammen: „Sie alle verharrten dort einmütig im Gebet, zusammen mit den Frauen und mit Maria, der Mutter Jesu, und mit seinen Brüdern" (Apg 1,14). Dieses gemeinsame Gebet bestand sehr wahrscheinlich im Rezitieren der Psalmen. Wir lesen auch bei den Evangelisten, wie sie sich auf die Psalmen berufen, um das, was im Leben Jesu geschehen ist, mit den Zitaten aus den Psalmen zu bekräftigen und zu erläutern. Der hl. Paulus auf seiner ersten Missionsreise durch Antiochia in Pisidien hebt in seiner Ansprache dort hervor: „So verkündigen wir euch das Evangelium: Gott hat die Verheißung, die an die Väter ergangen ist, erfüllt, indem er Jesus auferweckt hat, wie es schon im zweiten Psalm heißt: 'Mein Sohn bist du, heute habe ich dich gezeugt'" (Apg 13, 32 - 33). In seinem Brief an die Epheser beschreibt er die neue Lebensweise im Lichte Jesu Christi und legt ihnen ans Herz: „Lasst in eurer Mitte *Psalmen*, Hymnen und Lieder erklingen, wie der Geist sie eingibt. Singt und jubelt aus vollem Herzen zum Lob des Herrn" (Eph 5, 19).

Im Beten und Betrachten der Psalmen erhebt sich unser Geist in die Sphäre der Poesie der Kirche; außerdem kommen wir nach und nach zur Erkenntnis und Überzeugung, dass Jesus Christus wirklich derjenige ist, auf den die Psalmen in einer mystischen Vorausschau hinweisen. In den Texten der Psalmen wird Christus als der Verkünder des Reiches Gottes, Heiler und Retter entworfen; auf der anderer Seite wird der Widerstand seiner Zeitgenossen, Ablehnung, Verneinung, Verdemütigung, Verrat und gewaltsame körperliche Vernichtung gezeichnet; in manchen Psalmen freut man sich und jubelt über den Sieg des Guten und Gerechten über das Böse und Ungerechte und hat dabei im Blick die ewige Rettung und Glückseligkeit durch den Messias Gottes. Gerade die Erfüllung des in den Psalmen vorher beschriebenen Lebens Jesu stellt eine unerschöpfliche Quelle der Spiritualität sowohl für den Diakon als auch für alle anderen Christen dar. Jetzt wird uns klar, warum die kirchliche Leitung das Stundengebet, in welchem den größten Platz die Psalmen einnehmen, so sehr schätzt und mit einem besonderen Akzent empfiehlt.[180]

Wie betet der Diakon das Stundengebet und welches besonderes Kennzeichen ist hierbei feststellbar? Der größte Teil der Ständigen Diakone lebt in der Ehe und Familie mit den Kindern. Die Ehefrauen waren vor der Diakonenweihe ihrer Männer damit völlig einverstanden, ja sogar haben sie vor dem Bischof und öffentlich bekundet, dass sie ihr Wirken und den Einsatz unterstützen und tragen wollen. In solchen Familien besteht meist ohnehin die Atmosphäre der Gottesanwesenheit und die Einmütigkeit im Gebet. Somit ist es verständlich, dass viele Diakone das Stundengebet teilweise oder ganz mit den Ehefrauen zusammen beten, im Bewusstsein der Worte Jesu und seiner Verheißung: „Wo zwei oder drei in meinem Namen versammelt sind, da bin ich mitten unter ihnen" (Mt 18, 20). Gerade in der ehelichen Gemeinschaft wird die Anwesenheit Jesu während des gemeinsamen Stundengebets erfahrbar, in welchem sie abwechselnd die Verse der Psalmen sprechen und so die gegenseitige Ergänzung und Bereicherung in Gott verspüren. Das macht eine Diakonenfamilie zu einem Kirchlein in der Kirche (ecclesiola in ecclesia), ähnlich den Verhältnissen in der Urkirche, wo die Familienhäuser zugleich auch kleine Kirchen für das gemeinsame Beten und das „Brechen des eucharistischen Brotes" waren.

Wir haben festgestellt, dass die Psalmen eine Schatzkammer der christlichen Spiritualität und der Leitlinien für die Gespräche mit Gott darstellen. In ihnen kann sich jede und jeder erkennen und wiederfinden. Für die

---

[180] Vgl. G. FÜRST, ebd., S. 113.

Illustration und Erläuterung dieses Sachverhalts möchten wir hier einige Auszüge aus den Psalmen anführen:

Lobpreis, Ehrerbietung, Anbetung, Halleluja:

„Ihr Völker alle klatscht in die Hände; / jauchzt Gott zu mit lautem Jubel! Denn Furcht gebietend ist der Herr, der Höchste, / ein großer König über die ganze Erde. (...) Singt unserem Gott, ja singt ihm! / Spielt unserem König, spielt ihm! Denn Gott ist der König der ganzen Erde. / Spielt ihm ein **Psalmenlied!**[181] (...) Denn Gott gehören die Mächte der Erde; / er ist hoch erhaben" (Ps 47, 2 - 3; 7 - 8; 10).

„Mein Herz ist bereit, o Gott, mein Herz ist bereit, / ich will dir singen und spielen. Wach auf, meine Seele / Wacht auf Harfe und Saitenspiel! / Ich will das Morgenrot wecken. Ich will dich vor den Völkern preisen, Herr, / dir vor den Nationen lobsingen. Denn deine Güte reicht, so weit der Himmel ist, / deine Treue, so weit die Wolken ziehen. Erheb dich über die Himmel, o Gott! / Deine Herrlichkeit erscheine über der ganzen Erde" (Ps 108, 2-6).

Halleluja! Lobt Gott in seinem Heiligtum, / lobt ihn in seiner mächtigen Feste! Lobt ihn für seine große Taten, / lobt ihn in seiner gewaltigen Größe! Lobt ihn mit dem Schall der Hörner, / lobt ihn mit Harfe und Zither! Lobt ihn mit Pauken und Tanz, / lobt ihn mit Flöten und Saitenspiel! Lobt ihn mit hellen Zimbeln, / lobt ihn mit klingenden Zimbeln! Alles, was atmet, / lobe den Herrn! Halleluja!" (Ps 150, 1 - 6).

---

[181] Vom Autor hervorgehoben.

Danksagung Gott, dem Urquell und Spender alles Guten und jeder Freude

„Danket dem Herrn, denn er ist gütig, / denn seine Huld währt ewig. (…) Ich danke dir, dass du mich erhört hast; / du bist für mich zum Retter geworden. (…) Dies ist der Tag, den der Herr gemacht hat; / wir wollen jubeln und uns an ihm freuen. – Ach, Herr, bring doch Hilfe! / Ach, Herr, gib doch Gelingen! Gesegnet sei er, der kommt im Namen des Herrn. / Wir segnen euch vom Haus des Herrn her. / Gott, der Herr, erleuchte uns. Mit Zweigen in den Händen / schließt euch zusammen zum Reigen / bis zu den Hörnern des Altars! Du bist mein Gott, dir will ich danken; / mein Gott, dich will ich rühmen. – Dankt dem Herrn, denn er ist gütig, / denn seine Huld währt ewig" (Ps 118, 1; 21; 24-29).

„Ich will dir danken aus ganzem Herzen, / dir vor den Engeln singen und spielen: ich will mich niederwerfen zu deinem heiligen Tempel hin / und deinem Namen danken für deine Huld und Treue. Denn du hast die Worte meines Mundes gehört, / deinen Namen und dein Wort über alles verherrlicht. Du hast mich erhört am Tag, als ich rief: / du gabst meiner Seele große Kraft. – (…) Der Herr nimmt sich meiner an, Herr, deine Huld währt ewig. / Lass nicht ab vom Werk Diener Hände!" (Ps 138, 1-3; 8).

„Ich will dich rühmen, Herr, / denn du hast mich aus der Tiefe gezogen / und lässt meine Feinde nicht über mich triumphieren. Herr, mein Gott, ich habe zu dir geschrien / und du hast mich geheilt. Herr, du hast mich herausgeholt aus dem Reich des Todes, / aus der Schar der Todgeweihten mich zum Leben gerufen. Singt und spielt dem Herrn, ihr seine Frommen, / preist seinen heiligen Namen! (…) Höre mich, Herr, sei mir gnädig! / Herr, sei du mein Helfer! – Da hast du mein Klagen in Tanzen verwandelt, / hast mir das Trauergewand ausgezogen und mich mit Freude umgürtet. Darum singt dir meine Herz und will nicht verstummen. / Herr, mein Gott, ich will dir danken in Ewigkeit (Ps 30, 2-5; 11-13).

Hinwendung zu Gott in Nöten und ausweglosen Situationen

„Mein Gott, mein Gott, warum hast du mich verlassen, / bist fern meinem Schreien, den Worten meiner Klage? Mein Gott, ich rufe bei Tag, doch du gibst keine Antwort; / ich rufe bei Nacht und finde doch keine Ruhe. Aber du bist heilig, / du thronst über dem Lobpreis Israels. Dir haben unsere Väter vertraut, / und du hast sie gerettet. (...) Sei mir nicht fern, denn die Not ist nahe / und niemand ist da, der hilft. (...) Du aber, Herr, halte dich nicht fern! / Du, meine Stärke, eil mir zu Hilfe" (Ps 22, 2-5; 12; 20)!

„Ich rufe zu Gott, ich schreie, / **ich rufe zu Gott, bis er mich hört**.[182] Am Tag meiner Not suche ich den Herrn; unablässig erhebe ich meine Hände, / meine Seele lässt sich nicht trösten. (...) Wird der Herr mich denn auf ewig verstoßen / und mir niemals mehr gnädig sein? Hat seine Huld für immer ein Ende, / ist seine Verheißung aufgehoben für alle Zeiten? Hat Gott seine Gnade vergessen, / im Zorn sein Erbarmen verschlossen? Da sagte ich mir: 'das ist mein Schmerz, / dass die Rechte des Höchsten so anders handelt.' Ich denke an die Taten des Herrn, / ich will denken an deine früheren Wunder" (Ps 77, 2-3; 8-12).

Umkehr zu Gott nach begangenen Fehlern und Sünden

„Gott, sei mir gnädig nach deiner Huld, / tilge meine Frevel nach deinem reichen Erbarmen! Wasch meine Schuld von mir ab / und mach mich rein von meiner Sünde. Denn ich erkenne meine bösen Taten, / meine Sünde steht mir immer vor Augen. Gegen dich allein habe ich gesündigt, / ich habe getan, was dir missfällt. (...) Erschaffe mir, Gott, ein reines Herz / und gib mir einen neuen, beständigen Geist! Verwirf mich nicht von deinem Angesicht / und nimm deinen heiligen Geist nicht von mir! Mach mich wieder froh mit deinem Heil / mit einem willigen Geist rüste mich aus" (Ps 51, 3-6; 12-14)!

---

[182] Vom Autor hervorgehoben.

Klagen

„Herr, du Gott meines Heils, / zu dir schreie ich am Tag und bei Nacht. (...) Warum, o Herr, verwirfst du mich, / warum verbirgst du dein Gesicht vor mir? – Gebeugt bin ich und todkrank von früher Jugend an, / deine Schrecken lasten auf mir und ich bin zerquält. Über mich fuhr die Glut deines Zorns dahin, / deine Schrecken vernichten mich" (Ps 88, 2; 15-17).

„Ich sage zu Gott, meinem Fels: 'Warum hast du mich vergessen? Warum muss ich trauernd umhergehen, von meinem Feind bedrängt?' Wie ein Stechen in meinen Gliedern ist für mich der Hohn der Bedränger; denn sie rufen mir ständig zu: Wo ist nun dein Gott?" (Ps 42, 10-11)

Bittgebet

„Sei mir gnädig, o Gott, sei mir gnädig; / denn ich flüchte mich zu dir. Im Schatten deiner Flügel finde ich Zuflucht, / bis das Unheil vorübergeht. Ich rufe zu Gott, dem Höchsten, / zu Gott, der mir beisteht. Er sende mir Hilfe vom Himmel; / meine Feinde schmähen mich. Gott sende seine Huld und Treue. – (...) Ich will dich vor den Völkern preisen, Herr, / dir vor den Nationen lobsingen. Denn deine Güte reicht, so weit der Himmel ist, / deine Treue, so weit die Wolken ziehen" (Ps 57, 2-4; 10-11).

„Ich hebe meine Augen auf zu den Bergen: / Woher kommt mir Hilfe? Meine Hilfe kommt vom Herrn, / der Himmel und Erde gemacht hat. – (...) Der Herr ist dein Hüter, der Herr gibt dir Schatten; / er steht dir zur Seite. (...) Der Herr behüte dich vor allem Bösen, / er behüte dein Leben" (Ps 121, 1-2; 5; 7).

Die Psalmen beschreiben also unser Leben mit Höhen und Tiefen, dynamisch, eindrücklich, authentisch und trefflich in der Echtheit, so dass sich jeder und jede von uns darin wiedererkennen kann; sie bringen das Ganze immer in Beziehung zu Gott, denn „in ihm leben wir, bewegen wir uns und sind wir" (Apg, 17, 28). Menschliche Erfahrung und Weisheit sind geheimnisvoll von der Inspiration des Geistes Gottes durchwoben. Auf diese Weise leben wir mit und in Gott, teilen sowohl mit ihm als auch mit unseren Verwandten, Freunden und Bekannten geglückte und misslungene Lebensstunden und bewegen uns vorwärts in der Erwartung des endgültigen Sieges des Guten über das Böse. Die einzelnen Verse und Abschnitte werden wie ein „Ohrwurm" die Gedanken der Diakone begleiten und seine Tätigkeit im Alltag unterschwellig beeinflussen und inspirieren.

3. Andachten in Kirchengemeinden mit und ohne eucharistischen Segen

Der Diakon hat bei manchen Gelegenheiten die Aufgabe, den öffentlichen Andachten vorzustehen z.B. Wortgottesdienste, Begräbnisfeier, Kreuzweg, Maiandachten sowie dem feierlichen Abendgebet der Kirche (Vesper). Er wird oft bei solchen Anlässen eine Predigt oder eine kürzere Ansprache vor den Gläubigen halten. Das erfordert vom Diakon eine solide Vorbereitung, die im aufmerksamen Lesen der Literatur, im Nachdenken über das zu deutende Gotteswort und in der Meditation über die Botschaft des Evangeliums besteht. Dabei ist sein persönliches Gebet von großer Wichtigkeit, insbesondere die Vertiefung der Frömmigkeit zur Mutter Gottes, der Königin der Diakone z.B. durch *das Rosenkranzgebet*, in welchem er die Geheimnisse Christi verinnerlicht (s. auch spätere Ausführungen). Es ist gut, sich immer wieder an den Dienst und die Mitarbeit der Mutter Gottes Maria zu erinnern und so die diakonische und miterlösende Dimension ihres Lebens vor Augen zu führen: „Ich bin **die Magd** des Herrn; mir geschehe, wie du es gesagt hast. (...) Meine Seele preist die Größe des Herrn, / und mein Geist jubelt über Gott meinen Retter. Denn auf die Niedrigkeit

seiner Magd[183] hat er geschaut. / Siehe, von nun an preisen mich selig alle Geschlechter" (Lk 1, 38; 46‑48).[184] Die Diakone werden besonders im Gedächtnis behalten, wie die Mutter Gottes ihrer Verwandten Elisabeth, die im vorgerückten Alter einen Sohn empfangen hatte, einen längeren Besuch abgestattet hat: Gleich nach der Verkündigung des Engels, dass sich Elisabeth bereits im 6. Monat der Schwangerschaft befinde, „machte sich Maria auf den Weg und eilte in eine Stadt im Bergland von Judäa. Sie ging in das Haus des Zacharias und begrüßte Elisabeth. (…) Und Maria blieb etwa drei Monate bei ihr; dann kehrte sie nach Hause zurück (vgl. Lk 1, 39‑45). Das Motiv der Gottes Mutter Maria ist klar: Sie will der Verwandten Elisabeth, die noch im Alter schwanger geworden ist, ihre Hilfe anbieten: Die Arbeiten im Haushalt erledigen, die Versorgung sichern und sie unterstützen, insbesondere weil die letzten Monate der Schwangerschaft für eine ältere Frau sehr anstrengend sind, und die Geburt selbst ein Risiko für die Mutter und das Kind darstellt. Außerdem befand sich Elisabeth zusätzlich in einer großen Not, da ihr Mann plötzlich stumm geworden war (vgl. Lk 1,10‑22). Vermutlich blieb Maria bei Elisabeth bis zur glücklichen Geburt ihres Sohnes Johannes, bei welcher auch der Vater Zacharias seine Sprachfähigkeit wieder erlangte.

Erinnern möchte wir auch an die Aufmerksamkeit und Hilfsbereitschaft der Mutter Gottes bei der Hochzeit von Kana. Die Braut und der Bräutigam waren in eine übergroße und peinliche Not geraten, denn plötzlich haben sie gemerkt, dass die Hochzeitsfeier zu scheitern droht; sie haben nämlich festgestellt, dass der Wein zur Neige ging. Was für Druck und Angst auf den Seelen der Brautleute! Irgendwie hat das die Mutter Gottes mitbekommen und sie hatte Mitgefühl mit ihnen. Deshalb überlegt sie, wie sie ihnen zur Hilfe kommen könnte. In dieser Notlage wendet sie sich an ihren Sohn. Das Evangelium beschreibt es in beweglichen Worte: „Sie haben keinen Wein mehr" (Jo 2, 3)‑sagt sie zu Jesus. Welche Solidarität, Empathie und Mitgefühl vonseiten der Mutter Gottes. Sie war offenbar

---

[183] Vom Autor hervorgehoben
[184] Vgl. auch T. SÖDING, ebd., S. 51‑52.

vom Heiligen Geist inspiriert und überzeugt, dass Jesus als Gottes Sohn *helfen kann*, wenn alles Menschliche versagt, weshalb sie auch die Empfehlung so sicher an die Diener ausgibt: „Was er euch sagt, das tut" (Jo 2, 5)! Wir wissen, dass Jesus bei dieser Gelegenheit sein erstes Wunder gewirkt hat (vgl. Jo 2, 1 - 11). Die Mutter *Gottes ist also die echte Magd, Diakonin, Mitleidende, Mittlerin, Helferin und Miterlöserin.* Sie ist das Vorbild und die Motivation jeder diakonischen Tätigkeit. Die erwähnten Andachten, insbesondere das meditative *Rosenkranzgebet* und die Dienste, in denen sich der Diakon aktiv einbringt, hinterlassen die geistigen Spuren in ihm, formen und intensivieren stetig seine Spiritualität.

4. Bibellesen, Ausweitung der theologischen Bildung durch das Studium der weiterführenden Literatur

Um seine Aufgaben in der modernen Welt erledigen zu können, wird der Diakon bemüht sein, das Wissen und die Bildung ständig in den theologischen Disziplinen als auch in den Naturwissenschaften zu erweitern und zu vertiefen, indem er entsprechende Literatur sichtet und sich durch Fernsehen und Internet über die Ereignisse und Strömungen in der Welt informieren lässt. Der Gedankenaustausch in Gesprächen anlässlich der gemeinsamen Begegnungen mit anderen Diakonen, die Kommunikation mit den Gläubigen und den Menschen am Arbeitsplatz sowie die Teilnahme an den Vorträgen, Workshops und Tagungen werden weitere Bausteine in seiner Fortbildung sein. Ganz besonders wird er sich immer wieder mit dem Lesen der hl. Schrift (lectio divina = göttliche Lesung) beschäftigen, darüber nachdenken und die Inhalte als Maßstab an eigenes Leben ansetzen. Die Diakone sollten also Menschen „voll Geist und Weisheit" (Apg 6, 3) sein, eben solche, wie sie die Apostel bei der Weihe jener Sieben bezeichnet hatten.

5. Christliche Meditation – eines der wesentlichen Elemente der diakonischen Spiritualität

5.1 Über die Meditation im Allgemeinen

Sichten wir die ausführliche deutschen Literatur über die diakonische Spiritualität, so ist darin kaum etwas konkretes über die Meditation und ihre Bedeutung für das Leben der Diakone enthalten. Die Meditation wird in verschiedenen Ordensgemeinschaften gepflegt und praktiziert. Sie wird aber auch von den Neurowissenschaften im Allgemeinen sehr empfohlen. Die heutigen Wissenschaften (Psychologie und Medizin) sowie der Einfluss der asiatischen Kultur haben neue Einblicke und Horizonte eröffnet und zugleich klare Anweisungen und Praktiken für die Meditation formuliert, welche heute nicht nur geschätzt und angewendet werden, sondern auch wissenschaftlich in vielen Studien bestätigt sind. Die Meditation wird als ein sehr nützliches Instrument für die Gestaltung des Lebens eines jeden Menschen empfohlen. Auf der anderen Seite besteht das Individuum aus Körper und Seele, die eine *Einheit* bilden. Diese zwei Prinzipen des menschlichen Lebens durchdringen einander, sind miteinander verwoben und ergänzen sich gegenseitig. Bekannt ist der alte weise Spruch: „Mens sana in corpore sano" (gesunder Geist in gesundem Körper), welcher dem römischen Dichter Juvenal zugeschrieben wird. Obwohl er das in einem anderen Sinn interpretiert hatte, gilt jedoch bis auf einige Ausnahmen, dass der Körper und die Seele sehr eng zusammengefügt sind, sich einander durchwirken, gegenseitig konditionieren (bedingen) und eine einzigartige Einheit bilden; daher ist es unmöglich den Menschen nur als Körper oder nur als Geist zu verstehen. Der Mensch ist eben als Person unzertrennlich. Es ist somit erlaubt, den Spruch des Juvenal auch ergänzend umzukehren: „Corpus sanum in mente sana" (gesunder Körper in gesundem Geist), obwohl es auch hierbei Ausnahmen geben kann.

Welche Bedeutung hat diese Tatsache für die diakonische Spiritualität?

Sowohl der Leib als auch der Geist einer Person benötigen Pflege und Vervollkommnung, um gesund zu werden oder zu bleiben, neue Fähigkeiten zu erwerben und eigenes Glück zu verwirklichen. Für die körperliche Gesundheit versuchen wir in unserer modernen Zeit alles zu unternehmen, um verschiedenen Krankheiten vorzubeugen oder die entstandenen zu heilen. Die Medizin hilft uns vielfach, die stabile Gesundheit zu bewahren oder die angeschlagene wiederherzustellen. Was die seelischen Störungen und Schwächen betrifft, stehen uns die Psychologie, Psychiatrie, Psychotherapie und viele andere Disziplinen zur Verfügung.

Können wir mit einen Eingriff oder einer Aktivität *positiv* sowohl auf den Körper als auch auf den Geist einwirken und somit den Menschen in seiner *Ganzheit* günstig beeinflussen und vervollkommnen? Wir wissen aus der Erfahrung, dass die Bewegung in der Natur und an der frischen Luft gut tut, und dass wir uns während und nach dem ausgiebigen Spaziergang stärker, positiver und mit Energie aufgeladener fühlen. Zur gleichen Zeit haben wir das Gefühl, dass auch unsere Seele ruhiger, von Angst und Panik befreiter und vom Stress deutlich weniger geplagt wird. Was für ein positiver Einfluss auf die Ganzheit unseres Wesens von einem einzigen Spaziergang!

Gerade die Meditation bietet uns die große Chance und Gelegenheit für die Bereicherung der Seele und des Körpers, also unseres ganzen Wesens, an.

Was ist eigentlich die Meditation? Das lateinische Wort „meditatio" bedeutet Nachdenken, Nachsinnen, Einübung, Betrachtung, Erwägung. Die psychologische Forschung hat zu Tage gebracht, dass geradezu in allen bekannten Religionen die Meditation gepflegt wird. Es bestehen viele Formen der Meditation: Auf Transzendenz orientierte, Zen oder Vipassana und andere. Allen ist aber *gemeinsam*, dass sie die Fähigkeit der *Aufmerksamkeit* schärfen und entwickeln; das beinhaltet, dass die meditierende Person kein eigenes Urteil versucht zu bilden, sich in Geduld übt, ein Selbstvertrauen und das Vertrauen in die eigene Umgebung entwickelt, sich nicht gestresst fühlt, nichts begehrt, für alle Fragen und Ereignisse offen bleibt, sich entspannt und von den Grübeleien befreit.

Warum meditieren? Physiologische Studien haben gezeigt, dass die Menschen während der Meditation einen hohen Grad an Entspannung erlangen, das Bewusstsein und die Wachheit kräftigen, wobei die Atmung tiefer, ruhiger und das Gehirn mit Blut besser versorgt wird. Der Einfluss auf den Blutdruck ist sehr günstig, weil er dadurch gesenkt und harmonisiert wird. Die Messung des Cortisols, des Stresshormons im Blut, hat gezeigt, dass seine Konzentrationshöhe unter der Meditation stufenweise abnimmt. Eine weitere Studie wurde an einer Gruppe von erwachsenen Probanden, die die Meditation für zwei Monate praktiziert hatte im Vergleich zu einer Gruppe ohne Meditation, durchgeführt. Die Autoren Smith, Compton und West haben für die Beurteilung der beiden Gruppen als Maßstab das Programm für die Erhöhung des Glücksgefühls nach Fordyce angewandt. Sie sind zu folgendem Ergebnis gekommen: Die Teilnehmer der Gruppe, in der 2 Monate lang die Medikation praktiziert wurde, haben auf der Glücksskala nach Fordyce viel günstigere Ergebnisse erzielt, sogar die Verringerung der Neigung zu Depressionen im Vergleich zur Gruppe ohne Meditation. Die Folgerung ist eindeutig: Die Mediation verbessert und erhöht sowohl die Zufriedenheit als auch das Glücksgefühl.[185]

S. Lyubomirsky, bekannte Psychologin,[186] hat in einer Studie zeigen können, dass die Teilnehmer nach einem 8-wöchigen Kurs der Meditation der Achtsamkeit eine höhere Aktivität in der präfrontalen Region der linken Großhirnrinde (Cortex) im Vergleich zur rechten Seite aufwiesen. Es ist aus früheren Untersuchungen bekannt, dass die höhere Aktivität der linken präfrontalen Gegend für die glücklichere Menschen kennzeichnend ist.

Auf diese Weise konnten auch die Ergebnisse der früheren Forschungen bestätigt werden, in denen festgestellt wurde, dass das regelmäßige Meditieren zum Wohlbefinden und intensiveren Glücksgefühl in einem außergewöhnlichen Maß beiträgt und gleichzeitig die Neigung zu Depressionen verringert. Auch die immunologischen Prozesse werden durch die Mediation

---

[185] Vgl. A. A. BUCHER, Psychologie des Glücks, 2009, S. 202.

[186] Vgl. S. LYUBOMIRSKY, Glücklich sein-Warum wir es in der Hand haben, zufrieden zu leben, 2008, S. 253-257.

stimuliert, und sie entsprechen (korrelieren) der höheren Aktivität der linken Gehirnhälfte, d.h. die Reaktion des immunologischen Systems ist deutlicher, je intensiver die Aktivität der linken Hemisphäre ist. Die Aktivität der Gehirnzellen ist durch die NMR (Kernspinresonanzspekrtoskopie = nuclear magnetic resonance) medizinisch messbar. Die experimentellen Untersuchungen mit und ohne Meditation haben ebenso gezeigt, dass eine gut eingeübte und regelmäßig praktizierte Meditation einen sehr günstigen, vorteilhaften und nützlichen Effekt sowohl auf körperliche Gebrechen und Krankheiten ausüben kann z.B. bei chronischen Herzerkrankungen und Hautkrankheiten als auch auf die seelischen Störungen z.B. Angst, Depression und Abhängigkeit von den Drogen. In einigen weiteren Studien konnte festgestellt werden, dass die Mediation einen fördernden Einfluss auch auf die Eigenschaften, die bis vor kurzem als unabänderlich galten, ausüben kann z.B. Intelligenz, Kreativität und kognitive Flexibilität, u. z. sowohl bei jüngeren als auch bei älteren Personen.

Die beinahe unzähligen Studien hinterlassen den Eindruck, als ob die Meditation „ein Zaubermittel" sei. Natürlich, ist es nicht einfach, die Genauigkeit (Validität) und Reproduktivität der Ergebnisse zu überprüfen. Dennoch nach der gewissenhaften Erforschung und objektiven Vergleichen der vielen Studienaussagen (Metaanalysen) über die Meditation und ihren Einfluss auf die körperliche und seelische Gesundheit können wir folgende Lösung anbieten:

— Die gewonnenen Ergebnisse fußen auf vielen experimentellen Forschungen, die vielfach auch bestätigt werden konnten, und nicht auf der Beschreibung der Einzelfälle (Kasuistiken) beruhen.
— Die Meditationstechnik ist sehr wichtig zur Erlangung der günstigen Ergebnisse; sie setzt voraus, dass derjenige, der die Mediation anwendet, diese mit Engagement und mit persönlich großem Einsatz tut, denn der Effekt der Mediation wird nur dann erzielt, wenn sie beharrlich praktiziert und regelmäßig trainiert wird, übrigens wie jede andere Sportart; sie muss als fester und unverrückbarer Bestandteil unseres Alltags werden, u. z. in der Weise, wie wir täglich essen, trinken und

Sport treiben. Über die positiven Eigenschaften und Wohltaten kann sich jede Person überzeugen und die entsprechenden Erfahrungen machen, wenn sie sich auf das Abendteuer der Meditation einlässt und diese konsequent z.B. 2 Monate lang praktiziert. Alle bekannten Autoren auf dem Gebiet der Meditation bürgen für ihren positiven Einfluss auf das ganzheitliche Empfinden.

5.2   Wie und auf welche Weise meditieren?

Gleich welche Meditationstechnik angewendet wird, ist es wünschenswert, die allgemeinen Regeln und Bedingungen im Blick zu behalten. Es ist immer günstig, eine „ruhige Ecke" zu finden, sich in die Stille zurückzuziehen und eine Atmosphäre der Sammlung zu wählen. Wenn dies nicht möglich sein sollte, kann dennoch versucht werden, gleichzeitig zu beten und zu meditieren z.B. beim Rosenkranzgebet.

Die Meditation der Achtsamkeit oder Konzentration verlangt folgende Bedingungen: Zunächst ist es wichtig, wie bereits erwähnt, einen ruhigen Raum zu finden, wo wir uns allein und ungestört fühlen. Setzten Sie sich so, dass der obere Körperteil in einer bequemen Lage aufgerichtet wird. Machen Sie die Augen zu und achten Sie nur auf Ihre Atmung, wie Sie einatmen und ausatmen. Während der Ausatmung wiederholen Sie im Stillen ein Wort z.B. „Jesus" oder in Abwechslung „Jesus" und „Om". Wenn Ihre Gedanken herumirren und Sie gerade jetzt die Lust bekommen, etwas Neues zu kochen oder sie denken an das Fußballspiel, das Sie kürzlich erlebt hatten oder ähnliches, versuchen Sie diese Gedanken wegzujagen und sich erneut *nur auf die Atmung* zu konzentrieren. In der Vorbereitungsphase müssen wir uns also aller möglichen Gedanken entledigen und ebenso von allen Phantasien und Wünschen befreien. Wir dürfen nicht erlauben, dass unsere Grübeleien und Wünsche, die ablenkenden gedanklichen Neigungen und Pläne uns in ihren Bann ziehen, sonst verlieren wir die Kontrolle über uns selbst. Hier muss besonders viel investiert werden, denn die Anfänger in der Meditation können bei der begonnenen Übung kaum ein paar Sekunden an einem Stück ganz gesammelt sein und bleiben; es ist mühsam, sich von den verschiedenen „anstürmenden" Gedanken zu befreien, um damit die Konzentration ausschließlich und nur auf eigene Atmung beizubehalten. Wir haben öfter das Gefühl, dass wir alle unseren Gedanken, die die Atmung nicht betreffen, vertrieben haben, und schon im nächsten Augenblick kreisen wir um die Gegenstände unserer ungewollten Phantasien, welche keinen Bezug zu eigener Atmung haben. Während der Einübung, sich zu sammeln und die Achtsamkeit nur der Einatmung und Ausatmung zu widmen, greifen uns immer wieder die zerstreuenden Gedanken wie die „Affen" an, von welchen wir uns befreien und sie in „den Wald" schicken müssen. Denn eine der wichtigsten Vorbedingungen für die Meditation bedeutet, sich für ca. 10 min. von allen übrigen Gedanken zu befreien und sich *nur* auf die eigene Atmung zu konzentrieren. Es ist empfehlenswert anfangs ca. 5 min. täglich zu meditieren und diese Zeit stufenweise auf ca. 10 - 15 min. zu erhöhen.

Wir haben gesehen, dass die Meditation sehr einflussreich, gesundheitsfördernd und nützlich sowohl für den Leib als auch für die Seele ist. Es ist jedoch nicht einfach und leicht zu dem rechten Grad der Mediation zu gelangen. Daher ist es empfehlenswert, einen Meditationskurs zu belegen oder die Meditationsregeln im Internet z.B. Youtube aufmerksam zu verinnerlichen oder ein Buch mit entsprechender CD zu lesen. B. Pascal hat nicht ohne Grund angemerkt: *„Sämtliche Probleme der Menschheit rühren daher, dass wir unfähig sind, still und allein in einem Raum zu sitzen"*.

Die Tatsache ist, dass es viele Anweisungen und Angebote in Bezug auf die Durchführung und die Art der Meditation gibt. Wir wollen hier aus eigener Erfahrung den Fokus auf die sog. *christliche Meditation* lenken und führen drei Muster oder Möglichkeiten an:

5.3 Traditionelle christliche Mediation nach dem aufmerksamen Lesen der Heiligen Schrift

Die meisten Ordensgemeinschaften praktizieren die Meditation der Stille. Sie beginnt mit der Lesung der Hl. Schrift (*lectio divina*). Danach sitzen die Teilnehmer*innen in einer bequemen Lage und betrachten mit geschlossenen Augen die wichtigsten Abschnitte der Lesung, denken darüber nach und lassen die Texte auf sich einwirken (*meditatio*). Aus dieser Betrachtung und Verinnerlichung der vernommenen Botschaften (ruminatio = Wiederkäuen) führt der Weg zum Gebet (*oratio*), welches uns in einen unmittelbaren Dialog mit Gott erhebt. Nach einer Weile ereignet sich die geistige Vereinigung mit Gott und ein Verweilen in seiner Anwesenheit (contemplatio). Die Kontemplation ist zugleich auch der Höhepunkt der spirituellen Begegnung mit Gott, wobei alle unsere Gedanken „ruhen" und so manchmal die Voraussetzung schaffen, damit wir in das letzte Stadium eintreten können, nämlich in das unmittelbare geistige „Schauen" (visio) Gottes (soweit das möglich ist), das uns ein emotives Erlebnis der innigen Vereinigung mit Gott, dem Quell des Lebens, der Liebe und des Glücks beschert.

Bildliche Darstellung der traditionellen christlichen Meditation[187]

---

[187] Von Eugenio Hansen,OFS-Eigenes Werk, CC BY-SA 3.0,https://commons.wikipedia.org/w/index-php?curid=11255128

5.4   Rosenkranz – als Gebet und Mediation zugleich

Der Rosenkranz ist ein Gebet, das in der Kirche seit vielen Jahrhunderten praktiziert wird und noch heute eine wichtige Rolle im Frömmigkeitsleben der Christen*innen hat. Es wird nicht nur üblicherweise ein Vaterunser, 10 Gegrüßet seist du Maria und ein Ehre sei dem Vater und dem Sohn und dem Hl. Geist (laut oder leise) gebetet, sondern es wird während des Gebets auch *gleichzeitig* über die Geheimnisse des Lebens, Sterbens und der Auferstehung Christi nachgedacht. Der Gebetszyklus besteht aus vier großen Abschnitten: Freudenreiche Geheimnisse, schmerzhafte Geheimnisse, glorreiche und lichtreiche Geheimnisse; die letzten hat der hl. Johannes Paul II. eingeführt.[188]

Während wir laut oder leise in einem der sog. Gesätze 10 Mal das „Gegrüßet seist du, Maria" sprechen, denken wir gleichzeitig über ein Geheimnis des Lebens Christi z.B. über seine Auferstehung. Die Melodie der Worte gilt als eine begleitende Musik und stimmt uns in einen Gebetsrhythmus ein, wobei unsere Gedanke um die in der Bibel beschriebenen Ereignisse z.B. die Auferstehung Jesu kreisen. Die Worte sind so gewählt, dass sie tatsächlich wie eine musikalische Untermalung unsere Gedanken begleiten, denn wir sagen manchmal auch im Alltag „deine Worte klingen wie Musik". Wieviele weltberühmte Komponisten haben das „Ave Maria" vertont! Nennen wir nur einige: J. S. Bach, Ch. Gounod, F. Schubert, G. Verdi und viele andere. Man kann die zu wiederholenden Sätze als eine Art Mantra (Geistes Schutz) verstehen, die im Beter eine meditativ-positive Stimmung erzeugen. Fokussieren wir uns also auf das Geheimnis der Auferstehung Christi, so entwickeln sich in unserer Phantasie die Bilder der Begegnung Jesu im Garten mit Maria Magdalena, des Gesprächs der Emmausjünger mit dem hinzugesellten „Fremden", der sich beim „Brechen des Brotes" zu erkennen gibt, des zweifelnden Thomas, der Jesu Wunden sehen und betasten darf („Mein Herr und mein Gott"!) oder der Begegnung am See

---

[188] Vgl.D.WEIRICH, Rosenkranz-Jesusgebet des Westens, in: GRATIS ÜBER GRENZEN (Den Alltag ins Gebet nehmen), als Manuskript 2016, S. 64-68, (gebetsapostolat@gmx.net).

von Tiberias. Beim Betrachten der Bilder über die Ereignisse um die Auferstehung Jesu spüren wir eine überaus große Freude, einen zunehmenden Optimismus und eine lebendige Hoffnung (glorreiche Geheimnisse!), welche uns motivieren und anspornen, uns an Gott zu wenden, bei ihm unter dem „Schirm und Schutz" der Mutter Gottes Zuflucht und Trost zu suchen und zu finden.

Die Vorzüge des Rosenkranzgebets bestehen darin, dass dieses gleichzeitige Beten und Meditieren von jedem, zu jeder Zeit und an jedem Ort durchführbar ist z.B. während des Wartens auf Bus oder Straßenbahn, während der alltäglichen Routinearbeit, beim Spaziergang, sogar in den Stunden der Krankheit oder Unbeweglichkeit. Das Gebet kann auch bei den Menschen, die Einschlafschwierigkeiten haben, von Nutzen sein, denn die relativ monotonen, meditativen Wiederholungen von „Gegrüßet seist du, Maria…" wirken beruhigend, entspannend und relaxierend. Über die Einzelheiten der Geschichte und der praktischen Durchführung des Rosenkrans verweisen wir auf die unten angegebenen Quellen.[189]

Wie wir bereits oben hervorgehoben haben, hat die diakonische Spiritualität ebenso eine *marianische Dimension*. Die Mutter Gottes nennt sich selbst als „die Magd des Herrn" und stellt sich in ihrem Lebensalltag immer und überall, wo es erforderlich ist, zur Verfügung, um ihre Hilfe und Unterstützung den Mitmenschen anzubieten (s. ausführlicher oben). Diese marianische Hilfsbereitschaft wird der Diakon während des Rosenkranzgebetes im Gedächtnis behalten, um auf den Spuren des helfenden Jesus voranzuschreiten. Das Dienen, die Hilfsbereitschaft und die kirchliche Beauftragung (Amt) bilden die wesentliche Grundlage seines Lebens. Die Mutter Gottes mit ihrer Hingabe, Dienstbereitschaft und ihrem selbstlosen Einsatz zeigt uns vorbildlich, wie sich das Leben vor Gott entfalten und verwirklichen soll. Das ist zugleich die Grundeinstellung und der Eckstein der Lebensauffassung und des Lebensstils von gottgeweihten Personen, wie auch aller Christen*innen, besonders jener, die sich das *Dienen und Helfen* auf die Fahne geschrieben haben, nämlich der Diakone.

---

[189] Vgl. https://de.m.wikipedia.org > wiki > Rosen… sowie https://www.katholisch.de > unsere-gebete

5.5 Christliche Meditation der Aufmerksamkeit und der Konzentration

Während der Meditation, deren Kennzeichen Aufmerksamkeit und Konzentration im Mittelpunkt stehen, fokussieren sich die Teilnehmer nur auf einen Gegenstand z.B. eigene Atmung, auf einen sehr einprägsamen Satz oder auf ein einziges Wort (Mantra= Geistesschutz). Durch die Beachtung eines einzigen Gegenstands oder eigener Atmung wird nach und nach der Gedankenfluss unterbrochen, ihr Druck und Aufdringlichkeit infolge der Alltagssorgen verringert, so dass sich eine geistige Beruhigung einstellt. Zugleich ereignet sich eine Art der Vereinigung des Subjekts mit der Umgebung als Objekt. Subjekt und Objekt nähern sich aneinander und die Grenze zwischen ihnen wird unscharf und verwaschen, bis sie schließlich verschwindet.

Bei der praktischen Durchführung ist es zunächst wichtig, eine ruhige Ecke ausfindig zu machen. Der Raum, in dem man auf einem bequemen Stuhl mit aufgerichteten Oberkörper sitzt, soll verdunkelt sein. In dieser angenehmen Lage atmen sie ruhig ein und aus; danach soll die Einatmung durch die Nase tiefer sein (ca. 4 Sek.), die Ausatmung geschieht durch den Mund und dauert ca. 6-9 Sek. Einige Autoren empfehlen, nach der Einatmung die Luft für ca. 5, wieder andere 7 Sek. anzuhalten. Bereits die tiefere und ruhigere Atmung führt langsam zur Entspannung und Stressbeseitigung. Bei jedem Ausatmungszug sagen Sie in sich selbst – in Anlehnung an das Jesusgebet der Mönche des frühen Christentums[190] – nur ein Wort: „Jesus". Alle anderen Gedanken, welche immer wieder im Kopf „herumirren" und sie belagern, sollen verjagt werden, um sich nur auf eigene Ein- und Ausatmung zu konzentrieren; dabei wird die Atmung immer ruhiger und entspannter. Nun wiederholen Sie einige Male das Wort „Jesus", welches in der Übersetzung „Gott rettet" bedeutet. Während des verinnerlichten Sprechens des Wortes „Jesus" für kurze Zeit die Erinnerungen zulassen, die

---

[190] Vgl. S. PAINDANATH, R. PUDUKADAN, Das Herz in Schwingung bringen (Jesus-Gebet mit Mantras und Melodien), 2018, S. 56-64.

uns wichtige Ereignisse unseres Leben vor die geistigen Augen stellen, in denen wir von Gott gerettet wurden z.B. als wir bei einem schweren Unfall unversehrt davon gekommen sind, oder als uns Gott vor einer schweren und drohenden Krankheit bewahrt hat usw. Auch einen Spruch aus der Bibel kann man kurz wiederholen z.B. „Darum hat ihn (Jesus) Gott über alle erhöht und ihm den Namen verliehen, der größer ist als alle Namen, damit alle im Himmel, auf der Erde und unter der Erde ihre Knie beugen vor dem *Namen* Jesu und jeder Mund bekennt: 'Jesus Christus ist der Herr' – zur Ehre Gottes des Vaters" (Phil 2, 9‑11).

Oder: Petrus und Johannes kommen in den Tempel und begegnen einem lahmen Mann, der um Almosen bittet. „Petrus und Johannes blickten ihn an und Petrus sagte: Sieh uns an! Da wandte er sich ihnen zu und erwartete, etwas von ihnen zu bekommen. Petrus aber sagte: Silber und Gold besitze ich nicht. Doch was ich habe, das gebe ich dir: Im Namen Jesu Christi, des Nazaräers, geh umher" (Apg 3, 4‑6). Einige Male wiederholen Sie in sich das Wort Jesus wie eine Art Mantra (übersetzt würde es lauten: Schutz des Geistes, göttliche Schwingung), und Sie beginnen stufenweise eine neue Energie und die Macht des Wortes Jesus „Jahwe rettet" zu verspüren, welches Ihr ganzes Wesen durchwirkt, beschützt und mit größerer Zuversicht erfüllt. Nach diesen vorbereitenden Schritten fokussieren sie sich nur und ausschließlich auf Ihre Atmung und sagen Sie leise zu sich selbst das Wort „Jesus" während der Ausatmung. Bleiben sie in diesem Stadium ca. 5 Min., später können Sie vielleicht dieses Stadium auf 10 Min. ausdehnen. Falls Sie von anderen Gedanken gestört werden, womit immer zu rechnen ist, versuchen Sie diese wegzujagen und sich wieder nur auf eigene Atmung zu konzentrieren. Wenn man sich von allen Gedanken befreit hat, in eine „Leere" oder ein Vakuum ohne Gedanken eingetreten ist, versinkt man langsam von der Zeit in die Zeitlosigkeit, vom Raum in die Raumlosigkeit, vom Druck in die Entspannung. Wir befinden uns in der Gegenwart Gottes (Contemplatio) und fühlen uns *ganz sicher*, denn Gott garantiert ein ewiges und unvergängliches Leben. Es stellt sich ein Gefühl des Schwebens und der Vereinigung mit Gott und der Umwelt ein. Wir können uns total entspannen (relaxen) ganz im Sinne des Psalmisten:

„Bei Gott alleine kommt meine Seele zur Ruhe; / denn von ihm kommt meine Hoffnung" (Ps 62, 6); Christus Jesus, der Sohn Gottes, wendet sich uns persönlich mit liebevoller Zuneigung zu und verspricht:

„Kommt alle zu mir, die ihr euch plagt und schwere Lasten zu tragen habt. Ich werde euch Ruhe verschaffen" (Mt 11, 28).

Nach ca. 5 - 10 Min. Verharren in diesem Zustand *ohne Gedanken* folgt die Rückkehr in den Alltag, in das Wachsein mit der sog. Rücknahmeformel, und das bedeutet die Rückkehr in den Alltag. Bei der nun ansetzenden normalen Atmung lassen Sie langsam die Gedanken zu und wiederholen in sich das Wort „Jesus"; danach öffnen Sie die Augen, strecken Sie beide Arme aus und bewegen Sie sich in sitzender Lage mit Dehnübungen des Oberkörpers und der Beine; damit beendigen Sie die Meditation.

In dieser Art der Meditation haben wir versucht, die naturwissenschaftlichen und psychologischen Erkenntnisse in Verbindung mit der traditionellen christlichen Meditation (s. oben) in Einklang zu bringen und sehen in ihr einen weiteren effektiven, nachhaltigen und wirkungsvollen Ansporn, sie täglich zu praktizieren. Hier sei auch auf die sog. „Klosterstudie" hingewiesen, nach der die Ordensmänner durch Gebet und Meditation sogar ihre Lebensdauer positiv beeinflussen konnten.[191] Die Angebote und entsprechende Einleitungen zur christlichen Meditation im besprochenen Sinne werden heutzutage in den christlichen Gemeinden kaum unterbreitet. Aber gerade die Meditation in den kirchlichen Räumen könnte auch auf die jüngeren Menschen anziehend wirken und die Neuevangelisierung fördern.

Der Weg bis zu einer effektvollen und fruchtbaren Meditation verlangt beharrliche Übungen und Trainingsstunden, denn es ist nicht leicht, sich von den alltäglichen Gedanken und Stressangriffen zu befreien, die sich uns pausenlos aufzwingen und uns versklaven wollen mit der Folge einer ungesunden Spannung, die gepaart ist mit einer hektischen Haltung und mit vielen zermürbenden Sorgen.

---

[191] Vgl. https://cloisterstudy.eu sowie https://www.domradio.de > audio

Gerade die Befreiung von allen Gedanken wenigstens für ca. 10-15 Min. pro Tag verringert den Druck und Stress auf die Seele und den Körper, setzt die Höhe des Stresshormons Cortisol im Blut herab, steigert das Gefühl der Beruhigung und der Zufriedenheit, bereichert uns mit einer neuen Energie für den Lebensweg und stimuliert unsere Kreativität. Unter der Meditation und existentieller Verankerung in Gott nimmt auch die Resilienz (Widerstandsfähigkeit, psychische Stärke), die krisenhaften Lebensbelastungen zu bewältigen, zu.

6. Erholung, Hygiene des Körpers und der Seele als Grundlage der diakonischen Spiritualität

Es ist noch einmal hervorzuheben: Sowohl der Körper als auch die Seele brauchen eine besondere Pflege, damit wir gesund und zufrieden leben. Zu alten Zeiten hat man, insbesondere in den religiösen Strömungen der Orphiker (6. / 5. Jh. vor Chr.) die schroffe Trennung vom Körper und der Seele und somit einen strengen Dualismus vertreten. Nach deren Meinung war die Seele im Körper gefangen, und der Körper für die Grabkammer der Seele gehalten worden.[192] Im Mittelalter haben die Menschen die Vorstellung entwickelt, dass eine echte Feindschaft zwischen dem Körper und der Seele bestehe. Deshalb wurde empfohlen, den Körper zu zähmen, manchmal auch mit Hilfe und Anwendung von übertriebenen, ja masochistischen Maßnahmen und Instrumenten (Stichwort: Selbstgeißelung, Selbstkasteiung), damit er dem Geist folge. Der Körper wurde von einigen als ein Esel erachtet worden, den man öfters mit einer Peitsche behandeln und mit Gewalt zurecht biegen solle, denn er sei voll von Sturheit, Laune und Starrsinn.

Bereits im 4. Jh. verbindet man den asketischen Eifer mit dem Mönchtum. Die Askese bekommt zunehmend die Leitlinien eines Strebens nach der Vollkommenheit, die in einem asketisch bestimmten Leben zu realisieren

---

[192] Vgl. F. von KUTSCHERA, ebd., S. 254.

sei; dabei waren die Richtlinien zuweilen durch die Beimengung von einem ethischen Rigorismus ausgestaltet worden, denn ein relativ strenger Körper – Geist – Dualismus war unterstellt worden. Somit war man bestrebt, die Flucht von der Welt anzutreten, weil die Meinung weit verbreitet war, dass das apokalyptische Ende der Welt sehr nahe bevorstand. Dieser Sicht wurde manchmal in der sog. mystischen Askese gefolgt, welche sich auf die Vereinigung der Seele mit Gott als Zuflucht fokussierte.

Wir haben in der Zwischenzeit klar begriffen, dass solch eine schroffe Aufteilung des Menschen in den Körper einerseits und die Seele andererseits zu keiner Verwirklichung eines echten und geglückten Lebens führen kann. *Beides*, sowohl der Körper als auch die Seele, müssen so aufeinander abgestimmt und ausgewogen sein, damit wir die Balance oder das gesunde Gleichgewicht erlangen, in welchem die Zufriedenheit und das echte Glück hervorgebracht (generiert) werden kann. Die Vernachlässigung des Körpers mündet nicht nur in die körperlichen Erkrankungen ein, sondern verursacht ebenso die psychischen Gebrechen. Die Missachtung der Seele hat nicht nur die seelischen Probleme und Erkrankungen zur Folge, sondern zieht auch die körperlichen Beschwerden nach sich. Der Fortschritt der sozialen, gesellschaftlichen und psychologischen Forschungen hat ergeben, dass sich allzu strenge, harte und von begleitender Gewalt unbiegsame Maßnahmen sehr schädlich sowohl auf den Körper als auch auf die Seele auswirken können. Niemand mehr in der zivilisierten Welt wendet die strafende Gewalt als erzieherische Methode bei den Kindern oder Heranwachsenden an, ihr Gebrauch ist mittlerweile sogar unter die Strafe gestellt.

Die Älteren unter uns erinnern sich, dass bis vor einigen Jahren ein Volksspruch in kroatisch sprechenden Regionen gegolten hat: „Die Rute ist aus dem Himmel herausgefallen", d.h. sie habe den himmlischen Ursprung. Die „Selbstauspeitschung" aus den vergangenen Zeiten oder die Anwendungen von Gewalt in der Erziehung sind nicht mehr akzeptabel, denn die Harmonie oder das Gleichgewicht zwischen dem Körper und der Seele kann auf eine andere pädagogische Weise und ohne Ausübung der groben Gewalt erzielt werden. Die *heutige Askese* hat neue Umrisslinien und wissenschaftlich begründbare Ausrichtungen bekommen, welche aus den Errungenschaften der gesellschaftlichen, pädagogischen, psychologischen und medizinischen Forschung entstanden sind. Die älteren Auffassungen über die Askese, auf welche wir beim hl. Antonius Einsiedler, Eremita (dem Vater der Mönche um 251-356) stoßen, weisen auf das sog. „unblutige Martyrium" hin, indem sie die Abtötung des großen Teils der eigenen Bedürfnisse in der Einsamkeit der Wüste empfehlen, um so die Vollkommenheit und den Aufstieg zu Gott zu ermöglichen. Die Askese wurde und wird bis in unsere Tage von unterschiedlichen Standpunkten aus propagiert, umworben und praktiziert, ohne jedoch immer die beleuchtenden und aufklärerischen Argumente, geschweige denn die wissenschaftlichen Erkenntnisse beisteuern zu wollen. Wir sind nämlich nicht aus auf der Suche *nach dem Leiden um des Leidens willen*, sondern möchten versuchen, den Weg, der uns zum Endziel der Harmonie und Balance zwischen dem Körper und der Seele einerseits und Gott auf der anderen Seite führt, ausfindig zu machen. Unser Bestreben geht dahin, die oft gefährlichen Leidenschaften und instinktgelenkten Regungen sowie überzogenen Wünsche und Neigungen (soweit machbar) zu beherrschen und sie unter das Kommando oder die Befehlsgewalt (Kontrolle) unserer vernunftbegabten Seele zu stellen; wir wissen nämlich, dass die Nichtbeachtung der kritischen Vernunft sowie ein wildes Wuchern der eigenen Wünsche einen schlechten und manchmal schicksalhaften Ausgang nehmen kann. In erster Linie müssen wir die Verantwortung vor uns selbst (*Selbstverantwortung*) übernehmen, danach auch die gleiche Verantwortung der Gesellschaft und jeder einzelnen Person gegenüber; vor allem müssen wir *Gott* als Schöpfer, Richter und Ziel alles Seienden *stets im Blick* behalten.

Unsere konkreten Erfahrung lehren uns, dass Überanstrengungen und Überlastungen bei der körperlichen Arbeit sowohl körperliche als auch seelische Störungen zur Folge haben. Ebenso ein überproportionaler psychischer Druck kann nicht nur Depressionen, Ängste, „burn-out" (Ausgebranntsein, Erschöpfung) und Panik-Attacken verursachen, sondern auch Verdauungsunpässlichkeiten, Erhöhung des Blutdrucks sowie Schäden im Herz-Kreislauf System nach sich ziehen.

Hier einige Beispiele: Die Priester sind heutzutage in Westeuropa oft überbelastet. Die kleineren Gemeinden werden zu größeren pastoralen Einheiten, sog. Seelsorgebezirke oder Pfarreien der Zukunft, zusammengeführt (fusioniert), denn es gibt nicht genügend Priester, die die kleineren Pfarreien versorgen könnten. Auf diese Weise wächst mehr und mehr auch der Umfang der pastoralen Arbeit, weil nun ein Pfarrer die Aufgaben von 2-3 Priestern zu bewältigen hat. Die körperliche und die psychische Belastung der Pfarrer in größeren Einheiten wird mit der Zeit ausgeprägter; die notwendige Zeit nämlich wird knapp und knapper, um all die anfallenden Aufgaben gewissenhaft zu erledigen. Die Folgen dieses Drucks und der Überlastung sind offensichtlich: Herzbeschwerden, Nervosität, Gereiztheit, Erhöhung des Blutdrucks, Schlafstörungen als auch Depressionen mit dem Gefühl der Erschöpfung (Burnout-Syndrom). Das *Gleiche* ist auch bei den *Diakonen* in ähnlichen Situationen zu beobachten. Da die meisten Diakone, die in einem Zivilberuf tätig sind (Lehrer, Bankangestellten, Krankenpfleger, Ärzte, Polizisten u.s.w.) und gleichzeitig die Aufgaben im kirchlichen Bereich übertragen bekommen und annehmen (Predigten, Ansprachen, Leitung einer Begräbnisfeier, Taufen, Assistenz bei der Eheschließung und ähnliches), kann es zur *Anhäufung der Verpflichtungen* kommen, die zur *Überlastung* führen. Die Folgen sind wiederum in vielen Fällen dann vom Stress und Überforderungsgefühl begleitet. Außerdem die Mehrheit der Diakone hat auch eigene Familie, um die sie Sorge tragen und in der sie als Väter ihre Rolle gut und gerne mit Leben und Freude füllen möchten. Verschiedene und umfangreiche Aufgaben können also jedes gesunde Maß überschreiten und die erwähnten Störungen verursachen.[193]

Wo ist nun die goldene Mitte, der Königsweg?

Wir wissen aus dem Evangelium, dass Jesus selber sehr beschäftigt war: Er hat die Dörfer und Städte durchgewandert, häufig gepredigt, die Traurigen und Betrübten getröstet, überall zur Hilfe geeilt, die Hungrigen

---

[193] Vgl. F.-G. PAJONK, Gesundheitsgefährdung und Erschöpfung am Arbeitsplatz – Medizinische und therapeutische Sicht, in: R. HARTMANN (Hg.), Kirche in der Arbeitswelt, Der Diakon im Zivilberuf, 2015, S. 135-140.

gesättigt, die zahlreichen Kranken gesund gemacht und unermüdlich seine Jünger über die Verwirklichung des Reiches Gottes geschult. Wir bemerken zugleich, dass er sich trotz vieler Arbeit immer wieder in die Einsamkeit zurückgezogen hatte, um zu beten und im Gespräch mit seinem Himmlischen Vater zu verweilen. Er hat auch an den vielen Mählern teilgenommen, zu denen er von verschiedenen Leuten eingeladen war. Es ist gerade auffällig, wie oft und gerne er solche Einladungen angenommen hatte. Während der Gastmähler hat er sich mit den Leuten ausgiebig unterhalten und kommuniziert, diskutiert, Fragen gestellt, vom anbrechenden Reich Gottes gesprochen und als angesehener Rabbi und Wundertäter die Themen über Gott und die Welt erörtert. Da er sich offenbar bei solchen Gelegenheiten ganz normal verhalten und seiner Freude beim Essen und Trinken und der Kommunikation mit den Menschen den Ausdruck verliehen hat, bezeichneten ihn seine heuchlerischen Gegner als „unfromm", als „Fresser und Säufer" (Lk 7, 34). Er war sogar mit einer Familie (Martha, Maria und Lazarus aus Betanien) eng befreundet, wo er häufiger zu Gast war und sich dort zu erholen versuchte („Jesus liebte Marta, ihre Schwester und Lazarus" (Jo 11, 5).

Beim Evangelisten Markus lesen wir über die klare Empfehlung und Anweisung Jesu an seine Jünger: „Kommt mit an einen einsamen Ort, wo wir allein sind, und *ruht ein wenig aus*.[194] Denn sie fanden nicht einmal Zeit zum Essen, so zahlreich waren die Leute, die kamen und gingen. Sie fuhren also mit dem Boot in eine einsame Gegend, um allein zu sein" (Mk 6, 31 – 32).

Welche Schlüsse können wir aus den angeführten Auslegungen ziehen? Für eine von Vernunft geleitete, balancierte, stimmige, ausgewogene, mit einem Wort gesunde Lebensweise benötigen wir zunächst die Fürsorge und *Pflege* des eigenen *Körpers* unter Meidung der Überlastungen und Überforderungen (soweit irgendwie möglich). Hier möchten wir einige wissenschaftlich gesicherte Hinweise geben, auch wenn sie als banal und selbstverständlich erscheinen mögen: Besonders wichtig ist die Hydratation oder

---

[194] Vom Autor hervorgehoben.

ausreichende Versorgung des Körpers mit dem Wasser z.B. 1,5 l Wasser pro Tag, und bei höheren Aussentemperaturen noch mehr; eine ausgewogene Ernährung ist anzustreben mit reichlich Gemüse und Obst, mit weniger Fleisch z.B. 1- 2x pro Woche, Verzehr von Fisch z.B. mindestens 2 - 3 x pro Woche, mäßiger Alkoholgenuss, kalorienbilanzierte Menge an Nahrungs-mitteln, kein Rauchen, Einstellung des Körpergewichts gemäß dem BMI (body mass index 18, 5 - 24,9); die regelmäßigen körperlichen Übungen mit ausreichend Bewegung (10.000 Schritte pro Tag sind anzustreben) an der frischen Luft sowie sportliche Betätigung müssten wie Essen und Trinken zum täglichen Lebensprogramm und Lebensstil gehören. Diese allgemei-nen Empfehlungen, wenn man sie in die Tat umsetzen würde, könnten nach den neuesten Studien das Leben von ca. 5,1 Millionen Menschen jährlich vor dem Tod bewahren, und die nützliche Geldeinsparung würde ca. 700 – 1.000 Milliarden Dollar betragen.[195] Zu betonen seien auch die regelmäßigen, vorbeugenden (präventiven) ärztlichen Untersuchungen in Übereinstimmung mit dem Sprichwort „vorbeugen ist besser als heilen", die es ernst zu nehmen gilt.

Die längeren Sommerurlaube und / oder Wintererholungs-Aufenthalte gehören mit Recht zu einer der wichtigsten kulturellen Errungenschaften der heutigen Zeit an.

Warum sind die oben genannten Maßnahmen sowie Bewegung in der Natur mit sportlichen Aktivitäten auch für die geistlichen Menschen so wichtig und notwendig? Aus zahlreichen Studien geht hervor, dass körperliche Be-wegung und Ertüchtigung einen starken Einfluss auch auf die Seele (Psyche) ausüben. Allein der Spaziergang in der Natur (nach neueren Hinweisen 5 x pro Woche je eine halbe Stunde) verhindere in merklichem Ausmaß das Angstgefühl und den allgemeinen Druck (Stress) als auch die Wahrschein-lichkeit, von einer schweren Herzerkrankung heimgesucht zu werden und daran zu sterben; ebenso wird durch diese scheinbar einfache Betätigung die Entstehung des Krebsleidens verringert, der Blutdruck günstig beein-flusst, das Risiko einer Zuckerkrankheit (diabetes mellitus) herabgesetzt, die

---

[195] Vgl. www.today.com/health/vegan-world-

Knochen und die Muskeln gestärkt, die Gelenke vor übermäßiger Abnutzung geschont, der Schlaf verbessert, den Alterserkrankungen und Schwächen z.B. Vergesslichkeit und Demenz vorgebeugt, das Körpergewicht auf einem gesünderen Niveau stabilisiert und die Lebensqualität insgesamt erhöht. Es ist ebenso wissenschaftlich nachgewiesen, dass ausreichende körperliche Beweglichkeit sowie sportliche Betätigung das Glücksgefühl und die allgemeine Zufriedenheit fördern. Es besteht nämlich ein enger Zusammenhang (Korrelation) zwischen dem Sport und dem Selbstwertgefühl, denn durch den sportlichen Einsatz (Engagement) erzielen wir die Kontrolle über den Körper und unsere Gesundheit, erreichen eine neue Stufe der Fähigkeit zur Produktivität als auch ein ausgeprägteres Selbstbewusstsein. Der aktive Sport eröffnet die Möglichkeit, in einen Fluss („flow") zu gelangen, damit wir „frei schwimmen" und uns von lästigen Grübeleien und ungesundem Druck verschiedener Alltagsprobleme frei machen können. Dieser positive Effekt der Spaziergänge dauert oft viele Stunden auch *nach* der Beendigung der sportlichen Aktivität. In diesem Sinne wirkt der Sport ähnlich wie das verrichtete Gebet als auch die Meditation. In der Tat, die Studien konnten zeigen, dass Sport und Meditation ähnliche Effekte hervorbringen können: Sie vermindern unter anderem den Stress und lösen (triggern) die Ausschüttung mit konsequenter Spiegelerhöhung des Hormons Serotonin im Blut aus, welches für unsere allgemeine Stimmung verantwortlich gemacht wird. Sport und Meditation unterscheiden sich doch in ihrer Beteiligung an dem erwähnten Endeffekt: Der Sport vergrößert die Erregung und die Energie im Körper als auch die Begeisterung und Stärke, während die Meditation Beruhigung, Verringerung der Aufregung, Förderung der Gelassenheit, Frieden und innere Sammlung nach sich zieht. Beides ergänzt sich, denn sie führen zu *positiven Gefühlen* in einem *günstigen Verhältnis* zwischen Erregung und Beruhigung, welches nicht nur die gute Stimmung unseres allgemeinen Befindens und die Stärkung unseres Selbstbewusstseins zur Folge hat, sondern auch als ein unsichtbarer *Schutzschild* von den schädlichen Sorgen und übertriebenen Ängsten verteidigt.[196]

---

[196] Vgl. S. LYUBOMIRSKY, ebd., S. 253-263.

Da die Meditation, insbesondere jene der Konzentration oder der fokussierten (sammelnden) Aufmerksamkeit auch die Blutzirkulation im Gehirn fördert, kann erwartet werden, dass die Personen, welche sie praktizieren, mit einer Vorbeugung (Prävention) der Demenz im Alter rechnen dürfen. Beherzte Spaziergänge oder Läufe, kombiniert mit dem zeitweise lockeren und kurzen Hinwendung zu Gott ("Stoßgebete") ergänzen und verstärken sich gegenseitig (synergistisch) und üben somit einen günstigen Einfluss auf die Entfaltung und Vervollkommnung unserer Spiritualität aus.

Kurz zusammenfassend können wir festhalten: Die Meidung eines psychischen Überdrucks, tägliches Gebet, insbesondere das Stundengebet, regelmäßige Meditation entsprechend den oben angeführten Beispielen, die Pflege des Familienlebens und der sozialen Kontakte gepaart mit einer gesunden Fürsorge für den eigenen Körper – all das sind Hauptelemente der diakonischen Spiritualität als auch des geistigen Lebens eines jeden Christen und einer jeden Christin.

Unsere Widerstandsfähigkeit (Resilienz) kann dadurch gestärkt werden, um mit den Belastungen des Lebens besser fertig zu werden.

7.   Fasten und Abstinenz als wesentlicher (integraler) Bestandteil der diakonischen Spiritualität

Für die modernen Menschen hat das Wort „Fasten" einen negativen Beigeschmack. Viele fragen sich: Wozu dieses Überbleibsel (das Relikt) aus der Vergangenheit? Wer fastet, verzichtet auf das Essen oder einige andere Genussmittel wenigstens für eine gewisse Zeit. Wir kennen das radikale Fasten im Sinne eine sog. O-Diät, die manchmal nur unter strenger ärztlicher Kontrolle durchführbar ist. Mäßiges Fasten beinhaltet die Zurückhaltung oder den Verzicht auf einige Speisen, alkoholische Getränke sowie auf einige andere Annehmlichkeiten für bestimmte Zeitperioden. Wir wissen, dass die Tiere ein Hungergefühl entwickeln und danach trachten, unbedingt dieses Verlangen zu erfüllen. Die Menschen verspüren ebenso das Hunger- und

Durstgefühl und sind bestrebt, dieses innere Verlangen zu stillen. Dennoch gibt es einen Unterschied zwischen den Tieren und den Menschen, denn nur die Menschen besitzen die Fähigkeit, die instinktiven Forderungen und Wünsche *zu überwinden*, sich auch über dem Instinktiven und Materiellen *zu erheben* und sich den sog. bedingungslosen Antrieben zu widersetzen, um sich definitiv zu entscheiden, ob sie z.B. ein Essen oder Trinken zu sich nehmen oder auch nicht. Hieraus ist zu ersehen, dass nur der Mensch einen *freien Willen* besitzt und in der Lage ist, die stärksten Instinkte zu begreifen, modellieren und sie zu beherrschen, wenn auch nicht immer, absolut und in ihrer Ganzheit, aber doch in einem größeren Ausmaß. Die Menschen besitzen also die Fähigkeit, eigene Triebe, Leidenschaften und Wünsche zu ordnen, zu steuern, zu kultivieren und zu lenken.[197]

Wir wissen, dass auch in der modernen Zeit die geistigen Qualitäten, wie Ehrlichkeit, Aufrichtigkeit, Glaubwürdigkeit, Vertrauen, Gerechtigkeit, Gewissenhaftigkeit, Pünktlichkeit, Treue, Freundlichkeit usw. sehr geschätzt werden. Diese Qualitäten (christlich als Tugenden genannt) scheinen für die heutigen Menschen sehr wichtig und attraktiv zu sein. Es ist daran zu erinnern, dass das Ansehen vieler Politiker in der Bevölkerung gerade wegen ihrer Neigung zu leeren Versprechen, Korruption und Unehrlichkeit, also Gegensätzen von den angeführten Tugenden, am äußersten Ende der sog. Skala der Wertschätzung steht. Deshalb ist die folgende Frage erlaubt: Wie kommt man zu den erwähnten Tugenden und wie kann man sich diese aneignen? Auf welche Weise ist Gier, Neid, übertriebenem Trachten nach Geld und Reichtum, Korruptionsanfälligkeit und übertriebener Vertretung nur der eigenen Interesse zu begegnen und sich dagegen zu stemmen?

Der erste Schritt auf dem Weg der Spiritualität ist das Nachdenken und die Betrachtung seiner selbst sowie der Umgebung. Es ist offenkundig, dass wir alle ausnahmslos wünschen, glücklich und zufrieden zu sein. Auf der anderen Seite sind wir dessen bewusst, dass wir aufeinander angewiesen sind und voneinander abhängig sind. Wir spüren die Verpflichtungen nicht nur uns selbst, sondern auch den Verwandten, Freunden und vielen anderen

---

[197] Vgl. H. ZABOROWSKI, Christ in der Gegenwart, Nr. 7 / 2013, S. 80

Menschen gegenüber. Wenn wir innerlich damit einverstanden sind und es akzeptieren, dass alle Menschen Kinder Gottes sind, und dass sie als solche *gleiche Rechte und gleiche Verpflichtungen* besitzen, geht uns auf, das wir unsere Freiheit, eigene Wünsche und Möglichkeiten in Einklang mit der Umwelt bringen müssen. Wir kommen nach und nach zu der Einsicht, dass manchmal auch ein Verzicht auf unsere eigenen Vorteile und Möglichkeiten zum Nutzen jener, die schwächer und ärmer sind, zu leisten ist. In diesem Zusammenhang wird uns verständlich das Wort Jesu aus dem Evangelium: „Der Mensch lebt nicht nur von Brot, sondern von jedem Wort, das aus Gottes Mund kommt" (Mt 4, 4).

Es ist bekannt, dass die erwähnten geistigen Qualitäten oder Fähigkeiten nur durch eine intelligente Erziehung, vernünftige Aufklärung und beharrliche Übung erreichbar sind. Herbei spielt sicherlich das Fasten eine wichtige Rolle und stellt eine bewährte Maßnahme dar, wie wir unsere Instinkte und vielfältige Wünsche geistig beherrschen können. Das Fasten kann auf verschiedener Weise durchgeführt werden z.B. durch moderaten oder strengeren Verzicht auf einige Speisen und Getränke 1x bis 2x in der Woche. Bei den Christen ist es üblich, den Freitag als einen Fasten- und/ oder Abstinenztag zu wählen, u.z. wegen der Erinnerung an Leiden und Tod Christi; damit wollen wir unsere Empathie und Solidarität mit Christus darin zeigen, dass wir fasten und / oder Werke der Nächstenliebe intensivieren: Besondere Aufmerksamkeit, Entgegenkommen und Freundlichkeit unseren Mitmenschen gegenüber zeigen oder einige Möglichkeit unseres Alltags, welche nicht unbedingt erfüllt werden müssen, auslassen. Das alles kann die geistige Bereitschaft stärken, die Anderen so zu behandeln, wie wir von ihnen behandelt werden wollen. Wir wissen, dass auch Jesus gefastet hat (vgl. Mt 4, 1-11), und dass das Fasten nach seiner Deutung eines der Hauptbestandteile der *geistigen Kraft* ausmacht: „Als Jesus nach Hause kam und sie allein waren, fragten ihn seine Jünger: warum konnten denn wir den Dämon nicht austreiben? Jesus antwortete ihnen: Diese Art kann nur durch **Gebet und Fasten**[198] ausgetrieben werden" (Mk 9, 28-29).

---

[198] Die deutsche Einheitsübersetzung von 1980 erwähnt kein Fasten, dagegen die kroatische Übersetzung beides – das Gebet und das Fasten. (Anm. des Autors, von ihm auch hervorgehoben).

Die Lebenserfahrung lehrt uns, dass es große Schwierigkeiten bereiten kann, eigene Leidenschaften, instinktartige Antriebe und den Hang zum Egoistischen, oft auch zum Bösen, zu kontrollieren und mit Verstand zu lenken. Es ist nicht nur nötig, die Eigenverantwortung vor Augen zu halten und auf die Anweisungen der Vernunft zu achten, sondern auch und vor allem das *Einüben oder Training des eigenen Willens*, ähnlich einer Sportdisziplin anzustreben. Die Motivation spielt dabei eine überragende Rolle, und wir müssen uns immer wieder darauf besinnen, was der hl. Paulus empfiehlt: „Wisst ihr nicht, dass die Läufer im Stadion zwar alle laufen, aber dass nur einer den Siegespreis gewinnt? Lauft so, dass ihr ihn gewinnt. Jeder Wettkämpfer lebt aber völlig enthaltsam, um einen vergänglichen, wir aber, um einen unvergänglichen Siegeskranz zu gewinnen. Darum laufe ich nicht wie einer, der ziellos läuft, und kämpfe mit der Faust nicht wie einer, der in die Luft schlägt; vielmehr züchtige und unterwerfe ich meinen Leib, damit ich nicht anderen predige und selbst verworfen werde" (1 Kor 9, 24-27). Wenn wir manchmal nicht konsequent oder beharrlich genug sind, rufen wir uns ins Gedächtnis unser Hauptziel und die Motivation, welche nicht nur der Vernunft entspringen, sondern auch durch das Evangelium Jesu Christi und unsere Lebenserfahrung gestützt werden. Zur Motivation für das geistige Training hilft uns das Gebet, denn das Gebet und das Fasten durchdringen und verstärken sich.

Fasten ist oft eine mühsame und von vornherein ziemlich unliebsame Aktivität, weshalb wir sie nach Möglichkeit meiden. Beim Fasten, nämlich entsteht ein Hungergefühl, welches durch Herabsinken des Blutglukose-Spiegels (des sog. Blutzuckers) entsteht; das wiederum löst unter anderem die Ausschüttung des Hormons Adrenalin, dessen erhöhte Anwesenheit uns anfangs unzufrieden, aggressiv, unruhig und zornig stimmt. Auf diese Weise werden wir auch schwerer erträglich, auch für die Gemeinschaft, in der wir uns bewegen. Ist das dann der Sinn des Fastens? Jesus kannte unsere Reaktionen auf Fasten und Verzicht, weshalb er folgende Empfehlung gab: „Wenn ihr fastet, macht kein finsteres Gesicht wie die Heuchler... Du aber salbe dein Haar, wenn du fastest, und wasche dein Gesicht, damit die Leute nicht merken, dass du fastest, sondern nur dein Vater, der auch das Verborgene sieht; und dein Vater, der das Verborgene sieht, wird es dir vergelten" (Mt 6, 16-18). Jesus stellt uns die echte und stabile Motivation vor Augen, nämlich den Siegeskranz, den nur Gott verleihen kann ("er wird es dir vergelten"!). Das finstere Gesicht kann durch mehrere Ursache entstehen z.B. durch das Streben nach Scheinheiligkeit, Geltungsverlangen und ähnliches, aber auch durch unsere übertriebene Züchtigung des Körpers. Der himmlische Vater sieht doch unseren guten Willen und unsere ehrlichen Absichten. Daher ist es nicht zu empfehlen, allzu große Lasten des Fastens auf eigene Schultern aufzuladen, weil wir früher oder später unter der übermäßigen Last zusammenbrechen und stolpernd stürzen werden. Wenn also unsere Motivation für das Fasten nicht genügend Kraft hergibt, und die quälenden Symptome der Reizbarkeit, Aggressivität, Unruhe, Unzufriedenheit und schlechter Laune uns zu bewältigen drohen, müssen wir das Fasten abmildern, manchmal auch „brechen". Wir können auf andere Werke der Gütigkeit und der Barmherzigkeit ausweichen z. B. Intensivierung der Freundlichkeit und des Entgegenkommens unseren Nächsten gegenüber sowie Unterstützung der Armen und Schwachen in unserem Umfeld. Auf diese Weise praktiziert, wird das Fasten von den Speisen abgemildert. „Das finstere Gesicht" führt zu keinem wünschenswerten Ergebnis. Das maßvolle Fasten z.B. einmal in der Woche freitags wirkt sich positiv auf körperliche Gesundheit aus, und das ist wissenschaftlich bewiesen, denn durch das Fasten werden die Überschüsse an schädlichen Stoffen (Toxine) aus dem Körper entfernt (detoxiziert) und der Stoffwechsel (Metabolismus) in das Gleichgewicht (innere Balance) gebracht. Es nimmt die Rolle einer effektvollen Bremse gegen das Körperübergewicht einerseits ein, verringert die Depressivität und erhöht durch den erzielten Erfolg das Gefühl der Zufriedenheit, der Selbstbestimmung, Selbstbeherrschung und des Glücks andererseits.[199] Das kann unsere Motivation für die Praxis des Fastens stärken, denn es hilft uns, nicht nur den Körper gesund und fit zu halten, sondern unterstützt unseren Geist im Bestreben, die Leidenschaften in die

---

[199] Vgl. A. MICHALSEN, Heilen mit der Kraft der Natur, 2017, S. 123-124.

richtigen Bahnen zu lenken sowie die übermäßigen egoistischen Neigungen auf ein vernünftiges und christlich begründbares Maß zurückzuführen.[200]

Mittlerweile gehört das Wort „**Verzicht**" auch zum modernen Lebensstil sehr vieler Menschen z.B. in Deutschland, wenn die Rede vom Klimaschutz oder von der Corona – Pandemie ist. Da scheint man, zur Einsicht gekommen zu sein. Insofern ist **der Verzicht** im geistigen Bereich und im Sinne des Hl. Paulus (1 Kor 9) aktuell, zeitgemäß, up to date, wirkungsvoll und sehr angebracht.

8. Karitative, im engeren Sinne diakonische Tätigkeiten und ihr Einfluss auf die Spiritualität

Praktisches Wirken der Diakone in den Anfängen unserer Kirche („der Dienst an den Tischen") erstreckte sich später auf ein weites Gebiet der karitativen Aktivitäten für alle, die einer Hilfe bedurften. Wenn wir genau hinsehen, können wir fast auf jeden Schritt und Tritt bemerken, dass den Menschen um uns etwas fehlt, d. h. sie leiden unter der Last der alltäglichen Sorgen. Auf der anderen Seite fühlen wir uns oft nicht imstande, überall und allen die notwendige Hilfe zukommen zu lassen und sie aus ihrem Elend zu befreien.

Der Diakon hat seine Sendung als Verlängerung des Wirkens Jesu unter den Menschen seiner Zeit gut begriffen; er hält vor seinen geistigen Augen, wie Jesus das Reich Gottes verkündete, dabei die Kranken gesund machte, die Hungrigen speiste, die Traurigen tröstete, die Schwachen aufrichtete und sich für die Armen einsetzte.

Die Frage erhebt sich nun: Wie und auf welche Weise ist das in unseren komplexen, pluralen und manchmal paradoxen Umweltsituationen

---

[200] Die Erkenntnisse aus der Medizin und Psychologie können uns sehr hilfreich sein, denn „gratia supponit naturam=die Gnade setzt die Natur voraus ", wie es Thomas von Aquin erklärt (vgl. S. Th. I, 1,8 ad 2 : „Gratia non tollit naturam, sed perficit=Die Gnade zerstört die Natur nicht, sondern vervollkommnet ihre Fähigkeiten).

realisierbar? Wir wollen wiederum die Tatsachen aus der psychologischen Forschung in Erinnerung rufen, u. z. die Bereitschaft zum Helfen sowie die freiwillige Arbeit, welche einen großen Einfluss auf unseren eigenen geistigen Zustand ausüben. Nach den bisher durchgeführten Studien ist die Hilfeleistung zur Anhebung unseres Selbstwertgefühls, Selbstachtung und Zufriedenheit von großem Nutzen und verringert zugleich unsere Entmutigung und Depression. Außerdem eine solche Bereitschaft zum Helfen befriedigt auch unser Grundbedürfnis, einer Gruppe oder Gemeinschaft anzugehören, denn dadurch erzielen wir die Dankbarkeit, Anerkennung und die Freundschaft der Anderen.

Wie also jeden Tag ein gutes Werk zu tun und wo bieten sich dafür die passenden Gelegenheiten an? Hier einige Beispiele aus dem alltäglichen Leben: Mit einem Lächeln im Gesicht grüßen Sie eine Person, welche neben Ihnen steht oder sitzt in der Straßenbahn oder im Autobus; überraschen Sie die Freunde und Bekannte mit der Einladung zum Kaffe oder Tee; hören Sie geduldig und mit Empathie zu, wenn Sie merken, dass jemand mit Ihnen über eigene Probleme sprechen möchte; rufen Sie jemanden an, der wahrscheinlich Ihren Anruf gerne hören würde, besonders jene Älteren und Einsamen; besuchen Sie Freunde oder Bekannte, wenn Sie den Eindruck haben, dass der Besuch sie im Krankenhaus oder anderswo erfreuen würde; zeigen Sie ein Zeichen der Aufmerksamkeit und Achtung ihren Familienmitgliedern gegenüber und heben Sie ihre Stimmung mit einem kleinen Geschenk z.B. Mango, Kirschen oder einem anderen Saisonobst an.

Besondere Gelegenheit bieten sich den Diakonen im Zivilberuf an, wenn sie als Lehrer, Ingenieure, Beamten, Erzieher, Ärzte oder Krankenpfleger bei der Arbeit sind. Wir sind wahrscheinlich nicht dazu berufen, die „heroischen" Werke der Nächstenliebe zu verrichten, wie sie die hl. Mutter Theresa von Kalkutta getan hat, aber wir sind imstande, jeden Tag die Möglichkeiten ausfindig zu machen, wo und auf welche Weise wir den Anderen unsere Empathie, Solidarität und Liebe zeigen können (auch im Sinne der positiven Psychologie als Mikromoments of love). Und darauf kommt es an!

Die Psychologen geben die Empfehlung, sich beim Verrichten der erwähnten Werke der Nächstenliebe nicht zu überfrachten und überlasten; wir sollen klug und maßvoll solche Taten je nach der Situation durchführen z.B. 2 - 3 x pro Woche; dabei sollen wir das weise und authentisch formulierte Gebet von R. Niebuhr im Gedächtnis behalten und wiederholen: „Gott, gib mir die Gelassenheit, Dinge hinzunehmen, die ich nicht ändern kann, den Mut, die Dinge zu ändern, die ich ändern kann, und die Weisheit, das eine vom anderen zu unterscheiden".[201]

Außer durch die Wahrnehmung der täglichen Gelegenheiten für die „guten Werke" der Solidarität und Liebe wird der Diakon auch an den strukturellen Formen der karitativen Tätigkeit teilnehmen z.B. in der *Mitwirkung bei den Caritasaktionen* und wohlfahrtsgesellschaftlichen Einsätzen. Er wird den Zustand und die Entwicklungstendenzen innerhalb seines seelsorglichen Gebiets achtsam beobachten, um die Brennpunkte der Sozialprobleme zu erfassen; darüber wird er nachdenken und die Lösungsentwürfe vorbereiten. Das verlangt nicht nur gute Kenntnisse der Sozialfelder und der Möglichkeiten zur Hilfeleistung, sondern auch die Führung eines Dialogs mit den maßgeblichen Institutionen, mit dem Pfarrer, engagierten Pfarrgemeindemitgliedern sowie den Einsatz der eigenen Kreativität. Er wird am Ende eines jeden Tages beim abendlichen Gebet kurz Revue passieren lassen, was alles im Tagesverlauf geschehen ist. Die vollbrachten guten Werke und positiven Erfahrungen werden ein Echo in seinem Inneren finden und ihn mit dem Gefühl der Dankbarkeit, Zufriedenheit und der Freude erfüllen. Es ist empfehlenswert, solche Erfahrungen und „Begegnungen mit Gott" in einem Tagebuch aufzuschreiben oder sie kurz in Notizen seines Notebooks oder iPhone einzutragen. Dies ist deshalb so wichtig, weil wir alle sehr leicht die Ereignisse vergessen, doch die Erinnerung an manche von ihnen kann uns erfrischen, bestärken und neu motivieren.

Die karitativen Werke beeinflussen die diakonische als auch jede christliche Spiritualität, denn sie veredeln unser gesamtes Wesen, steigern das Gefühl des Glücks und geben uns den Elan für weitere Lebensschritte.

---

[201] Vgl. https: // www.gutzitiert.de / zitat_autor_rei...

Viele Studien konnten nachweisen, dass die positiven Stimmungen und Emotionen uns ermöglichen, eigene Produktivität zu aktivieren und zu steigern, die Freundlichkeit zu kultivieren, die Gesundheit zu stabilisieren, die Widerstandskräfte zu erhöhen, die Bereitschaft zur erneuten Hilfeleistung anzuheben und eigene Kreativität weiter zu entfalten. Das beinhaltet auch folgendes: Je mehr positive Gefühle wir tagsüber erfahren durften, um so sinnvoller erscheint uns das Leben. Noch mehr: Wir können die Energie in gute Werke immer wieder neu investieren und auf diese Weise auch selbst zu einer Quelle der positiven Gefühle werden. Und wenn wir selber zum Ursprung unserer guten Emotionen werden können, dann wird diese Quelle unser ganzes Leben lang nicht austrocknen. Somit werden wir in die Lage versetzt, auch selbst zum Quell der *erneuerbaren Energie* zu werden.[202]

9. Heilige Beichte – Quell der Erneuerung und Korrektiv des Lebensweges

Auch trotz unseren Anstrengungen und Bemühungen auf dem Trainigsfeld oder bei den asketischen Übungen auf dem Weg zu einer gesunden und sinnvollen Spiritualität stellen wir fest, dass wir immer wieder mehr oder weniger scheitern, Fehler begehen, Gutes unterlassen, Böses nicht meiden, Sünden und Schuld auf uns laden. Darum wenden wir uns von Neuem an Gott und bitten um sein Erbarmen, Hilfe und Geduld. Die kirchliche Empfehlung sieht vor, dass jeder Gläubige mindestens ein Mal im Jahr zur hl. Beichte gehen solle. Der Diakon wird aus unserer Erfahrung mindestens vier Mal im Jahr (z.B. vor Weihnachten, vor Ostern, vor Pfingsten und vor dem Fest Mariä Aufnahme in den Himmel), bei Bedarf auch häufiger, das Sakrament der hl. Beichte empfangen. Das wird ihn jedes Mal erneuern und näher zu Gottes bringen, damit er sein Leben ordnet, auf Gott ausrichtet und in einer gerechtfertigten Hoffnung auf Gott zugeht. Die regelmäßige Beichte ist ein wesentlicher Bestandteil der diakonischen Spiritualität sowie seiner

---

[202] Vgl. S. LYUBOMIRSKY, ebd., S. 143-149 und 271-280.

Hygiene der Seele. Trotz der heutigen Möglichkeiten des Coachings und der Interventionsangebote seitens der Psychologie und Psychotherapie, welche für die Gesundheit und persönliche Entwicklung zweifelsohne nützlich sind, bleibt die hl. Beichte dennoch als eine *unaustauschbare und unverzichtbare Möglichkeit* in der religiösen Dimension einer jeden Christin und eines jeden Christen bestehen, denn *nur Gott allein* kann uns aus den Abgründen, Sündhaftigkeit, Unterlassungen, Irrtümern, und Unvollkommenheiten definitiv herausholen, ermutigen, erneuern und zum ewigen Leben führen.

Die angeführten Punkte der diakonischen Spiritualität sind die eigentliche Schatzkammer, aus der die Diakone ihre **Kraft, Motivation, Lebensfreude und Elan** („Die Freude am Herrn ist eure Stärke"– Neh 8, 10) schöpfen. Sie weist einige besondere Merkmale auf: Die tägliche Erinnerung an die Fußwaschung Jesu vor dem letzten Abendmahl sowie an die Dienste der Gottesmutter Maria beim Erlösungswerk ihres Sohnes (Hilfsbereitschaft den Mitmenschen gegenüber z.B. Besuch bei der Verwandten Elisabeth, die Vermittlung bei der Hochzeit in Kana oder die Begleitung ihres Sohnes bei der Ausbreitung des Reiches Gottes bis hin zu seinem Tod am Kreuz). Das ist kennzeichnend für die *diakonische* Spiritualität, ist aber auch in jeder christlichen Spiritualität praktizierbar.

H. BISHERIGE ERFAHRUNGEN UND ANMERKUNGEN ÜBER DIE VERWIRKLICHUNG DES STÄNDIGEN DIAKONATS NACH DEM II. VATIKANISCHEN KONZIL

a) Wissenschaftliche Befunde aus den durchgeführten Studien

Wir haben gesehen, dass nur drei Jahre nach der Beendigung des II. Vatikanischen Konzils die ersten Ständigen Diakone weltweit im Erzbistum Köln geweiht worden sind. Im Jahre 2018 haben wir das 50-jährige Jubiläum gefeiert. Im Jahr 2019 feierten wir das 50-jährige Jubiläum der Weihe der ersten Diakone in Österreich. In der Zwischenzeit hat sich die Anzahl der Ständigen Diakone in der Katholischen Kirche kontinuierlich vergrößert, u.z. auf allen Kontinenten mit dem neuesten Stand von 47.504.[203]

Welche Erfahrungen und Beobachtungen können wir in dieser Zeit verzeichnen? Welchen Hindernissen ist man begegnet und welche Erwartungen für die Zukunft sind erlaubt? Was müssen wir verbessern, ändern und welche Vorschläge sind aus diesen Erfahrungen der vergangenen 50 Jahre zur Diskussion zu stellen?

1. Bereits im Jahr 2003 hat der bekannte Pastoraltheologe P. M. Zulehner seine Studien unter dem Titel „Dienende Männer-Anstifter zur Solidarität. Diakone in Westeuropa" als auch „Samariter – Prophet – Levit. Diakone im deutschsprachigen Raum. Eine empirische Studie" vorgelegt.[204]

---

[203] Vgl. Bollettino sala stampa della santa sede, 25. 03. 2020.

[204] Vgl. P. M. ZULEHNER, Gesellschaftliche Veränderungen als Herausforderung an den Diakonat, in: K. ARMBRUSTER-M. MÜHL (Hg.), ebd., S. 290-299.

Von den Diakonen, welche auf seine Fragen eingegangen sind, seien unterschiedliche Antworten gewonnen worden. Auf die Frage, ob die diakonische Ausbildung hilfreich war, um die gewünschte und nötige Kompetenz für die Beherrschung der organisatorischen Herausforderungen im Alltag zu erlangen, haben nur 20 % als positiv bewertet. Auf die zweite Frage, ob es angebracht wäre, dass in jeder Pfarrei auch ein Ständiger Diakon tätig sein sollte, hat sich die Mehrheit bejahend geäußert. Auf eine spezielle Frage, ob es notwendig wäre, auch die Frauen zum Diakonat zuzulassen, antworteten damals 67 % der Diakone mit Zustimmung.

2. In ihrer Diplomarbeit aus dem Jahr 2009 hat M. Steinberg die Ergebnisse einer von ihr durchgeführten Umfrage bei den Laien, Priestern und Ständigen Diakonen der Bistümer Trier und Essen präsentiert.[205] Einige Ausschnitte werden wir hier wiedergeben:

Auf die Frage, ob sie über die Tätigkeiten der Ständigen Diakone informiert seien, haben sowohl die Laien als auch die Priester und Diakone positiv geantwortet. Auf die etwas detaillierte Frage über die einzelnen Wirkungsbereiche der Diakone z.B. Leitung einer Begräbnisfeier, Taufen, Predigen, Vorsteherdienst bei den Wortgottesdiensten, Assistenz bei den Trauungen und die Krankenseelsorge wussten 99 % der befragten Laien, Priester und Diakone gut Bescheid. Die nächste Frage befasste sich mit der Rolle der Diakone als Vermittler und Brückenbauer zwischen dem Pfarrer und den Mitgliedern der Pfarrgemeinde: Sie wurde von den Priestern und Laien negativ eingestuft, wohingegen die Diakone sie positiv einschätzten. Was die Hauptaufgaben der Ständigen Diakone betrifft, wurden unterschiedliche Beurteilungen gemacht. Hauptsächlich in den sog. priesterlosen, kleineren Gemeinden wird der Diakon, der auch dort wohnt, als die

---

[205] M. STEINBERG, Die Erneuerung des Ständigen Diakonats (Zukunftsvisionen zur Entwicklung seit dem 2. Vatikanischen Konzil,) Diplomarbeit im Fach katholische Theologie am Warnborough College (UK) in Canterbury, 2009, S. 21 -59.

Person des Vertrauens wahrgenommen, an welche sich die Gläubigen in problematischen Situationen wenden können. Diejenigen Diakone, welche nicht gleichzeitig im Zivilberuf beschäftigt sind, verrichten ihren Hauptdienst in der Seelsorge im engeren Sinne, also im liturgischen Bereich, in der Betreuung der kranken und älteren Personen in den Altersheimen oder im Krankenhäusern und nehmen an der Caritasfürsorge teil; außerdem übernehmen sie die Katechese, kümmern sich seelsorglich auch um die Kinder und Jugendliche, bringen die hl. Kommunion den Schwachen und Kranken nach Hause und erledigen die Aufgaben in übrigen Bereichen des kirchlichen Wirkungsspektrums nach Anweisung des Pfarrers. Der Ständige Diakon kann jedoch nicht die Spendung der Sakramente der hl. Beichte und der Krankensalbung vollziehen; er kann auch nicht bei der Eucharistie vorstehen, denn diese sind ausschließlich dem Priester vorbehalten. Die Ständigen Diakone mit und im Zivilberuf können ebenso wie die Diakone im sog. Hauptberuf all die erwähnten Aufgaben übernehmen, der Umfang ihrer Arbeit ist jedoch geringer, da sie gleichzeitig auch im Zivilberuf tätig sind. Deshalb vertreten viele Laien die Meinung, dass die Ständigen Diakone im Zivilberuf nur eine Aushilfe für den Pfarrer sind; wieder andere betrachten solche Diakone als Personen, die „ehrenamtlich" beim Pfarrer beschäftigt sind.

Auf die Frage, in welchem Ausmaß und in welcher Weise der Diakon auf das Leben einer Pfarrgemeinde Einfluss hat, fielen die Antworten unterschiedlich aus: Die Priester waren der Meinung, dass die Diakone das diakonische und karitative Gewissen als ein wesentliches Element des gemeinsamen Lebens der Gemeinde stärken. Die Diakone schätzen ihre Arbeit in der pfarrlichen Gemeinde als ein neues Zeichen des Glaubens und der Durchgeistigung der Lebensweise ein und sind überzeugt, dass der Gemeinde ohne Diakon etwas fehlen würde. Die Laien beurteilen die Arbeit der Diakone als sehr nützlich und betrachten den Diakon als jemanden, der für die gemeinsamen Gespräche mit den Gläubigen zur Verfügung steht; sie werden als eine Bereicherung der Seelsorge eingestuft; ihre Aufgaben würden sie gewissenhaft erledigen und mit ihrem Engagement als auch mit ihren Predigten ein besonderes und positives Merkmal der christlichen Gemeinde zum Leuchten bringen. Die Laien haben also eine durchaus positive Meinung von den Diakonen und ihrer Arbeit und betrachten sie als einen bedeutenden Bestandteil der Pfarrgemeinschaft. Nach ihrem Dafürhalten habe eine Pfarrei ohne Diakon einen Mangel (Manko) und eine Schwachstelle zu verzeichnen.

Einige Pfarrer haben angemerkt, dass der Diakon hie und da die Rolle des Priesters „spielen" möchte.

Die Mittlerfunktion des Diakons wurde bereits angeschnitten. Der Fragenkatalog enthielt unter dem Punkt 26 folgende Formulierung: „Haben Sie den Diakon in der Kirchengemeinde als Mittler zwischen Priester und Gemeindemitgliedern erlebt"? Die Priester, die mit einem Diakon zusammen arbeiten antwortete: 2 x ja; 2 x nein und 1 x gelegentlich.; die Priester, die *nicht* mit einem Diakon zusammenarbeiten 6 x ja; 3 x nein; 1 x sowohl als auch. Die Antwort der Diakone lautete: 21 x ja; 5 x nein und 1 x ohne Angabe. Die Laien, in deren Gemeinde ein Diakon tätig ist: 7 x ja; 4 x nein und 2 x Enthaltung; Laien, in deren Gemeinde *kein* Diakon tätig ist: 1 x ja; 5 x nein und 7 x Enthaltung.[206]

Eine etwas provokante Frage lautete: „Könnten Sie sich vorstellen, dass in der Zusammenarbeit zwischen Priestern und Diakonen Schwierigkeiten auftreten"? Die Antworten der Priester, die mit einem Diakon zusammenarbeiten: 5 x ja; einer von diesen hat das „Nichteinhalten von Absprachen" und das Problem der nicht genau definierten Zuständigkeiten besonders hervorgehoben; die Priester, die *nicht* mit einem Diakon zusammenarbeiten: 11 x ja und 1 x nein, wobei Einer die vorhandene Eifersucht bzw. den Neid als ein großes Hindernis betrachtete. Die Diakone antwortete: 25 x ja; 1 x nein und 1 x eventuell. Auch hier wurde die Eifersucht, das Kompetenz- und Machtgerangel als das vorherrschende Problem hervorgehoben; 3 von

---

[206] Vgl. M. STEINBERG, ebd., S. 38-39.

ihnen wiesen jedoch auf dieses Phänomen als etwas, was menschlicher Natur angehaftet sei, hin. Die Laien, in deren Gemeinde ein Diakon tätig ist, antworteten: 13 x ja; die Laien, in deren Gemeinde *kein* Diakon tätig ist: 8 x ja; 2 x unter Umständen; 2 x nein und 1 x keine Angabe. Die Laien wiesen vor allem auf bekanntes allgemeines Problem zwischen den Menschen hin, welches unabhängig von der Person eines Priesters oder Diakons entstehe; eine Antwort betonte das „Nicht – Aufgeklärtsein der Priester" in Bezug auf das Amt des Diakons. Eine weitere Antwort betonte die Problematik des Machtmissbrauchs, welcher aus einer Vermischung von Aufgaben und der fehlenden Obrigkeit entstehe, die notfalls beiden Beteiligten deutlichere Abgrenzung aufzeigen sollte.[207]

In der Frage Nr. 24 wurde der Aufklärung und Planung bedacht, und sie lautete: „Ist der Ständige Diakonat in der Planung der Personalstruktur und in der sich ändernden Bistumsstruktur ausreichend bedacht, bzw. mit eingeplant worden? Wenn ja, inwieweit"? Die Priester gaben zur Antwort: 3 x ja, 2 x schwer einzuschätzen, 4 x nein und 8 x keine Angaben. Diakone: 4 x ja, 7 x nicht genug, 12 x nein und 4 x keine Angaben. Laien: 1 x eher ja, 16 x nein und 9 x keine Angaben.

Eine weitere Frage: „Wo sehen Sie die Vorteile des Amtes des Ständigen Diakons? Wo die Nachteile"? Die Priester heben folgende Vorteile hervor z.B. die Gemeindenähe, der Kontakt zu den Menschen durch seine berufliche Arbeit, Zugänglichkeit auch für Verheiratete, seine „Erdung", Aufrechterhaltung der Seelsorge trotz des Priestermangels; die Nachteile: Sie können das Sakrament der Krankensalbung nicht spenden; durch die Profillosigkeit werden sie manchmal als „Ersatzpfarrer" angesehen. Die Diakone betonten die Vorteile: Sie stehen näher den Gemeindemitgliedern dadurch, dass sie verheiratet sind und am Berufsleben teilnehmen, und betrachten die Unterstützung bei den seelsorglichen Aufgaben als deutliches Zeichen der dienenden Liebe Jesu. Nachteile: Problem der Krankensalbung, Ersatzpriester-

---

[207] Vgl. M. STEINBERG, ebd., S. 41-43.

funktion. Die Laien führten folgende Vorteile an: große Nähe und Akzeptanz durch das Kennen der Nöte und Sorgen im Berufs- und Familienleben; in der Außenwirkung nicht so klerikal und somit erleichterter Zugang zu den Gemeindemitgliedern; Entlastung durch das Miteinbeziehen in die Seelsorge; geeigneter Ansprechpartner vor Ort bei Priestermangel. Nachteile: Alibifunktion, mögliche Machtspiele der Geweihten durch ungeklärte Rollen beiderseits.[208]

Die Frage 35 hatte zum Inhalt: Sehen Sie den Diakonenmangel als eine verpasste Chance an? Die Priester antworteten 12 x ja, 4 x nein 1x vielleicht. Bei der Auswertung fielen einige Formulierungen auf z. B. „das ist leider so, obwohl es viele gute Männer gibt, welche seitens der Kirche nicht genügend zum Diakonat geführt werden". Die Diakone antworteten: 19 x ja, 7 x nein und 1 x keine Angabe. Sie äußerten den Wunsch, dass es einen Diakon eigentlich in jeder Gemeinde geben sollte. Die Antworten der Laien: 19 x ja, 3 x nein 4 x keine Angaben; somit äußerten sie Bedenken wegen des Diakonenmangels und betrachteten die Situation als eine verpasste Chance.

Aus den Antworten auf die gestellten Fragen können wir folgende Schlussfolgerung ziehen:
— Die meisten Gläubigen in den Bistümern Essen und Trier haben einige Kenntnisse über den Diakonat erworben, d.h. sie sind unterrichtet darüber, was der Diakon ist und welche Dienste er in der Gemeinde verrichtet, aber diese Kenntnisse sind in vielem noch unscharf und nicht genügend ausgestaltet, um das Wesen des Diakonenamtes gänzlich zu begreifen und zu differenzieren. Einige denken, der Diakon sei ein Helfer des Pfarrers und tut nur das, was ihm der Pfarrer aufträgt; die Anderen betrachten ihn als einen Vermittler oder eine Kontaktperson, mit welcher die Gläubigen leichter als mit dem Pfarrer ins Gespräch kommen können; die Dritten sehen ihn als einen „Minipriester" an. Es wurde

---

[208] Vgl. M. STEINBERG, ebd., S. 53-55.

offensichtlich, dass *kein klares Bild* von dem Profil des Diakons als auch von genauer Beauftragung seitens der Kirche über seine Pflichten und Rechte bestehe.

- Was das Wissen über den Diakonat betrifft, ist die Situation z.B. in Kroatien unbefriedigend, denn dort gibt es bis heute kaum wissenschaftliche Untersuchungen darüber. Aus eigener Erfahrung kann so viel gesagt werden, dass der Begriff „Diakon" im Bewusstsein der kroatischen Gläubigen schwach oder überhaupt nicht angesiedelt ist. Eine unterscheidende (differenzierte) Meinung darüber ist selten zu finden, wie es übrigens in vielen anderen katholischen Ländern der Fall ist z. B. Polen, Tschechien, Slowakei, Ungarn u. a.

- Auch die Priester, besonders die Älteren unter ihnen, sind nicht genügend und präzise genug über den Ständigen Diakonat informiert. Diese Desinformation führt manchmal zu Missverständnissen und sogar zu Konflikten.

- Die Gläubigen, welche eine Erfahrung mit den Ständigen Diakonen gemacht haben, konnten feststellen, dass in vielen Gemeinden *kein* Diakon tätig ist. Das sei für sie unverständlich und unerklärbar, denn es gibt in jeder Gemeinde einige sehr motivierte Männer, die sich auf dem karitativen Feld als auch im Bereich der innerkirchlichen Angelegenheiten engagieren und meist ehrenamtlich aktiv sind; sie wären für das Diakonenamt geeignet, aber niemand macht sie auf diese Möglichkeit aufmerksam. Das kann nach ihrer Meinung als *vertane Chance* bezeichnet werden, denn der Diakon ist Vermittler und Brückenbauer zwischen dem Volk Gottes und der Kirchenleitung sowie derjenige, der durch sakramentale Gnade beauftragt für Hilfeleistung bei den Schwachen, Kranken, Alten, Einsamen, Verlassenen und Armen einsteht.

Aus dem Gesagten geht hervor, dass der Diakon niemanden bei seiner Arbeit störe; er hindere und beschneide in keiner Weise die Befugnisse des Pfarrers, sondern ist bereit, sich überall und für jedermann einzubringen. Der diakonische Dienst steht in keinerlei

Konkurrenz mit dem des Pfarrers, denn beide Dienste verstehen sich als ergänzende (komplementierende) und vervollkommnende Aufgaben, die sich im Auftrage des Bischofs gegenseitig befruchten und bereichern können.

3. Die Ergebnisse der neuesten Umfrage der Diakonenkonferenz bei den Diakonen des Erzbistums Köln: Ein 10-seitiger Fragebogen wurde im Juni 2018 an alle Diakone des Erzbistums verschickt. Es war eine Beteiligung der gefragten Diakone mit mehr als 25 % zu verzeichnen. Am 03. November 2018 wurden die Antworten präsentiert, im Diakonenbrief 2019 veröffentlicht und in 15 Diagrammen die Thematik der Fragebögen vorgestellt:

Im Diagramm 11 wurde die Einschätzung der eigenen Spiritualität dargelegt:

40 % bezeichneten ihre Spiritualität als lebendig und erfüllend und ein Drittel war zufrieden mit ihrem Glaubensleben, ein Viertel beklagte zu hohe Belastungen, weshalb sie ihre Spiritualität nicht weiterentwickeln konnten.

Im Diagramm 12 geht es um die Erfahrungen der Diakone in den Pastoralteams, wobei die Diakone im Zivilberuf (5 %) nicht in die Teams eingebunden seien. 9 % berichten von *Überlastungen* und für 13 % war die Mitarbeit demotivierend. Besonders die Diakone mit Zivilberuf seien oft einem starken *Druck* des leitenden Pfarrers ausgesetzt, weil sie noch mehr in der Gemeinde leisten sollen. 11 % beklagte die schwache Leitungskompetenz des verantwortlichen Pfarrers. Zwei Drittel der Diakone seien gut in die Patoralteams integriert, und das motiviere sie für die weitere Mitarbeit. Es wurden auch einige Kommentare auf die Ergebnisse der Umfrage veröffentlicht z. B. „Mir fehlt die Akzeptanz der Diakone durch Priester und Gläubige"; „Der katholische Diakon hat einen schweren Stand in der Kirche und im Land. *Während meiner Tätigkeit in Polen wurde mir erklärt, dass Diakone nicht erwünscht sind. Es reiche aus, wenn ältere Herren die Kommunion austeilen und kollektieren*"; „In meiner Kölner Pfarrei bin ich als Diakon ausgeschlossen; *selbst meine Gewänder musste ich bezahlen*". „Wir Diakone machen viel, kommen in den Gemeinden mehr und mehr an. Aber der Klerikalismus auch in der Bistumsleitung ist unerträglich". „Oft vermisse ich eine ehrliche Wertschätzung unseres Dienstes – gerade auch von der Bistumsleitung". In meinen über 30 Dienstjahren habe ich noch nie an einem Hochfest gepredigt, obwohl ich publiziere". „Ende mit dem Klerikerneid! Anerkennung des Diakons auch durch eifersüchtige Priester"! Die Bistumsleitung täte gut daran, das Know-How der Diakone – gerade auch der Diakone mit Zivilberuf – effektiver zu nutzen und diese in wichtige pastorale Planungen intensiver einzubeziehen. Die Diakone mit Zivilberuf sind oft näher an der Zielgruppe 'Fernstehende' als Hauptamtliche, weil sie den Menschen auch außerhalb des kirchlichen Kontextes begegnen. Dadurch sind sie weniger 'betriebsblind' und weniger 'Kirchen-Insider', können neue Impulse geben".[209]

b) Eigene Beobachtungen und Anmerkungen aus den Erfahrungen in Deutschland und Kroatien

1. Erfahrungen einzelner Diakone in Deutschland

Die Berichte der hier angegebenen Aussagen einzelner Diakone sind glaubwürdig. Viele von ihnen stammen aus den Anfängen des erneuerten Diakonats und können auch als „Kinderkrankheiten" bei der Verwirklichung des Diakonendienstes in den Pfarreien genannt werden. Die Anmerkungen werden nur und ausschließlich in guter Absicht wiedergegeben, und sie dienen als Hinweis auf solche Möglichkeiten, mit welchen bei dem Versuch,

---

[209] Vgl. DIAKONE IM ERZBISTUM KÖLN, STÄNDIGER DIAKONAT IM ERZBISTUM KÖLN, Diakonenbrief 2019, S. 1-5.

den Ständigen Diakonat zu erneuern und zu entwickeln, zu rechnen ist. Einige Beispiele:

– Nach der feierlichen Einführung eines Diakons in einer Pfarrei in Deutschland bemerkte dieser bald auch einige Hindernisse im Alltag. Nach und nach wurde ihm klar, dass diejenigen Laien, die bis zu seiner Einführung die hl. Kommunion austeilen oder Fürbitten vorlesen durften, auf den Diakon und seine Aufgaben keinesfalls aufmerksam gemacht worden waren. Deshalb waren sie nicht bereit, diese Dienste an den Diakon abzugeben. Auf der anderen Seite hat sich der Pfarrer nicht getraut, die Laienmitarbeiter über die zu erwartenden Rollenverteilung in der Liturgie vorsichtig und klug zu informieren, damit keine Konflikte entstehen. Der Pfarrer wollte sich natürlich bei den Laien nicht unbeliebt machen und vermied deshalb die Gespräche darüber. Eigentlich hätte er ihnen klar sagen sollen, dass die kirchlichen Vorschriften den Diakon als den ordentlichen Kommunionspender benennen. Es kam zunächst zu verdeckten Missempfindungen und Spannungen zwischen den Laien und dem Diakon; denn die Laien fühlten sich nun vom Diakon verdrängt einerseits, während der Diakon bei der Bevorzugung der Laien ein Gefühl der geringeren Wertschätzung und sogar der Missachtung auf der anderen Seite bekam. Der Pfarrer hat jedoch jahrelang den Laienmitarbeitern den Vorzug gewährt, offensichtlich aus Angst, die Gunst der Laien dadurch zu verlieren, so dass der Diakon während der Kommunionausteilung auf seinem Platz saß und von da aus zusehen musste, wie der Pfarrer mit den Laien die hl. Kommunion an die Gläubigen austeilte. Sage und schreibe, einer der Gläubigen hat sich eines Tages gewagt, den Diakon darauf anzusprechen und ihn nach der Eucharistiefeier zu fragen, warum er denn keine Kommunion austeile; er wusste nämlich, dass die Diakone diejenigen sind, die neben den Priestern dazu von der Kirche beauftragt sind. Die Spannungen haben sich weiter fortgesetzt, meist unterschwellig und im Stillen (latent), bis es auf einer Pastoralsitzung zu einem kleinen Eklat kam, da der Diakon die ganze Angelegenheit laut und deutlich vor dem Gremium, das aus dem Pfarrer, Subsidiarpriestern, Gemeindereferent*innen und zwei weiteren Diakonen bestand, vorgetragen hat. Man hat sich dann doch nach einer emotional geladenen Diskussion geeinigt und beschlossen, den Fehler entsprechend den kirchlichen Vorschriften zu korrigieren und die Laien über den Diakonendienst (seine Pflichten und Rechte) zu unterrichten.

Das war ein schmerzhafter Prozess, welcher durch einfühlsame und kluge Aufklärung hätte vermieden werden können. Einige weitere Beispiele:

— Während seiner ärztlichen Vertretung im Norden Deutschlands, hat sich der Diakon, im Zivilberuf als Arzt tätig, an einem Sonntag bei dem zuständigen Pfarrer vorgestellt und den Wunsch geäußert, bei der hl. Messe zu assistieren oder besser gesagt, den diakonischen Dienst übernehmen zu dürfen. Der Pfarrer hat das auf eine ziemlich kühle Weise abgewiesen mit der Begründung, er habe genügend Messdiener und andere Personen, die ihm beim Gottesdienst helfen.

— Ein anderer Diakon berichtet über die geäußerte kritische Meinung eines Prälaten aus dem Bereich des Generalvikariats des Bistums. Er habe vor allem die Diakone mit Zivilberuf im Blick gehabt, als er folgende Feststellung gemacht und formuliert habe: „Eine Putzfrau in der Kirche leistet mehr als ein Diakon mit Zivilberuf". Was für ein Vergleich, welches Wissen und Einschätzung des Berufslebens eines Diakons!

— Ein jüngerer Priester als Vikar in der Gemeinde oder als der Vertreter des Pfarrers steht dem Sonntagsgottesdienst vor, bei welchem die Katechese der Kinder vorgetragen wird. Plötzlich und ohne vorherige Verständigung entscheidet er sich, das Evangelium vorzulesen, währenddessen er den Diakon auf seinem Platz sitzen lässt.

— Ein Diakon gibt an, dass er vor einigen Jahren in existentieller Not einen Brief an seinen Bischof geschickt und ihn darin um Rat und geistige Unterstützung gebeten habe. Leider hat der betreffende Diakon bis heute keine Antwort vom Bischof bekommen.

Die Erfahrungen und Erlebnisse einzelner Diakone in ihrem pastoralen Wirken werden auf den gemeinsamen Regionaltreffen der Diakone, meist etwa 1 x monatlich, untereinander und in der Gruppe ausgetauscht und nacherzählt.

Einzelne Diakone geben an, dass sie bei ihrer Arbeit in Konfliktsituationen mit den zuständigen Priestern geraten, weil sie des öfteren die Willkommenskultur vermissen oder eine allgemeine Empathie nicht wahrnehmen können.

Auf der anderen Seite gibt es Unvollkommenheiten und Mängel auch bei den Diakonen: Sie überschätzen manchmal ihre Möglichkeiten und Qualitäten, sind nicht flexibel genug, es fehlt an Anpassungsfähigkeit, sind oft nicht bereit, ihre festgefahrenen und starr geformten Meinungen zu kultivieren und, wenn nötig, auch zu korrigieren oder zu ändern; manchmal ist die Toleranzfähigkeit herabgesetzt, Geduld, Bescheidenheit, Sanftmut und Demut (vgl. Mt 11, 29) schwach verinnerlicht und wenig praktiziert. Ab und zu ist zu beobachten, dass einzelne Diakone den Priester nachahmen möchten und auch durch das Äußere zu erkennen geben, dass sie zu diesem Stand aufgestiegen sind; so können einige kaum abwarten, um die klerikale Kleidung z.B. den Kollar (den römischen Kragen) anzuziehen und sich so der Öffentlichkeit zu präsentieren (wir möchten erinnern an die kirchlichen Vorschriften, nach denen der Diakon den Kollar zwar tragen kann, aber nicht tragen muss). Es ensteht hie und da der Eindruck, dass manchmal die liturgische Kleidung während der festlichen Zeremonien als eine Art des Vorzugs und der Erhabenheit des Diakons betrachtet wird, womit die narzissoiden Züge zu Tage treten. Dies sind menschliche Elemente, die überall feststellbar sind, sie können aber nicht verallgemeinert werden, denn die positiven Erfahrungen und die guten Eigenschaften überwiegen bei den meisten Diakonen.

2. Erfahrungen einzelner Diakone in Kroatien

Die Erfahrungen einzelner Diakone in Kroatien sind ähnlich denen in Deutschland. Hier einige Beispiele: Ein Diakon befindet sich im Urlaub in Kroatien. Anlässlich eines Patrociniumsfestes in einem Dorf hatte er sich bei dem Pfarrer vorgestellt und ihn gebeten, bei der feierlichen Eucharistiefeier den diakonischen Dienst (Assistenz bei der hl. Messe) verrichten zu dürfen. Bei der Gelegenheit haben sich auch zahlreiche Franziskanerpatres als Konzelebranten aus den umliegenden Pfarreien eingefunden, um der kirchlichen Feier als auch dem anschließenden Volksfest einen größeren Glanz zu geben. Unmittelbar vor der hl. Messe hat der Pfarrer dem Diakon mitgeteilt, dass er zwar die Kommunion austeilen dürfe, aber das Evangelium werde einer der kornzelebrierenden Franziskaner vortragen. Nach der Beendigung der Messfeier hat der Diakon den Pfarrer darauf aufmerksam gemacht, dass das Vorlesen des hl. Evangeliums eigentlich seit Urzeiten dem Diakon obliegt, worauf der Pfarrer: „Bei uns ist es eben so; wir sind nicht so weit". Es ist nochmals daran zu erinnern, dass die kirchlichen Schriften bereits seit den Anfängen des Christentums berichten, dass der Diakon das Evangelium den Gläubigen vortrug auch dann, wenn bei der Eucharistiefeier mehrere Bischöfe und Presbyter als Konzelebranten anwesend waren. Diese überall anerkannte Rolle des Diakons steht keinesfalls dem Pfarrer zur Disposition (Verfügung), um darüber eigene Entscheidungen zu fällen.

In einer anderen Pfarrei in Dalmatien hat sich der Diakon dem Pfarrer angeboten, die Assistenz bei der hl. Messe zu übernehmen, um ihm bei der Kommunionausteilung zu helfen. Der Pfarrer hatte nämlich zu der Zeit allein, ohne Unterstützung seitens der Laien, die Kommunion den zahlreichen Gläubigen gereicht. Es war brütend heiß während der Hochsommerzeit, der Priester sowie die Gläubigen mussten das lästige Schwitzen lange ertragen. Auch dieses Angebot seitens des Diakons wurde abgelehnt mit der Begründung, es sei schon alles geregelt, und er habe seine Ministranten, die ihm zur Seite stehen. Offensichtlich hat dieser Pfarrer, wenn auch dies vor einigen Jahren geschehen, wenig Kenntnisse über den Diakonat gehabt, insbesondere nicht darüber, dass der Diakon der ordentliche Kommunion-spender ist.

Noch ein Beispiel aus den kroatischen Verhältnissen: Der Diakon hat sich wieder während seines Urlaubs in einer größeren Küstenstadt Kroatiens aufgehalten und das Büro des Generalvikariats besucht, um einige Angelegenheiten mit dem Bischofssekretär zu besprechen. Dort wurde ein fester Termin vereinbart. Nach der Vereinbarung kam der Diakon wieder ins Generalvikariat, um das verabredete Gespräch zu führen. Nach der Vorstellung beim Pförtner wurde ihm kurz mitgeteilt, dass der Bischofs-sekretär nicht gekommen sei. Gefragt nach dem Grund der Nichteinhaltung des Termins, bekam der Diakon zur Antwort: „Nichts zu machen. Er ist nicht da".

Aus dem nächsten Fall kann erschlossen werden, wieviel Kenntnisse über den Ständigen Diakonat bei den kroatischen Klerikern und den Laien vorhanden sind. Vor kurzem hat der Autor zunächst ein Gespräch über den Ständigen Diakonat mit einem Kaplan in einer großen Stadtpfarrei geführt. Auf die Anmerkung des Autors, dass es in Kroatien als einem durchweg katholischen Land nur wenige Ständige Diakone gibt, antwortete der Kaplan: „Sie (die Kirchenleitungen) wissen mit ihnen nichts anzufangen". Auch während einer Unterredung mit einem Prälaten über das gleiche Thema bekam der Diakon wortwörtlich die gleiche Antwort: „Sie wissen mit ihnen nichts anzufangen" (zu Kroatisch: „Ne znaju što će s njima").

Zusammenfassend können wir festhalten:

Natürlich gibt es sowohl in Deutschland als auch in Kroatien (hier ex-emplarisch angeführt) wie auch mit großer Wahrscheinlichkeit in anderen Ländern negative und positive Erfahrungen mit der Einführung und Ent-faltung des Ständigen Diakonats. Das wohnt jeder Erneuerung inne.

Es gibt Schwierigkeiten und Probleme auf dem Lebensweg eines Diakons, die wir oben genauer beschrieben haben. *Dennoch überwiegen bei weitem die positiven Erfahrungen* und Errungenschaften. Die große Mehrheit der Ständigen Diakone ist *sehr zufrieden* mit der getroffenen Wahl, sich zu

Diakonen in der katholischen Kirche weihen zu lassen. Wir konnten bisher feststellen, dass kaum ein Diakon bereut, dass er diese Wahl getroffen habe. Im Gegenteil: Die Allermeisten geben eine innere Übereinstimmung mit sich selbst und mit der Umwelt an; ihr Lebensglück hat durch die Indienstnahme als Diakon eine neue und steigernde Dimension bekommen, in der sie sich näher Gott und den Menschen fühlen und mit ungetrübter Vision ihr geweihtes Dasein und Wirken bejahen. Ihre Identität als Gottes Diener und Gesandte (Diakone) ist in der Person Jesu Christi verankert, und diese innige Verbindung mit Christus und seiner Kirche möchten sie keinesfalls missen. Der Diakonat ist bereits in vielen katholischen Ländern gut **angekommen** und gerne angenommen; er wird immer mehr bejaht und entwickelt und verzeichnet ein kontinuierlich bedeutenderes Wachstum. Wir haben bereits die Meinung einiger anerkannten Theologen und Bischöfe erwähnt, in denen zum Ausdruck gebracht wurde, dass eigentlich jede größere Pfarrei nicht nur einen Pfarrer, sondern auch einen Diakon benötige. Es ist sehr bemerkenswert, was auch die Deutsche Bischofskonferenz auf ihrem Internetportal hervorhebt: „Jetzige Diskussion über den Diakonat kommt zur klaren Schlussfolgerung, dass prinzipiell in allen Pfarreien auch ein Diakon tätig sein sollte.

Bis das nicht erreicht ist, kann man auch von einem Mangel an Diakonen sprechen".[210]

Es sei nochmals betont, dass der priesterliche und der diakonischen Dienst in keiner Weise untereinander konkurrieren; vielmehr sie ergänzen (komplementieren) sich und wirken synergistisch. Jesus Christ als der Hohe Priester und er Hohe Diakon aller Gläubigen ist einer und unzertrennlich. Die Priester und die Diakone (jeder auf seine Weise) repräsentieren sakramental und in der Kraft der heiligen Weihe den gleichen Jesus Christus, der sein Reich auf Erden gegründet und seine Nachfolger erwählt hat, damit sie sein Werk der Verwirklichung des Reiches Gottes unter allen Menschen auf der ganzen Welt und zu allen Zeiten fortsetzen.

---

[210] Vgl. www. dbk. De / ... / 2013.

I. KRITISCHE UND SELBSTKRITISCHE ANMERKUNGEN UND VORSCHLÄGE 55 JAHRE NACH DER WIEDEREINFÜHRUNG DES STÄNDIGEN DIAKONATS

1. „Ständiger Diakonat" – „Durchgangsdiakonat"

Das Zweite Vatikanische Konzil (1962-1965) hat den Diakonat, wie er in den ersten Jahrhunderten der Kirche existiert hat, erneut eingeführt und wiederbelebt, denn er war letzte 1000 Jahre der Katholischen Kirche, bis auf kleine Ausnahmen, so gut wie verschwunden. In der Konzilskonstitution *Lumen gentium 29* wurde festgehalten: „In Zukunft kann der Diakonat als eigene und beständige hierarchische Stufe wiederhergestellt werden (im Originaltext der lateinischen Sprache heißt es: „Diaconatus in futurum tamquam proprius ac permanes gradus hierarchiae restitui poterit"). Es ist also die Rede von der eigenen und beständigen *hierarchischen Stufe.* Daraus ist der Begriff „Ständiger Diakon" entstanden. Obwohl der sog. Ständige Diakon gemeint ist, drückt sich der Urtext der Kirchenkonstitution klar und unmissverständlich ein wenig differenzierter aus, nämlich: „In der Hierarchie eine Stufe tiefer stehen die Diakone" (in lateinischer Sprache: „In gradu inferiori hierarchiae sistunt Diaconi"); es ist ersichtlich, das der Originaltext das Wort „Ständiger" *nicht* gebraucht, sondern nur so, wie die vom Bischof geweihten Diener auch in der frühen Kirche genannt wurden. Deshalb ist das Adjektiv „Ständiger" vor dem Wort Diakon erklärungsbedürftig. Im Übrigen finden wir diese eingeengte Benennung des Diakons weder in der Orthodoxen noch in der Evangelischen Kirche vor. Die Bezeichnung „Ständiger" Diakon ist erst in der postkonziliaren Zeit entstanden. Außerdem, niemand sagt zu einem Priesteramtskandidaten, wenn er die Diakonenweihe bekommen hat, „Durchgangs- oder Übergangsdiakon" oder „zeitweiliger Diakon". Derselbe Diakon als Priesteramtskandidat kann als Diakon ganzes Leben lang im Dienst bleiben oder, was am häufigsten auch geschieht, zum Priester geweiht und manchmal auch der Bischof werden. Genauso kann ein sog. „Ständiger Diakon", auch wenn er verheiratet ist z.B. nach dem Tod der Ehefrau und bei gegebenen Voraussetzungen zum Priester geweiht werden. Die zölibatären Ständigen Diakone können die Priesterweihe empfangen, wenn sie sich dazu entscheiden und die vorgesehene Zusatzausbildung erfolgreich abschließen. Auch bei den Weihbischöfen gibt es keine Unterscheidung nach den „Ständigen" oder „Zeitweiligen", denn auch sie können unter Umständen Diözesan- oder auch Erzbischöfe werden. An der Bezeichnung „Ständiger" Diakon stört sich auch der bekannte deutsche Theologe R. Miggelbrink und führt aus: „Im Allgemeinen Bewusstsein hat sich durchgesetzt, die Ordination zum Diakon sei nur eine Art Referendariat, das angehende Priester zu durchlaufen hätten." Das Zweite Vatikanische Konzil erneuert demgegenüber die alte Auffassung von einem im Kern dreigeteilten kirchlichen Amt, das neben dem Priester, den Diakon und den Bischof kennt.

Umgesetzt wurde diese neue Sichtweise der kirchlichen Ämter mit der Einführung der sogenannten „ständigen Diakone". Der Begriff ist unglücklich und irreführenbd, weil er den Eindruck erweckt, es könne auch zeitweise Diakone geben".[211] Theologisch und lehramtlich wird nämlich klar dargelegt, dass das hl. Weihesakrament ein unauslöschliches Siegel in dem Empfangenden ausprägt, weshalb der geweihte Diakon für immer als Diakon bleibt. K. Armbruster betont, dass es Sinn macht, nur vom Diakon oder von Diakonat zu sprechen, u.z. ohne Zusatzbezeichnung der „ständige". Es sei hinreichend bekannt, dass die Priesteramtskandidaten zuerst die Diakonenweihe empfangen und als Folge des sakramentalen Merkmals ständig, fortdauernd (permanent) als Diakone bleiben. Viele sind dessen erst bewusst geworden, nachdem der sog. „Ständiger Diakonat" Wirklichkeit geworden ist. Das Adjektiv „Ständiger" könnte nach seiner Meinung stärker auf „das Eigenständige und beständig Bleibende des Sakraments der Diakonenweihe verweisen".[212]

---

[211] R. MIGGELBRINK, ebd., S. 109-110.

[212] Vgl. K. ARMBRUSTER, Diakonia-realisierte Koinonia, Zur ekklesialen Verortung von Diakonia und Diakonat, in: K. ARMBRUSTER / MÜHL (Hg.), Bereit wozu? Geweiht für was?, ebd., S. 300.

2. „Diakone im Hauptberuf" – „Diakone im Nebenberuf oder im Zivilberuf"

Gebhard Fürst, Bischof der Diözese Rottenburg-Stuttgart, in seinem Buch „Gott und den Menschen nahe – Diakone in missionarischer Kirche" macht auf die Unsicherheit aufmerksam, die sich in der Benennung der Diakone breit macht. Die sog. Ständigen Diakone werden in Diakone im Hauptberuf und in Diakone im Zivilberuf aufgeteilt. Die Bezeichnung Diakon im Hauptberuf beinhaltet, dass der Diakon hauptsächlich und ganztägig auf dem pastoralen Gebiet z.B. in der Liturgie, Sakramentenspendung, Andachten, Überbringen der hl. Kommunion zu den Alten und Kranken usw. wie auch der Priester (jeder in seinem vom Bischof definierten Bereich) tätig ist. Dafür wird er auch von der bischöflichen Behörde entlohnt. Der Diakon im Zivilberuf ist sowohl in seinem erlernten Zivilberuf als auch im pastoralen Bereich tätig, soweit ihm das die Verpflichtungen seitens seines Zivilberufs zeitlich ermöglichen. Das beinhaltet, dass der Diakon mit Zivilberuf eine Doppelverantwortung trägt. Er kann alles verrichten wie der Diakon im Hauptberuf, allerdings ist sein Wirken im kirchlichen Bereich zeitlich begrenzt (limitiert). Die Diakone im Zivilberuf bekommen kein Gehalt von der bischöflichen Behörde, lediglich eine kleine Entschädigung für die Materialien (Papier, Schreibmaterial, Benzinkosten bei pastoralen Besuchen und ähnliches). Die Diakone im Zivilberuf kommen aus ganz verschiedenen Berufsgruppen: Krankenpfleger, Angestellte, Beamten (Polizisten, Lehrer), Ingenieure, Professoren, Ärzte, Sozialarbeiter, Pädagogen usw. Solche Diakone arbeiten voll in ihrem Beruf, stellen sich jedoch in ihrer Freizeit zur Verfügung, den kirchlichen Dienst zu übernehmen, soweit das auch die Verhältnisse in der eigenen Familie erlauben.

G. Fürst führt im Zusammenhang mit der Bezeichnung Diakon im Zivilberuf oder nebenamtlicher Diakon aus: „Kann ich ein geistliches Amt *daneben* ausüben, neben dem, was ich in der Weihe vom Wesen her geworden bin? Sicherlich ist hier eher der ehrenamtliche Diakon gemeint, aber auch dieser Begriff ist verwirrend und nicht treffend. Er stimmt insofern, als der Diakon mit Zivilberuf dieses Amt in der Regel ohne Entgelt ausübt.

Aber im *Gegensatz zum Ehrenamt* kann er dieses nicht wieder zurückgeben, aufgeben, auf eine beistimmte Zeit beschränken – der *Diakonat ist kein Ehrenamt, er ist eine Lebensform...*[213] Diakon im Zivilberuf ist ein wesentliches, verbindendes Element zwischen Kirche und Gesellschaft, denn er wirkt außerhalb der Kirche amtlich als ob es innerhalb wäre. Er ist diakonisch und missionarisch tätig... Mit dem Diakon im Zivilberuf stellt sich die Kirche in ihrer Kerngestalt des Amtes auf den gesellschaftlichen Marktplatz...Der Diakon im Zivilberuf leistet sich mit seinem kirchlichen Amt *kein Hobby* neben seinem Beruf, sondern verpflichtet sich auf den Menschen auch innerhalb seiner (außenkirchlichen) Berufs- und Lebenswelt...Kurzformel Diakon im Zivilberuf: Im Auftrag der Kirche für sie auch außerhalb tätig sein zu können".[214]

Wir haben festgestellt, dass die zusätzlichen Attribute in Form von Adjektiven oder weitern Kennzeichnungen z.B. „ständiger, nebenamtlicher, hauptberuflicher, nebenberuflicher, im Hauptberuf, im Nebenberuf, im Zivilberuf, ohne Zivilberuf, zum Teil ehrenamtlich, nicht ehrenamtlich usw." bisweilen zu Missverständnissen führen können. Die ursprüngliche Bezeichnung mit dem Wort **Diakon** ist in sich klar, unmissverständlich und umfassend! Es ist auch nicht üblich, einen Priester, der als solcher hauptsächlich in der bischöflichen Verwaltung, als Direktor der Caritas oder als Wissenschaftler in der archäologischen Forschung oder Astronomie tätig ist, als „Priester im Zivilberuf" zu bezeichnen. Alles, was er tut, hat auch das Merkmal seiner priesterlichen Existenz. Das ist ebenso der Fall bei einem Diakon, denn er empfängt das Weihesakrament, das ihm ein Leben lang das diakonische Siegel (den Charakter) verleiht.

Der Diakon „im Zivilberuf" wird häufig daran gemessen, wie oft und wie lange er im Pfarrhaus weilt und wie häufig er bei den liturgischen Handlungen in Erscheinung tritt. Dabei wird jedoch vergessen, dass er in seinem Zivilberuf mit verschiedenen Leuten in Kontakt kommt, die unterschiedliche Meinungen über Gott und die Welt vertreten, sogar mit jenen,

---

[213] Vom Autor hervorgehoben

[214] G. FÜRST, Gott und den Menschen nahe. Diakone in missionarischer Kirche, 2010, S. 25-31.

die sich bereits nach und nach von Gott und/oder von der Kirche entfernen oder sie sogar verlassen haben. In einer solchen Umwelt (Ambiente) hat er die Gelegenheit, mit den Personen ins Gespräch zu kommen, die sich nicht mehr oder selten im kirchlichen Einflussbereich bewegen. Jesus Christus hat aber seine Nachfolger ausgesandt, *allen* Menschen und überall das Wort Gottes zu verkünden. Das konkrete Leben und Wirken eines Diakons in seinem Zivilberuf und an seinem Arbeitsplatz bedeuten eine einzigartige und zeitgemäße Chance für die Erfüllung der missionarischen Sendung der Kirche. Gerade deshalb, weil er auch mit dem innerkirchlichen Geschehen und Bestrebungen sehr eng verbunden ist, wird er in die Lage versetzt, die Anliegen des Reiches Gottes in der Arbeitswelt zu vertreten. Er stellt somit ein verbindendes Element dar, oder besser gesagt, er ist der Brückenbauer zwischen der Kirchenleitung und der pluralen Gesellschaft der modernen Welt. Der Diakon mit Zivilberuf bringt in die Kirchenarbeit auch seine besonderen Kenntnisse und Kompetenzuen, die er in seinem Beruf erworben hat, mit. Auf diese Weise kann er die pastorale Arbeit erweitern, vertiefen, bereichern und den Horizont des kirchlichen Engagements merklich ausweiten. Auf diese Tatsachen macht Bischof G. Fürst aufmerksam und betont, dass der Diakon im Zivilberuf nicht als „Gast bzw. liturgischer Notnagel" zum Einsatz kommen sollte. Denn „er ist kein Diakon der zweiten oder dritten Klasse".[215]

Es sei nochmals daran erinnert, dass der hl. Paulus sehr beharrlich, ausdrucksstark und auf verschiedene Weise immer wieder seinen Einsatz als Dienstleistung hervorgehoben hat z.B. „Als Diener Christi soll man uns betrachten" (1 Kor 4, 1). Im Schreiben an die Kolosser bezeichnet er sich als Diener des Evangeliums: „In der ganzen Schöpfung unter dem Himmel wurde das Evangelium verkündet; ihr habt es gehört, und ich, Paulus, diene ihm" (Kol 1, 23). Denjenigen in Korinth, die über jedes Maß von ihren ruhmreichen Taten gesprochen und die Großartigkeit ihrer Vertretung (Repräsentation) Jesu Christi zur Schau gestellt hatten, hält Paulus seinen Einsatz und seine Arbeit als Dienstleistung entgegen (vgl. 2 Kor 11, 8) und

---

[215] Vgl. G. FÜRST, ebd., S. 30.

bezeichnet sich als Diener: „Sie sind Diener Christi... ich noch mehr" (2 Kor 11, 23). Paulus weist auf das Prinzip des christlichen Lebens, nämlich Jesus Christus als den Gekreuzigten, als Aufopferung aus Liebe zu den Menschen (Kenosis) und seinen rettenden Einsatz für die Armen, Schwachen und Kranken.[216] Das hat auch die theologische Wissenschaft aufgegriffen. Die Themen über diaconia oder ministerium zählen zu den wichtigsten Leitlinien der Theologie über die kirchlichen Dienste.

Hl. Paulus zeichnet sich auch durch seine *finanzielle Unabhängigkeit* aus, denn er hat mit eigenen Händen für den täglichen Unterhalt gesorgt (gerade wie die heutigen Diakone im Zivilberuf). Er war nämlich als Zeltmacher tätig, worüber auch die Apostelgeschichte berichtet: „Hierauf verließ Paulus Athen und ging nach Korinth. Dort traf er einen aus Pontus stammenden Juden namens Aquila, der vor kurzem aus Italien gekommen war, und dessen Frau Priszilla. Klaudius hatte nämlich angeordnet, dass alle Juden Rom verlassen müssten. Diesen beiden schloss er sich an, und da sie das gleiche Handwerk betrieben, blieb er bei ihnen und arbeitete dort. Sie waren Zeltmacher von Beruf. An jedem Sabbat lehrte er in der Synagoge und suchte Juden und Griechen zu überzeugen" (Apg 18, 1 - 4).

Auch die Arbeiterpriesterbewegung, die um das Jahr 1941 in Frankreich entstand, verfolgte die Idee, sich in der Arbeitswelt der heutigen Menschen zu betätigen. Sie hatte sich als Ziel gesetzt, die Distanz zwischen dem priesterlichen Leben und der üblichen Arbeitswelt zu überwinden, indem sie die Priester engagierte, das Reich Gottes auch im Alltag der in der Industrie oder woanders arbeitenden Menschen nahe zu bringen. Aus diesem Grunde arbeiteten die Priester zusammen mit den Anderen, mühten sich mit ihnen ab und erhielten den gleichen Lohn, von dem sie auch lebten. Es war sicherlich kein einfaches Unterfangen, denn es kam zu Missbilligungen und Missverständnissen, so dass die Bewegung im Jahr 1959 von der kirchlichen Seite verboten wurde. Auf dem II. Vatikanischen Konzil jedoch kam es zur Rehabilitation und Anerkennung (Dekret über die Priester – presbyterorum ordinis). Die Arbeiterpriester wirken also weiter, sie sind auch in Deutschland tätig und nennen sich heutzutage *Arbeitergeschwister.*

---

[216] Vgl. T. SÖDING, ebd., S. 48-50.

Aus den zwei angeführten Beispielen wird deutlicher, welche Rolle die Diakone mit oder im Zivilberuf einnehmen, und warum ihr diakonisches Wirken auch und gerade am Arbeitsplatz eine *besondere Bedeutung* hat.

3. Was spricht für die (erneute) Einführung des Frauendiakonats?

3.1 Geschichtliche Dokumente über den Frauendiakonat

Wir konnten oben zeigen, dass viele alte Dokumente bezeugen, dass es einen Frauendienst in der Kirche des ersten Jahrtausends gab, und dass ihr Dienst *ähnlich* dem der männlichen Diakone aussah. Es sei im Einzelnen auf das Kapitel B dieses Buches „Geschichte des weiblichen Diakonats" verwiesen (S. 60-67).

Über das Thema hat sich seinerzeit auch Kardinal C. M. Martini (1927 - 2012), einer der prominentesten Kenner der Hl. Schrift geäußert: „Dass Frauen immer mehr in Leitungsaufgaben kommen, ist in der Kirche überall festzustellen. Zugegeben, diese gute Entwicklung ist eher aus der Not denn aus klerikaler Überzeugung geboren. Aber es ist eine hoffnungsvolle Entwicklung. Gemeindeleitung der Frauen ist biblisch; ich denke an Lydia in Philippi und die vielen Mitarbeiterinnen des Paulus, die seine Gemeinden leiteten. Im Neuen Testament begegnen wir den Diakoninnen, die es in der ersten Kirche bis ins Mittelalter gab. Theologinnen entdeckten die Bedeutung dieser Frauen für die Kirche in den letzten Jahren".[217]

Die Synode der Bistümer in der Bundesrepublik Deutschland (1971-1975) hatte bereits damals die Theologiewissenschaftler vom Weltruhm Y. Congar, P. Hünermann und H. Vorgrimler beauftragt, ein Fachgutachten über das Bestehen und die Entwicklung des weiblichen Diakonats zu verfassen. Y. Congar hatte es zusammenfassend folgendermaßen formuliert: *„Die*

---

[217] KARDINAL CARLO M. MARTINI - G. SPORSCHILL, Jerusalemer Nachtgespräche 2010, S. 125.

Zulassung von Frauen zum sakramentalen Diakonat ist dogmatisch möglich; es hat den Diakonat der Frau ja schon jahrhundertelang gegeben. Ernsthafte Gründe legen ihn nahe. Es müsste jedoch deutlich herausgestellt werden, dass damit nicht die Frage des Ausschlusses der Frau vom Priestertum berührt ist – wobei nicht behauptet werden kann, dass es sich hier um ein Gesetz göttlichen Rechts handelt" [218], [219]. Leider geht M. Hauke in seinem jüngst veröffentlichten Beitrag „Geschichte der Diakonissen" (Zit. s. oben) auf diese Feststellung von Congar nicht ein. Gemäß dem Beschluss der Würzburger Synode (1971-1975) in Deutschland wie auch durch die Schweizer Bischofskonferenz Synode (1972-1975) und Österreichische Synode „Dialog für Österreich" (1998) wurden die Eingaben an die römischen Behörden weitergeleitet, um die Errichtung des Frauendiakonats anzuregen.[220]

Die Kongregation für das katholische Bildungswesen und die Kongregation für den Klerus haben in der gemeinsamen Erklärung einen wichtigen Grund für den Empfang des Weihesakraments angeführt: „Der Ständige Diakonat stellt für die Kirche eine wichtige Bereicherung dar. Da den Diakonen munera (Aufgaben) zustehen, die für die Kirche lebensnotwendig sind, ist es angebracht und nützlich, dass vor allem in den Missionsgebieten Männer, die in der Kirche, sei es im liturgischen und pastoralen Leben, sei es in sozialen und karitativen Werken, zu einem wahrhaft diakonischen Dienst berufen sind, durch die von den Aposteln her überlieferte Handauflegung gestärkt und dem Altar enger verbunden werden, damit sie ihren Dienst mit Hilfe der sakramentalen Diakonatsgnade wirksamer erfüllen können".[221]

In der gegenwärtigen Zeit nehmen aber die Frauen den größten Teil der erwähnten Aufgaben (munera) wahr und folglich scheint es angebracht,

---

[218] S. bei: K. LEHMANN, Die Entwicklung des Ständigen Diakonats, in: R. HARTMANN, F. REGER, S. SANDER (Hg.), Ortsbestimmungen: Der Diakonat als kirchlicher Dienst, 2015, S. 25.

[219] Vgl. Y. CONGAR., Gutachten zum Diakonat der Frau, in: Synode. Amtliche Mitteilungen der Gemeinsamen Synode der Bistümer in der Bundesrepublik Deutschland 7, 1973, S. 23-27.

[220] S. bei: A. LORETAN, Diakonat der Frau oder Trennung von Weihe und Leitung, in: R. HARTMANN/S. SANDER (Hg.), Zeichen und Werkzeug, 2020, S.135.

[221] Vgl. KONGREGATION FÜR DAS KATHOLISCHE BILDUNGSWESEN UND KONGREGATION FÜR DEN KLERUS, ebd., S. 16-17 sowie AD GENTES, 16.

auch solche engagierten Frauen mit der sakramentalen Diakonatsgnade zu stärken.

Die geschichtliche Rekonstruktion des weiblichen Diakonats sei so überzeugend und einleuchtend, dass bei dem großen Kongress zum Diakonat der Frau in Stuttgart bereits 1997 kein Theologiewissenschaftler bereit war, die Argumente gegen die dargelegte Feststellung vorzutragen.[222]

Die Ergebnisse der ersten Studien der Internationalen Theologischen Kommission zum sakramentalen Diakonat wurden im Jahr 2002 von dem damaligen Präfekten der Glaubenskongregation J. Ratzinger im Jahr 2002 approbiert und von Kardinal G. M. Müller im Jahr 2004 in deutscher Sprache publiziert. Diese Studie hat viele wertvolle Angaben auch über den weiblichen Diakonat, kommt aber diesbezüglich nicht zu einem eindeutigen Schluss. Die meisten dort angeführten Daten sprechen aber eher für das Bestehen des Diakonats der Frau in den ersten Jahrhunderten des Christentums als dagegen.

Eine zweite internationale Kommission, die der Papst Franziskus im Jahre 2016 einberufen hatte, bestand aus 12 Mitgliedern und war international und paritätisch mit Frauen und Männern besetzt. Die Ergebnisse der Kommission wurden Ende 2018 dem Papst übergeben. Sie sind bis jetzt nicht veröffentlicht worden, der Papst Franziskus hat sich dazu noch nicht im Einzelnen geäußert.

Es wird vermutet, dass diese Kommission zu *keinem* eindeutigen Schluss gekommen sei, weshalb bedauerlicherweise weiterhin gezögert wird, die Ergebnisse und Stellungnahmen der Mitglieder für die Öffentlichkeit zugänglich zu machen.

Nun hat Papst Franziskus am 08. 04. 2020 eine neue Kommission unter Leitung des Kardinals G. Petrocchi eingerichtet, wie wir bereits oben in der Einleitung kurz erwähnt haben. Neben dem Sekretär D. Dupont-Fauville gehören der Kommission an: B. Hallensleben, M. Hauke, C. B. Tkacz,

---

[222] Vgl. R. RADLBECK-OSSMANN, Das Argument von der Einheit des Ordo: Fundament für die Ablehnung eines Diakonats der Frau?, in: D. W. WINKLER (Hg.), Diakonat der Frau, 2010, S. 122-123.

D. Cerrato, S. del C. Elena, C. Farey, J. Keating, A. Lameri, R. Manes, A-M. Pelletier (5 Frauen und 5 Männer) an.[223] Das Thema Frauendiakonat bleibt somit weiterhin spannend, hochaktuell und offen.

3.2 Die Bedeutung der körperlichen und geistigen Unterschiede zwischen den weiblichen und männlichen Personen sowie die gesellschaftliche Verantwortung als Stütze für die (erneute) Einführung des Frauendiakonats

Schon in alten christlichen Zeiten hat man eingesehen, dass einige liturgische Handlungen (Riten) mit einem würdevollen Verhalten den Frauen gegenüber in Einklang gebracht werden müssen. Das bedeutete, dass der Bischof z.B. wegen der Intimsphäre der Frauen rücksichtsvoll und mit gebührlicher Distanz die Taufen der Frauen vorgenommen hatte, denn die Taufe wurde damals durch ein symbolisches Eintauchen des ganzen Körpers in das Wasser vollzogen. Aus diesem Grund waren die Frauen dem Bischof bei der Taufe der weiblichen Personen behilflich. Diese Helferinnen des Bischofs waren oft eben die Diakoninnen. Das sind die ersten Zeichen der Achtung und der Rücksichtnahme auf das weibliche Geschlecht, was auch die Ausformung des Ritus und seine Anwendung beeinflusst hat.

Die neueren medizinischen Forschungen haben noch größere Unterschiede zwischen den männlichen und weiblichen Personen erkannt:

Nicht nur die Hormone Östrogen und Testosteron üben eine unterschiedliche körperliche Entwicklung aus, sondern der große Teil des Metabolismus oder der Verstoffwechselung der unzähligen Substanzen im Blut schafft die Grundlage für die Funktionen des Gehirns, beeinflusst die Komplexität der Gefühle (Emotionen) als auch psychische Ausrichtungen und Neigungen. Auch die evolutionär bedingte Entfaltung, die kulturellen und sozialen Bedingungen haben spezifische Effekte und Spuren sowohl am männlichen als auch weiblichen Organismus hinterlassen. Wir wissen, dass die

---

[223] Vgl. https://www.vaticannews.va > vatikan

Verstoffwechselung vieler Medikamente vielfach anders bei den Frauen als bei den Männern abläuft, was auch von den Ärzten bei der Verschreibung der Arzneimittel, deren Dosierung und Anwendung berücksichtigt wird. Außerdem haben viele Studien zu Tage gebracht, dass Frauen im Vergleich zu den Männern häufiger an verschiedenen Formen der Angstzustände und Depressionen erkranken. Auf der anderen Seite leiden männliche Personen häufiger als die Frauen an kardio-vaskulären (Herz und Gefäße betreffenden) Erkrankungen und Komplikationen, vor allem im Alter zwischen dem 30. und dem 60. Lebensjahr; auch der Leber- und Lungenkrebs werden bei den Männern häufiger diagnostiziert. Die Symptome und die Leidensintensität treten oft anders bei den männlichen als bei den weiblichen Personen z.B bei Herzinfarkt in Erscheinung. Über die unterschiedlichen Merkmale der weiblichen im Vergleich mit den männlichen Personen sind in neuerer Zeit viele Abhandlungen im Bereich der Medizin, Psychologie, Soziologie und Sportwissenschaften geschrieben worden. Zusammenfassend können wir feststellen, dass die neuen Erkenntnisse nicht nur für Medizin und Sport wichtig sind, sondern dass sie bereits im praktischen Zusammenleben und Arbeiten als auch im Vollzug der *Religiosität* Anwendung gefunden haben.

Die Religiosität hat einen Einfluss auf die erwähnten spezifischen Merkmale der Männer und Frauen. Da die Frauen viel emotionaler und intuitiver die Wirklichkeit in sich und in der Umwelt erleben und erfassen, ist ihre Beziehung zu Gott dadurch charakterisiert, dass sie diese gefühlvoll, innig und zart pflegen und entfalten. Heutzutage sind es gerade die Frauen, die den größten Teil der Gläubigen in der Kirche ausmachen, regelmäßig die Gottesdienste besuchen und am religiösen Leben aktiv teilnehmen, insbesondere in Westeuropa. Es ist offenkundig, dass die Frauen in Gebet und Meditation sehr positive Gefühle entwickeln, die sie bereichern, zufriedener, mutiger und glücklicher stimmen. In einer wissenschaftlichen Untersuchung wurde festgestellt, dass sich 47 % derjenigen, die mehr als einmal in der Woche dem ottesdienst beiwohnen, als sehr glücklich bezeichnen, während dies nur in 28 % der Fälle von denjenigen angegeben wird, die seltener als einmal im Monat die Kirche besuchen.[224]

---

[224] Vgl. S. LYUBOMIRSKI, ebd., S. 242-243.

Heutzutage in Westeuropa sind sehr oft die Frauen die Trägerinnen und Stabilitätsanker in den kirchlichen Gemeinden: Sie sind auf dem karitativen, sozialen und innerkirchlichen Gebiet aktiv beteiligt. Kardinal W. Kasper bringt diesen Sachverhalt treffend auf den Punkt: „Dass Frauen in der Kirche eine Rolle spielen, ist klar. Ich habe immer schon als Bischof gesagt: 'Ohne Frauen wäre jede Pfarrei morgen tot'".[225] Die mütterlichen Qualitäten und Fähigkeiten, die die allermeisten Frauen besitzen, prädisponieren sie geradezu (machen sie fähig, willig und empfänglich) für die Hilfeleistung. Auch im politischen Leben nehmen die Frauen immer mehr Verantwortung und kommen nach und nach in die Führungsrollen auf allen Gebieten der Politik, Wirtschaft und Wissenschaft. Diese begrüssenswerte und glückliche Entwicklung macht täglich Fortschritte, obwohl wir noch sehr weit von einem gerechten und klugen Ausgleich zwischen den Geschlechtern entfernt sind. In der Menschheitsfamilie unserer heutigen globalen Welt, die die Frauen und Männer *zusammen* bilden, müssen die männlichen durch die weiblichen Elemente, wo immer es möglich erscheint, ergänzt und vervollkommnet werden, denn die weiblichen und die männlichen Eigenschaften sind zwei Seiten einer humanen Medaille.

Die angegebenen Tatsachen auf dem medizinischen und gesellschaftlichen Feld bewegen (suggerieren) uns, diese Kenntnisse auch in das praktische Leben der Gläubigen einzubeziehen. Denn, wer kann besser die Seele einer Frau begreifen und mit ihr fühlen als wiederum eine Frau? Würde die Neueinführung oder die Errichtung des Diakonats der Frau in unserer Kirche **eine Bereicherung** bedeuten? Würde die pastorale Arbeit und die Seelsorge von der aktiven Teilnahme der Frauen auf diesen Gebieten einen großen Nutzen hervorbringen?

Wir haben bereits angeführt, dass der Pastoraltheologe P. M. Zulehner in seiner Studie festgestellt hat, dass 63 % der gefragten männlichen Diakone die Zulassung der Frauen zum Diakonat befürworten.[226]

---

[225] https://www. domradio.de/themen/reformen/2019-04-26

[226] Vgl. P. M. ZULEHNER, eid., S. 299.

Auch die hl. Edith Stein äußerte sich im Jahre 1932 zuversichtlich im Hinblick auf den weiblichen Diakonat: „Von weiblicher Seite regen sich Bestrebungen, dieser Betätigung (in dem neuerdings von Frauen vielgefragten kirchlich-caritativen Bereich und der Seelsorgehilfe) wieder den Charakter eines geweihten kirchlichen Amtes zu geben". Es sei nicht grundsätzlich ausgeschlossen, so Edith Stein, „dass diesem Verlangen eines Tages Gehör gegeben wird".[227]

Vor ca. 3 Jahren hat sich für die Einführung des Frauendiakonats auch der Bischof von Rottenburg-Stuttgart Gebhard Fürst ausgesprochen: „Es ist ein Zeichen der Zeit. Frauen sollen zu Diakoninnen geweiht werden". Kürzlich teilte er mit, er werde sich beim „Synodalen Weg", der im Advent 2019 begann, für die Diakoninnenweihe einsetzten. [228]/[229]

Anlässlich des 50-jährigen Jubiläums der Weihe der ersten Ständigen Diakone in Österreich haben die dort anwesenden Ständigen Diakone im Jahr 2019 ein Manifest verfasst, das mit 133 Unterschriften bekräftigt war; sie haben es an die Bischofskonferenz adressiert mit der Bitte, dieses an den Papst Franziskus weiterzuleiten. Darin bringen sie unter anderem zum Ausdruck, dass sie die Weihe der Frauen zu Diakoninnen als eine Wertschätzung der Frauen in der Kirche betrachten. Ständige Diakoninnen seien „eine nicht länger aufschiebbare Notwendigkeit".

Der jetzige Vorsitzende der Deutschen Bischofskonferenz Bischof Georg Bätzing erklärte vor kurzem: *Die Thematik Frau in der Kirche ist die dringendste Zukunftsfrage, die wir haben*". Er zeigte sich aufgeschlossen für den Frauendiakonat und hob hervor, dass auch ein Indult (Befreiung von einer allgemein gültigen Vorschrift, Sondererlaubnis) als eine sorgfältig formulierte Bitte an den Papst am Ende des in Deutschland geführten Synodalen Weges sehr hilfreich und erfolgversprechend sein könnte.[230]

---

[227] Vgl. U. HELBACH, Der Diakonat im 19. und 20. Jahrhundert bis zum Beginn des Zweiten Vatikanischen Konzils, in: G. RIßE / U. HELBACH, H. J. KLEIN, Boten einer neuen Zeit, 2018, S. 107.

[228] Vgl. https:// katholisches.info/2017/03/28/priestermangel-bischof-fuerst-will-diakoninnen... als auch: https://www.domradio.de/themen/bistümer/2017-03-27/ bischof -gebhard-fuerst...

[229] https://www.katholische.de>artikel

[230] Vgl. https://www.domradio.de/themen/reformen/2020-03-08

Die allgemeine Meinung sowie der Gemeinsinn (Common Sense) unter den Gläubigen und vielen Theologen in der westlichen Hemisphäre sprechen *für* die Errichtung des Frauendiakonats. Der Großteil sieht darin ein Zeichen unserer Zeit, welches eine Möglichkeit (Chance) signalisiert, dem kirchlichen Leben einen neuen positiven Schub zu verschaffen und die Erneuerung als auch die Bereicherung der Kirche voranzubringen.

Der Frage nach der Zulassung der Frauen zum Priesteramt wird hier nicht bearbeitet, da die kirchliche Leitung bereits ein entscheidendes Wort dazu gesprochen hat.[231] Der Option nach dem weiblichen Diakonat hat Papst Franziskus in seinem Apostolischen Schreiben „Querida Amazonia"[232] am 12. 02. 2020 nicht entsprochen, sondern seinen Akzent zunächst auf die Aufwertung und Bewährung neuer Aufgaben und Kompetenzen für die Frauen in den kirchlichen Gemeinden gesetzt. Er hat aber betont, dass die im Abschlussdokument der Amazonas-Synode in Rom aus dem Jahr 2019 erarbeiteten Vorschläge unter verschiedenen Aspekten weiter vertieft und zu einem höheren Grad der Reifung gebracht werden sollen (vgl. die vorherigen Ausführungen). Konsequent hat er daher eine neue Kommission ins Leben gerufen (s. o.), um die Fragen über den Frauendiakonat weiter zu ergründen.

---

[231] Vgl. PAPST JOHANNES PAUL II, Apostolisches Schreiben „Ordinatio Sacerdotalis" (22.Mai 1994).

[232] Vgl. PAPST FRANZISKUS, Querida Amazonia, 2020, Nr. 103.

4. Vorschläge für die Korrekturen auf dem Boden der beschriebenen bisherigen Erfahrungen

4.1 Das Verhältnis der Bischöfe zu den Diakonen

Wir haben die ältesten kirchlichen Schriften mit den damaligen Anweisungen und Verordnungen kennengelernt, in denen klar ausgeführt worden ist, dass der Diakon zum Dienst beim Bischof (ad ministerium episcopi) geweiht wird;[233] er tut und erledigt nur das, was ihm der Bischof aufträgt und war somit seine rechte Hand. Die unmittelbare Nähe des Diakons zu seinem Bischof war vom großen Gewicht für die Entwicklung und Entfaltung des Diakonats in den ersten Jahrhunderten des Christentums. Der Bischof als der unmittelbare Vorgesetzte andererseits konnte den Diakonen auch neue Möglichkeiten und Arbeitsfelder eröffnen. Auf diese Weise ist der Diakonat bis zum 5. Jh. zu einem hohe Anerkennungsgrad aufgestiegen, denn aus den Reihen der Diakone wurden häufig Bischöfe und auch die Päpste gewählt.

Wegen des hohen Ansehens der Diakone in der damaligen Zeit und der erwähnten Vorteile regte sich damals der Widerstand der Presbyter (Priester), die diese Entwicklung nicht so akzeptieren wollten. Die Presbyter einerseits und die Diakone auf der anderen Seite versuchten schon im 4. Jh. korporativ (jeder für seinen Stand) eigene Interessen und Ambitionen zur Geltung zu bringen. So entstand eine schicksalhafte Krise im Rahmen des Konflikts dieser beiden Mitarbeiter des Bischofs. Hier sei nochmals an die Schriften von Ambrosiaster mit der Fälschung der Zitate aus der Hl. Schrift sowie die Proteste des Presbyters hl. Hieronymus erinnert, von denen oben ausführlich berichtet wurde. Wir zitieren nochmals die Feststellung der Kongregation für den Klerus aus dem Jahr 1998, um das Ganze in diesem Zusammenhang zu unterstreichen: „Es ist die Sache des Ortsbischofs, bei den in der Diözese tätigen Diakonen einen 'Gemeinschaftsgeist' zu fördern, dabei aber das Entstehen jenes 'Korporativismus' zu vermeiden, der in der

---

[233] Vgl. S. SANDER, ebd., S. 73-80.

279

Vergangenheit mit zum Verschwinden des Ständigen Diakonats beigetragen hat".[234] Dieser Korporativismus kann natürlich in verschiedenen Formen ablaufen; heutzutage ist er in der oft nicht immer gelungenen Akzeptanz der Diakone seitens einiger Presbyter und anderer Vorgesetzter zu erkennen.

Nach der Wiederbelebung und Erneuerung des Ständigen Diakonats durch das II. Vatikanische Konzil können wir feststellen, dass sich der Diakonat auf der ganzen Welt erfolgreich, beständig und kontinuierlich ausgebreitet hat. Fakt ist, dass der Diakonat an Ansehen in der ganzen Kirche gewonnen hat, und dass die heutigen Gläubigen immer wohlwollender und mit Sympathie die Tätigkeit der Diakone, ihr Engagement und selbstlosen Einsatz als Mitarbeiter im Weinberg Gottes wertschätzen und begleiten. Dennoch müssen wir bei der Betrachtung der Arbeitsweise der Diakone unter zeitgemäßen Bedingungen auf Schwierigkeiten und Hindernisse aufmerksam machen. Wir möchten einer konstruktiven Kritik die Stimme verleihen und *keinesfalls* Kritik der Kritik halber üben. Vielmehr ist unsere Absicht, auf Grund unserer Beobachtungen und der Studienergebnisse, die wir oben im einzelnen beschrieben haben, eine breite Diskussion anzuregen, um eine erfolgreichere Verwirklichung des Ständigen Diakonats zu fördern, insbesondere in jenen Bistümern, wo noch keine Ständigen Diakone vorhanden sind. Folgende Punkte scheinen uns wichtig:

–   Das Weihesakrament (Ordo) ist dreigliedrig, aber es bildet *eine Einheit*, welche im Bischofsamt in seiner ganzen Fülle vertreten ist. Dennoch fällt uns auf, dass die Biographien der Bischöfe die Daten über die Priesterweihe detailliert bringen, doch von der Weihe zum Diakon wird kaum berichtet.[235]

---

[234] Vgl. DIREKTORIUM FÜR DEN DIENST UND DAS LEBEN DER STÄNDIGEN DIAKONE...,
ebd., S.72. (Originaltext : ...qui praeteritis saeculis tantopere ad diaconatum permanentemv evanescendum influxit). In kroatischer Übersetzung klingt es noch härter als in deutscher Übertragung: „welcher in der Vergangenheit zum Verschwinden des Ständigen Diakonats geführt hat".
[235] Vgl. S. STEGER, ebd., S. 172.

— Warum mussten 10, 20, 30 und sogar mehr als 50 Jahre nach dem II. Vatikanischen Konzil vergehen, ohne dass es in dieser Zeit möglich sein sollte, den Ständigen Diakonat in allen Bistümern der Welt einzuführen? Zur Erinnerung: In Kroatien wurde der Ständige Diakonat erst 43 Jahre nach dem Konzil wiederbelebt, obwohl bereits im Jahre 1982 die Bischofskonferenz des damaligen Staates Jugoslawien entschieden und empfohlen hatte, den Diakonat wiederzuerrichten. Unverständlich ist ebenso, dass es Ständige Diakone noch heute in von insgesamt 17 kroatischen Bistümern nur in 7 von ihnen gibt.

— Wir haben bereits auf die Schwierigkeiten, die in der Zusammenarbeit zwischen den Priestern und den Diakonen entstehen, aufmerksam gemacht, wobei es Fehler auf *beiden* Seiten gibt. Der Bischof, der den Diakon zur pastoralen Arbeit in eine Pfarrei sendet, mischt sich kaum in den Lauf und die Weise der konkreten diakonischen Arbeit vor Ort ein. Er setzt voraus, dass die Aufteilung der Tätigkeiten und die Zusammenarbeit unter der Leitung des Pfarrers sinnvoll gestaltet werden. Dennoch wäre es nützlich, wenn der Bischof eine objektivere Rückinformation (feedback) über den Ablauf und das Wirkungsspektrum des Diakons unter den gegebenen Bedingungen erhalten würde. Noch einmal sei hervorgehoben, dass der Diakon seit alten Zeiten für den Dienst beim Bischof (in ministerio episcopi) geweiht war, und dass er als enger Mitarbeiter des Bischofs nur das ausführte, was ihm sein Bischof auftrug. Ohne ein klares und scharf ausgemeißeltes Profil des Diakons und ohne Abgrenzung der Beauftragungslinien kann es zu jenen menschlichen Regungen und Empfindungen kommen, wie z.B. Neid, ungesundes Trachten nach Ehrerbietung und Ansehen, Frustrationen, Ängste, Konflikte, Erniedrigung bis zur Verachtung sowie „korrekte", aber ziemlich „kühle" Verhältnisse und Beziehungen untereinander. Um das abzumildern oder zu verhindern, ist es nach unserer 25- jährigen Erfahrung als Ständiger Diakon notwendig, dass der Bischof mit seiner Verwaltungsbehörde noch klarer und präziser die pastorale Tätigkeit, und vor allem die Zusammenarbeit der Priester und Diakone, umschreibt und formuliert und regelmäßig eine Rückmeldung darüber bekommt; das schließt ein, dass die Kandidaten für den Diakonat wie auch Priesteramtskandidaten sowie Priester im Amt auf geeignete Weise darüber gründlich und regelmäßig informiert werden. Das Programm für die Ausbildung der Diakone und der Priester könnte z.B. ein solches Thema unter dem Titel „Die pastorale Zusammenarbeit zwischen den Priestern und den Diakonen auf der Pfarreiebene" enthalten.

– Die Erfahrungen in Deutschland und in einigen anderen Ländern zeigen, dass es *vom Vorteil* ist, wenn der Bischofsbeauftragte für die Formation der Ständigen Diakone ein Weihbischof ist, denn ein Bischof hat einen breiteren und objektiveren Einblick in die Belange sowohl der Priester als auch der Diakone. Wenn nämlich einer von den Priestern oder Diakonen als bischöflicher Beauftragter diese Funktion wahrnimmt, besteht die Gefahr, dass er bestimmte Elemente durch das Prisma seiner Identität weniger objektiv einzuschätzen vermag.

– Weder die Deutsche noch die Kroatische Bischofskonferenz hat z.B. konkrete Anweisungen für *die Standards* bezüglich der Ausbildung der Ständigen Diakone beschlossen, die für *alle* Bistümer des jeweiligen Landes gültig wären. Manche Bistümer bestimmen oder improvisieren die Ausbildung nach eigenen Maßstäben oder, was fataler ist, den Ständigen Diakonat gar nicht im Blick haben (die Hälfte der Bistümer in Kroatien z.B. hat auch mehr als 55 Jahre nach der Beendigung des II. Vatikanischen Konzils noch *keine* Ständigen Diakone). Die Fragen bezüglich des Ruhestands der Diakone sind in manchen Bistümern noch offen.

– Was die finanziellen Aufwendungen der Diakone im Zivilberuf betrifft (Ausgaben für die Literatur, Papier, Schreibmaterial, Besuchsfahrten, PC, Telefonate, Vorbereitungszeit für Andachten, Ansprachen, Predigten usw.) ist noch nicht gebührend berücksichtigt worden. In einem deutschen Bistum hat die pauschale Aufwandsentschädigung 150 Euro betragen, weshalb die Diakone vor ein Paar Jahren eine Petition an den Bischof gerichtet hatten, mit der Bitte um Überprüfung. Der Diözesanbischof hat im Jahre 2011 darauf geantwortet: „Nahezu alle Diakone mit Zivilberuf verrichten einen Dienst, dessen persönliche Beanspruchung und zeitlicher Umfang mit der derzeitigen Aufwandsentschädigung bei weitem nicht abgegolten werden kann. Dessen bin ich mir bewusst, und für dieses Zeichen bin ich sehr dankbar. Denn die Aufwandsentschädigung ist keine Form der Entlohnung, sondern eben eine Entschädigung, oft mit eher symbolischem Charakter. Dennoch will ich Ihre Vorschläge zur Aufwandsentschädigung von den zuständigen Stellen im Bischöflichen Generalvikariat prüfen lassen". Die vom Bischof veranlasste Überprüfung der Angelegenheit hat dazu geführt, dass die erwähnte Aufwandsentschädigung um 50 Euro angehoben wurde. Die Höhe der Aufwandsentschädigung ist in Deutschland nicht allgemein gültig geregelt worden, so dass man sich mit den Gepflogenheiten des jeweiligen Bistums zufrieden gibt. In Kroatien bestehen z.B. keine Normen, nach denen die pastorale Arbeit der Diakone mit Zivilberuf gebührend berücksichtigt wird. Im Zagreber Erzbistum gilt, dass der Pfarrer dem Diakon bei bestimmten Anlässen einen Lohn gewähren kann, aber bezüglich des Betrags gibt es keine kirchlichen Anweisungen oder Empfehlungen. Die Regelungen in der Schweiz sind wiederum anders, denn es gibt dort kaum Ständige Diakone, die *zugleich* auch im Zivilberuf tätig sind, so dass die Aufwandsentschädigung keine Rolle spielt; in der Regel beziehen die Diakone in diesem Land das volle Gehalt. In Österreich gibt es je nach Bistum verschieden Abgeltungen für die Ausgaben der Diakone. Im Wiener Erzbistum z.B. bekomme der Diakon mit Zivilberuf einen Buchgutschein von 50 Euro jährlich und einen Kostenersatz bei Exerzitien und Weiterbildungen je 50 Euro. Die Diakonen können dort hauptamtlich als Pastoralassistenten in

Vollzeit tätig sein und entsprechend entlohnt werden. Noch einmal sei hervorgehoben: Die Diakone im Zivilberuf verrichten ihre Aufgaben im kirchlichen Bereich während der sog. „Freizeit", d.h. in der Zeit, wo sie im Zivilberuf nicht gefordert werden; das tun sie aus eigenem Antrieb und im Einklang mit der Familie, aber *keinesfalls* deshalb, weil sie ein zusätzliches Gehalt erzielen möchten, sondern aus der Überzeugung und Berufung, an der Verwirklichung des Reiches Gottes im Auftrag Jesu mitwirken zu dürfen. Durchschnittlich leistet ein Diakon mit Zivilberuf 17,5 Stunden pro Woche im Dienst der Ortskirche.[236] Die Diakone, wenn sie in den Ruhestand des Zivilberufes gegangen sind, werden in die Lage versetzt, einen größeren Zeitaufwand – bei vorhandener Gesundheit – der kirchlichen Arbeit zu widmen und so den Umfang ihrer Tätigkeit auszudehnen. Obwohl sie sich in dieser Lebensphase noch mehr und umfangreicher engagieren (Andachten, Taufen, Übernahme der Leitung der Begräbnisfeier, Ansprachen, Teilnahme an ökumenischen Gottesdiensten, Vorträge usw.), erlangen sie nicht einen Status, der ähnlich dem der im Ruhestand tätigen Priester entsprechen würde; die Priester in der Ruhestandsphase bekommen nämlich für ihre aktive kirchliche Arbeit in Deutschland ein dafür vorgesehenes Honorar. In diesem Zusammenhang ist das Wort Jesu in Erinnerung zu rufen: " Wer arbeitet, hat ein Recht auf seinen Lohn" (Lk 10, 7), das vom hl. Paulus aufgegriffen wird:

„Die Schrift sagt: Du sollst dem Ochsen zum Dreschen keinen Maulkorb anlegen, und: Wer arbeitet, hat ein Recht auf seinen Lohn" (1 Tim 5, 18). Selbstverständlich ist hierbei ein maßvolles und gerecht eingeschätztes Honorar für einen bestimmten Einsatz in der pastoralen Arbeit gemeint unter der Bedingung, dass die entsprechende bischöfliche Behörde ökonomisch imstande ist, dieses in die Tat umzusetzen, wie das z.B. in Deutschland der Fall sein dürfte. Diese Regelungen haben auch mit der Wertschätzung der diakonischen Arbeit zu tun. Alle Diakone mit Zivilberuf sind, wie es bereits in vielen Ländern

---

[236] Vgl. https://religion.orf.at/stories/2992966/.

praktiziert wird, selbstverständlich bereit, *unentgeltlich* ihre Arbeit im kirchlichen Raum zu verrichten, wenn im betreffenden Bistum keine finanziellen Möglichkeiten der entsprechenden Aufwandsentschädigung gegeben sind.

Auch auf folgende Tatsache sei aufmerksam gemacht: Weder in Kroatien noch in Deutschland besteht eine offizielle Strategie seitens der Bischofskonferenzen, wie die Berufungen zum Diakonat beworben (promoviert) und gefördert werden sollten. Wer ein Diakon werden sollte, ist somit dem „Zufall" oder der freiwilligen Aktivität eines Pfarrers oder anderer Personen überlassen. Das Engagement für die Förderung (Promotion) des Ständigen Diakonats wird meist von Einzelnen wahrgenommen und geschieht konkret hie und da, manchmal sogar halbherzig. Es reicht nicht, die Angelegenheit auf dem Portal der Internetseite eines Bistums mit einigen Anmerkungen und Informationen über den Diakonat zu posten (veröffentlichen); vielmehr wäre es wünschenswert, eine attraktive und zugleich sinnvolle und sachliche Form zu finden, wie eine *geistige Offensive* für die Promotion (Förderung) des Diakonats zu gestalten wäre. Die Ergebnisse der bisherigen Förderung zeigen uns, dass es unbedingt nötig wäre, dass sich die Bischofskonferenzen dieses Problems annehmen, denn bereits auf der Internetseite der Deutschen Bischofskonferenz ist zu lesen, dass ein Mangel an Diakonen eindeutig feststellbar ist. Natürlich steht das Gebet an erster Stelle bei dem Versuch, die priesterlichen und diakonischen Berufe zu fördern. Und es ist zu begrüßen, dass in Deutschland in der Eucharistiefeier nach der Wandlung im 2. Hochgebet immer wieder auch die Diakone neben dem Papst, Bischöfen und Priestern erwähnt werden: „Gedenke deiner Kirche auf der ganzen Erde und vollende dein Volk in der Liebe, vereint mit unserem Papst N., unserem Bischof N. und allen Bischöfen, unseren Priestern und Diakonen und mit allen, die zum Dienst in der Kirche bestellt sind". In Kroatien z.B. werden die Diakone *gar nicht* erwähnt, stattdessen wird das Hochgebet nicht ganz sinngemäß übersetzt, so dass der Namen „Diakon" unhörbar bleibt.

Im Text des Missale Romanum heißt es nämlich: „cum Papa nostro N. et episcopo nostro N. et universo clero". „universo clero" bedutet aber „mit dem gesamten Klerus"; den Klerus bilden bekanntlich die Bischöfe, Priester und die Diakone. In kroatischer Übersetzung kommt das nicht zum Vorschein, und die Gläubigen sind nicht imstande zu erkennen, dass hierbei sowohl die Priester als auch die Diakone gemeint sind. Auch in anderen Gebeten für die geistigen Berufungen wird der Diakon selten erwähnt, wenn auch in der letzten Zeit einige Fortschritte zu beobachten sind, u.z. sowohl in Deutschland als auch in Kroatien. Wäre es nicht an der Zeit, nun mehr als 55 Jahre nach dem Konzil, auch dieses konsequent zu implementieren (einschließen) in die Gebete für die geistlichen Berufe? Wenn also, die bereits vorher erwähnte Feststellung von der Deutschen Bischofskonferenz und von Kardinal W. Kasper zutrifft, dass ein absoluter Mangel an Ständigen Diakonen herrscht, und dass jede größere Pfarrei auch einen Diakon benötige, dann wird uns bewusster, wo wir 55 Jahre nach der Beendigung des Konzils angekommen sind. In diesem Sinne möchten wir die Aufmerksamkeit auf die Möglichkeiten und Chancen einer engagierten und großherzig geführten Förderung (Promotionsbemühung) lenken, an deren ersten Stelle natürlich das Gebet für die geistlichen Berufungen steht. Es sei erlaubt, hier nochmals auf die bisherigen Resultate hinzuweisen: Deutschland z.B. gemäß der Einwohnerzählung aus dem Jahr 2015 hat 81.900.000 Einwohner, davon waren 23, 9 Mill. katholisch (29,5 % der Gesamtbevölkerung). In allen 27 Bistümern Deutschlands sind Ständige Diakone tätig; ihre Gesamtzahl beträgt 3.298 (Stand: 1. Januar 2016). Kroatien nach der Zählung aus dem Jahr 2011 hat 4.284.889 Einwohner; nach dem Register aus dem Jahr 2001 erklären sich 3.897.332 (87, 8 %) als Katholiken. In den 17 Bistümern (einschließlich der unierten griechisch – katholischen Eparchie, Bistum von Križevci sowie der Militärdiözese) gibt es Ständige Diakone nur in 8 Bistümern und ihre Gesamtzahl beträgt insgesamt 25. Die Bedingungen für den Eintritt in die Formation (Ausbildung) für die Ständigen Diakone unterscheiden sich von Bistum zum Bistum deutlich. In dem Zagreber Erzbistum z.B. wird folgendes verlangt: Bei verheirateten Anwärtern wird das Alter von mindestens 35 Jahre, die Ehedauer mindestens 8 Jahre, Zustimmung seitens der Ehefrau, eines der abgeschlossenen Theologiestudien mit einer Dauer von 5 Jahren (Studium der Religionspädagogik und Katechese mit einer Dauer von 5 Jahren – ehemaliges Institut für Katechese oder Fachstudium der Theologie in Dauer von 3 Jahren – ehemaliges Institut für die theologische Kultur der Laien). Die Messlatte für den Eintritt in die Formation für den Diakonat ist in Kroatien sehr hoch gesetzt worden. In Deutschland haben die Bedingungen eine maßvollere Form und sehen vorteilhafter aus: Außer den allgemeinen Fähigkeiten, die für die Ausübung des diakonischen Berufs notwendig sind, von denen wir bereits berichtet haben, ist ein mittlerer Berufsabschluss oder eine ähnliche Ausbildung z.B. ein erlernter Beruf, der keinesfalls einen akademischen Grad besitzen muss, notwendig; die Kandidaten können Handwerker, Techniker, Krankenpfleger, Verwaltungsangestellte, Bankangestellte usw. mit entsprechender Berufserfahrung sein. Die theologische Ausbildung kann im Rahmen des sog. Würzburger Fernkurses der Theologie in einer Dauer von 2 Jahren, welcher als Begleitstudium während der Vorbereitungszeit für den Diakonat vorgesehen ist, durchgeführt werden. Im Erzbistum München z.B. sind folgende Schritte vorgesehen: Als Aufnahmebedingung gilt außer den allgemeinen Fähigkeiten und Qualifikationen der erfolgreiche Abschluss des *Grundkurses* der Theologie des Würzburger Fernstudiums. Für solche *Interessenten* schließt sich eine Probezeit (18 Monate) an, wobei unter anderem auch der Aufbaukurs des Würzburger Fernstudiums der Theologie absolviert wird. Danach folgt die sog. *Aspirantenzeit*, und sie dauert ebenso 18 Monate. In dieser Periode qualifizieren sich die Teilnehmer weiter, belegen den *Pastoral – theologischen Kurs* des Würzburger Fernstudiums und schließen ihn mit entsprechenden Prüfungen ab. Am Ende dieses Abschnitts empfangen die Aspiranten die

Bevollmächtigung des Lektorats und des Akolythats. Es schließt sich die Zeit der *Kandidaten* an (12 - 16 Monate), in welcher die weitere Ausbildung und damit verbunden die praktischen Übungen durchgeführt werden; alles wird mit dem sog. *Skrutinium* (persönliches Gespräch des Bischofs mit den Kandidaten, bei den verheirateten auch mit der Ehefrau des Betreffenden) vollzogen, in welchem der Bischof seine Meinung bildet, um die definitive Entscheidung bezüglich der Zulassung zur Weihe zu treffen. Es folgt dann die sog. *Admissio* (Erlaubnis, Zulassung, Zugang) mit liturgischen Übungen und nach den Exerzitien die *Weihe zum Diakon*.[237] Aus diesen Vergleichen wird ersichtlich, dass die Aufnahmebedingungen und die Ausformung der Ausbildung in Deutschland einige Vorteile im Vergleich zu Kroatien bietet und einer größeren Zahl der Interessenten für den Diakonat die Verwirklichung ihrer Berufung ermöglicht. Die Bedingungen für die Aufnahme in den Ausbildungsgang Diakonat und der Ablauf der Vorbereitung sind also vom Bistum zu Bistum, vom Land zu Land auffällig *unterschiedlich*. Wäre es nicht an der Zeit, auf Grund der bisherigen Erfahrungen von mehr als 55 Jahren nach dem Konzilsende das Ganze zu analysieren, nach Möglichkeit auszubalancieren, aufeinander abzustimmen und neue Standards auf der Plattform eines Landes oder noch besser auf der Ebene der ganzen Kirche zu schaffen? Das ist eine große Herausforderung. Dennoch wäre es nicht angebracht, nach den Erfahrungen über 1/2 Jahrhundert dieses Thema anzupacken, um den Zugang und Ausbildung für den Diakonat effektiver, gezielter und erfolgreicher zu gestalten? Hier sind besonders die Bischöfe herausgefordert.

Die Schlüsselrolle bei der Förderung (Promotion) des Diakonats nehmen die Pfarrer ein. Wenn sie von der Bedeutung der Diakonendienste als „für die Kirche in höchstem Maße lebensnotwendige Ämter" (Lumen Gentium, 29) überzeugt sind, könnten sie geeignete Mitarbeiter, die ohnehin die diakonische Arbeit in der Pfarrei bereits

---

[237] Vgl. https: / / www. erzbistum-muenchen.de/Page 001453.aspx., aktualisiert unter (Beruf und Berufung): www.erzbistum-muenchen.de

wahrnehmen, ansprechen und sie auf die Möglichkeit der Diakonatsberufung aufmerksam machen. Hier sind viele Chancen nach unserer Erfahrung verpasst worden. Wir haben oben erwähnt, dass der hl. Papst Johannes XXIII. die letzten Kardinaldiakone am Gründonnerstag 1962 zu Bischöfen geweiht hat.[238] Seit dieser Zeit gibt es keine Ständigen Diakone, die auch als Kardinaldiakone tätig sind. In Anbetracht der Tatsache, dass die Zahl der Ständigen Diakone auf der Weltebene bereits über 47. 000 angewachsen ist, wäre es begrüßenswert, wenn in naher Zukunft verdienstvolle Ständige Diakone wiederum in den Kreis der Kardinäle ernannt würden, denn darüber gibt es kirchliche Bestimmungen und Gebräuche, die aus dem 12. Jahrhundert datieren; im Jahre 1130 wählten nämlich erstmals *gemeinsam* die Kardinalbischöfe, Kardinalpriester und Kardinaldiakone den Papst.[239]

4.2 Vorschläge für die Lösung der offenen Fragen des II. Vatikanischen Konzils

Das Zweite Vatikanische Konzil hat kraft seiner Autorität in der dogmatischen Konstitution über die Kirche *Lumen gentium Nr. 28 und 29* den Ständigen Diakonat wieder errichtet. Das war ein wagemutiges, wir könnten sogar sagen ein revolutionäreres Unterfangen, wenn wir uns nochmals vergegenwärtigen, welches Dasein der Diakonat fast 1000 Jahre davor durchgelebt hat. Dennoch hat man in der nachkonziliaren Zeit bemerkt, dass das Konzil bei der Formulierung des Wortlauts dieser Konstitution einige Fragen offen gelassen hat z.B. wenn die Rede vom Grad des Diakonats ist: „In der Hierarchie eine Stufe tiefer (in gradu inferiori) stehen die Diakone". Eine Stufe tiefer: Ist mit der Stufe der Grad unterhalb des Priestertums gemeint? Welcher ursprünglicher Sinn und Ziel verbarg sich hinter diesem Vergleich? Dann der weitere Text: „welche die Handauf-

---

[238] Vgl. S. STEGER, ebd., S. 66.
[239] Vgl. G. M. LUX, ebd., S. 156.

legung 'nicht zum Priestertum, sondern zur Dienstleistung empfangen'". Offensichtlich ist dieses Zitat aus den Schriften Statuta ecclesiae antiqua (Alte Rechtssatzungen der Kirche) aus der zweiten Hälfte des 5. Jh. und nicht aus den noch älteren kirchlichen Verordnungen, die in der ersten Hälfte des 3. Jh. verfasst wurden, nämlich Traditio apostolica (Apostolische Überlieferung), entnommen worden. Auf die unterschiedlichen Aussagen in diesen zwei alten kirchlichen Schriften haben wir bereits aufmerksam gemacht. Deshalb bleibt offen oder etwas unklar: Wenn der Diakon nicht zum Priestertum geweiht wird, sondern zur Dienstleistung, dann erhebt sich die Frage, bei wem er primär (in erster Linie) mit seinem Dienst in Verantwortung steht? Ist er also dem Bischof als dem Hauptvorgesetzten für sein Wirken zugeordnet, wie es die ältesten Schriften Traditio apostolica beschreiben (non in sacerdotio sed ad ministerium *episcopi* – nicht zum Priestertum sondern zur Dienstleistung *beim Bischof*) oder wie es die zweiundeinhalb Jahrhunderte jüngeren Schriften Statuta ecclesiae antiqua formulieren (non in sacerdotio sed ad ministerium – nicht zum Priestertum sondern für die Dienstleistung im Allgemeinen). Zur Erinnerung: Statuta ecclesiae antiqua wurden sehr wahrscheinlich vom Presbyter Gennadius von Marseille verfasst, welcher die Texte der älteren Schriften eigenwillig verändert und seinen Vorstellungen angepasst (adaptiert) hat. Deshalb hat man in späteren Jahrhunderten seine Aussagen sinngemäß folgendermaßen gedeutet (interpretiert): Der Diakon wird geweiht zur Dienstleistung nicht nur beim Bischof, sondern auch beim Presbyter (Priester). Obwohl einige Zeilen weiter in der dogmatischen Konstitution steht, dass die Diakone ihren Dienst „in Gemeinschaft mit dem Bischof und seinem Presbyterium" ausüben, kommt die älteste Formulierung nicht ganz klar zum Vorschein, dass die Diakone in einem unmittelbaren Verhältnis zu ihrem Bischof stehen, als auch die Tatsache, dass sie beide sowohl die Presbyter als auch die Diakone die unmittelbaren Mitarbeiter des Bischofs sind, denn dem *Bischof allein* wird die Fülle des Weihesakraments (Ordo) verliehen.

Das II. Vatikanische Konzil hat ziemlich präzise und ausführlich die Aufgaben und Pflichten des Diakons bezüglich des liturgischen Einsatzes, der Sakramentenspendung und der Verkündigung des Wortes Gottes beschrieben. Die karitative Tätigkeit benennt es ausdrücklich, geht aber nicht näher darauf ein und gibt *keine konkreten* Richtlinien: „Den Pflichten der Liebestätigkeit und der Verwaltung hingegeben, sollen die Diakone eingedenk sein der Mahnung des heiligen Polykarp: 'Barmherzig, eifrig, wandelnd nach der Wahrheit des Herrn, der aller Diener geworden ist'" (LG 29). Doch auch hierbei sei die Frage erlaubt: Wie ist die konkrete Liebestätigkeit *in praxi* unter jeweiligen örtlichen Bedingungen z.B. auf der Ebene einer Pfarrei oder eines Bistums anwendbar und realisierbar? Wir wissen, dass heutzutage auch die staatlichen Instanzen sowie Wohlfahrtsorganisationen als auch die offizielle katholische Caritas und evangelische Diakonie in der sozialen Fürsorge professionell sehr aktiv und fast überall in der westlichen Welt präsent sind. Wo ist in diesem Versorgungsnetz *ganz konkret* der Platz für die Dienstleistung eines Diakons? Auch die späteren kirchlichen Dokumente sprechen wenig über die Einzelheiten des diakonischen Einsatzes vor Ort. Die Folge davon ist eine gewisse Unsicherheit im karitativen Bereich, so dass die heutigen Diakone oft improvisierend und nach eigenen Beobachtungen ihre karitativen Arbeiten auf der Pfarrebene verrichten.

Es wäre wünschenswert, wenn Jesus der Herr auch als der Große Diakon aller Gläubigen auch während der Eucharistiefeier noch *besser erkennbar* wäre. In diesem Sinne könnte der Bericht des Evangelisten Johannes über die Fußwaschung beim letzten Abendmahl (Jo 13, 3 - 17) sehr hilfreich sein.

Bisher wurde der Fußwaschung Jesu nur einmal im Jahr nämlich am Gründonnerstag gedacht. Wäre es nicht angebracht, wenn bei jeder hl. Messe der Text von der Fußwaschung vorgetragen werden würde, um auf diese Weise an die Dienstleistung als den *Eckstein* und das *Grundprinzip* der kirchlichen *Sendung* immer wieder neu zu erinnern? Wenn der Diakon bei der hl. Messe anwesend (missa cum diacono) ist, könnte dieser z.B. kurz vor der Wandlung den Text vortragen.

4.3 Aufgetürmte Fragen und Probleme rufen nach einem neuen Konzil

Was den wiedererrichteten Diakonat und seine weitere Entfaltung betrifft, sind einige Fragen offen geblieben, welche auf Antworten und klare Richtlinien warten – darauf haben wir bereits aufmerksam gemacht. Dies scheint auf den nationalen oder regionalen Ebenen nicht lösbar zu sein, vor allem wenn man in Betracht zieht, dass über den Frauendiakonat heftig diskutiert, aber keine Einigung bis jetzt erzielt werden konnte. Von diesem Anliegen wurde bereits vor dem Konzil, während des Konzils und in der nachkonziliaren Zeit viel gesprochen und geschrieben, ohne jedoch einen Konsens zu finden.[240] Auch die zuletzt von Papst Franziskus im Jahre 2016 ins Leben gerufene Kommission von 12 Mitgliedern hat vermutlich keine Einigung erzielt, und obwohl sie ihre Ergebnisse Ende 2018 dem Papst übergeben hatte, ist bis heute keine Veröffentlichung erfolgt. Was durch verschiedene Kanäle „durchgesickert" ist, wird interpretiert als Nichtübereinstimmung der beteiligte Forscherinnen und Forscher. Dieses Thema wird aber immer häufiger, heißer und lauter zur Debatte gestellt, und die Gläubigen warten mittlerweile ungeduldig auf eine definitive Antwort. Nach der Meinung vieler Theologen und Experten in dieser Frage ist die offizielle Stellungnahme am ehesten von einem neuen Konzil zu erwarten. Bereits kurz vor dem Jubiläumsjahr 2000 hat Kardinal C. M. Martini die Idee vorgetragen, dass es gut wäre, wenn das neue Jahrtausend mit einem neuen Konzil beginnen würde. Auch viele andere Würdenträger der Kirche, z.B. Kardinal J.-M. Lustiger aus Paris, P. E. Arns aus Sao Paolo, M-O`C. Cormac aus London als auch K. Lehmann (1936 – 2018), Bischof von Mainz sowie Kurienkardinäle S.F. Hamas und W. Kasper hatten die Idee von neuem Konzil unterstützt und befürwortet.

Warum neues Konzil? Kardinal Martini hat die Meinung vertreten, dass die Wirkungsweise der Kirche unter modernen Umständen und Herausforderungen intensiver überdacht und vertieft werden muss. Unter den

---

[240] Vgl. S. STEGER, ebd., S. 94, 132

Themen, die er als „heiße Eisen" bezeichnet hatte, stechen folgende ins Auge: Ständiger Rückgang der Priesterzahlen, die Rolle der Frauen in der Kirche, Erneuerung des Frauendiakonats, Fragen der Sexualmoral, Eherecht und Ehemoral, Ökumene usw.[241] Viele namhafte Personen heben auch die Fragen hervor: Globalisierung, Kampf gegen den Terrorismus, immer größerer Abstand der Reichen von den Armen, Aufarbeitung des Problems der Pädophilie, Homophobie, drohende Klimakatastrophe, vorhandene und drohende Pandemien, unaufhaltsame Fluchtbewegungen der Menschen aus den ärmeren in die wohlhabendere Länder, Berührungsprobleme der modernen Experimentalwissenschaften mit der Theologie und ihre Kompatibilität (Vereinbarkeit) z.B. Kreationismus, Evolution, Erbsünde, künstliche Intelligenz, von welcher S. Hawking behauptete, sie könne eines Tages eigenen Willen entwickeln, Anwendung der genetischen Schere (CRISPR) bei der Geburtenplanung oder zur Bewältigung bestimmter Krankheiten, Sterbehilfe auch im Hinblick auf die höchstrichterlichen Entscheidungen, künstliche Befruchtung, Kreuzestheologie und der Wohlstand, den heute fast alle anstreben usw. Die Gegner des neuen Konzils setzten dagegen, dass die Zahl der Bischöfe nach dem II. Vatikanischen Konzil die Marke von 5.300 überschritten und sich somit fast verdoppelt hat, so dass es technisch kaum machbar erscheine, ein solches Ökumenisches Konzil zu organisieren. Ein zweiter Weg wird von einigen Autoren empfohlen z.B. vom Erzbischof N. Eterović, der die Meinung vertritt, dass es sehr nützlich wäre, die Dynamik der Bischofssynoden zu stärken und mit neuen Entscheidungsbefugnissen im Einklang mit dem Papst auszustatten.[242]

Kardinal Martini mahnte jedoch eindringlich, dass die Chance des neuen Konzils wegen technischer Schwierigkeiten und Komplexität nicht vertan werden dürfe, denn das neue Konzil könnte einen entscheidenden Beitrag für die Erneuerung und Zukunft der Kirche leisten.[243]

---

[241] Vgl. https: / / zenit.org / uploads < 2017 / 10 / D…

[242] Vgl. N. ETEROVIĆ, Synodalität: neue Dynamik - Vorschläge für die weitere Entwicklung der Synode der Bischöfe, 2017, S. 53 - 73.

[243] Vgl. J. ZAWADKA, Kardinal Carlo Maria Martini - Bischof von Mailand. Ein Pastoralkonzept auf biblischem Fundament, Dissertation (Universität Augsburg) 2007, S. 188 - 191.

Die Organisation eines neuen Konzils ist sicherlich sehr anspruchsvoll und erfordert eine große Anstrengung. Aus eigener Erfahrung durch verschiedene Diskussionen und geführte Gespräche konnten wir feststellen, dass sowohl die Fachleute als auch viele praktizierende Christen die Überzeugung vertreten, dass die angesprochenen technischen Fragen durchaus lösbar sind. Die Konzilsväter und die Bischöfe könnten nach einem vorher verabredeten Schlüssel ihre Vertreter beim Konzil auswählen, so dass nicht unbedingt *alle* Bischöfe anwesend sein müssten. Außerdem ermöglichen die modernen Medien (Videokonferenzen, Live-Streaming, e-Post usw.) schnellere, effektivere und fruchtbarere Kommunikation, welche dadurch im Digitalalter sehr wirkungsvoll unterstützt und gestaltet wird.

J. PERSPEKTIVEN FÜR DIE ZUKUNFT DER KIRCHE – PERSPEKTIVEN FÜR DIE ZUKUNFT DES DIAKONATS

a) Aussichten für die Zukunft der Kirche

1. Allgemeine Vorüberlegungen

1.1 Jetziger Zustand der Kirche – mögliche Szenarien

Die Perspektiven des Diakonats sind eng mit den Perspektiven der Kirche verbunden, denn die Diakone haben kraft der hl. Weihe einen Anteil an der Sendung und Leitung des Volkes Gottes bei der Verwirklichung des Reiches Jesu Christi. Betrachten wir den Zustand der heutigen Kirche z.B. in Europa, so wird uns schnell bewusst, dass sich die Kirche in einem wichtigen und schicksalhaften Wandlungsprozess, noch pointierter ausgedrückt, am Wendepunkt befindet. Auf der einen Seite erleben wir, dass sich die Zahl der Gläubigen in Europa und noch mehr die Zahl der praktizierenden Katholiken kontinuierlich und stetig verringert; auf der anderen Seite beobachten wir, dass es immer mehr der Ungläubigen (Atheisten) und in besonderem Maße der Skeptizisten (Zweifel an der Möglichkeit, Gott zu erkennen und zu erfahren) als auch der Relativsten (Religion nur als eine Möglichkeit, denn unser Erkennen sei nie allgemeingültig wahr) gibt; eine dritte Gruppe, die besonders bei den Jüngeren zu sehen ist, bilden die sog. Indifferentisten (Gleichgültigkeit gegenüber der Frage nach Gott und Kirche, die in der Uninteressiertheit gipfelt) macht sich zunehmend breit. Unter dem Einfluss dieser Strömungen verringert sich parallel zu der Zahl der Katholiken auch die Zahl der Priester und der Ordensleute. Die

Kirchenstatistik der Deutschen Bischofskonferenz zeigt, dass die Zahl der Welt- und Ordenspriester in Deutschland im Jahre 2000 deutlich höher als im Jahre 2017 lag: Im Jahr 2000 betrug ihre Zahl 17.129 und im Jahr 2017 13.560.[243] Die Entwicklung ist besonders auffällig bei der Betrachtung der Zahlen über die Taufen: Die Zahl der Taufen im Jahre 1970 betrug 369. 852 und im Jahr 2013 war die Zahl von 164.664 zu verzeichnen, also fast um das Doppelte geringer. Dieser Trend zeigt sich hauptsächlich in Europa (einige Theologen sprechen hier von der " sterbenden Kirche ") und teilweise auch auf dem amerikanischen Kontinent. Im Allgemeinen ist festzustellen, dass die Erhöhung des Lebensstandards und des Wohlstands in fast allen solchen Ländern den Glauben an einen persönlichen Gott und die Bindung an die Kirche, besonders bei den jungen Menschen, *negativ* beeinflusst. Die Religion im traditionellen Sinn wird oft überflüssig und unannehmbar oder man steht ihr gleichgültig gegenüber. Die Anziehungskräfte üben meist Wohlstand, Sportveranstaltungen, Musikkonzerte, Unterhaltungen jeglicher Art, frei geschaltete Erotik, uneingeschränktes Sexualleben, Reisen, Tourismus, Essen und Trinken und Teilhabe an den kulinarischen Angeboten der Weltküchen (chinesisch, italienisch, orientalisch, balkanisch usw.) aus.

Auf der anderen Seite wird festgestellt, dass die Zahl der Katholiken auf anderen Kontinenten, z.B. Afrika und Asien, kontinuierlich wächst, so dass die *Gesamtzahl* an katholischen Christen auf dem Globus stetig *zunimmt*.[244] Wir wissen, dass es sich bei diesen Ländern um jene mit niedrigen Lebensstandard oder von bitterer Armut betroffenen Regionen handelt. Die auffällige Abnahme der Gläubigen- und der Priesterzahlen in den sog. hochentwickelten und mit Wohlstand ausgestatteten Teilen der Welt ist als ein Weckruf wahrzunehmen, dass sich das Leben im Wohlstand und der praktizierte Glaube der Christen nicht so einfach in Einklang bringen lassen. Könnte man dann vermuten, dass die armen Länder, in denen die Zahl der Katholiken z. Zt. wächst, eines Tages, wenn sie den Wohlstand erreicht haben, den gleichen Weg wie die Europäer heute, einschlagen?

---

[243] Vgl. https:/ / dbk. de

[244] Vgl. http://www.fides.org/de/news/61026-ATIKAN_Statistiken_der_katholischen_kirche_2016

Die heutige Theologie muss diese Frage überzeugend und praxisorientiert beantworten.

Das Vertrauen in die Kirche und ihre Leitung wurde z.B. in Deutschland und USA als auch in vielen anderen Ländern durch das Bekanntwerden der Pädophilie in den Reihen der Priester, Bischöfe und auch einiger Diakone erschüttert, und das hat den Auszug (Exodus) vieler Gläubigen aus der Kirche zur Folge gehabt. Die Studie über wissenschaftliche Aufarbeitung sexueller, physischer und psychischer Gewalt am Collegium Josephinum in Bad Münstereifel, welche aus den Mitteln des Erzbistums Köln finanziert wurde, zeigt deutlich das Ausmaß des Missbrauchs in dieser kirchlichen Institution und nennt die Zahl der Priester, die an dem Missbrauch beteiligt waren. Der Kölner Erzbischof Kardinal R. M. Woelki hat sich nach der Präsentation der Studie dazu geäußert: „Die Gewissheit, dass die Einrichtungen unseres Bistums über viele Jahre jungen Menschen schlimmes Leiden zugefügt wurde, noch dazu auch von den Priestern, gehört zu den schwersten Erkenntnissen, mit denen ich in meinem bischöflichen Dienst umgehen muss, und erfüllt mich mit großer Trauer".[245]

Die MHG-Studie im Auftrag des Verbands der Diözesen Deutschlands (VDD) wurde am 25. September 2018 bei der Herbst-Vollversammlung der Deutschen Bischofskonferenz in Fulda vorgestellt. Es wurde 38.156 Akten aus 27 deutschen Bistümern für die Zeit zwischen 1946 und 2014 untersucht. Die Ergebnisse zeigten, dass Hinweise auf Beschuldigungen des sexuellen Missbrauchs bei 1.429 Diözesanpriester (5,1 % der untersuchten Akten von Diözesanpriestern), 159 Ordenspriester (2,1 % der untersuchten Akten von Ordenspriestern) und 24 hauptamtliche Diakone (1 % der untersuchten Akten von hauptamtlichen Diakonen) gefunden wurden.[246]

Wir möchten auch auf die Australische Studie aus dem Jahr 2017 hinweisen.[247] Aus allen erwähnten Studien geht hervor, dass eine größere Zahl der Personen an den Missbrauchs-Delikten beteiligt war (sowohl die Bischöfe

---

[245] Vgl. https: // www. domradio.de / 2017 - 09 - 13.

[246] Vgl. https: // de.m.wikipedia.org > wiki

[247] Vgl. https: // www. domradio. De > aust…

als auch die Priester wie auch die Diakone). Und das ist das Tragische daran, dass gerade diejenigen, die Moral und Anständigkeit predigen, so tief gefallen sind. Und nicht nur das. Neuerdings sind die Vertuschungs-und Verschleierungsaktionen seitens der höchsten Kirchenleitungen (Bischöfen) in den Fokus geraten. Der zuletzt bekannt gewordene Amtsverzicht von Reinhard Kardinal Marx, Erzbischof von München und Freising hat ein „Erdbeben" in der Kirche ausgelöst und die Gläubigen in der ganzen Welt durchgeschüttelt. Es geht um die Glaubwürdigkeit und Transparenz bei allen, besonders bei den Bischöfen und um die schonungslose und ehrliche Aufklärung der sexuellen Missbräuche als auch um die daraus resultierenden Konsequenzen innerhalb der Kirche. Bei der Besprechung dieser Verfehlungen muss man aus den Gründen der Objektivität und Versachlichung auf die Tatsache hinweisen, dass Pädophilie-Vergehen unter allen Berufsgruppen zu finden sind z.B. bei den Richtern, Rechtsanwälten, Ärzten, ja sogar bei den Kinderärzten, bei Handwerkern, Beamten, Lehrern usw. Doch hat man den Eindruck, dass sich die Medien einseitig und mit Vorliebe auf die Ereignisse im kirchlichen Bereich stürzen. Es muss doch klargestellt werden, dass sexuelle Missbräuche nicht nur in der Kirche, Sportvereinen, Krankenhäusern und Schulen geschehen, denn drei Viertel von ihnen findet innerhalb von Familien oder Verwandtschaft statt: Schätzungsweise beträgt die Zahl der missbrauchten Kinder in Deutschland zwischen 200.000 und einer Million, wobei die Dunkelziffer um ein Vielfaches darüber liegen dürfte.[248] Wichtig wäre es also, eine bessere und objektive Aufklärung in den Schulen und allen Ausbildungsstätten anzuregen und auf die Möglichkeiten der zeitgemäßen Prävention und Therapie aufmerksam zu machen. Die Europäische Union müsste die wissenschaftliche Erforschung der Entstehung, Prävention und Therapie der Pädophilie in ihr Programm dringend aufnehmen. Die Ärztin J. Kossat empfiehlt bei der Beratung solcher Personen folgendes Vorgehen: „Sie sind nicht schuld an ihren sexuellen Gefühlen und Phantasien, aber sie sind *verantwortlich* für ihr Verhalten. Die sexuelle Vorliebe haben sie sich nicht ausgesucht, aber jeder muss die

---

[248] Vgl. https://www.tagesschau.de/inland/canisius-missbrauch-101.html

volle *Verantwortung* für sein sexuelles Verhalten übernehmen. Es gibt professionelle Hilfe".[249] Die Aufgaben des Diakons diesbezüglich erstrecken sich ebenso auf das Gebiet *der Aufklärung*, Beratung und der sachlichen Diskussion darüber in der Öffentlichkeit als auch am Arbeitsplatz. Bei der Ausbildung der Diakone und/oder bei ihrer Fortbildung wäre eine Vorlesung über die Probleme der Sexualität und mögliche Interventionen dringend zu empfehlen. Als Konsequenz aus mehreren Studienergebnissen müssten sich auch die Bewerber für den Diakonat einer fachlichen Untersuchung bei einem Arzt oder Psychologen unterziehen, bevor sie die Ausbildung beginnen, um jenen mit pädophilen Phantasien von dem geistlichen Beruf abzuraten und sie auf die Möglichkeit einer Vorbeugung hinzuweisen. Das müsste auch in den Aufnahmebedingungen für den Diakonat fachlich formuliert und allen potentiellen Bewerbern zur Kenntnis gebracht werden.

Die Skandale in der Römischen Kurie, insbesondere auf dem finanziellen Gebiet, haben für Ärger, Zorn und Empörung in der ganzen Welt gesorgt. Die Kirchenleitung kam immer mehr unter Druck. Im praktisch-konkreten Leben vieler Christen werden die kirchlich-traditionellen Richtlinien bezüglich der Sexualität, der Antikonzeption (Empfängnisverhütung, Geburtenkontrolle, Möglichkeiten der künstlichen Befruchtung usw.) nicht befolgt. Hans Küng hat in Anbetracht des jetzigen Zustands der Kirche ein Buch unter dem Titel „Ist die Kirche noch zu retten" geschrieben.[250] Darin nimmt er die heutige Kirche unter die Lupe und versucht durch seine, manchmal etwas zu pointierten Analysen, eine Deutung herauszuarbeiten. Als Schlussfolgerung aus den vorgebrachten Tatsachen formuliert er: „Nicht zu retten ist eine Kirche, die rückwärtsgewandt ins Mittelalter oder die Reformationszeit oder auch in die Aufklärung verliebt ist. Überleben aber kann eine Kirche, die *am christlichen Ursprung orientiert und auf die gegenwärtigen Aufgaben konzentriert ist... Ist die Kirche noch zu retten? Ich habe die Hoffnung nicht aufgegeben, dass sie überleben wird."*[251]

---

[249] Vgl. J. KOSSAT, Elsevier Essentials - Sexualität, 2018. S. 85.

(S. auch: https://www.kein-taeter-werden.de).

[250] H. KÜNG, Ist die Kirche noch zu retten?, 2011, S. 93 - 109.

[251] H. KÜNG, ebd., S. 256 - 257.

1.2   Argumente für eine gute Zukunft der Kirche

Hier sei auch auf die Aussagen einiger anderer Theologen über die Zukunft der Kirche aufmerksam gemacht. R. Miggelbrink betont, dass eigentlich *Gott selbst* der Grund und Garant der Zukunft der Kirche ist:

„Wo Gott selber der Inhalt der kirchlichen Verkündigung ist, ist die Kirche nicht herrliche Richterin über ihre Verkündigung, sondern Dienerin des lebendigen Gottes, der zu den Menschen kommt, wie er zu den Menschen kommen will.

Als Dienerin der Zukunft Gottes unter allen Menschen steht es der Kirche nicht an, in selbstgefälliger Skepsis den Lauf der Welt als Abfall von Gott zu meditieren und sich selbst als die beklagenswerte Verliererin der Geschichte zu inszenieren, deren Vertreter zwischen Trotz, Beleidigung und trauriger Resignation wählen könnten. Als Dienerin der Zukunft Gottes unter den Menschen ist die Kirche 'Zeichen und Werkzeug' des sakramental unter den Menschen wirksamen Gottes. Als solches dient sie der Hoffnung, die Menschen nicht an sich und der Welt verzweifeln lässt… Eine Kirche, die ihre Bestimmung so ernst- und annimmt, wird nicht untergehen, weil sie an der Seite Gottes steht, der auf Wegen, die er weiß, das Herz der Menschen erreicht… Die Offenheit für *die Zukunft als Gottes Zukunft* für die Welt wiederzugewinnen, erscheint als die geistige Chance und Aufgabe ein halbes Jahrhundert nach dem Konzil".[252] G. Müller erinnert in diesem Kontext an die Fundamente des Glaubens: „Das Handeln Gottes in Kreuz und Auferstehung Jesu Christi ist Grund und Maß von allem".[253]

Für die gute Zukunft Gottes auch in unserer Zeit steht unser inständiges Gebet an erster Stelle, *sie muss von Gott erfleht werden. Christliche Meditation* in kirchlichen Räumen und in Fernsehsendungen müssten häufiger angeboten werden, denn dadurch könnten sich neue Wege und Zugänge zum Gebet und zur Neuevangelisierung erschließen.

---

[252] R. MIGGELBRINK, ebd., S. 117-118.

[253] Vgl. G. K. Müller, Römische Begegnungen, 2019, S. 124.

Im Kontext der Szenarien über das Verdampfen des Glaubens, besonders bei den Jüngeren in Westeuropa, über die weitere Verringerung der Gläubigen- und Priesterzahlen als auch zunehmende Profanierung der Kirchengebäude (Schließung, weil keine Besucher mehr da) in Europa verweisen wir auf das Evangelium und auch auf die Lehren der Geschichte. Alle vier Evangelisten berichten von der Gefahr, in welche die Apostel auf dem See Genezareth geraten waren.[254] Bei Markus lesen wir: „Gleich darauf forderte er (Jesus) seine Jünger auf, ins Boot zu steigen und ans andere Ufer nach Betsaida vorauszufahren. Er selbst wollte inzwischen die Leute nach Hause schicken. Nachdem er sich von ihnen verabschiedet hatte, ging er auf einen Berg, um zu beten. Spät am Abend war das Boot mitten auf dem See, er aber war allein an Land. Und er sah, wie sie sich beim Rudern abmühten, denn sie hatten Gegenwind. In der vierten Nachtwache ging er auf dem See zu ihnen hin, wollte aber an ihnen vorübergehen. Als sie ihn aber über den See gehen sahen, meinten sie, es sei ein Gespenst, und schrien auf. Alle sahen ihn und erschraken. Doch er begann mit ihnen zu reden und sagte: Habt Vertrauen, ich bin es: fürchtet euch nicht! Dann stieg er zu ihnen ins Boot und der Wind legte sich. Sie aber waren bestürzt und außer sich. Denn sie waren nicht zur Einsicht gekommen, als das mit den Broten geschah; ihr Herz war verstockt" (Mk 6, 45-52). Auf eine ähnliche Weise beschreibt Johannes das gleiche Ereignis (Jo 6, 16-21).

Hl. Matthäus hat aus seiner Sicht eine etwas anders formulierte Version verfasst:

„Gleich darauf forderte er die Jünger auf, ins Boot zu steigen und an das andere Ufer vorauszufahren. Inzwischen wollte er die Leute nach Hause schicken. Nachdem er sie weggeschickt hatte, stieg er auf einen Berg, um in der Einsamkeit zu beten. Spät am Abend war er immer noch allein auf dem Berg. Das Boot war aber schon viele Stadien vom Land entfernt und wurde von den Wellen hin und her geworfen; denn sie hatten Gegenwind. In der vierten Nachtwache kam Jesus zu ihnen; er ging auf dem See. Als ihn

---

[254] Vgl. auch: G. WEIGEL, Die Erneuerung der Kirche (Tiefgreifende Reform im 21. Jahrhundert), 2015, S.142-143.

die Jünger über den See kommen sahen, erschraken sie, weil sie meinten, es sei ein Gespenst, und schrien vor Angst. Doch Jesus begann mit ihnen zu reden und sagte: Habt Vertrauen, ich bin es; fürchtet euch nicht! Darauf erwiderte ihm Petrus: Herr, wenn du es bist, so befiehl, dass ich auf dem Wasser zu dir komme. Jesus sagte: komm! Da stieg Petrus aus dem Boot und ging über das Wasser auf Jesus zu. Als er aber sah, wie heftig der Wind war, bekam er Angst und begann unterzugehen. Er schrie: Herr, rette mich! Jesus streckte sofort die Hand aus, ergriff ihn und sagte zu ihm: Du Kleingläubiger, warum hast du gezweifelt? Und als sie ins Boot gestiegen waren, legte sich der Wind. Die Jünger im Boot aber fielen vor Jesus nieder und sagten: Wahrhaftig, du bist Gottes Sohn" (Mt 14, 22-33).

Vergleichen wir diese beiden Texte in dem, was sie ausdrücken wollen, kommen wir zu der Schlussfolgerung, dass es den hl. Schriftstellern nicht in erste Linie darum ging, das geschichtliche Ereignis genau im Detail zu beschreiben, sondern auf folgendes hinzuweisen:

— Die Menschen werden immer wieder von Gefahren bedroht, die häufig ausweglos in die Verzweiflung treiben. Was ist zu tun, wenn wir untergehen? Welche Möglichkeiten hat man, wenn das Flugzeug, in dem man sich befindet, gegen die Felsen eines Berges fliegt, wie das am 24. März 2015 nahe den südfranzösischen Alpen mit dem Flugzeug Germanwings geschah? Das ist die Frage, der sich jeder von uns in dieser oder ähnlicher Form irgendwann im Leben stellen muss.

— Die Evangelisten weisen auf eine einzige Möglichkeit, die uns übrig bleibt, nämlich sich an den allmächtigen Gott zu wenden und die Worte des Petrus auf dem stürmischen See zu wiederholen: *„Herr, rette mich"*! Die Botschaft ist eindrücklich und unmissverständlich: Die Rettung aus solchen Gefahren, kann **nur von Gott**, dem einzigen Erlöser und Retter kommen, der sich in Jesus Christus offenbart und in ihm gezeigt hat. Wir wissen zwar, dass Gott nicht immer rettet, wie uns der Absturz der Maschine Germanwings im Jahr 2015 noch mit

Schrecken daran erinnert. Dennoch und trotz allen Enttäuschungen in Anbetracht der Berge des Übels und des Bösen in unserer Welt ist uns in der Person Jesu Christi ein Licht der Hoffnung erschienen. Denn er, der auf dem stürmischen See gegangen ist, hat auch den Tod bezwungen und uns in seiner Auferstehung den Weg aufgezeigt, wie die endgültige und definitive Rettung geschehen kann. Das Vertrauen in ihn und die Nachahmung seines Lebensstils lassen uns erfahren, dass wir auf diese Hoffnung setzen und mit der Rettung rechnen können.

— Die Auferstehung Christi ist für uns Menschen (für jeden Einzelnen als auch für die Gemeinschaft) das wichtigste Ereignis der Geschichte. Bis jetzt konnte niemand eine bessere und überzeugendere Alternative aufbieten. Nur und ausschließlich im Lichte und in der Atmosphäre der Auferstehung Jesu sehen wir einen Ausweg und erkennen die Möglichkeit einer Perspektive für die Zukunft von uns allen. Einzig die Auferstehung Jesu macht unser Leben lebenswert. Nach seiner Auferstehung haben die Jünger Jesus auf eine andere Art und Weise erfahren, dass er lebt, als das vor der Auferstehung der Fall war. Er weilt nämlich bei ihnen nur eine kurze Zeit, um sich dann plötzlich ihren Blicken zu entziehen. Es sticht ins Auge, dass die Jünger*innen ihn anfangs gar nicht erkennen, z.B bei der Begegnung Jesu mit Maria aus Magdala, die ihn zunächst für einen „Gärtner" hält (Jo 20, 11-16); oder die Emmausjünger, die ihn unterwegs als einen „Fremden" erleben, und ihnen die Augen aufgehen erst im Augenblick, als er „das Brot brach" (Lk 24, 13-31); oder am See von Tiberias, wo Jesus als ein unbekannter Mann vom Ufer den Jüngern zuruft, noch einmal die Netze auszuwerfen, und sie ihn erst nach dem überaus reichen Fischfang erkennen (Jo 21, 4-7). Jesus ist nach seiner Auferstehung also nicht ständig bei den Jüngern, wie das vor der Auferstehung der Fall war. Nach der Auferstehung zeigt er sich punktuell, vergeistigt (pneumatisch) und nur für kurze Zeit, um sich dann den Blicken zu entziehen. Er war dann nach und nach ständig anwesend in ihren Gedanken, in ihrem Bewusstsein, in Erfahrungen des alltäglichen Lebens sowie in den Erinnerungen an die Erlebnisse mit ihm. Gerade das ist die *neue Weise der Jesu Anwesenheit*[255] in der Gemeinschaft seiner ersten Nachfolger*innen, und genau das ist auch die Art und Weise, wie ihn die nachfolgenden Generationen bis heute erkennen konnten und können: Kurze Zeit, punktuell, vergeistigt (pneumatisch), durch die Erlebnisse im Alltag (erinnern wir uns an den Fischfang am See von Tiberias, wo Johannes plötzlich die Gestalt Jesu erkennt und ausruft „es ist der Herr"!); ebenso im Gebet, in der Meditation, im Lesen der hl. Schrift, in den Taten der Solidarität, des Erbarmens und der Liebe zu den Schwachen, Kranken und Armen. In diesem Sinne sind auch die Worte Jesu nach seiner Auferstehung verstehbar und erfahrbar: „Seid gewiss: Ich bin bei euch alle Tage bis zum Ende der Welt" (Mt 28, 20). Ab dem Zeitpunkt der Himmelfahrt Christi, also 40 Tage nach der Auferstehung, haben sich seine ersten Nachfolger*innen in gleicher Lage befunden wie auch alle anderen Generationen nach ihnen bis in unsere Tage: kaum Einer, bis auf wenige Ausnahmen, hat Jesus später mit eigenen Augen gesehen. Den Rest ihres Lebens haben die Apostel ähnlich wie wir alle verbracht: Sie haben aus den Worten Jesu, aus den Erinnerungen an sein Wirken, seine Wunder und an seine kurzfristigen Erscheinungen nach der Auferstehung Kraft und Begeisterung (Elan) geschöpft und sind den Weg seiner Nachfolge gegangen; ebenso wichtig waren ihre alltäglichen Erfahrungen und Erlebnisse, in denen sie eine 'unsichtbare Hand' Gottes erkannt hatten. Die geschichtlichen Ereignisse lehren uns, dass sich Gott immer wieder in den Ablauf der Geschehnisse „eingemischt" hat, wenn es ausgeschaut hat, als ob die Kirche buchstäblich in die unwiderrufliche Vergessenheit zu „versinken" drohte. In diesem Zusammenhang sei an das Geschenk Gottes in den heiligen Personen erinnert, die durch ihr Charisma unter dem Einfluss des Hl. Geistes die Anwesenheit Gottes in der Welt plausibel (schlüssig, glaubhaft, überzeugend) gemacht

---

[255] Vgl. J. RATZINGER-BENEDIKT XVI., Jesus von Nazareth, 2011, S. 305-318.

haben z.B. hl. Franziskus von Assisi, hl. Dominikus, hl. Ignatius von Loyola, hl. Mutter Theresa von Kalkutta, hl. Johannes Paul II. und andere unzählige Heiligen. Deshalb dürfen wir trotz einer depressiven und niederschlagenden Entwicklung der Gläubiger- und Priester- zahlen unserer Zeit in Europa die Augen aufmachen und mit großem Vertrauen und Zuversicht unseren Blick in die Zukunft richten, jene Zukunft, die immer und zugleich *die Zukunft Gottes* ist.

— In unserer Zeit erheben viele bekannte und weniger bekannte Personen ihre Stimmen für die Zukunft der Kirche. Sie formulieren unterschied- lich ihre Wünsche und Optionen. Hier seien einige angeführt: „Die Kirche hat ganz klein angefangen und ist ganz groß herausgekommen, vielleicht zu groß. Jetzt ist die Zeit, neu anzufangen – ohne Illusionen, aber mit der Hoffnung, die nicht nur ein Traum ist…Menschen, die der Kirche angehören, gehen raus aus der Anonymität und geben dem Glauben ihre Stimme – und finden in der Kirche Gehör" (T. Söding). „In einer Kirche der Zukunft erfahren alle Menschen eine Heimat und begegnen auf ihre Art und Weise Jesus" (K. Stegemann). „In meinem Traum von einer Kirche der Zukunft spielt eine neue Generation von Menschen im Pfarrerdienst und von ehrenamtlich Engagierten eine wichtige Rolle. Sie leben vernetzt und entdecken die Möglichkeiten ganz neu, wie Menschen gute Nachricht von der Liebe Gottes persönlich 'liken' und miteinander teilen können. Sie nutzen analoge und digitale Kanäle, um die Menschen zum Glauben einzuladen, Gemeinschaft zu bilden und sich einzubringen in die Diskussion um die wichtigen Fragen der gesellschaftlichen Entwicklung. Sie feiern Gottesdienste überall, wo Menschen sich versammeln. In Kirchen, im Freien, in Schulen und Altenheimen, im Netz" (K. Göckenjan). „Ich wünsche mir eine lebendige Kirche, in der man die Freude am Glauben deutlich erfahren kann. Manchmal habe ich den Eindruck, dass die frohe Bot- schaft von der Auferstehung mehr verwaltet wird und zu wenig spürbar ist. Wir müssen den Menschen mit Barmherzigkeit begegnen, denn

Barmherzigkeit ist doch der Kern unseres Glaubens. Wenn wir uns daran halten, geht die Kirche in eine gute Zukunft" (K-J. Laumann).

— „Ich träume von getauften Menschen, die in Gemeinschaft miteinander Arme speisen, Trauernde trösten und Feinden mit der Bereitschaft zur Versöhnung begegnen" (D. Sattler). „Die Kirche der Zukunft sollte ihr pastorales Handeln an der heutigen Lebenswirklichkeit der Menschen orientieren und Hilfe im alltäglichen Leben vorbehaltlos anbieten. Eine Kirche des Beistands. Sie muss den Menschen eine geistige und geistlichen Heimat sein, offen für neue Ideen" (M. Wübbeler).[256] P. Karl Wallner empfiehlt die häufigere und engagiertere Nutzung der modernen Medien (Fernsehen, Radio, Sozialnetze) in der Erklärung und Verbreitung der christlichen Botschaft, denn diese sind als Möglichkeit einer zeitgemäßen und globalen Kanzel für die Verkündigung des Wortes Gottes unbedingt zu nutzen. Die Kirche habe den rechtzeitigen Zugang zu den modernen Medien eigentlich verschlafen.[257]

— Die Corona-Pandemie, die Ihren Ausgang im Dez. 2019 in China (Wuhan) genommen hat, empfinden wir als eine der größten Belastungen und Bedrohungen unserer jetzigen Welt. Sie hat bereits unzählige Kranke und Todesopfer (183,8 Mio Kranke und 3,98 Mio Tote weltweit – Stand: 05. 07. 2021) gefordert und eine katastrophale Niederdrückung der Weltwirtschaft zur Folge gehabt. Plötzlich mussten wir einem nie da gewesenen Schreck apokalyptischen Ausmaßes ins Auge schauen. Vor der Covid-19-Pandemie litten ca. 690 Millionen Menschen in mehr als 50 Ländern unter Hunger und Unterernährung; durch die Corona-Krise als "Brandbeschleuniger" werden weitere 100 Millionen vom Hunger bedroht, insbesondere die Kinder (10.000 Kinder versterben monatlich durch den Hunger infolge der Corona-Pandemie).[258] In seiner Enzyklika „Fratelli tutti" hat sich Papst Franziskus

---

[256] Vgl. https://www.kirche-und-leben.de/artikel/zwölf-thesen-zur-zukunft-...

[257] Vgl. https://k-tv.org (Interview mit P. Karl Wallner, 2020)

[258] Vgl. https://www. tagesschau.de/ausland/welthungerhilfe-113.html

auch zu den Folgen der Corona-Pandemie geäußert: " Der Schmerz, die Unsicherheit, die Furcht und das Bewusstsein der eigenen Grenzen, welche die Pandemie hervorgerufen haben, appelieren an uns, unsere Lebensstile, unsere Beziehungen, die Organisation unserer Gesellschaft und vor allem den Sinn unserer Existenz zu überdenken... Ich möchte nicht sagen, dass es sich um eine Art göttlicher Strafe handelt."[259] Mit den neuen Impfstoffen gegen Corona von BioNTech/ Pfizer und anderen Firmen als Hoffnungsträger hat man begonnen, die Menschen zu immunisieren und dadurch auch die Pandemie zu besiegen. Aber auch nach der Wiederherstellung der Lebensnormalität dürfen wir diese schlimmen, ja " höllischen " Zeiten nicht vergessen; wir sollen daraus die Lehren ziehen, um unsere Lebensweise in neuer Besinnung zu gestalten. Papst Franziskus drückt es so aus: „Wir vergessen aber schnell die Lektionen der Geschichte, der 'Lehrerin des Lebens'. Ist die Gesundheitskrise einmal überstanden, wäre es die schlimmste Reaktion, noch mehr in einen fieberhaften Konsumismus und in neue Formen der egoistischen Selbsterhaltung zu verfallen. Gott gebe es, dass es am Ende nicht mehr "die Anderen", sondern nur ein „Wir" gibt... dass ein so großer Schmerz nicht umsonst war, dass wir einen Sprung hin zu einer neuen Lebensweise machen und wir ein für alle Mal entdecken, dass wir einander brauchen und in gegenseitiger Schuld stehen.[260] Die Erfahrung an eigener Haut zeigt uns, dass wir auf die gegenseitige Hilfe angewiesen sind und nur in einer solidarischen Gesellschaft überlebensfähig sind. Deutschland kann es nicht gut gehen, wenn es den herumliegenden Nachbarländern, ja der ganzen übrigen Welt schlecht geht. Nur in gegenseitiger Unterstützung können wir die drohenden Krisen bewältigen und überleben. Auch die Kirche wurde dadurch so erschüttert, dass nicht einmal der Empfang der Sakramente im vollen Umfang ermöglicht werden konnte. Eine Kommunikation geschah oft nur über die digitalen Medien. Die

---

[259] https://www.vatican.va>documents>papa, Nr.32, 33, 34.

[260] Papst Franziskus, Enzyklika Fratelli tutti, Nr. 35.(www.vatican.va > documents > papa...).

Interpretationen dieser von Gott zugelassenen Corona-Pandemie sind verschiedenartig: Einige Theologen deuten es als Strafe Gottes für die Sünden, die Anderen, wie der Vorsitzende der Deutsche Bischofskonferenz Bischof G. Bätzing, erklären sie anders: „Sie ist gewiss keine Strafe Gottes, vor der wir Angst haben müssen und der wir nicht entkommen können. Gott liebt uns bedingungslos und er möchte, dass es uns gut geht … Lassen wir uns achtsam, umsichtig, solidarisch und hilfsbereit sein."[261] Aus dieser schmerzhaften Erfahrung sind bereits einige Lehren gezogen: Die digitalen Medien (Fernsehen, Internet, Livestreaming) haben sich als das zeitgemäße Forum bewährt und uns auch unter Quarantänebedingungen in die Lage versetzt, den Glauben an den allmächtigen, barmherzigen, liebenden und zugleich unerforschlichen und geheimnisvollen Gott aufrechtzuerhalten und zu stärken. Die virtuelle Übertragung der Botschaften, geistige Kommunion, Generalabsolution (vollständiger Ablass) unter bedrohlichen Lebensumständen und spirituelle Teilhabe an dem sakramentalen Lebensvollzug verschmelzen sozusagen mit der Wirklichkeit. Es kommt im Wesentlichen darauf an, Gott in „Geist und Wahrheit" anzubeten (vgl. Jo 4, 21-24). Diese *neue* Communio-Verbindung hat eine Aufwertung und Signalwirkung für die *Zukunft* unserer Kirche, denn virtuell kann in einer anderen Lebensdynamik die reelle Auswirkung haben. Deshalb müsste eigentlich jede Bischofskonferenz einen eigenen TV-Kanal haben. Die digitalen Medien sind zu einer *globalen Kanzel* geworden, auf die man heutzutage nicht verzichten darf. Die Menschen in der ganzen Welt haben spontan begonnen, über die Einstufungen auf der Werteskala (dem Wertesystem) im Leben („was ist mir wichtig"?) nachzudenken. Auch A. Grün setzt nun auf mehr *Nachdenklichkeit* und eine größere Offenheit für den Glauben.[262] Die Anderen sehen in der *Entschleunigung des Lebensstils* durch die Coronakrise eine neue Möglichkeit der Besinnung auf die existentiell wichtigen Dinge.

---

[261] Vgl. https://neuesruhrwort.de > 2020/03/15

[262] Vgl. Https:// www.kathpress.at/goto/meldung/1890990

Es gibt immer mehr Sinnsuchende. Und **hier** sehen wir eine **große Chance** für einen **neuen Aufbruch der Christenheit** und für eine zukünftige Aufstellung unserer Kirche auch in und durch die digitalen Medien. Die Globalisierung, Solidarität, gegenseitige Unterstützung, Gemeinschaft, Gerechtigkeit, Klimaschutz, Gedanken von Gott und über Gott bekommen eine neue Dimension bei der Gestaltung der kirchlichen Zukunft. Es wird eine Kehrtwende im Denkprozess der Menschen geradezu heraufbeschwört. Die Coronapandemie ist ein Weckruf und Mahnruf zugleich an die Menschheit, mit Einsicht umzudenken. Und noch ein zweiter Fakt ist von eminenter Bedeutung: Wir beobachten zuletzt auch die Veränderungen (Mutationen) am Coronavirus (Alpha, Beta, Gamma, Delta Varianten), die noch um ein Vielfaches ansteckender sind. Die Impfungen haben begonnen, aber die neuen Mutanten bedrohen uns zusätzlich (s. die erschreckenden Verhältnisse in Portugal und Indien). Man hat manchmal den Eindruck, immer wieder mit einer neuen Hydra kämpfen zu müssen. Auch ist die Frage entbrannt, ob sich bei dem Coronavirus (SARS-CoV-2) um eine Übertragung von Tier auf den Menschen handelt, oder ist es ein Produkt eines Labors in Wuhan, China, wo eine Gruppe von Experten im Auftrag der WHO die Nachprüfungen durchführen sollte. Die Viren können nämlich auch im Labor von Menschenhand (absichtlich als Biowaffen oder als Laborunfälle) verändert werden und sind so in der Lage, die Welt zu bedrohen. Die WHO warnt auch vor Potenzial für neue Pandemien – gefährlicher als Corona.[263] Gegen immer wieder neu entstandene Herausforderungen müssen wir (conditio humana = gehört zur menschlichen Natur) ankämpfen. *Im Letzten* brauchen wir also Gott als die definitive Lösung unserer Bedrohungen und seine Erlösung. Das zu bedenken gilt es bei der Sinnsuche und religöser Orientierung in Zukunft.

„Wir müssen die Globalisierung der Gleichgültigkeit überwinden und eine neue Partnerschaft der Reichen mit den Armen, des Nordens mit

---

[263] Vgl. https://www.fr.de/politik/corona-covid-19-potenzial-fuer-neue-pand.

dem Süden, Europas mit Afrika umsetzen. Immer mehr, immer weiter, immer schneller – das kann nicht das Grundmotiv unseres Seins und Sinn des Lebens sein".[264] Die Erkenntnis und Einsicht sind gewachsen, *dass sich niemand alleine retten kann*, denn unsere Leben sind mit denen der Anderen verwoben und sehr zerbrechlich. Die Religion wird dabei *zunehmend* als *lebensrelevant* erkannt. Papst Franziskus lädt zur Hoffnung ein: „'Die Hoffnung ist kühn. Sie weiß über die persönliche Bequemlichkeit, über die kleinen Sicherheiten und Kompensationen, die den Horizont verengen, hinauszuschauen, um sich großen Idealen zu öffnen, die das Leben schöner und würdiger machen'. Schreiten wir voller Hoffnung voran"![265]

Der „Acker" der Welt ist nun durch die Corona-Pandemie kräftig aufgerissen und vorbereitet. Wir brauchen in der nachfolgenden Zeit glaubwürdige, engagierte und begeisterte Arbeiter im Gottesgarten (Sämänner und Säfrauen), damit die Saat des Evangeliums überall ausgestreut wird („Neuevangelisierungsoption der missionarischen Kirche"). Die Zukunft der Kirche könnte dadurch einen intensiven und kraftvollen Anschub erfahren.

Aus dem Angeführten *in diesem Kontext geht hervor, dass die Menschen ihre Vorstellungen von der Zukunft der Kirche in die Worte wie Sinn, Glück, Barmherzigkeit, Heimat, Beistand, Hilfsbereitschaft in jeder Lebenssituation, Offenheit und Ehrlichkeit kleiden. Der wiedererrichtete Ständige Diakonat als Verbindung zwischen den Sakralräumen und der Arbeitswelt hat eine überaus große Sendung empfangen: Überzeugend die Glaubensinhalte zu vermitteln und Jesus Christus erfahrbar und anwesend in allen Bereichen der modernen Welt abzubilden. Diese Mission kann vollzogen werden durch: Universale Empathie, Altruismus, Erbarmen, globale Solidarität, Hilfe im Sinne des barmherzigen Samariters (Lk 10, 25 - 37), demütige und unverstellte Glaubwürdigkeit, Authentizität,*

---

[264] Vgl. G. MÜLLER, Umdenken (Überlebensfragen der Menschheit), 2020, S.156.
[265] Vgl. Papst Franziskus, Fratelli tutti, ebd. Nr. 55.

Transparenz und vor allem durch das begleitende Gebet. Auf diese Art und Weise können die Diakone einen substantiellen Beitrag zur Wiedergewinnung des verlorenen Vertrauens der Menschen unserer Zeit leisten und segensreich für die Verwirklichung des Reiches Gottes eintreten.

2. Papst Franziskus und die Vision einer nachhaltigen Erneuerung der Kirche

Papst Franziskus (Jorge Mario Bergoglio) hat die Leitung der Katholischen Kirche am 13. März 2013 übernommen. Von großer Bedeutung ist auch die Tatsache, dass er sich den Namen des Diakons hl. Franziskus von Assisi gegeben und sogleich auch seinen Lebensstil als Programm des Pontifikats angeeignet hat. Papst Franziskus hat direkt nach seiner Einführung aufgezeigt, dass er den diakonischen Weg des hl. Franziskus auch in der Praxis gehen werde. Beim ersten Auftritt auf der Loggia als neu gewählter Papst hat er die Anwesenden als auch alle „urbi et orbi" in der ganzen Welt begrüßt: „Schwestern und Brüder, guten Abend" und sie gebeten, ihn zu segnen, bevor er seinen apostolischen Segen der ganzem Menschheit erteile. Er wird nicht in einem Luxusauto gefahren, bedient sich eines geschenkten Kleingebrauchtwagens oder fährt mit einem öffentlichen Verkehrsmittel. Seine Wohnung befindet sich nicht in dem sog. Apostolischem Palast, sondern im St. Martha Heim im Vatikan. Als Bischof von Rom trägt er kein goldenes Brustkreuz, sondern ein Kreuz aus Eisen; auch der Fischerring auf seinem Finger besteht nicht aus Gold, sondern aus vergoldetem Silber. Er besuchte die Obdachlosen und sorgte für sie, indem er veranlasste, dass drei Duschmöglichkeiten für sie in der Nähe von Petersplatz eingerichtet wurden.

Anlässlich seines 78. Geburtstages hat er den Obdachlosen hunderte von Schlafsäcken gespendet. Wie hl. Franziskus von Assisi umarmte er einen unheilbar Kranken. Anstatt der päpstlichen roten Schuhe trägt er einfache orthopädische Schuhe in schwarz.

Papst Franziskus, gekleidet mit der Diakonenstola, wäscht den Flüchtlingen die Füße am Gründonnerstag 2016 ([266])

Im September 2013 besuchte der Papst Franziskus die Insel Lampedusa und das dortige Aufnahmelager für Flüchtlinge aus Afrika; die Regierenden in der ganzen Welt ermahnte er, nicht zuzulassen, dass tausende von Menschen auf der Flucht im Mediterran ertrinken. Er hat mit klarer Absicht zunächst die ärmsten Länder der Welt besucht z. B. Philippinen, Albanien, Bosnien und Herzegowina, Myanmar, Bangladesch, Rumänien und zuletzt im Jahre 2019 Mauritius, Madagaskar und Mosambik. Bei allen diesen Besuchen hat er sich der Armen und Bedürftigen angenommen, für Recht und Gerechtigkeit eingetreten und die Missstände beim Namen genannt und angeprangert. Am 4. Oktober 2013 hat er Assisi besucht und vor Tausenden von Gläubigen betont, dass die Kirche gesendet ist, den Weg der Einfachheit, Hingabe und Liebe ähnlich dem hl. Franziskus von Assisi zu gehen.

Papst Franziskus hat sehr mutig und offen auf die Fehler und Unterlassungen seiner Kurie hingewiesen und die Verantwortlichen zur Umkehr und Bereinigung der Zustände aufgerufen. In seiner Ansprache zu Weih-

---

[266] https://pictures.reuters.com

nachten 2014 führte er die sog. 15 Krankheiten der römischen Kurie (Verwaltungsorgane) an: Als erste Krankheit hat er die Einbildung mancher Kurienpersönlichkeiten erwähnt, denn sie geben manchmal den Eindruck, sie seien „unsterblich", „unersetzbar" und „immun". Hervorgehoben hat er auch die geistige „Versteinerung" bei denjenigen, die sich hinter den Papieren verstecken, ein Herz aus Stein besitzen und eher als Maschinen als Gottes Menschen aussehen.

Besonders hat er auf die sog. „geistige Alzheimer Erkrankung" bei einigen aufmerksam gemacht, die die Erlösungsgeschichte und eigene Erfahrungen mit Gott ausgeblendet und vergessen haben. Es bestehen auch die Krankheiten der Konkurrenz und der Leidenschaften sowie falschen Trachtens nach Ansehen, Anerkennung, Ruhm, äußerem Aussehen, Farben der Kleider, Ehrenauszeichnungen usw. Eine weitere Erkrankung sei die existentielle Schizophrenie, bei der solche Personen ein Doppelleben (der Heuchelei und der seelischen Leere) führen; darunter befinden sich auch jene, die den seelsorglichen Dienst verlassen, um sich lediglich auf die bürokratischen Aufgaben zu konzentrieren. Unter anderem sei auch die letzte Krankheit erwähnt, nämlich die Erweiterung der weltlichen Macht und die Vergrößerung des Profits, wobei der Apostel sein Dienen gegen die Macht umtauscht in der Absicht, noch stärkere Vorteile und breitere Vollmachten zu erlangen. „Die Führer der Kirche waren oft narzisstisch, umschmeichelt und von ihren Höflingen zum Schlechten verleitet. Der Hof ist Lepra des Papstums „ – so wird es vom italienischen Publizisten und bekennenden Atheisten Eugenio Scalfari angeführt, welcher behauptet, dass ihm der Papst erlaubt habe, den Satz zu veröffentlichen.[267]

Papst Franziskus hat ruhig, aber entschieden zunächst seinen ersten Mitarbeitern in der Kurie als auch anderen Würdenträgern, Bischöfen und Kardinälen ins Gewissen geredet. Danach hat er auch auf den heutigen Zustand der Priester hingewiesen. In seiner Predigt am Gründonnerstag 2015 hat er einen Appell an die Priester in der ganzen Welt gerichtet: „Wenn

---

[267] Vgl. bei: S. U. NEUMANN, Vom Reformpapst zum Konzilspapst?, Christ in der Gegenwart, 67. Jahrgang 2015 (https:// www.christ-in-der-gegenwart.de/aktuell/artikel_angebote_detail?k_beitrag=3937619).

Jesus unter uns seine Herde weidet, dann dürfen wir keine Hirten sein, die mit saurem Gesicht jammern, oder was noch schlimmer ist, wie die Hirten, die sich langweilen". Außerdem Ermüdung und Erschöpfung müssen nicht mit Langeweile und Gereiztheit gepaart sein. Als Vorbild sollen die Priester Jesus Christus vor den geistigen Augen halten, der ständig in Kommunikation mit den Menschen stand, jedoch dabei kein Gefühl vermittelt hat, dass sie ihn belagern oder ihm „auf die Nerven gehen" würden. Im Gegenteil, es scheint, dass er gerade aus diesen Begegnungen mit den Menschen eine neue Kraft geschöpft hat. Zu Beginn der österlichen Bußzeit 2015 hat er sich an den Klerus seines Römischen Bistums gewandt und noch eine Botschaft an sie gerichtet:

„Die Priester, die keimfrei sind (ich erlaube mir dieses Wort), jene die steril sind wie in einem Labor, ganz sauber, vollkommen schön, sie helfen der Kirche nicht. Die Kirche ist heutzutage mit einem 'Feldlazarett' vergleichbar. Verzeihen sie mir, dass ich das wiederhole, aber ich sehe es so und ich fühle es so: 'ein Feldlazarett' Die Not zwingt uns, zu versuchen die Wunden zu heilen, viele Wunden! Viele Wunden! Viele Menschen sind wegen der materiellen Nöte, wegen der zahlreichen Skandale... ja sogar in der Kirche selbst verwundet...Die Menschen sind durch Illusionen verletzt...

Wir Priester müssen uns ihrer annehmen, ihnen nahe stehen... Das Erbarmen bedeutet in erster Linie die Wunden heilen... Der echte barmherzige Priester verhält sich wie der barmherzige Samariter".[268]

Die Mahnworte des Papstes Franziskus an seine Kurie und an die Priester führen wir hier keinesfalls aus Schadenfreude oder Ressentiments. Die Worte des Papstes sind zugleich und parallel an die Diakone sowie an alle Mitglieder der Kirche gerichtet und fordern uns heraus, unser eigenes Gewissen zu überprüfen, eigene Fehler und Sünden zu bekennen und eine Entscheidung für die aufrichtige Umkehr zu treffen.

Über die Diakone in der heutigen Kirche hat sich Papst Franziskus noch nicht direkt – *kritisch* geäußert, obwohl auch bei ihnen Fehler, Unterlassungen, starre und unflexible Meinungen, unangemessene Verhaltensweisen, Ehrsucht und Selbstverliebtheit feststellbar sind.

---

[268] Vgl. www.domradio.de 2. 4. 2015

Anlässlich einer Audienz im Jahre 2014 hat Papst Franziskus über das Weihesakrament (Ordo) einen allgemeinen Überblick gegeben: Bischof, Priester oder Diakon, welcher seine Herde nicht mit Liebe führt, ist unnütz. Diejenigen, die geweiht werden, sind Vorsteher der Gemeinde... Der Gemeinde vorzustehen bedeutet für Jesus, seine Autorität *in den Dienst* zu stellen, u.z. so wie er seine Jünger gelehrt hat: „Der Menschen Sohn ist nicht gekommen, um sich dienen zu lassen, sondern um zu dienen und sein Leben hinzugeben als Lösegeld für viele" (Mk 10, 45). Der Bischof, der nicht als *Diener* seiner Gemeinde vorsteht, versündigt sich. Der Priester, welcher nicht seiner Gemeinde *dient*, ist fehl am Platze. Das eigentliche Merkmal der Bischöfe sowie der Priester und auch der Diakone sollte die leidenschaftliche Liebe zu der Kirche sein.[269] Zu den Diakonen sagte er im Mailänder Dom am 25.3.2017: „Der Diakon ist sozusagen der Hüter des Dienstes in der Kirche (...). Ihr seid nicht halbe Priester und halbe Laien – das würde bedeuten, den Diakonat zu 'funktionalisieren' –, sondern ihr seid das Sakrament des Dienstes an Gott und an den Brüdern".[270]

Im Jahr 2017 hat Papst Franziskus den 33. Sonntag im Jahreskreis als Welttag der Armen festgelegt. Aus diesem Anlass hat er auch eine Botschaft an die Kirchenleitung und an alle Menschen guten Willens gerichtet: „Ich lade die Mitbrüder Bischöfe, alle Priester und Diakone ein, die kraft ihrer Berufung in der Pflicht stehen, den Armen Hilfe zu leisten, alle gottgeweihten Personen als auch alle Genossenschaften, Bewegungen und Freiwillige in der ganzen Welt, sich dafür einzusetzen, dass dieser Welttag der Armen zu einer Tradition wird, welche als konkreter Beitrag für die Neuevangelisation in der heutigen Generation werden möge".[271]

Der echte (authentische) diakonische Dienst an den Menschen, besonders an den Armen und Notbedürftigen, das zieht sich wie ein roter Faden durch das Pontifikat des Papstes Franziskus hindurch, ganz im Stil des heiligen Diakons Franz von Assisi.

---

[269] Vgl. https://de.radiovaticana.va/storico/2014/03/26
[270] S. bei: F. FERSTL, ebd., S. 154.
[271] Vgl. https://pozeska-biskupija.hr / 2017/11/16

3. Neues Konzil-Forum für die Lösungen der angehäuften Fragen und Probleme und zugleich ein Ansporn für die Erneuerung der Kirche?

Wir haben bereits festgestellt, dass Papst Franziskus einige Reformen im Bereich seiner Kurie (Verwaltungsbehörde) eingeleitet und immer wieder die Bischöfe, Priester und Diakone aufgefordert hat, ihr Leben in Einklang mit dem Evangelium Jesu Christi zu bringen. Den bisherigen Bischofssynoden im Jahr 2014 und 2015, die als Familiensynoden bezeichnet wurden, ist eine Umfrage in der ganzen Katholischen Kirche zu dem Thema eheliche Gemeinschaft und Sexualmoral vorausgegangen. Aus den Antworten aus der ganzen Kirche war folgendes feststellbar: Das Volk Gottes kennt zwar die dogmatischen Lehren der Kirche und die daraus resultierenden Anweisungen, aber die Menschen beachten sie in der Praxis nur zum Teil, oft nach eigenen Vorstellungen ausgedeutet oder sie halten sich gar nicht daran.

Am 18. Oktober 2014 wurde dann ein Abschlussdokument veröffentlicht, welches als Grundlage für die Bischofssynode im Oktober 2015 dienen sollte. Am 8. April 2016 hat dann Papst Franziskus aus den beiden Synoden die Konsequenzen gezogen und einige Entscheidungen getroffen. In seinem nachsynodalen Schreiben „Amoris laetitia" (die Freude der Liebe) hat er die Beratungsergebnisse zusammengefasst und dort die allgemeinen Richtlinien zu den Fragen der Ehe und der Sexualmoral veröffentlicht. Was die Umsetzung (Konkretisierung) in der Praxis des alltäglichen Lebens anbelangt, appelliert (nachdrücklich mahnt) er an das Gewissen und die Selbstverantwortung aller teilnehmenden Personen.

Die Seelsorge wird dadurch von den älteren Auffassungen und skrupelhaften Verboten befreit und ein verantwortbares Umgehen mit den örtlichen und kulturellen Errungenschaften ermöglicht, wobei die Großherzigkeit und Gotteserbarmen im Gedächtnis präsent bleiben sollen. Papst Franziskus gibt also *keine konkreten Anweisungen* im Sinne des kanonischen Rechts, sondern ermutigt und lenkt die Aufmerksamkeit auf das persönliche Gewissen, Verantwortungsgefühl und kluges Unterscheiden bei jedem einzelnen Fall.

Dass der Bedarf an Klärung vieler angestauter Probleme in der heutigen Kirche besteht, ist auch die neuliche Ausrufung des Papstes Franziskus über einen weltweiten synodalen Weg zu verstehen, welcher bis 2023 andauern sollte, u.z. unter dem Titel " Für eine synodale Kirche: Gemeinschaft, Partizipation und Mission".[272] Kardinal R. Marx schrieb kürzlich an den Papst: „Wir sind – so mein Eindruck – an einem gewissen 'toten Punkt', der aber auch, das ist meine österliche Hoffnung, zu einem 'Wendepunkt' werden kann".[273]

In diesem Rahmen ist hervorzuheben, dass die Bischofssynoden in erster Linie *ein Beratungsorgan* für den Papst bilden. Sie können Lösungen und Vorschläge erarbeiten, die als Grundlage für die definitiven Entscheidungen dienen, jedoch keine Entschlüsse fassen, die für den Papst bindend wären. Hierin ist der Unterschied zwischen den Bischofssynoden und einem ökumenischen Konzil zu sehen, denn ein Konzil kann, natürlich unter Leitung des Papstes, eigenständige und richtungsweisende Beschlüsse durch die geheime und faire Abstimmung zustande bringen. Die Bischofssynoden könnten aber an der Bedeutung gewinnen, wenn der Papst die Bischofssynoden in einigen Bereichen, wie es bereits das Errichtungsdokument „Apostolica solicitudo" vorsieht, ermächtigen würde, auch selbständig die Entscheidungen durch Abstimmung zu verabschieden.[274] Dennoch gilt bis heute: Nur das ökumenische Konzil kann Beschlüsse fassen, die für die gesamte Kirche bindend sind.

In diesem Zusammenhang möchten wir an das ökumenische Konzil in Konstanz, Deutschland (1414-1418) erinnern, auf welchem nach großen Schwierigkeiten und Verwirrungen das sog. abendländische Schisma (Spaltung) infolge der Papstansprüche von Avignon und Rom (1378-1417) überwunden wurde. Dieses Konzil hat unter Leitung des dort gewählten Papstes Martin V. am 9. Oktober 1417 eine sehr kluge, durchdachte und zukunftsträchtige Bestimmung, nämlich das **'Edikt Frequens'** beschlossen.

---

[272] Vgl. https://domradio.de/themen/papst-franziskus/2021-05-21

[273] https://www.domradio.de/themen/bischofskonferenz/2021-06-04/kirc...nkt-muenchener-kardinal-marx-bietet-papst-franziskus-amtsverzicht

[274] Vgl. N. ETEROVIĆ, Synodalität: neue Dynamik, 2017, S. 70-73.

Dieses Edikt legt fest, dass in regelmäßigen Abständen, *mindestens alle zehn Jahre*, ein **neues Konzil einzuberufen** sei, damit die angestauten Probleme durch die entsprechende Kirchenreform bewältigt werden.[275] Obwohl es später viel seltener Konzilsversammlungen gab, möchten wir bei der Frage, wie oft sie stattfinden sollten, auf diese geschichtliche Tatsache aufmerksam machen.

Neues Konzil? Viele Bischöfe und manche Theologen argumentieren, dass zunächst die Beschlüsse des II. Vatikanischen Konzils „umgesetzt" werden sollten, bevor ein neues Konzil einberufen wird. Dagegen ist anzumerken, dass die meisten jüngeren Menschen – alle bis zum sechzigsten Lebensjahr – letztes Konzil als Geschichte betrachten. Zum zweiten haben sich inzwischen so viele Probleme und Fragen aufgetürmt, dass ein weiteres Hinauszögern und Abwarten nur schaden könnte.

Anlässlich eines Interviews mit dem Papst Franziskus hat der fragende Chefredakteur der Jesuitenzeitschrift „La Civitá Cattolica" A. Spadaro angemerkt, dass der Papst das II. Vatikanische Konzil für ein unstrittig großes Ereignis hält, und dass es darüber keiner weiteren Diskussion bedarf; es sei nicht nötig, seine Bedeutung nochmals hervorzuheben, weshalb er überzeugt sei, dass die Früchte des letzten Konzils enorm sind, und das die Erneuerung, ausdrücklich auch der Liturgie, unumkehrbar ist. Auf diese Weise habe der Papst eine Sicht für ein neues Konzil eröffnet, welches sich den *brennenden Fragen und Herausforderungen der Gegenwart* stellen müsste, denn die Menschen von heute warten auf überzeugende und vom Verstand getragene Erklärungen der Glaubensfragen, auf die schlüssige Beantwortung der Fragen nach der Vereinbarkeit (Kompatibilität) der Glaubensinhalte mit den naturwissenschaftlichen Erkenntnissen und technischen Errungenschaften sowie auf neue Interpretation der Gegensätze zwischen der Kreuzestheologie und dem Wohlstand der modernen Welt, um nur einige zu nennen.[276]

---

[275] Vgl. https:// de.wikipedia.org. > wiki (Konzil von Konstanz).

[276] Vgl. S. U. NEUMANN, ebd., S. 3.

Auf einem zukünftigen Konzil könnten auch die offenen Fragen des letzten Konzils, die den Ständigen Diakonat betreffen, definitiv erörtert werden. Gerade dieses Forum wäre geeignet, die Förderung des Ständigen Diakonats in *allen* Bistümern der Welt aufgrund der bisherigen Erfahrungen voranzubringen, denn jede Pfarrei benötigt nicht nur einen Priester, sondern auch einen Diakon. Das neue Konzil wäre in der Lage, auch die z. Zt. heiß diskutierte Fragen über die Rolle der Frauen in der Kirche auf eine solide und überzeugende Grundlage zu stellen; in diesem Zusammenhang wäre die seit langem ersehnte Entscheidung über die (Neu)-Einführung des Frauendiakonats zu fällen, welcher nach Meinung vieler namhafter Wissenschaftler im ersten Jahrtausend des Christentums, wenn auch in etwas abgeänderter und angepasster Form im Vergleich zum männlichen Diakonat, bestanden hatte. Das neue Konzil könnte zugleich ein weiterer und folgerichtiger (konsequenter) Schritt zur Erneuerung der Kirche in der Gegenwart sein. Die o. a. Ankündigung der weltweiten Synode vom Papst Franziskus könnte auch im Sinne der Vorbereitung eines neuen Konzils gedeutet werden.

Aus dem angeführten Text geht hervor, dass die Kirche eine gute Zukunft hat, wenn sie sich auf das Leben Jesu Christi besinnt, die Worte des Evangeliums heutzutage erneut und immer wieder im Sinne seines Versprechens „der Geist der Wahrheit wird euch in die ganze Wahrheit führen" (Jo 16, 13) ausdeutet und auf unsere Verhältnisse als Maßstab anwendet. Jesu Leben ist im Kern *ein Dienst* an allen Menschen, besonders an Kranken, Armen, Hungrigen, Verlassenen, Ausgestoßenen und Gescheiterten, denn „der Menschensohn ist nicht gekommen, um sich dienen zu lassen, sondern um zu dienen und sein Leben hinzugeben als Lösegeld für viele" (Mt 20, 28).

Gerade diesen ***dienenden* Charakter** zeigt auch der jetzige Papst Franziskus, der den Namen des hl. Diakons Franziskus von Assisi als Programm seines Pontifikats genommen hat. Die **dienende Haltung** würde *allen* Mitgliedern unserer Kirche gut stehen, besonders jenen, denen die Leitung der Kirche anvertraut ist.

b) Aussichten für die Zukunft des Diakonats

Dienende Haltung (Diakonie) ist das wesentliche Merkmal der christlichen Existenz. Diesen Eindruck hat jede und jeder von uns in seinem Leben bekommen. Während unserer Kindheit haben sich die Eltern um uns gekümmert und uns zur Verfügung (Dienst) gestanden. Deshalb tragen wir im Herzen das Gefühl der Dankbarkeit und des unbegrenzten Vertrauens in die Güte der Eltern als Grundelemente unserer Existenz und übergeben sie an die nächsten Generationen. Das Dienen und die Bereitschaft, den Andern zu helfen, ist mit zwei Seiten *einer* Medaille zu vergleichen: Die erste Seite zeigt unsere Zufriedenheit und unseren Vorteil und die zweite spiegelt die Beglückung und den Nutzen für unsere Nächsten als auch für alle anderen Menschen wider.

Als Kinder Gottes – nach christlicher Auffassung – haben wir alle gleiche Rechte und gleiche Pflichten hier und jetzt und die gleichen Aussichten für die Zukunft im Reich Gottes. Das war auch das Hauptmerkmal der ersten Christen, welches die damaligen Mitbürger ganz richtig und schnell erkannt hatten, worüber auch die Schrift berichtet: „Die Gemeinde der Gläubigen war ein Herz und eine Seele. Keiner nannte etwas von dem, was er hatte, sein Eigentum, sondern sie hatten alles gemeinsam … Es gab auch *keinen* unter ihnen, der Not litt" (Apg 4, 32; 34). Tertullian (150-230 n. Chr.) beschreibt dieses Zusammenhalten der ersten Christen mit dem bekannten Satz, in dem er die Haltung der beobachtenden Heiden von damals zum Ausdruck bringt: „Seht, wie sie einander lieben". Die Kirche ist diese Gemeinschaft oder besser gesagt die Familie Gottes, die jeder und jedem anbietet, was auch intakte und gesunde Familien geben und ermöglichen möchte, nämlich: Vertrauen, Verständnis, Empathie, unbegrenzte Hilfsbereitschaft und Solidarität, Unterstützung, Entgegenkommen, Sicherheit, brüderliche-schwesterliche Zuneigung und Liebe. Eine solche Kirche hat eine sichere, aussichtsreiche und gute Zukunft! Bei der Gründung und Weiterentwicklung der kirchlichen Gemeinschaften nach dem Vorbild der göttlichen Familie haben die Leiter der Kirche (Bischöfe, Priester und

Diakone) eine besondere Sendung und Verantwortung. Hier fokussieren wir unsere Aufmerksamkeit auf die Diakone.

Unter den Bedingungen einer dynamischen Kirche, welche am Leben rege teilnimmt und sich ständig je nach den Erfordernissen der Zeit reformiert, wandelt und ihre sakramentale Sendung im dienenden Charakter ihres Wirkens erkennt, wird der Ständigen Diakonat immer wieder herausgefordert, die entstehenden Chancen wahrzunehmen, die neuen kreativen Prozesse anzustoßen und in die Tat umzusetzen. Dabei geht es um Findungsbewegungen bei der Suche nach geeigneten Wegen und Möglichkeiten der Verwirklichung des Reiches Gottes in unserer modernen Welt. Papst Benedikt XVI. hat sich bei einem Treffen mit den römischen Diakonen dazu geäußert: „Ich denke, dass ein Merkmal des Dienstes der Diakone gerade die Vielfalt der Einsatzmöglichkeiten des Diakonates ist." Dieses 'Merkmal' sei Chance und Herausforderung zugleich.[277] Flexibilität, Beweglichkeit und Verschiedenheit der menschlichen Typen mit unterschiedlichen Neigungen und Begabungen befähigen die Diakone, ihre Sendung im Namen der Kirche sehr effektvoll unter vielfältigen Lebensbedingungen der heutigen Menschen zu erfüllen.

Der Erzbischof R. Zollitsch fasst das so zusammen: „Der Diakonat – ein modernes Amt. Die Berufung und die Weihe des Diakons machen ihn zum wichtigen Sendboten in die heutige Gesellschaft. Dabei fordert eine multioptionale Gesellschaft vom Amt in der Kirche die Fähigkeit zum Aggiornamento. Im Diakonat hat sie sich selbst ein bewegliches und anpassungsfähiges Amt gegeben. Mit anderen Christen zusammen findet sich der Diakon an den Dreh- und Angelpunkten der Gesellschaft, der Wirtschaft und der Bürgerschaft, um dort die Welt, wie sie von Gott geschaffen ist, wahrzunehmen und im Geist Jesu Christi mitzugestalten".[278] Das II. Vatikanische Konzil lädt uns alle ein, in Freude des Herzens an der kirchlichen Fruchtbarkeit (Fertilität) und vielfältigen Aufgaben teilzunehmen, denn

---

[277] Vgl. R. ZOLITSCH, Der Diakonat-ein modernes Amt, in: K. ARMBRUSTER / M. MÜHL (Hg.), ebd., S. 373.

[278] Vgl. R. ZOLLITSCH, ebd., S. 379.

die Kirche ist nicht nur ein erhabenes Zeichen unter den Völkern (signum elevatum in nationibus), sondern ein wirksames Werkzeug in der Vielfalt der Lebenswelten und Mentalitäten; sie „ist ja in Christus gleichsam das Sakrament, das heißt Zeichen und Werkzeug für die innigste Vereinigung mit Gott wie für die Einheit der ganzen Menschheit" (Lumen gentium, 1). Übertragen auf die Sendung des Diakons in der Kirche bedeutet diese Einladung des Konzils, sich selbst in den wirkmächtigen und erlösenden Dienst Gottes zur Verfügung zu stellen. „Solange in der Kirche amtstheologisch das Verständnis des Amtes als *ministerium* nicht überall dominierend ist, hat der Diakon als einfachster und vollmachtsärmster Diener unter den Dienern der Kirche die prophetische Aufgabe, den Dienst an den Menschen als die Mitte und den Sinn alles kirchlichen Tuns stellvertretend zu vergegenwärtigen".[279]

Die Aufgabe der Diakone ist es zwischen der kirchlichen Leitung und anderen sozial-karitativen Institutionen zu vermitteln und die Kooperation (Zusammenarbeit) zu fördern. Sie stehen auf der Seite der Schwachen, Ausgestoßenen, Abgehängten, Kranken und Bedürftigen jeglicher Art und vertreten sie mutig sowohl im Wirkungsbereich der Kirche als auch der zivilen Gesellschaft. Die Diakone verbinden den Gottesdienst in der Liturgie mit der Verehrung Gottes im Alltag. Der diakonische Dienst entspringt der Eucharistie und fliesst in sie hinein. Die Diakone mit Zivilberuf, und das ist die Mehrheit der Diakone z.B. in Deutschland wie in der ganzen Welt, bringen gerade durch ihren Zivilberuf auf„weltlichen" Arbeitsplätzen ihre Berufung und Sendung zur Bewährung ein, um die Anwesenheit Gottes auch im Alltag und bei der Arbeit zu bezeugen. Das Wort Diakon (diákonos) bezeichnet nach den neueren Erkenntnissen nicht nur den Diener und die Dienstleistung „bei den Tischen", sondern auch *einen Boten, Vermittler oder gesandten Botschafter*.[280] Als Bote Gottes verkündet er die frohe Botschaft des Evangeliums, besonders jenen Schwachen, Bedürftigen und Armen sowie

---

[279] Vgl. R. MIGGEELBRINK, Die verschiedenen Dienstämter (LG 18) und die Einheit des Ordo, in: K. ARMBRUSTER / M. MÜHL (Hg.), ebd., S. 218-220.

[280] Vgl. S. SANDER, Der Diakon-Bote Jesu Christi?, Diaconia Christi, 50, 2015, S. 275-277.

allen, die Hilfe bedürfen, weshalb der Diakon in früheren Zeiten auf den Bildern als Engel dargestellt war; als Botschafter Jesu Christi hat er einen klaren Auftrag, den er gewissenhaft erfüllen will; als Vermittler zwischen Menschen und Gott wird er sich für Gerechtigkeit Gottes, Solidarität, Entgegenkommen, Güte, Empathie und erbarmende Liebe einsetzen.

Die Erfahrungen der Diakone zeigen, dass auch das Eheleben in der Familie mit dem kirchlichen Dienst vereinbar ist, und dass die Eheleute sich so noch intensiver gegenseitig ergänzen und vervollkommnen können. Ihr Leben in verschiedenen Formen und vielfältigen Lebenssituationen bietet Chancen, Herausforderungen und Aufgaben an, um Gott als Grundlage und Ziel allen Lebens in der modernen Welt plausibel (einleuchtend) und annehmbar (akzeptabel) erscheinen zu lassen.[281]

Der wiedererrichtete Ständige Diakonat in der Katholischen Kirche vor etwas mehr als 55 Jahren auf dem II. Vatikanischen Konzil hat mittlerweile in der ganzen Welt Fuß gefasst. Die Diakone setzen sich in der Kraft des Weihesakraments (Ordo) ein, ihren Beitrag für die Erneuerung der Kirche und Ausbreitung des Reiches Gottes zu leisten, damit die Kirche Jesu Christi jetzt, morgen und übermorgen lebendig und wirkmächtig bleibt, denn nur die Kirche, die ihren *dienenden Charakter* als diakonische Kirche beibehält, wo jedes Mitglied seine Beheimatung, Solidarität und Hilfe findet und erfährt, hat gute Aussichten für die Zukunft. In diesem Sinne und in dieser Atmosphäre hat auch der Diakonat einen wichtigen Sendungsauftrag im Namen Gottes, der der sichere Garant für die weitere Entwicklung und Entfaltung sowie seine aussichtsreiche Zukunft ist.

---

[281] Vgl.: Zehn Thesen zum Diakonat", in: R. HARTMANN, F. REGER, S. SANDER (Hg), Ortsbestimmungen: Der Diakonat als kirchlicher Dienst, 2015, XII.-XIV.

K. ZUSAMMENFASSENDE DARSTELLUNG DES BUCHINHALTES „DIAKONAT IN DER KATHOLISCHEN KIRCHE"

Die Aufgabe der hier vorgelegten Arbeit war es, die Entstehung, die geschichtliche Entwicklung, das Verschwinden, das Wiederbeleben mit der Neueinführung, den jetzigen Zustand und die Perspektiven für die Zukunft des Diakonats in der Katholischen Kirche darzulegen. In einer zusammenfassenden Wiedergabe sollen die wesentlichen Ergebnisse aufgezeigt werden, um dem Leser einen schnellen Überblick zu verschaffen. Die Details können dann in dem ausführlichen Text vertieft und erweitert werden.

1. Der Diakonat ist ursprünglich von *den Aposteln selbst gegründet* worden, wovon die Apostelgeschichte im Einzelnen berichtet (Apg 6, 1-6). Es ist von Bedeutung hervorzuheben, dass die Apostel zunächst den damaligen Gläubigen *vorgeschlagen* haben, sie mögen aus ihrer Mitte „sieben Männer von gutem Ruf und voll Geist und Weisheit" ausfindig machen. Nachdem sie sie *ausgewählt* hatten, ließen sie die geeigneten Personen vor die Apostel treten und diese „beteten und legten ihnen die Hände auf". Das ist zugleich ein wichtiger Hinweis auf die Großherzigkeit und spontane Weitsicht der Apostel, welche schon damals intuitiv unter dem Einfluss des Hl. Geistes erkannt hatten, wie wichtig es ist, auch das Volk Gottes an den Entscheidungen über das Kirchenleben teilhaben zu lassen. In moderner Sprache ausgedrückt: Die Wahl der ersten Diakone durch das Volk (Demokratie) wurde von den Aposteln selber angeregt und vollendet.

2. Der erste Grund für die Errichtung des diakonischen Dienstes war der Umstand, dass die Hellenisten gegen die Hebräer aufbegehrt hatten, „weil ihre Witwen bei der täglichen Versorgung übersehen wurden", wohl dadurch die notwendige Nahrungsmittel nicht bekamen und hungern mussten. Das war der akute Anlass, warum die Apostel un-

mittelbar und ohne Zögern reagierten und die Entscheidung trafen, *neue Mitarbeiter* auszuwählen, auf welche sie dann unter Gebet die Hände auflegten, damit diese sich zunächst um die Versorgung der Hungrigen und Notbedürftigen kümmern. Sie haben auf diese Weise den neuen Mitarbeitern einen Teil Ihrer Vollmacht übertragen, um dem Volk Gottes mit verschieden Dienstleistungen zu Hilfe zu kommen.

3. Bei zwei Prototypen der ersten Diakone – dem hl. Stephanus und Philippus – können wir bereits in der Urkirche die charakteristischen Merkmale des diakonischen Wirkens, das im Einvernehmen mit den Aposteln geschah, erkennen. Der erste Diakon Stephanus dient *nicht nur* „an den Tischen" , kümmert sich um die vom Hunger leidenden Witwen, sondern er predigt und verbreitet das Wort Jesu Christi vom Reich Gottes. Da er bei der Verkündigung des Evangeliums „voll Gnade und Kraft Wunder und große Zeichen unter dem Volk" (Apg 6, 8) gewirkt hatte, ist eine scharfe Auseinandersetzung mit der damaligen Synagoge und ihren Vertretern entstanden; die religiösen Führer wollten sich nämlich nicht auf die Argumente einlassen, sondern versuchten, ihre eigenen, oft präformierten (im Voraus festgelegten), starrsinnigen Meinungen und Positionen rigoros zu vertreten, da sie Jesus von Nazareth und seine Botschaft auf keinen Fall akzeptieren wollten. Stephanus hat sich bemüht, sie auf eine tolerante Weise und ohne Aufdringlichkeit mit Sachverstand und eindrücklichen Hinweisen aus der Hl. Schrift zu überzeugen, aber ohne Erfolg. Seine Gegner wurden unbeherrscht, wütend und aggressiv und „erhoben ein lautes Geschrei, hielten sich die Ohren zu, stürmten auf ihn gemeinsam los, trieben ihn zur Stadt hinaus und steinigten ihn" (Apg 7, 57). Das ist der erste Diakon und zugleich der erste Märtyrer der Kirche Christi.

Von den Diakonen, die die Apostel selbst geweiht hatten, steht an zweiter Stelle der hl. Philippus. Er trägt ebenso die Sorge für die Hungrigen, Schwachen und Vernachlässigten, setzt sich aber auch mit voller Kraft für die Ausbreitung der Frohen Botschaft Jesu Christi ein. Wegen der Verfolgung der ersten Christen in Jerusalem flieht er nach

Samarien und verkündigt dort Jesus den Christus, obwohl die Samariter zu jener Zeit von den orthodoxen Juden unbeliebt und sogar verhasst waren. Als erster christlicher Missionar verkündet er das Evangelium in Samarien und spendet die Taufe den Frauen und Männern, die Jesus und seine Botschaft annahmen. Das hörten die Apostel und „schickten Petrus und Johannes dorthin", die den Neugetauften die Hände auflegten, damit sie auch den Hl. Geist empfangen (vgl. Apg 8, 14-17). Die Apostel sind offenbar mit dem erweiterten diakonischen Einsatz des Philippus sehr einverstanden gewesen.

Unterwegs von Jerusalem nach Gaza begegnet Philippus einem Äthiopier, dem Kämmerer und Hofbeamten der Kandake, der Königin der Äthiopier und kommt mit ihm ins Gespräch. Nach der Auslegung der Botschaft von Jesus Christus durch Philippus kommt der Äthiopier zum Glauben und wendet sich spontan an ihn: „Hier ist Wasser. Was steht meiner Taufe noch im Weg? Er ließ den Wagen halten, und beide, Philippus und der Kämmerer, stiegen in das Wasser hinab, und er taufte ihn" (vgl. Apg 8, 26-38). Hier ist Philippus der erste Missionar, der einen Afrikaner tauft. Schließlich siedelt Philippus um nach Cäsarea, eine Hafenstadt der römischen Provinz Judäa. Er wird zum letzten Mal in der Apostelgeschichte erwähnt, als er die Gastfreundschaft dem hl. Paulus und seinen Begleitern auf der dritten Missionsreise gewährt (Apg 21, 8-9): „Am folgenden Tag kamen wir nach Cäsarea. Wir gingen in das Haus des Evangelisten Philippus, der *einer von den Sieben* war, und blieben bei ihm. Er hatte vier Töchter, prophetisch begabte Jungfrauen". Daraus entnehmen wir, dass Philippus verheiratet war und eine Familie hatte.

Sowohl bei hl. Stephanus als auch bei hl. Philippus können wir die wesentlichen Merkmale ihres diakonischen Wirkens erkennen: Sie haben sich für die Armen und Notbedürftigen eingesetzt, die Gastfreundschaft gewährt und zugleich überall dort, wo sich die Gelegenheit geboten hat (im Alltag wie auch in Begegnung mit der führenden religiösen Schicht) die frohe Botschaft Jesu Christi verkündet. Darin sind die charakteristischen Züge der diakonischen Betätigung exemplarisch zu ersehen, welche maßgebend für die diakonische Sendung und ihr Profil aller späteren Zeiten gelten. Die Betätigungsfelder „*jener Sieben*", also der ersten Diakone, sind in der Apostelgeschichte sehr ausführlich und im Detail beschrieben. Wenn auch die Ältesten oder Presbyter mehrere Male dort erwähnt werden, so kommen ihre Einführung und deren Aufgabengebiete im Vergleich zu den Diakonen nicht so detailliert, ausführlich und genau zum Ausdruck.

4. Am Anfang der Christenheit bestanden die christlichen Gemeinden mit zweifacher Leitung, u. z. aus dem Bischof, der als Vorsteher die Gemeinde leitete und von seinen Mitarbeitern, entweder von Diakonen oder von den Ältesten (Presbytern), die zugleich seine Ratgeber waren, unterstützt war. Diese seinen Helfer, sowohl die Diakone als auch Presbyter, sind später allmählich in jedem Bischofsbereich im Einsatz, so dass aus der dualen (zweifachen) eine dreifache Gemeindeleitung entstanden ist: Bischof als Vorsteher, die Presbyter und die Diakone als seine Mitarbeiter; das bildet nun die Ordnung und die Struktur der Leitung jeder größeren christlichen Gemeinschaft, die sich bis in unsere Tage erhalten hat.

5. Der Diakonat hat in den ersten Jahrhunderten der Christenheit eine große Rolle in der Kirche gespielt. Aus den Reihen der Diakone sind viele direkt zu Päpsten und Bischöfen gewählt worden als auch zahlreiche Heilige hervorgegangen. Die Blüte des Diakonats ist von 3. bis zum 5. Jahrhundert zu verzeichnen. Bereits im 4. Jahrhundert erscheinen zunehmend die Streitigkeiten und Konflikte zwischen den Presbytern (Hieronymus, Ambrosiater) auf der einen und den Diakonen auf der anderen Seite, wobei beidseits eigene Interessen und Forderungen korporativ (körperschaftlich) vertreten waren (s. ausführlich im Text); dies stellt auch die Kongregation für Kleriker fest (s. oben im Text). In dieser Auseinandersetzung sind die Diakone eindeutig die Verlierer; ihre Dienstaufgaben wurden stufenweise und zum großen Teil von

den Presbytern übernommen, so dass der Diakonat als eigenständige hierarchische Stufe nach und nach überflüssig wurde und um das Jahr 1000 als wesentlicher Teil der Gemeindeleitung auch verschwand. Liturgische Aufgaben der Diakone verrichteten nun die Presbyter, während die karitative diakonische Tätigkeit auf die Frauen- und Männerklöster übertragen wurde. Der Diakonat ist somit als selbständiger Stand in der Kirche des Westens nicht mehr existent, obwohl er noch weiter als Durchgangsstufe („ad gradum") zum Priestertum (Presbyterat) besteht; in Einzelfällen begegnen wir den Ständigen Diakonen auch zu späteren Zeiten, aber das waren große Ausnahmen. In der Kirche des Ostens jedoch ist es dazu nicht gekommen, denn dort sind die Diakone, wenn auch hauptsächlich im liturgischen Bereich konzentriert, durch die ganze Geschichte bis in unsere Zeit als ein Bestandteil der Kirchenleitung neben den Presbytern unter dem Bischof als Vorsteher tätig.

6. Auf dem Konzil von Trient im 16. Jh. hat man beschlossen, den Ständigen Diakonat als eine selbstständige Stufe der kirchlichen Hierarchie erneut einzuführen, aber die Beschlüsse sind nach dem Konzil in Praxi nicht umgesetzt worden, so dass dieser Versuch gescheitert war. Erst auf dem II. Vatikanischen Konzil (1962 - 1965) wurde der Diakonat wiederbelebt und erneuert. Die kirchliche Konstitution *Lumen gentium* unter der Nr. 29 beschreibt genau die Beschlüsse der Konzilsväter, gibt präzise Einweisungen für die Wiedereinführung des Ständigen Diakonats auf der ganzen Welt und führt an, welche Aufgaben den Ständigen Diakonen zukommen. Nur drei Jahre nach dem Konzil am 28. 04. 1968 sind die ersten Diakone weltweit in Köln, Deutschland geweiht worden. In der Zwischenzeit wurden sie allmählich auf allen Kontinenten eingeführt, und ihre Zahl z. Zt. übertrifft die Marke von 47.000. Nach den vatikanischen Statistiken nahm die Zahl der Priester in Europa und Amerika in den letzten Jahren ständig ab, die Zahl der Ständigen Diakone jedoch kontinuierlich zu.

7. Die heutigen Ständigen Diakone vollziehen ihr seelsorgliches Wirken in folgenden Bereichen:

a) In der *Liturgie* (diakonischer Dienst bei der hl. Messe, „missa cum diacono", Verkündigung des Evangeliums, Predigten über das Reich Gottes gemäß dem Evangelium, Spendung der Taufe, Assistenz im Namen der Kirche bei der Eheschließung im Einvernehmen mit dem zuständigen Pfarrer, Leitung der Begräbnisfeier, Leitung der Wortgottesdienste, Vertretung der Katholischen Kirche bei den ökumenischen Gottesdiensten, verschiedene Segnungen und andere Andachten).

b) *Im Zeugnis (martyria)* – indem sie für das Reich Gottes überall eintreten, u.z. nicht nur im Sakralraum der Kirche, sondern auch auf den Arbeitsplätzen, sozialen Feldern sowie im privaten und öffentlichen Leben.

c) In der *Diakonie* als karitativer Einsatz für die Armen, Verlassenen, Kranken, Abgehängten und Notbedürftigen. Ihr Wirkungskreis ist sehr umfangreich und breit gefächert, denn der Diakon ist die Brücke zwischen dem Priester, als Vertreter der Sakralräume, und dem Alltag der Menschen, besonders ihrer Tätigkeit auf den Arbeitsplätzen und Lebensstätten. Das ist zugleich auch die große Chance für die Erneuerung der Kirche sowie Festigung und Verbreitung der christlichen Botschaft und ihrer Sicht auf die Welt (Neuevangelisation).

8. Die Spiritualität der Diakone: Sie leben, schöpfen Kraft und Mut als auch die Motivation für ihre Arbeit und ihren Berufungsweg aus den lebendigen Begegnungen mit Gott und im ständigen Gespräch (im Gebet) mit ihm. Bereits die Apostel haben es hervorgehoben: „Brüder, wählt aus eurer Mitte sieben Männer von gutem Ruf und *voll Geist*

und Weisheit" (Apg 6, 3). *Geist und Weisheit* haben im Leben der Diakone die *führende Rolle.* Das ereignet sich auf besondere Weise in der Teilnahme und dem Vollzug des diakonischen Dienstes während der eucharistischen Feier, denn die Eucharistie ist „die Quelle und Höhepunkt des ganzen christlichen Lebens" (Lumen gentium, 11).

Außerdem betet der Diakon täglich das Brevier oder genauer ausgedrückt Stundenbuch (liturgia horarum), u.z. Laudes und Vesper (das amtliche Gebet der Gesamtkirche); er nimmt auch an anderen Andachten, die er manchmal selbst leitet, teil. Dazu ist die tägliche Meditation ein fester Bestandteil seines geistlichen Lebens, denn die Meditation ist nicht nur wichtig für die innigere Verbindung und vertiefte Liebe zu Gott, sondern auch für die ganzheitliche Gesundheit des Körpers und der Seele, da sie den Stress und Druck der täglichen Arbeit und der Verpflichtungen verringert, lindert und neutralisiert, damit die Energie erneuert und ein frischer Elan generiert werden kann. Wir haben mehrmals betont, dass der alte Spruch „ein gesunder Geist in einem gesunden Körper" auch heute noch gilt, aber sogleich die umgekehrte Redewendung „gesunder Körper in gesundem Geist" hervorgehoben, denn Geist und Körper bilden eine ganzheitliche Entität (Einheit); die seelische Balance oder ihr Gleichgewicht hat nämlich einen positiven Einfluss auf die Immunität, Resilienz und Funktionen unseres Körpers. Obschon der Geist eine dominante und entscheidende Rolle im menschlichen Leben einnimmt, bedarf er in der Regel eines gesunden Körpers, um sich zu entfalten, zu verwirklichen und kreativ zu werden.

Für die Spiritualität des Diakons ist neben dem Gebet und der Meditation auch *das Fasten* von großer Bedeutung. Wir alle haben mittlerweile erkannt, dass unsere Freiheiten *Grenzen* haben *muss*, denn Freiheit ist immer auch *„Freiheit in Verantwortung"* (Angela Merkel). Unsere Instinkte, Leidenschaften als auch übertriebenen und bösartigen Neigungen, vieles nur zum eigenen Nutzen zu brauchen (missbrauchen), *müssen* von der bewussten und *aufgeklärten **Selbstverantwortung*** gelenkt werden. Mittlerweile gilt die allgemeine Einsicht, dass **der Verzicht** auf manches (erinnert sei an die drohende Klimakatastrophe sowie Ansteckungsgefahr während der Corona-Pandemie!) *geleistet werden muss*! Zu diesem *Verzicht* sind nicht alle zu bewegen, weil sie ihn wegen mangelnder Einsicht schlicht und ergreifend ablehnen ("Querdenker"!). *Der Verzicht* muß *eingeübt und trainiert* werden, und das Fasten stellt ein Instrument (Werkzeug) dar, wie dies zu erreichen ist. In unserer Wohlstandsgesellschaft der westlichen Welt ist z.B. das Übergewicht ein allgemein großes Problem geworden, denn es führt zu vielen Krankheiten, wie Diabetes mellitus (Blutzuckerkrankheit), Herz- und Kreislaufschädigung, Hirnschlag und erhöhter Sterblichkeit. Das moderate und kontrollierte Fasten ist somit nicht nur für die Willensstärkung und geistige Erneuerung wichtig, sondern *sehr hilfreich* im Bemühen, die *körperliche Gesundheit* zu schützen, stabilisieren und sogar vielen Krankheiten vorzubeugen. Durch das Fasten werden nach den neueren Studien die Depressionen gelindert oder ihrer erwehrt als auch die Ängste in verschiedenen Formen kontrolliert. Ein gelungenes Fasten generiert in uns das Gefühl der *Selbstkontrolle, Selbstwertsteigerung*, erhöhter Sicherheit und Stabilität. Insofern ist das *mäßige Fasten* ein unverzichtbares Mittel bei der Erlangung der inneren Balance und des Gleichgewichts zwischen der Seele und dem Körper. Das Fasten freitags ist eine uralte christliche Tradition, die aber gerade in unserer modernen Wohlstandsgesellschaft sehr aktuell geworden ist, denn mindestens ein Tag in der Woche sollte zur Bewahrung des maßvollen Verhaltens den Genussmitteln gegenüber, zur gesunden Koordination unserer Wünsche und übertriebenen Neigungen eingehalten werden. In christlicher Sicht ist der Freitag als der Tag, an dem Christus unter unsagbaren Schmerzen auch sein Leben für alle Menschen geopfert hat, ein sehr geeigneter und motivationsstarker Anlass, den Verzicht durch das Fasten mit dem Opfer Christi zu vereinen. Natürlich kann der Verzicht auch auf anderen Gebieten der menschlichen Tätigkeit praktiziert werden z.B. als Autofasten,

Fernsehen-/Internetfasten, Steigerung der liebevollen Zuneigung und Empathie zu den Mitmenschen usw. Im Wesentlichen kommt es auf Training von Verzicht sowie auf eine aufgeklärte Lenkung unserer Optionen und Bestrebungen im Bereich der verantwortbaren Freiheit an, um dem Verstand und dem Geist die Führungsrolle zu ermöglichen.

Die angeführten Elemente des geistigen Lebens sind natürlich auch für jede Christin und jeden Christen wertvoll, welche sich bemühen, immer sicherer und begeisterter in der Nachfolge Christi voranzuschreiten. Für den Diakon ist es *spezifisch*, dass er Tag für Tag und immer wieder neu der Worte Jesu und seines Beispiel der Fußwaschung beim letzten Abendmahl gedenkt, vertieft, verinnerlicht und als Maßstab an seine Lebensweise anlegt: „Der Menschensohn ist nicht gekommen, um sich dienen zu lassen, sondern um zu dienen und sein Leben hinzugeben als Lösegeld für viele" (Mk. 10, 45).

9. Nach den neuesten Erforschungen und Deutungen der alten kirchlichen Schriften geht hervor, dass es im ersten Jahrtausend des Christentums auch einen weiblichen Diakonat gab und dies sowohl in der West- als auch in der Ostkirche. *Didascalia aus dem 3. Jh.* beispielsweise beschreiben die Diakoninnen, welche die christliche Gemeinde wie ein Vorbild und Abbild des Heiligen Geistes zu achten habe (der Name Hl. Geist, auf Hebräisch Ruah, ist weiblichen Geschlechtes). Sie wurden durch Handauflegung (Cheirotonia) vom Bischof geweiht, ähnlich der Weihe der männlichen Diakone, und die damals gesprochenen Texte der Weiheliturgie (s. ausführlicher im Text oben) bezeugen diesen Sachverhalt. Ab dem 12. Jh. werden die Diakoninnen nicht mehr erwähnt. Nur in der Apostolisch-Armenischen Kirche wirkten sie bis in unsere Tage. Erinnert sei daran, dass die Diakoninnen im Vergleich zu den Diakonen nicht den gleichen Umfang der diakonischen Tätigkeiten ausgeübt hatten, weshalb manche Frage offen geblieben ist. Das wollten auch die internationalen theologischen Kommissionen erforschen und eine definitive Antwort auf die Frage, ob ein weiblicher Diakonat

existiert hat, liefern. Die erste internationale Kommission hat ihre Ergebnisse im Jahre 2004 in deutscher Sprache veröffentlicht, aber ohne ein eindeutiges Ergebnis oder eine klare Schlussfolgerung diesbezüglich zu formulieren. Die zweite Kommission, die im Auftrag der Würzburger Synode (1971-1975) die gleiche Frage durch weltbekannte Theologen wie Y. Congar, P. Hünermann und H. Vorgrimler bearbeitet wurde, kommt zur eindeutigen Schlussfolgerung: „Die Zulassung von Frauen zum sakramentalen Diakonat ist dogmatisch möglich; es hat den Diakonat der Frau ja schon jahrhundertelang gegeben. Ernsthafte Gründe legen ihn nahe „(Y. Congar). Papst Franziskus hat dann im Jahr 2016 eine dritte Kommission einberufen, welche ihre Ergebnisse Ende 2018 dem Papst übergeben hat. Die Studie ist leider noch nicht veröffentlicht worden, und Papst Franziskus hat sich dazu noch nicht geäußert. Offensichtlich ist diese Kommision nicht zu einer klaren Aussage gekommen, denn der Papst hat nun im Jahre 2020 eine weitere Kommission einberufen (s. ausführlicher im Text).

10. Auf dem Boden der bisherigen Betrachtungen und Studien über den Diakonat nach dem II. Vatikanischen Konzil können wir folgende Vorschläge unterbreiten:

10.1 In der Bezeichnung „Ständiger Diakonat" kann das Adjektiv 'ständig' zu Missverständnissen führen, denn es lässt die Konnotation (wertende Nebenbedeutung) zu, dass die Diakonatsweihe nur für eine gewisse Zeit und vorübergehend in ihrer Geltung Bestand habe. Das Gegenteil ist richtig, denn sie hinterlässt ein *unauslöschbares Siegel* an der empfangenden Person. In der ganzen Geschichte des Diakonats seit der Urkirche begegnen wir *nirgendwo* einer solchen Bezeichnung; die Rede ist immer nur und ausschließlich von *Diakonen* (weder ständig noch vorübergehend noch hauptamtlich oder nebenamtlich). Auch die Presbyter (Priester) waren anfangs nicht zuerst zu

Diakonen geweiht worden, um später auch die Priesterweihe zu bekommen; sie waren *direkt* durch das Händeauflegen seitens des Bischofs zu Priestern geweiht worden. Erst viel später hat man die hierarchischen Stufen restrukturiert (neu gestaltet) und beschlossen, die Diakonenweihe als Voraussetzung für die höheren Weihestufen (per gradum) einzuführen.

Die Diakone in den ersten Jahrhunderten konnten *direkt* und *ohne vorherige Priesterweihe* zu Bischöfen, ja sogar zu Päpsten gewählt werden. Auch heute noch werden manchmal die zölibatär lebenden Diakone, wenn sie alle Voraussetzungen sonst erfüllen, zu Priestern geweiht.

Angesichts der Tatsache, dass die Zahl der Diakone auf der ganzen Welt heutzutage die Marke von 47.000 überschritten hat, wäre es wünschenswert, dass einige von ihnen in den Stand der Kardinaldiakone erhoben werden, damit sie, wie es bereits im *12. Jh. eingeführt* worden war, auch an der Papstwahl teilnehmen dürfen. Der hl. Papst Johannes XXIII. hat nämlich die letzten Kardinaldiakone zu Bischöfen geweiht.

10.2   Die heutige Aufteilung in „Diakone mit oder im Zivilberuf oder Nebenberuf einerseits" und solche „im Hauptberuf" andererseits, wie das in Deutschland der Fall ist, birgt in sich ein Missverständnispotenzial, denn sie reiht die Diakone in zwei Kategorien ein. Das hat G. Fürst, Bischof der Diözese Rottenburg-Stuttgart in seinem Buch „Gott und den Menschen nahe" erarbeitet und kritisch beleuchtet (s. oben im Detail).

Es ist auch nicht üblich, die Bezeichnung „Priester in Administration (in der Verwaltung)" oder „Priester im Hauptberuf" zu benutzen. Alles, was ein Priester tut, tut er es als Priester; das gleiche gilt ebenso für die Diakone: Alles was sie tun, tun sie es als Diakone. Der Ausdruck „Diakon im Zivilberuf oder Diakon im Nebenberuf oder Ehrendiakon" hat einen Beiklang, der vermuten lässt, dass ein solcher Diakon nicht ganz bei der Sache sei im Vergleich zu dem sog. Diakon „im Hauptberuf, der hauptsächlich im liturgischen Dienst tätig ist". Bisher ist vielfach von den Gläubigen angenommen worden, dass der Diakon im Zivilberuf, ein Diakon „zweiter Klasse" oder ein Helfer (Assistent) des Pfarrers sei; darauf macht auch der Bischof G. Fürst aufmerksam.

Außerdem ist noch eine andere Tatsache erwähnenswert: Die Diakone im sog. Hauptberuf bekommen regelmäßig volles Gehalt von der bischöflichen Behörde, während die Diakone im oder mit Zivilberuf kein Gehalt von dort beziehen, denn sie leben von dem Verdienst, der ihnen vom zivilen Arbeitgeber für ihre tägliche Leistung ausgezahlt wird. Wir möchten nochmals daran erinnern, dass der hl. Paulus von seinem Gehalt, das er in seinem Zivilberuf verdiente, gelebt hat; er war, nämlich *ein Zeltmacher*, weil er finanziell unabhängig sein wollte. Paulus hat als Apostel der Völker das Evangelium den „Heiden" verkündet einerseits und auf der anderem Seite hat er als Zeltmacher für den üblichen Lohn jener Zeit gearbeitet, um seinen täglichen Unterhalt zu sichern. Wenn wir dies im Gedächtnis behalten, dann ist es nicht verständlich, dass man mancherorts den Diakon im Zivilberuf als „Diakon der zweiter Klasse" abstempelt.

10.3   Die Zusammenarbeit zwischen dem Pfarrer einer Pfarrgemeinde und dem dort tätigen Diakon wickelt sich in einigen Fällen nicht reibungslos ab und entspricht nicht immer dem Teamgeist im Weingarten Gottes. Manchmal wird Empathie, Mitgefühl und Akzeptanz (Annahmebereitschaft) dem Diakon gegenüber vermisst; die Zusammenarbeit kann oft mehr als eine Art der Toleranz als eine Willkommenskultur umschrieben werden. In Kroatien gibt es z.B. keine offiziellen Programme, weder im Internet noch woanders, um die Berufung zum Diakon zu fördern. In

Deutschland kann man zwar auf dem Internetportal der Bistümer einiges über den Diakonat lesen, aber eine engagierte Promotion, ausgewogene Werbung und Berufungsförderung ist auch dort ziemlich dürftig. Unter den Mitarbeitern im Reich Gottes erwarten wir *alle mit Recht* ein gesundes Vertrauen, Solidarität, Loyalität, ja auch brüderliche Zuneigung und Respekt. Offensichtlich werden weder die Priester noch die Diakone genügend sorgsam und gründlich durch die Vorlesungen eingewiesen, wie die Mit- und Zusammenarbeit im Weinberg Gottes zu gestalten sei. Der Bischof, der den Priestern und Diakonen unmittelbar vorsteht, mischt sich kaum in die Angelegenheit und das Funktionieren dieser Zusammenarbeit vor Ort ein, denn es ist nicht vorgesehen, dass ihn jemand objektiv darüber informieren soll. Wir heben es nochmals hervor: Beide, sowohl der Priester als auch der Diakon sind die engsten Mitarbeiter des Bischofs im Feld des Reiches Gottes. Es würde also Sinn machen, dass sich der Bischof öfters, gründlicher und objektiver informieren lässt, wie die Zusammenarbeit vor Ort funktioniere und welche Korrektive einzusetzen seien. In den Ausbildungsprogrammen für Priester und Diakone ist nach unserer Recherchen nicht vorgesehen, eine gezielte Edukation (Erziehung) über dieses Thema den Studierenden beizubringen – und das halten wir als ein Manko.

Im liturgischen Bereich wird z.B. während der Messfeier unnötig und zu sehr die Abhängigkeit des Diakons vom Pfarrer betont. Bei der Verkündigung des Evangeliums ist es vorgesehen, dass der Diakon vor den Bischof tritt und ihn um seinen Segen bittet, damit er das Evangelium würdig vortrage. Warum ist es nötig, dass in Abwesenheit des Bischofs, wenn der Priester die eucharistische Feier leitet, der Diakon auch vor den Priester tritt und ihn vor der Verkündigung des Evangeliums ebenso um den Segen bittet? Auf diese Weise, gibt man den anwesenden Gläubigen zu verstehen, dass der Diakon sowohl dem Bischof als auch dem Pfarrer untersteht. Diese Geste ist nach der Meinung des Autors – und sie muss nicht von jedem geteilt werden – überflüssig und nicht im ursprünglichem Sinn angebracht, denn sie wirkt gegensätzlich der Traditio apostolica (3. Jh.), worin klar zum Ausdruck kommt, dass der Diakon zum Dienst beim *Bischof* geweiht wird und nur das zu tun hat, was ihm *der Bischof* aufträgt.

Als Teil der Gemeinschaft (koinonia) und der Zugehörigkeit zum gleichen Ordo (Weihesakrament) wäre es wünschenswert, dass der Diakon in der hl. Messe die Doxologie (Lobpreisung Gottes), während er den hl. Kelch mit dem Blut Christi mit erhobenen Händen hält, auch zusammen mit dem Bischof und Priester spricht (singt): „Durch Christus und mit Christus und in Christus ist dir, Gott, ...“; damit käme *die Einheit* des Ordo noch kraftvoller zum Ausdruck.

Im Kanon der hl. Messe nach der Wandlung spricht der Bischof (in seiner Abwesenheit der Priester) das Gebet: „Gedenke, Herr, deiner Kirche auf der ganzen Welt und vollende sie im Glauben und in der Liebe in Gemeinschaft mit unserem Papst Franziskus, unserm Bischof..., unseren Priestern und Diakonen...“; in Kroatien z.B. werden die Diakone gar nicht erwähnt, sondern es wird nur hinzugefügt „und mit ganzem Priestertum“, obwohl im Ursprugstext steht: Mit dem gesamten Klerus (cum omni clero). Warum wird also in Kroatien das Wort „Diakone“ verschwiegen, denn sie gehören dem Klerus an? Die Gläubigen können doch aus dem Wort „gesamtes Priestertum“ in der Regel nicht die Diakone darin abgebildet wahrnehmen.

Die diakonische Dimension der Eucharistiefeier würde noch besser zum Vorschein kommen, wenn der Bericht über die Fußwaschung beim letzten Abendmahl Jesu nicht nur am Gründonnerstag vorgelesen würde, sondern in jeder Messe vor der

Wandlung; dieser Text beschreibt ausdrucksstark und einzigartig Jesus als den Großen Diakon, der als Vorbild der Nächstenliebe sowohl für die Leitung der Kirche als auch für alle Gläubigen gilt. Denn die Gottesliebe wird beurteilt und gemessen an der Liebe zum Nächsten. Den Text von der Fußwaschung (Jo 13, 3-17) könnte der anwesende Diakon vortragen.

Es soll erwähnt werden, dass niemand in der bischöflichen Verwaltungsbehörde mit der gezielten und spezifischen Aufgabe beauftragt ist, sich um den Nachwuchs und die Promotion (Förderung) des Diakonats zu kümmern. In Kroatien ist das alles der freiwilligen Initiative der einzelnen Pfarrer überlassen, obwohl mancher von ihnen nicht einmal klare Vorstellung vom Ständigen Diakonat hat. Wir sehen ganz konkret, dass dies nicht funktioniert, denn in der Hälfte der kroatischen Bistümer gibt es keine Diakone, obwohl das II. Vatikanische Konzil vor mehr als 55 Jahren die diakonischen Tätigkeiten in den christlichen Gemeinden als die „in höchstem Maße lebensnotwendigen Ämter" bezeichnet hat (Lumen gentium, 29). In Deutschland besteht ein Tag im Jahr, der der Förderung und Promotion der geistlichen Berufe gewidmet ist; dennoch vermisst man einen Tag der Promotion der Berufungen für die Diakone im Besonderen, so dass auch hier mehr oder weniger dies von dem „zufälligen" Einsatz und der Zuneigung der einzelnen Pfarrer oder anderer Personen abhängig ist. In diesem Sinne möchten wir anregen: Aktiver, engagierter, begeisterter, kraftvoller und gezielter den Diakonat in den Medien und durch persönlichen Beitrag im Gebet und Wort voranzubringen – sowohl in Kroatien als auch in Deutschland, Österreich, Schweiz und in allen anderen Ländern.

10.4 Heutzutage wird heftig und vielfach kontrovers über die Frage, ob der weibliche Diakonat eingeführt/erneuert werden soll, diskutiert. Auf der Grundlage der neueren wissenschaftlichen

Untersuchungen bekommt die These (Vorstellung) immer deutlichere Konturen (Umrisse), dass es in der Kirche des ersten Jahrtausends sowohl der männlichen Diakone als auch der weiblichen Diakoninnen gab, wie wir es oben im Detail beschrieben haben.

In unserer Zeit beobachten wir, dass die Frauen in viel größerer Zahl als die Männer bei den Gottesdiensten anwesend sind. Sie übernehmen auch den Hauptanteil der karitativen Arbeit in den christlichen Gemeinden, tragen Sorge für die Schwachen, Kranken, Armen, Einsamen und Altersschwachen.

Auch das ist eine Mahnung und Botschaft als auch ein Zeichen unserer Zeit an die Kirchenleitung gerichtet: Die Zeit ist reif geworden, dass die Frauen als Diakoninnen in die Hierarchie der Kirche (wieder) eingeführt werden. Die Befragung der männlichen Diakone durch den Theologen P. Zulehner hat zu Tage gebracht, dass ihre Mehrheit voll und ganz die Bestrebung unterstützt, auch den weiblichen Diakonat wiederzubeleben und zuzulassen (s. o.). Wir sind der Überzeugung, dass sich im Falle einer solchen Umfrage auch bei den Gläubigen unserer Zeit als Ergebnis zeigte, dass die Mehrheit, insbesondere in Europa, *für* die Einführung des weiblichen Diakonats votieren würde. Die Einwände derjenigen, die sich gegen die Errichtung des weiblichen Diakonats äußern, weisen auf folgende Tatsachen hin: Die Einführung des weiblichen Diakonats könnte die Hierarchie der Kirche erschüttern. Denn so argumentieren sie: Mit der Einführung der Diakoninnen würde der Anspruch Vieler ausgeweitet und der Zugang der Frauen zum Priestertum verlangt werden. Wir haben bereits im Text ausgeführt, dass die Kirchenleitung in dieser Frage bereits die definitive Entscheidung getroffen hat, nach der es *nicht* möglich ist, dass die Frauen in der Katholischen Kirche zu Priesterinnen geweiht werden (Johannes Paul II, Ordinatio Sacerdotalis). Die

Frage der Frauenweihe zu *Diakoninnen* ist in der Katholischen Kirche jedoch *noch offen*, und es ist ausdrücklich erlaubt und empfehlenswert, den Diskurs und Dialog hierüber zu führen. Vor ca. 3 Jahren hat sich für die Einführung des Frauendiakonats auch der Bischof von Rottenburg-Stuttgart Gebhard Fürst ausgesprochen: „Es ist ein Zeichen der Zeit. Frauen sollen zu Diakoninnen geweiht werden". Kürzlich sagte er, dass er sich beim „Synodalen Weg", der im Advent 2019 begann, weiterhin für die Diakoninnenweihe einsetzten werde.

Die Bischofssynode-Sonderversammlung für Amazonien im Oktober 2019 hat im Schlussdokument, Nr. 103 ihre Stellung zu der Frage des ständigen Diakonats für Frauen bezogen: „Eine große Anzahl von Konsultationen forderte, den ständigen Diakonat für Frauen einzurichten „, wovon wir ausführlicher in der Einführung berichtet haben. Papst Franziskus setzt jedoch in seinem Nachsynodalen Apostolischen Schreiben" Querida Amazonia, Nr. 103" vom 12.02.2020 zuerst an die Erweiterung der Kompetenzen und Möglichkeiten für die Frauen, damit sie „den Zugang zu Aufgaben und auch kirchlichen Diensten haben, die nicht die heiligen Weihen erfordern". Nach Meinung vieler Theologen hielt Papst Franziskus die Zeit noch nicht für reif genug, um definitive Entscheidung zu treffen. Sein Schreiben hat die Form einer Exhortation („Ermunterung") und möchte ausdrücklich in einer dialektischen Form den Diskurs über diesen Sachverhalt, wie ihn die Synode von Rom vorgezeichnet hat, fortsetzen und fördern. Deshalb hat er am 08.04.2020 eine neue Kommission bestehend aus 5 Frauen und 5 Männern beauftragt, den Frauendiakonat noch einmal hinsichtlich der geschichtlichen Entwicklung zu überarbeiten (s. oben). Auch die Erfahrungen, die man mit den männlichen Diakonen in den letzten 50 Jahren gemacht hat, können als ein Argument aus der Praxis für die Unterstützung der Bestrebungen nach der

Errichtung des weiblichen Diakonats herangezogen werden. Wir möchten daran erinnern, dass sich damals etliche Bischöfe, allen voran Kardinal A. Ottaviani aus Italien und F. Franić aus Kroatien, zu Beginn des II. Vatikanischen Konzils vehement dagegen gestemmt hatten, den Ständigen Diakonat wieder einzuführen. Sie haben nämlich argumentiert, dass die Pflicht der Priester zum Zölibat durch die Weihe der verheirateten Männer zu Diakonen erschüttern und damit die Zahl der Priester deutlich sinken würde. Jetzt wissen wir, dass diese ihre Befürchtung keine solide Grundlage hatte, denn die verheirateten Diakone haben in keiner Weise negativ die zölibatäre Verpflichtung der Priester beeinflusst. Im Gegenteil: Zwischen den Priestern und den verheirateten Diakonen mit ihren Familien sind vielfach freundschaftliche Beziehungen entstanden, welche für die Presbyter von segensreicher Bedeutung waren und sind. Sie konnten das Leben und den Alltag der verheirateten Diakonen näher kennen lernen, Vor- und Nachteile der Gemeinschaft in der Ehe konkret erfahren, auf diese Weise ihre Horizonte erweitern und ihren Standort im Zölibat objektiver einschätzen. Die Einwände gegen den weiblichen Diakonat beruhen auf keinem festen Grund, denn die Befürchtung, dass damit die Frauen unbedingt auch Priesterinnen werden wollten, muss nicht eo ipso (gerade dadurch) gerechtfertigt werden.

11. Die Zukunft der Kirche und die Zukunft des Diakonats sind eng miteinander verknüpft. Da sich die Zahl der Gläubigen sowie die Zahl der Priester in Europa im Laufe der letzten Dezennien deutlich und kontinuierlich verringert einerseits und das Vertrauen in die Kirche, besonders in ihre Leitung, vorwiegend wegen der vielen pädophilen Verwicklungen der Geistlichen, stark abgenommen hat andererseits, greift die Angst, ja oft die Panik um sich, denn viele befürchten den Untergang der Kirche. Der weltbekannte Theologe H. Küng hat ein

Buch unter dem Titel „Ist die Kirche noch zu retten?" veröffentlicht. Deshalb lautet die häufig gestellte Frage unserer Gegenwart: Gibt es Zeichen, die den Weg für die von Jesus versprochene Zukunft der Kirche aussichtsreicher, plausibel und optimistischer erscheinen lassen?

Nach der Wahl von Jorge Mario Bergoglio zum Papst am 13.03.2013 war die ganze Welt von seinem Auftritt überrascht worden. Er hat sich nämlich den Namen des hl. Diakons Franz von Assisi (nomen est omen = der Name ist ein Zeichen oder Vorbedeutung) als Programm seines Pontifikats gegeben. Sogleich nach seiner Wahl hat Papst Franziskus seinen Lebensstil nach dem Vorbild des hl. Diakons Franz von Assisi ausgerichtet: Er verzichtet auf jeglichen Prunk und Pomp sowie auf Privilegien und bevorzugt die Einfachheit und Bescheidenheit. Er hat sich auch prompt und ohne Verzögerung der Armen, Schwachen, Kranken, Abgehängten, Notbedürftigen und Geflüchteten angenommen. Er besucht vorzugsweise die ärmeren Länder, zuletzt Madagaskar, Mosambik und Mauritius, ermutigt die Ausgebeuteten, mahnt überall die Gerechtigkeit an, prangert mutig die Korruption an und kümmert sich um den notwendigen Ausgleich zwischen Armen und Reichen; außerdem rüttelt er die eigenen Mitarbeiter in der Kurie (päpstliche Verwaltungsbehörde) auf, versucht ihnen die authentische Botschaft des Evangeliums beizubringen und die Rückkehr an die Quellen der hl. Schrift anzuregen. Auch die 15 Krankheiten, die er bei seinen Mitarbeitern erkannt hat, nennt er deutlich und einprägsam; er empfiehlt ihnen, die entsprechenden therapeutischen Maßnahmen anzuwenden. Der Papst macht ebenso das übrige Personal in der Leitung der Gesamtkirche (Bischöfe, Priester und Diakone) darauf aufmerksam, wie wichtig es ist, die Täuschung und den opiumartigen Betrug des finanziellen Reichtums, die Sucht nach der Ehre und den Titeln, die alles bestimmenden Bequemlichkeiten und die lethargische (teilnahmslose) Unbeweglichkeit (erinnert sei an das apostolische Schreiben „Evangelii gaudium") in die christlichen Bahnen zu lenken. Papst Franziskus gibt selber das Beispiel, und das macht ihn glaubwürdig. In diesem Kontext ist die Aussage des ehemaligen Präsidenten und Sekretärs der Kommunistischen Partei von Kuba Raul Castro nach seiner Audienz beim Papst Franziskus am 10.05.2015 bemerkenswert: „Es ist kein Witz. Wenn der Papst auch weiter so reden sollte, dann werde ich auch persönlich anfangen, meine Gebete an Gott zu richten und in die Katholische Kirche wieder einzutreten". Ähnliche Statements (Erklärungen) sind auch von vielen anderen Atheisten bekannt geworden.

Während des Franziskus' – Pontifikats ist auch die überzeugte und überzeugende diakonische Ausrichtung der Kirche, gerade durch die lehrreichen Hinweise des Papstes und vor allem durch das Beispiel seines persönlichen Lebensstils, nicht zu verkennen.

Die Corona-Pandemie, die ihren Ausgang im Dezember 2019 in Wuhan (China) genommen hat, und sich bereits in fast allen Ländern der Welt (die Zahl der Toten durch Corona: 3, 27 Mio – Stand : 08.05.2021), d.h. auf dem ganzen Globus mit katastrophalen Folgen ausgebreitet hat, ist zugleich eine neue Chance für die Christenheit und für die ganze Welt geworden. Die falschen Sicherheiten und der Glaube an ein immer währendes Wachstum, Fortschritt ohne Grenzen, Sicherheiten im Leben wurden als Illusion entlarvt. Die neuen Einsichten, dass wir nur durch eine großherzige **Solidarität** in einer miteinander verwobenen globalen Gemeinschaft **überlebensfähig** sind, darf den allermeisten Menschen aufgegangen sein. Wir müssen gegenseitig unterstützen und einander **Hilfeleistung** gewähren, denn uns persönlich geht es gut, wenn es den anderen auch gut geht. Unsere Kirche hat unter dem Einfluss der Coronakatastrophe ihre Dienstbereitschaft neu verinnerlicht. Es ist offensichtlich, dass *nur die **diakonische (dienende) Kirche** eine Zukunft hat, **eine gute Zukunft!***

In diesem Sinne hat auch der Diakonat in der katholischen Kirche eine feste und stabile Verortung sowie eine herausragende Bedeutung in der Verwirklichung des Reiches Gottes als auch in der Gestaltung der Zukunft der Kirche Jesu Christi.

LITERATUR

ARBEITSGEMEINSCHAFT *Ständiger Diakonat in Deutschland* (Hg), Dokumentationen 1983.

ARMBRUSTER, K., *„Diakonia – realisierte Koinonia (Zur ekklesialen Verortung von Diakonia und Diakonat)"*, in: ARMBRUSTER, K./MÜHL, M. (Hg.), *Bereit wozu? Geweiht für was?*, 2009.

ASCOV – *Acta Synodalia Sacrosancti Concilii Oecumenici Vaticani II*, Typis Pölyglottis Vaticans, 1970-1999.

BELINIĆ, B., *Poziv neba na molitvu krunice*, 2017

BENEDIKT XVI., Motu Proprio „Omnium in mentem", 2009.

BERGER, K., *Jesus*, München, 2004.

BISCHOFSSYNODE – SONDERVERSAMMLUNG FÜR AMAZONIEN: AMAZONIEN – Neue Wege für die Kirche und für eine ganzheitliche Ökologie, Schlussdokument, Vatikan 25. Oktober 2019, Deutsche Übersetzung unter https://www.adveniat.de

BISTUM TRIER, *Ordnung für Ständige Diakone im Bistum Trier*, 2017.BOTTE, B. (Hg.), *„Traditio apostolica"*, SCh 11 bis, Paris 1968.

BROMAND, J. – KREIS, G. (Hg.), *Gottesbeweise von Anselm bis Gödel*, Suhrkamp, 2011

BUCHER, A. A., *Psychologie des Glücks*, Weinheim, Basel, 2009.

BURKERT, M., *Motu Proprio „Omnium in mentem", Arbeitsgemeinschaft Ständiger Diakonat in Deutschland*, 2010, 11–13.

CONGAR, Y., Gutachten zum Diakonat der Frau, in: Synode. Amtliche Mitteilungen der Gemeinsamen Synode der Bistümer in der Bundesrepublik Deutschland 7, 1973, S. 23-27.

DALFERTH, I. U. – LEHMANN, K. – KERMANI, N., *Das Böse*, Freiburg i. Br., 2011

DEMEL, S., *Frauen und kirchliches Amt: Vom Ende eines Tabus in der katholischen Kirche*, Freiburg i. Br., 2004.

DIACONIA CHRISTI, Internationales Diakonatszentrum (ur.), Rottenburg.

DENZINGER, H., *Kompendium der Glaubensbekenntnisse und kirchlichen Lehrentscheidungen* (P. Hünermann, Hg.), 2005, S. 61.

DOMAGALSKI, B., „Wiederherstellung des Diakonats? Der Diakon in patristischer Zeit", in: R. HARTMANN, F. REGER, S. SANDER (Hg.), Ortsbestimmungen: Der Diakonat als kirchlicher Dienst, 2015., S. 109-111.

DRUGI VATIKANSKI KONCIL, *Dokumenti*, latinski i hrvatski, Kršćanska sadašnjost, Zagreb, 2008.

DUM-TRAGUT, J., „Diakoninnen in der armenisch-apostolischen Kirche", in: D. W. WINKLER (Hg.), *Diakonat der Frau*, Berlin, 2010., 71-85.

ELENA, S. D.C., Das Dokument der Internationalen Theologischen Kommission, in: HAUKE, M./HOPING, H. (Hg.), Der Diakonat – Geschichte & Theologie, 1919, S. 225-284.

ETEROVIĆ, N., Synodalität: neue Dynamik (Vorschläge für die weitere Entwicklung der Synode der Bischöfe), 2017.

ETEROVIĆ, N., Sveta Stolica i Hrvatska, 2019.

FERSTL, F., *„Im Dienst der Zuversicht"*, 2019.

FULGOSI-MASNJAK, R., *„Syndrom pomagača"*, 2008., in:https//hrcak.srce.hr.

FÜRST, G., *Gott und den Menschen nahe. Diakone in missionarischer Kirche*, Ostfildern, 2010.

FÜRST, G., „Wie und wovon werden Diakone morgen geistlich leben?", *Diaconia Christi*, 2010., 110-119.

GIELEN, M., „Frauen als Diakone in Paulinischen Gemeinden", in: D. W. WINKLER (Hg.), *Diakonat der Frau*, Berlin, 2010., 11-40.

GROEN, B.J., Einige liturgische und ökumenische Aspekte des Frauendiakonats, in: D. W. Winkler (Hg.), Diakonat der Frau, 2010, S. 89.

HARTMANN, R. (Hg.), Kirche in der Arbeitswelt, 2015.

HARTMANN, R., REGER, F., SANDER, S. (Hg.), Ortsbestimmungen: Der Diakonat als kirchlicher Dienst, 2015.

LORETAN, A., Diakonat der Frau oder Trennung von Weihe und Leitung, in: HARTMANN R./SANDER, S. (Hg.), Zeichen und Werkzeug, 2020.

HAUKE, M., HOPING, H., Der Diakonat – Geschichte & Theologie, 2019.

HELBACH, U., *Der Diakonat im 19. und 20. Jahrhundert bis zum Beginn des Zweiten Vatikanischen Konzils*, in: G. Riße/U. Helbach/H. J. Klein, Boten einer neuen Zeit, 2018., S. 101.

HILTSCHER, R., *Gottes-Beweise*, Darmstadt, 2008.

https://hrcak.srce.hr/file/80186.

https://www.heiligenlexikon.de

https://www.diakone.de

https://de.radiovaticana.va/storico/2014/03/26.

https://de.radiovaticana.va/news/2015/04/17/kirchenstatistik 2013 mehr diakone, weniger priester https://de.radiovataicana.va/news/2016/08/02/vatikan_kommission_zum_diakonat_der_frau_gegründet/1248702

HUDELMEIER, U., Diakonische Elemente in der Eucharistie – Spiegel menschlicher Not und Stärkung zum Engagement, in: ARMBRUSTER, K./MÜHL, M., Bereit wozu? Geweiht für was?, 2009, S. 156.

JUREVIČIUS, A., *Zur Theologie des Diakonats: Der Ständige Diakonat auf der Suche nach dem eigenen Profil*, Hamburg, 2004.

KATEKIZAM KATOLIČKE CRKVE, prijevod i slog: Glas Koncila, Zagreb 1994.

KIEßLING, K. (Hg.), *Diakonische Spiritualität. Beiträge aus Wissenschaft, Ausbildung und Praxis. Für Godehard König (Diakonie und Ökumene/Diakonia and Ecumenics*, Bd. 3), Münster, 2009.

KIRSCHNER, M., „Amtlich in der Person Christi handeln – als Diakon?", *Diaconia Christi*, 2010., 231-243.

KIRSCHNER, M. – SCHMIEDL, J. (Hg.), *Diakonia. Der Dienst der Kirche in der Welt*, Freiburg i. Br., 2013.

KISSLER, A., „Diakonat als Mission – Kirche und neuer Atheismus", in: *Arbeitsgemeinschaft Ständiger Diakonat*, 2009., 3-8.

KOCH, D.-A., „Die Entwicklung der Ämter in frühchristlichen Gemeinden Kleinasiens", in: SCHMELLER, Th. – EBNER, M. – HOPPE, R. (Hg.), *Neutestamentliche Ämtermodelle im Kontext*, Freiburg i. Br., 2010, 196-206.

KONGREGACIJA ZA KATOLIČKI ODGOJ i KONGREGACIJA ZA KLERIKE, *Temeljni propisi za formaciju trajnih đakona. Direktorij za službu i život trajnih đakona*, KS, Zagreb, 1998.

KONGREGATION FÜR DAS KATHOLISCHE BILDUNGSWESEN UND KONGREGATION FÜR DEN KLERUS: *Grundnormen für die Ausbildung der Ständigen Diakone und Direktorium für den Dienst und das Leben der Ständigen Diakone*, Sekretariat der Deutschen Bischofskonferenz, 1998.

KOSSAT, J., *Elsevier Essentials – Sexualität*, 2018.

KÖNIG, G., „Wie schlägt sich die diakonale Sendung der Kirche in den Ausbildungsordnungen nieder? Ein Durchblick durch die Ausbildungsgänge der Diözesen", in: ARMBRUSTER, K. – MÜHL, M. (Hg.), Freiburg i. Br., 2009., 348.

KREIDLER, J., *„Systematisch – theologische Grundfragen im Zusammenhang mit der kirchenamtlichen Lehre"*, in: R. Hartmann, F. Reger, S. Sander (Hg.), Ortsbestimmungen: Der Diakonat als kirchlicher Dienst, 2015., S. 58 - 68.

KUTSCHERA, F. v., *Philosophie des Geistes*, Paderborn, 2009.

KÜNG, H., *Was ich glaube*, München, 2009.

KÜNG, H., *Existiert Gott? Antwort auf die Gottesfrage der Neuzeit*, (Taschenbuchausgabe), 2010.

KÜNG, H., *Ist die Kirche noch zu retten?*, München, 2011.

LEHMANN, K., *Es ist Zeit, an Gott zu denken*, Herder 2001.

LEHMANN, K., *„Die Frage nach dem Ursprung des Bösen"*, in: DALFERTH, I.U. – LEHMANN, K. - N. KERMANI (Hg.), Das Böse, 2011.

LEHMANN, K., *Die Entwicklung des ständigen Diakonats*, in: HARTMANN, R., REGER, F., SANDER, S. (Hg.), Ortsbestimmungen: Der Diakonat als kirchlicher Dienst, 2015., S. 10 - 30.

LORETAN, A., Diakonat der Frau oder Trennung von Weihe und Leitung, in: HARTMANN R. / SANDER, S. (Hg.), Zeichen und Werkzeug, 2020.

LUTZ, F., *Erhebet die Herzen*, Kevelaer, 2011.

LUX, G. M., *Selige und heilige Diakone*, Wien, 2008.

LÜTZ, M., *Gott – Eine kleine Geschichte des Größten*, Knaur Taschenbuch, 2009.

LYUBOMIRSKI, S., *Glücklich Sein – Warum Sie es in der Hand haben, zufrieden zu leben*, Frankfurt a. M., 2008.

MANN, F., MANN, C., *Es werde Licht (Die Einheit von Geist und Materie in der Quantenphysik)*, 2017.

MARTINI, C. M. – SPORSCHILL, G., *Jerusalemer Nachtgespräche – Über das Risiko des Glaubens*, Freiburg i. Br., 2010.

MATELJAN, A. – ŠKAREC, T. T., *„Đakonat i đakonese. Povijest i budućnost đakonata žena u Crkvi"*, Služba Božja 50 (2010.), Nr. 1, S. 27 - 59.

MICHALSEN, A., *Heilen mit der Kraft der Natur*, Berlin, 2017.

MIGGELBRINK, R., *50 Jahre nach dem Konzil. Die Zukunft der Katholischen Kirche*, Paderborn, 2012.

MIGGELBRINK, R., *Die „verschiedenen Dienstämter" (LG 18) und die Einheit des Ordo. Zum Spezifikum des diakonalen Amtes*, in: K. Armbruster / M. Mühl (Hg.), Bereit wozu? Geweiht für was?, 2009., S. 204 - 221.

MITSIOU, W., „Weibliches Mönchtum und Diakonat in der Byzanthinischen Zeit", in: WINKLER, D. W. (Hg.), *Diakonat der Frau*, 2010.

MÜLLER, G., *Umdenken (Überlebensfragen der Menschheit)*, 2020.

MÜLLER, G. L. (Hg.), *Der Diakonat – Entwicklung und Perspektiven (Studien der Internationalen Theologischen Kommission zum sakramentalen Diakonat)*, (Übersetzung aus dem Französischen: PICHLER, K.), Echter Verlag, 2004.

MÜLLER, G. K., *Römische Begegnungen*, 2019.

NEUHAUS, G., Fundamentaltheologie, Regensburg, 2013.

NEUMANN, S. U., *„Vom Reform-Papst zum Konzilspapst?"*, Christ in der Gegenwart, 67.Jahrgang 2015, in: https://www.christ-in-der-gegenwart.de/artikel_angebote_detail?k_beitrag=393761 9

OEPEN, J., *„Der Diakonat vom Frühmittelalter bis zum 18. Jahrhundert"*, in: G. Riße / U. Helbach / H. J. Klein (Hg.), Boten einer neuen Zeit, 2018., S. 88 - 100.

ORDNUNG FÜR STÄNDIGE DIAKONE IM BISTUM TRIER (Diakonenordnung), Herausgeber: Bischöfliches Generalvikariat Trier, 2017.

PAINDANATH, S., *Fastenmeditation, Gott durch uns*, 2013., 140.

PAINDANATH, S. / PUDUKADAN, R., *„Das Herz in Schwingung bringen"* , (Übersetzung von S. Rappel), 2018.

PAJONK, F.-G., *Gesundheitsgefährdung und Erschöpfung am Arbeitsplatz – Die medizinische und therapeutische Sicht*, in: R.HARTMANN (Hg.), Kirche in der Arbeitswelt – Der Diakon im Zivilberuf, 2015., S. 135 - 140.

PAPST FRANZISKUS, *Querida Amazonia, (Nachsynodales Apostolisches Schreiben vom 12. 02. 2020), Deutsche Übersetzung, s. unter https://www.vaticannews.va*

PAPST FRANZISKUS, *Fratelli tutti, Enzyklika*, 3. Oktober 2020, deutsche Übersetzung \(www.vatican.va >documents > papa...).

PAPST JOHANNES PAUL II., Fides et ratio, 1998.

PLANCK, M., *Zum Thema Gott und Naturwissenschaften*, in: www.weloennig.de MaxPlanck

PLATE, M., *„Der kosmische Gott, Einstein und Religion"*, in: *Christ in der Gegenwart, Das Herz des Universums, Einstein und die Frage nach Gott*, 2005., 9 - 10.

PLÖGER, J. G. – WEBER, H. J., *Der Diakon. Wiederentdeckung und Erneuerung seines Dienstes*, Freiburg i. Br., 1980.

PREDEL, G., *„Veränderte soziale Wirklichkeit – verändertes Amt“*, in: ARMBRUSTER, K. – MÜHL, M. (Hg.), *Bereit wozu? Geweiht für was?*, Freiburg i. Br., 2009., 73-76.

RADLBECK-OSSMANN, R., Das Argument von der Einheit des Ordo: Fundament für die Ablehnung eines Diakonats der Frau?, in: D.W. Winkler (Hg.), 2010, S. 119.

RAHNER, K., *„Die Lehre des Zweiten Vatikanischen Konzils über den Diakonat“*, in: *Schriften zur Theologie* VIII., Zürich, 1967., 541-552.

RAHNER, K. – VORGRIMLER, H. (Hg.), *Diaconia in Christo: Über die Erneuerung des Diakonates*, Freiburg i. Br., 1962. (Questiones disputatae, 15/16).

RATZINGER, J. – Benedikt XVI., *Jesus von Nazareth*, Zweiter Teil, 2011.

RIßE, G. / HELBACH, U. / KLEIN, H.J., *Boten einer neuen Zeit*, 2018.

SANDER, S., *Das Amt des Diakons*, Freiburg i. Br., 2013.

SANDER, S., *Der Diakon – Bote Jesu Christi?*, in: Diaconia Christi, 50, 2015., str. 267-277.

SCHMELLER, T. – EBNER, M. – HOPPE, R. (Hg.), *Neutestamentliche Ämtermodelle im Kontext*, Freiburg i. Br., 2010.

SCHMIDT, T., *Ortswechsel, Arbeit, Reich Gottes – Theologische Stichworte zum Leben der Arbeitergeschwister in Deutschland*, in: HARTMANN, R. (Hg.), Kirche in der Arbeitswelt, 2015., S. 63-71.

SCHÖNBERGER, R., *„Gott denken“*, in: SPAEMANN, R., Der letzte Gottesbeweis, 2007.

SCHUMACHER, T., *Bischof-Presbyter-Diakon. Geschichte und Theologie des Amtes im Überblick*, München, 2010.

SÖDING, Th., *„Nicht bedient zu werden, sondern zu dienen (Mk 10, 45)“*,in: ARMBRUSTER, K. – MÜHL, M. (Hg.), *Bereit wozu? Geweiht für was?*, 2009.

SPAEMANN, R., *Der letzte Gottesbeweis*, München, 2007.

SPRATTE, S., *Diakonat der Frau. Historischer und kirchenrechtlicher Kontext sowie aktuelle Diskussion*, 2016.

STEGER, S., *Der ständige Diakon und die Liturgie. Anspruch und Lebenswirklichkeit eines wiedererrichteten Dienstes*, Regensburg, 2006.

STEINBERG, M., *Die Erneuerung des Ständigen Diakonats (Zukunftsvisionen zur Entwicklung seit dem 2. Vatikanischen Koncil)*, Diplomarbeit im Fach Katholische Theologie am Warnborough College (UK) in Canterbury, Duisburg, 2009.

ŠANJEK, F., *Kršćanstvo na hrvatskom prostoru*, Zagreb 1996.

THEODOROU, E., *„Frauenordination in der Orthodoxen Kirche? Anmerkungen zum Diakonat der Frau"*, in: D. W. WINKLER (Hg.), *Diakonat der Frau*, 2010., 44 - 45.

TIPLER, F. J., *„Die Physik des Christentums – Ein naturwissenschaftliches Experiment"*, (Überstzung von H. REUTER), 2008.

VLAHO, M., *„Stalni dakonat"*, *Crkva u svijetu*, 1999, 95 - 104.

VLAHO, M., *„Đakonat u Katoličkoj Crkvi"*, 2018.

VORGRIMLER, H., *„Kommentar zum 29. Artikel der Dogmatischen Konstitution des II. Vaticanums über die Kirche"*, in: *Lexikon für Theologie und Kirche*. Supplement: *Das Zweite Vatikanische Konzil*, Freiburg i. Br., 1966.

www.dbk.de (Zahlen und Fakten 2013/2014)-Deutsche Bischofskonferenz

www.glas-koncila.hr/portal.html?

www.domradio.de 2.4.2015

WALLNER, K., *Plädoyer für einen missionarischen Aufbruch, in: G. Augustin, N. Eterović (Hg.), Mission in säkularer Gesellschaft*, 2020, S. 164.

WARD, K., *„Zašto gotovo sigurno ima Boga"*, Zagreb, 2010.

WEIGEL, G., *„Die Erneuerung der Kirche"* (Übersetzung von G. Stein), 2015.

WEISCHEDEL, W., *Der Gott der Philosophen – Grundlegung einer Philosophischen Theologie im Zeitalter des Nihilismus*, Darmstadt, 1998.

WINKLER, D. W. (Hg.), *Diakonat der Frau*, Berlin, 2010.

ZABOROWSKI, H., *Christ in der Gegenwart*, Nr. 7, 2013., 80.

ZAWADKA, J., *Kardinal Carlo Maria Martini – Bischof von Mailand. Ein Pastoralkonzept auf biblischem Fundament*, Dissertation (Universität Augsburg), 2007., 188 - 191.

ZOLLITSCH, R., *Diakonat – ein modernes Amt*, in: ARMBRUSTER, K. - MÜHL, M. (Hg.), *Bereit wozu? Geweiht für was?*, 2009. , 372 - 380.

ZULEHNER, P. M., *Gesellschaftliche Veränderungen als Herausforderungen an den Diakonat*, in: ARMBRUSTER, K. – MÜHL, M. (Hg.), *Bereit wozu? Geweiht für was?*, 2009., 290 - 299.

REGISTER DER PERSONENNAMEN

A

Adenauer K. 141
Ambrosiaster 51, 64, 279
Ambrosius Hl. 51
Anselm von Canterbury 126
Antonelli G. 70
Aristoteles 128
Armbruster K. 266
Arnold F. X. 73
Augustinus von Hippo 41, 181

B

Bätzing G. 277, 308
Becket Th. 47, 68
Benedikt XVI. (Joseph Ratzinger) 168, , 174, 177, 178, 321
Berger K. 136

C

Caesarius von Arles 57
Celano Th. 45
Chrisostomus Johannes 64, 182
Clemens von Alexandria 50
Clemens von Rom 30
Congar Y. 66, 73, 271, 333

Consalvi E. 70
Cyprian von Karthago 32, 160

D

d´Souza E. D. 72, 81
Danielou J. 74, 185
Dawkins R. 119
Dominik Hl. 45
Döpfner J. 76, 81, 89

E

Einstein A. 121, 124, 127
Eirene von Chryobalanton 64
Elena S. d. C. 66, 274
Elissanthia 64
Ephräm der Syrer 44
Erasmus von Rotterdam 51
Eterović N. 13, 18, 293
Evangelus Presbyter 169
Evodia 61

F

Fabian Papst 42
Ferstl F. 95, 96
Fliedner T. 166
Franić F. 75, 77, 88, 341

Franziskus (Papst) 15, 16, 168, , 180, 273, 277, 278, 292, 306, 310, 311, 316, 318, 333, 340, 342

Franziskus von Assisi 45, 46, 305, 311, 312, 319

Frings J. 77, 88, 89, 90

Frotz A. 12, 89

Fürst G. 267, 269, 277, 334, 340

G

Gauck J. 141

Gennadius von Marseille 52, 56, 290

Gödel K. 128

Goricki Ivan Archidiakon 48

Grea A. 71

Gregor I. (der Große) Papst 44, 148

Gregor VII. Papst 44

Gregor X. Papst 47

Grün A. 308

H

Hauke M. 66, 70, 272, 273

Hawking S. 119, 293

Heinrich IV. (Kaiser) 45

Heisenberg W. K. 123

Hieronymus 43, 51, 169, 174, 185, 279, 327

Higgs P. 123

Hippolyt von Rom 40, 50

Hünermann P. 271, 333

I

Ignatius von Antiochien 31, 63, 104
Ignatius von Loyola 135, 305
Iräneus von Lyon 32

J

Johannes Paul II. Papst 135, 228, 305, 339
Johannes XXIII. Papst 70, 71, 80, 289, 334
Jordan von Sachsen 45, 48, 68
Julia 61
Justinus 32

K

Kallistus I. Papst 43
Kant E. 125, 126, 128
Kasper W. 276, 286, 292
Klemens von Alexandrien 40, 62
Klemens von Rom 30
Konstantin der Große 42
Konstantin VII. Porphyrogenetos 64
Kossat J. 298
Kramer H. 72
Küng H. 126, 132, 299, 341

L

Lampadion 64
Laurentius Hl. 42
Lehmann K. 66, 132, 292
Leo der Große Papst 44
Lewitscharoff S. 139
Lustiger J.-M. 292
Lydia von Philippi 61
Lyubomirsky S. 223

M

Makrina 64
Marchese V. 71
Maria (Mitarbeiterin von hl. Paulus) 61
Martimort A.-G. 66
Martini C. M. 271, 292, 293
Martin I. Papst 44
Martin von Tours 58
Martin V. Papst 317
Marx R. 17
Menke K-H. 185
Merkel A. 141, 330
Mertel T. 70
Michael von Antiochien (Patriarch) 65
Miggelbrink R. 266, 300
Müller G. K. 300
Mutter Theresa 135

N

Nektarios I. Patriarch von Konstantinopel 182
Niebuhr R. 247

O

Obama B. 141
Olympias (Diakonisse) 64, 182
Origenes 40, 62
Ottaviani A. 75, 78, 81, 341

P

Passavant J. K. 71
Paulus Hl. (Saulus) 25, 27, 37, 60, 62, 101, 153, 155, 166, 183, 212, 243, 245, 269, 271, 284, 335
Paul VI. Papst 81, 82, 83, 84, 135, 172
Persis 61
Petrus (Hl.) 118, 140, 231, 302, 326
Philippus (Diakon) 19, 24, 26, 27, 29, 140, 143, 147, 325
Phöbe 60, 183
Pius XII. Papst 73
Planck M. 122
Plinius der Jüngere 62
Polykarp 32, 79, 147, 291
Priska 61

R

Rahner K. 66, 73, 129

S

Šeper F. 75, 76, 77, 81
Siricius Papst 43
Spadaro A. 17, 318
Spaemann R. 129
Spinosa 128
Steinberg M. 251
Stein E. 71, 277
Stephanus (Diakon) 19, 22, 23, 325
Synthyche 61

T

Tertullian 40, 50, 108, 320
Theodoros Balsamon 65
Thomas von Aquin 68, 124, 125, 128, 170, 185, 245
Timotheus 28, 87, 183
Toma Archidiakon (von Split) 48
Trajan Kaiser 62
Tryphäna 61
Tryphosa 61

V

von Faulhaber M. 71
von Kutschera F. 139
von Moers D. 49
Vorgrimler H. 271, 333

W

Wallner K. 113, 306
Wanke J. 149
Wichern H. 166
Woelki R. M. 89, 297

X

Xystus II. 42

Z

Zephyrinus Papst 43
Zollitsch R. 321
Zulehner P. M. 250, 276

THEMATISCHES REGISTER

A

Agape 35, 104, 148, 153, 160

Aggiornamento 80, 142

Akolyt 69

Amazonas-Synode 16, 161, 278

Apostel 19, 21, 22, 27, 29, 31, 32, 37, 60, 135, 143, 145, 181, 209, 220, 304, 313, 324, 325, 329

Arbeiterpriester 73, 270

Arbeitsplatz 269, 271, 299

Archidiakon 42, 44, 47, 48, 49

Armut 24, 27, 54, 151, 157, 158, 161, 196, 296

Askese 233

Auferstehung 101, 138, 303, 304, 305

Ausweglosigkeit 130, 138

B

Barmherzigkeit 148, 149, 176, 191, 305, 310

Begräbnisfeier 117, 218, 236, 251, 284, 329

Beichte 248, 252

Bischof 29, 30, 33, 35, 37, 52, 64

C

Caritas 72, 83, 201, 202

CIC (Codex Iuis Canonici) 70, 84, 175, 177

Conditio humana 309

Corona-Pandemie 306, 310, 343

D

Dalmatik 85, 105, 106, 189

Diakon 13, 19, 20, 21, 22, 24, 27, 28, 63, 73, 75, 114, 143, 322

Diakonat (männlich) 12, 19, 30, 40, 64, 65, 74, 89, 167, 169, 319

Diakonat (weiblich) 12, 60, 62, 89, 167, 181, 271, 278, 332, 339

Diakonendienst 28, 80, 107, 145, 198, 260

Diakonenweihe 89, 107, 145, 172, 186, 192, 199, 210, 213, 266, 334

Diakonia 143, 202

Diakonin 60, 62, 64, 166, 182, 183, 185

Diakonische Kirche 161, 202, 323

Diakonisse 182

Dienst 143, 146, 150

Doxologie 110, 337

E

Eheschließung 79, 85, 116, 163, 177, 329

Emmausjünger 103, 228, 303

Empathie 87, 100, 102, 142, 158, 176, 190, 242, 246, 261, 310, 320, 323, 332, 335

Episkop (Bischof) 165

Erbarmen 102, 134, 148, 149, 310, 314

Erfahrung 13, 116, 130, 135

Erinnerung 177, 242, 247, 249

Erkenntnis (Gottes) 125, 128, 129, 130, 133, 136

Eucharistie (Hl. Messe) 101, 102, 103, 106, 109

Evangeliar 108, 190

Evangelische Kirche (Diakonat) 166, 291

Evolution 205

Exhortation 16, 340

Exorzist 68, 170

Exultet (Frohlocket) 115

F

Fasten 240
Fratelli tutti 306, 307, 310
Freiheit 116, 137, 242, 330, 332
Freude 108, 139, 204
Frieden 113, 114, 160
Fürbittgebete 57, 58, 108
Fußwaschung 102, 104, 109, 144, 291

G

Gabenbereitung 152, 153, 154
Gastfreundschaft 26
Gebet 31
Gedächtnis 36
Geheimnis 85, 87, 110, 137, 206
Geist 17
Gemeindeleitung 34, 271, 327, 328
Gemeinschaft 103
Gerechtigkeit 103, 150, 191, 323, 342
Gottesdienst 114
Gottesfrage - Gottes Existenz 119

H

Handauflegung 63, 65, 79, 149, 170, 172, 188, 332
Handeln Gottes 300
Heiliger Geist 19, 63, 88, 110, 177, 181, 184, 207
Helfer-Syndrom 158

Hellenisten 19, 324
Hierarchie 69
Hl. Kommunion 111, 112, 113, 114, 117
Hl. Messe 102
Hoffnung 300, 305, 310

K

Kardinal 42, 70
Karfreitagsliturgie 114
Katechismus der katholischen Kirche 111, 178
Kindertaufe 67, 167
Kirche 12, 300
Kleriker 54, 57, 140, 327
Kollekte 109, 153
Konklave 20, 47
Konzil 12, 71, 74
Korporativismus 59, 280
Krankensalbung 57, 117, 161, 252, 254

L

Leib Christi 104, 112, 169, 178
Lektor 68, 170, 171
Liebe 83, 100, 102, 103, 323
Liturgie 79, 100
Lumen gentium 78, 79

M

Mahl 104, 208
Materie 122, 137
Meditation 221
Ministerium 178, 322
Ministrae 62
Ministri 69, 171
Missionar 326
Motuproprio 177, 179
Mysterium iniquitatis (das Böse) 137

N

Nächstenliebe 86, 102, 338
Naturwissenschaften 121, 134, 140, 220
Neo-Evangelisation 141

O

Orthodoxe Kirche 163
Ostervigil 114
Ostiarius (Pförtner) 68

P

Papst 17, 42, 105
Philosophie 139, 194, 200
Presbyter (Priester) 64, 109

Priestermangel 72, 76, 86, 161, 203, 255
Psalmen 211, 212, 213, 217

Q

Querida Amazonia 16, 278, 340

R

Reich Gottes 22, 28, 36, 168, , 173, 320, 329
Religion 120, 121, 122, 295, 296, 310
Rosenkranz 228

S

Sakramentalien 117
Sakramentalität 70, 169, 181
Sakramente 162, 208, 252, 307
Seelsorge 83, 194, 195, 276, 316
Selbstbestimmung 205, 244
Singularität 124, 127
Spiritualität 204, 208
Subdiakon 68, 170
Synode 17, 64, 67

T

Tafeln 150
Taufe 57, 63, 115
Testament 39, 194, 271
Theodizee 138
Theologie 12, 141, 194, 199, 200, 287, 293, 297
Transzendenz 129, 133, 222
Tridentinum 70

U

Übel 138
Universum (Multiversum) 127
Unsicherheit 139
Urkirche 14, 19, 27
Urknall 124, 127
Urlaub 233

V

Vatikanum 68
Verantwortung 274, 290, 299, 330
Verkündigung 108
Vernunft 126, 130, 235
Vertretung 160
Volk Gottes 83, 177

W

Weihesakrament (Ordo) 15, 63, 68, 71, 89
Weihestufen 54, 68, 170, 334
Weisheit 220, 324, 330
Werteskala (Wertesystem) 308
Wissenschaft 121, 122, 270
Wortgottesdienst 107, 114

Z

Zeugnis (martyria) 83, 118
Zölibat 74, 75, 166, 197, 341
Zukunft 295, 300, 305, 308, 310, 320

ZUM AUTOR

Prof. Dr. med. Martin Vlaho wurde in der Pfarrei des St. Stephan, des ersten Diakons, in Čerin, nahe bei Međugorje in Bosnien und Herzegowina, geboren und getauft. Nach der Grundschule besuchte er das Dominikaner Humanistische Gymnasium in Bol auf der Insel Brač, Kroatien und erlangte dort das Abitur im Jahr 1956. Von 1957 - 1960 studierte er an der Dominikaner Theologisch – philosophischen Hochschule in Dubrovnik und schloss dort die philosophischen Studien sowie einen Teil der Theologie mit Erfolg ab.

Von 1963 - 1968 Studium der Medizin an der Universität Köln mit der Promotion zum Dr. med. im Jahre 1970. Es folgte die Weiterbildung zum Internisten und Nephrologen sowie die oberärztliche Tätigkeit mit der Leitung der Abteilung für Nephrologie an der Universitätsklinik Köln. Außerplanmäßiger Professor im Jahre 1984. Von 1984 - 2007 leitender Arzt des Nierenzentrums in Bad Kreuznach.

Wissenschaftliche Publikationen auf dem Gebiet der Medizin: Das Buch „Harnstoffsynthese und Harnstoffzyklusenzyme in der Rattenleber bei akuter und chronischer Urämie" (1979); Bicarbonat – Hämofiltration (EDTA – Congress 1986); erste wissenschaftliche Publikation auf dem deutschsprachigen Gebiet über die hohen Dosen von Prednisolon bei akuten Abstoßungskrisen nach Nierentransplantation (1973); Dom – Bioweizenvollkornmischbrot, eine neue Brotsorte als Beitrag zur Prävention und Behandlung der Bluthochdruckkrankheit, wurde vom Deutschen Patentamt 2017 lizenziert.

Parallel zur ärztlichen Tätigkeit absolviert er ein theologisches Studium am Erzbischöflichen Diakoneninstitut, Köln. Im Jahre 1995 wurde er vom Bischof Hermann – Josef Spital in Trier zum Diakon geweiht. Danach war er als Diakon mit Zivilberuf in der Pfarrei Hl. Kreuz, Bad Kreuznach tätig.

Auf dem theologischen Gebiet publizierte er 1999 in kroatischer Sprache einen ausführlichen Artikel in der Zeitschrift „Crkva u svijetu" unter dem Titel „Ständiger Diakonat" und im Jahre 2018 das Buch (ebenso in Kroatisch mit einer Zusammenfassung des Buchinhaltes in englischer Sprache) unter dem Titel „Diakonat in der katholischen Kirche".

Er ist Vater von 4 Kindern und lebt zur Zeit in der Pfarrei St. Stephan, Köln – Lindenthal.

prof.vlaho@gmail.com